Reise-Taschenbuch

W0244758

Axel Scheibe

Senkrechtstarter

Wo die Namib-Wüste das Meer trifft – in der Walvis Bay endet die surreale Mondlandschaft der Namib abrupt am blauen Atlantik. In der Lagune ist der Tisch für Zigtausende Wasservögel reichlich gedeckt, über 80 % aller Flamingos im südlichen Afrika finden in dieser Lagune ihr Futter. Vom Flugzeug aus betrachtet, gehen die Flamingokolonien als dicht nebeneinandergesetzte rosa Farbtupfer in der Gesamtkomposition der Wattlandschaft auf. Aber nicht nur hier, auch sonst in Namibia eröffnet der Blick von oben die spektakuläre Schönheit der Natur.

Überflieger

Begegnung
mit den
roten Frauen

Boomtown

● Ondangwa

Farm-Land

Opuwo ●

Die Wüste lebt

Hallo Rhino

Etosha National
Park ●

Gut gebrüllt, Löwe

Namibias Tafelberg

● Tsumeb

● Grootfontein

Ein Stein fiel vom Himmel

Terrace Bay ●

Waterberg
Plateau ●

● Okakarara

Geschichts-
buch aus
Stein

Brandberg ●

Blutiges Massaker im Hereroland

Schwarzwälder
Kirschtorte am
Wüstenrand

SWAPO Party Think Tank

Swakopmund ●

● Windhoek

● Walvis Bay

Alles Flamingo!

Eiskalte Meeresströmung

Rauf auf die rote Düne
und das überirdische
Farbenspiel genießen

● Sossusvlei

Namib ●
Naukluft Park

Sand

Skurriler Wald

● Keetmanshoop

**Ausflug zu
Pinguinen** ● Lüderitz

Was für ein Canyon!

Es begann
mit einem Betrug

Diamanten

● Fish River Canyon

Paddeln auf dem Orange

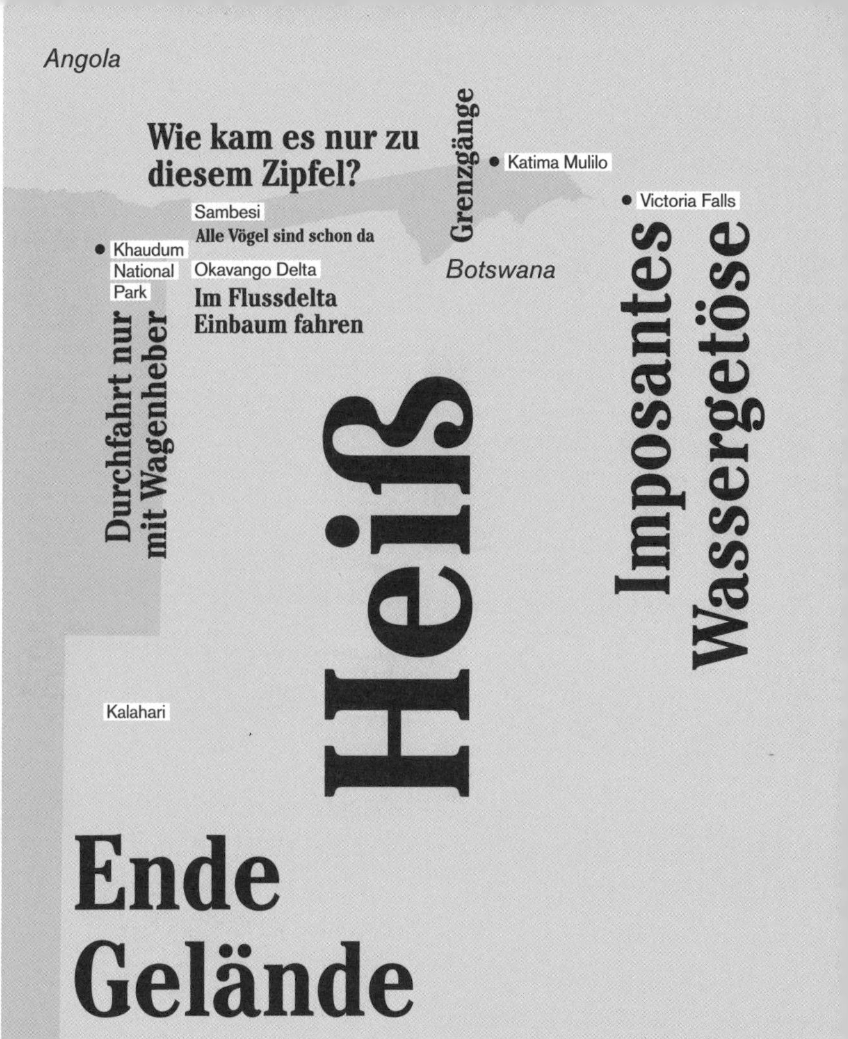

Angola

Wie kam es nur zu diesem Zipfel?

Grenzgänge

● Katima Mulilo

● Victoria Falls

Sambesi
Alle Vögel sind schon da

Botswana

● Khaudum
National
Park

Okavango Delta
Im Flussdelta
Einbaum fahren

Durchfahrt nur
mit Wagenheber

Heiß

Imposantes
Wassergetöse

Kalahari

Ende
Gelände

Südafrika

Namibia — Wüste bis zum Horizont! Mal eben drüberfliegen, von West nach Ost und von Nord nach Süd. Glühendroter Sand, viele Steine und viele wilde Tiere!

Querfeldein

Fundstücke — Die gibt es, wenn man Einsamkeit, überwältigende Natur und wilde Tiere liebt. Ungewöhnliche Entdeckungen und ein Alltag, der ein anderer ist. Gründe genug, oder?

Zwischen hohen Dünen

Eine Wüste hat viele Gesichter, doch so richtig ›wüst‹, so wie man sie sich vorstellt, ist sie erst dann, wenn Sanddünen bis zum Horizont das Bild bestimmen. Kein Problem, damit kann Namibia dienen. Im Sossusvlei reichen die Sanddünen bis zu 300 m in den Himmel. In den Tälern, den sogenannten Vleis, kann es durchaus 40 °C und wärmer werden. Somit verspricht auch der Aufstieg keine Erfrischung – aber Ausblicke, die den Tag unvergesslich machen.

Geisterstadt

Wenn der Wind den feinen Sand durch die Ruinen der alten Siedlung weht, macht Kolmanskop seinem Ruf als Geisterstadt alle Ehre. Sorgte noch vor hundert Jahren rege Geschäftigkeit für Erstaunen in der Wüste, ist nur Erinnerung geblieben. Im Saal treten keine Künstler mehr auf, die Kegelbahn schweigt und auch der Bäcker holt kein Brot mehr aus dem Ofen.

Zwischen den Welten

Swakopmund, das Seebad am Atlantik – nirgendwo sonst hat sich das ›Deutsche‹ so stark im Stadtbild erhalten. Gleich nebenan im Vorort Mondesa pulsiert afrikanisches Leben.

Namibias wildromantische Landschaft ist die Voraussetzung, um nicht weniger naturnah zu übernachten. Gelegenheit dazu gibt es im Land zuhauf – auf Campingplätzen, Gästefarmen oder in Lodges. Die Spanne bei der Ausstattung reicht von luxuriös bis urig einfach – den meisten Unterkünften gemein ist aber die fantastische landschaftliche Lage, spektakuläre Sonnenuntergänge inklusive.

Feenzauber oder was?

Diese Frage ist bei den Feenkreisen, die man beim Flug über Namibia deutlich beobachten kann, wirklich nicht leicht zu beantworten. Darüber, dass es weder Außerirdische noch Feen waren, die da ihre Spuren hinterlassen haben, ist man sich schnell einig. Das hindert Wissenschaftler aber nicht daran, seit Jahrzehnten darüber zu streiten, wie es denn zu diesen bis zu 12 m im Durchmesser großen Kreisen gekommen ist. Immerhin gibt es Tausende davon! Wer sich selbst ein Bild von dem mysteriösen Landschaftsmuster machen und mehr darüber erfahren will, reist mit Stephan Getzin von der Universität Göttingen vor Ort (www.namibia-eco-tours.com).

Die namibische Wüste mal von oben sehen?
Kein Problem: Ob im Sitzgurtzeug unter einem Gleitschirm bzw. Paramotor, im Korb eines Heißluftballons oder im Kleinflugzeug – zum Abheben gibt es mehr als eine Möglichkeit.

»Es gibt nicht genug Platz für zwei Elefanten, um im gleichen Schatten zu sitzen.« (Ovambo-Sprichwort)

Ein Land aus Stein

Schon auf dem Papier klingt es beeindruckend: 160 km lang, bis zu 27 km breit und an die 550 m tief. Alles zusammen auf einer Fläche von knapp 6000 km² verteilt und schlappe 550 Millionen Jahre alt. Am Rand des Fish River Canyon, genau dort, wo hartgesottene Wanderer den Abstieg in die Tiefe in Angriff nehmen, kann der Blick über all das schweifen, was gedruckt an dieser Stelle steht. Bis zum Horizont zieht sich der zweitgrößte Canyon der Welt. Hat man sich gemütlich sitzend satt gesehen, warten entlang der Schlucht noch manch andere Blicke über und in den Canyon. Sich zum Schauen Zeit lassen, genießen und verarbeiten – so bleiben die Landschaften Namibias für immer in Erinnerung.

Inhalt

Vor Ort

Windhoek und Umgebung 14

Südlich des Tropic of Capricorn 44

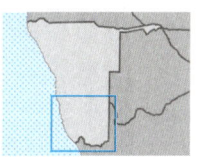

Swakopmund und der Namib Naukluft Park 82

Eigentlich ist der Köcherbaum ein Einzelgänger, aber im Süden Namibias macht er eine Ausnahme. Auf der Farm Gariganus bei Keetmanshoop steht der sehenswerte Köcherbaumwald.

Erongo, Kunene und Ovamboland 134

Waterberg-Region 164

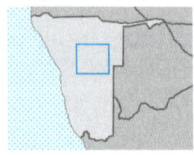

In Namibia wandert man am besten in der Gruppe und mit einem erfahrenen Guide.

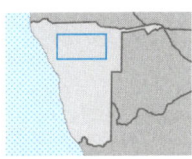

Das Kleingedruckte

Das Magazin

Vor

WEDELEINGEKO
NO.2

Ort

Bei einer Tour durch Katutura, einem Vorort von Windhoek, steht die lebendige Eveline Street auf dem Programm.

Windhoek und Umgebung

Schmelztiegel der Ethnien — nirgendwo sonst im Land trifft man auf ein solch buntes Gemisch aus allen Hautfarben.

Der Wassermangel ist ein großes Problem der Hauptstadt.

Eintauchen

Unter Aloen auf dem Aloe Trail

Der Weg verläuft malerisch über den kleinen Bergrücken, der das Zentrum vom Stadtteil Klein Windhoek trennt.

National Gallery

Der bedeutendste Ausstellungsort für zeitgenössische Kunst im Land. In drei Räumen werden Arbeiten des bekannten Druckgrafikers John Ndevasia Muafangejo gezeigt.

Penduka Artisan Shop

Das Kunsthandwerksgeschäft verkauft Kissen und Handtücher, die die Penduka-Frauen mit typischen Namibia-Motiven bedrucken oder besticken. Das Sozialprojekt kann man bei einer Tour durch Katutura besuchen.

Daan Viljoen Game Park

Mit einer Fläche von rund 40 km² ist der Park zwar nicht besonders groß, doch es gibt interessante Wanderpfade unterschiedlicher Länge. Die karge trockene Landschaft stimmt auf den Namibia-Urlaub ein.

Windhoek

Daan Viljoen
Game Park

Katutura

Penduka Artisan Shop

National Gallery

Meteoritenbrunnen
Independence
Memorial Museum
Aloe Trail

Heinitzburg

0   20 km

Die Windräder auf den Farmen rund um Windhoek pumpen Wasser.

Man landet und startet in Windhoek. Doch die Hauptstadt nur als Transitort zu nutzen wäre sträflich. Ein bis zwei Tage ist das quirlige Leben in Windhoek auf jeden Fall wert.

erleben

Metropole zwischen zwei Welten

M

Modern und europäisch im Zentrum und in den Wohngebieten der Weißen, arm und afrikanisch in den Vororten der Farbigen, so präsentiert sich die namibische Hauptstadt. Doch Windhoek ist im Aufbruch: Allmählich weicht die strikte Trennung von Schwarz und Weiß. Die Straßen der Stadt werden inzwischen von Farbigen dominiert, so wie es die zahlenmäßige Zusammensetzung der Bevölkerung erwarten lässt. Für sichtbare Zeichen der Veränderung sorgt auch die rege Bautätigkeit. Im Anschluss an Klein Windhoek – ein traditionell ›weißes‹ Viertel – z. B. sind in den letzten Jahren moderne Wohnsiedlungen aus dem Boden geschossen. Selbst in Katutura, dem ›schwarzen‹ Viertel vor den Toren der Stadt, gibt es mittlerweile durchaus komfortable Wohnhäuser und Straßenzüge, in denen sich der Mittelstand etabliert hat.

Und dann: Mitten in der Stadt pulsiert das bunte Leben. Das Zentrum von Windhoek ist übrigens der einzige Ort im Land, an dem man von Gewimmel sprechen kann. Dabei lohnt es, erst einmal einen Blick auf die Stadt zu werfen. Ein grandioses Panorama bietet sich von der Heinitzburg, die man über die Sam

ORIENTIERUNG **O**

Touristenbüros: Windhoek Tourism Information, 7 Post St. Mall, und Namibia Tourism Information, 39 Post Street Mall, Channel Life Towers.
Anreise: Transportmittel der Wahl für alle, die Windhoek besuchen wollen, ist das Flugzeug. Der Internationale Flughafen liegt rund 45 km vor den Toren der Stadt. Aus anderen Landesteilen bestehen teils reguläre Flugverbindungen. Wer mit dem Auto aus Südafrika, Botswana, Zimbabwe oder Sambia kommt, kann fast durchweg auf asphaltierten Straßen anreisen.
Parken: Zwischen Fidel Castro Street und Independence Avenue (unterhalb der Alten Feste) liegt ein großer, bewachter Parkplatz – ein guter Ausgangspunkt für die Erkundung der Stadt.

Nujoma Avenue erreicht. Fotografen dürften auch an der Kreuzung Sam Nujoma Avenue / Mugabe Avenue auf ihre Kosten kommen.

Die Umgebung von Windhoek lädt zu interessanten Ausflügen ein und vermittelt einen Vorgeschmack auf das, was den Reisenden im übrigen Land erwartet.

Windhoek ⭐ 9 J 9

Windhoek ist nicht nur die Hauptstadt des Landes, sondern – zumindest nach europäischem Verständnis – die einzige Großstadt Namibias. Es ist Regierungssitz, Verkehrsknotenpunkt und wirtschaftliches sowie kulturelles Zentrum. In Windhoek befindet sich die einzige Universität Namibias und vor den Toren der Stadt liegt der einzige internationale Flughafen. Damit ist Windhoek naturgemäß für die Mehrzahl der Touristen aus Europa die erste Station ihrer Reise. Die Stadt liegt durchschnittlich rund 1600 m über dem Meeresspiegel. Dadurch ist es im Sommer nicht zu heiß, im Winter allerdings manchmal empfindlich kalt. Durch den ungesteuerten Zuzug von Landflüchtlingen aus dem Norden Namibias und aus Angola gibt es keine verlässlichen Einwohnerzahlen.

Man kann aber davon ausgehen, dass um die 400 000 Menschen in Windhoek leben, davon wohl mehr als die Hälfte im schwarzen Stadtviertel Katutura im Norden. Obwohl nur ungefähr 2 % der Einwohner Deutsch als Muttersprache sprechen, ist die deutsche Sprache neben der Amtssprache Englisch weit verbreitet. Trotz der ständig steigenden Einwohnerzahl und der Hochhäuser im Zentrum entlang der Independence Avenue hat sich Windhoek seinen eher kleinstädtischen Charme bewahrt. Rund 90 % der Einwohner wohnen in Hütten oder kleinen Häusern am Stadtrand. Die Weißen, ca. 30 000, leben noch immer bevorzugt in eigenen Stadtteilen, so z. B. in Klein Windhoek und Ludwigsdorf. Ihre Wohnhäuser sind nach wie vor oft bedeutend großzügiger gebaut als die der schwarzen Mittelschicht, teils sind es Villen.

Neben den eher kleinstädtischen Geschäftshäusern aus vergangenen Zeiten wird das Zentrum von Windhoek entlang der Independence Avenue von modernen Hochhäusern dominiert.

Lieblingsort

Eine Stadt im Aufbruch

Der Weg auf den **Hügel zum Independence Memorial Museum** ❶ lohnt
nicht nur wegen des Museums, sondern auch aus einem ganz anderen Grund:
Sitzt man auf den Stufen des Museums, hat man einen herrlichen Blick auf
das Stadtzentrum. Ein Ort also zum Verschnaufen und um die Kombination in
sich aufzunehmen, die so typisch für die Stadt ist. Im Vordergrund den ersten
Präsident Sam Nujoma, dominierend auch die Christuskirche und im Hintergrund die modernen Geschäftshochhäuser, die entlang der Unabhängigkeits-
straße aus dem Boden geschossen sind. Warum erinnert einen die Präsiden-
tenstatue nur an ein Denkmal des nordkoreanischen Diktators Kim Jong-un?

Wasser ist ein knappes Gut

Das größte Problem für die Hauptstadt ist der permanente Wassermangel. Im Durchschnitt fallen pro Jahr nicht einmal 400 mm Regen je Quadratmeter. Der ungehinderte Zuzug nach Katutura verschärft dieses Problem ständig. Das Wasser, das über Kanalsysteme aus dem Norden kommt, reicht oft nicht aus und so muss Trinkwasser mehrfach wieder aufbereitet werden. Die regenreichsten Monate sind November und Januar bis März. Regnet es dann einmal einen Tag richtig, sollte man als Tourist seinen Ärger darüber unterdrücken und verstehen, dass sich die Menschen in der Stadt riesig freuen. Da verwundert es auch nicht, dass man sich zum Weihnachtsfest in Namibia gegenseitig »Ein verregnetes Weihnachten!« wünscht.

Von der ›Kaffeemühle‹ zum Parlament

Die Zahl der Sehenswürdigkeiten in der Hauptstadt ist überschaubar, sie lassen sich an einem Tag bequem und stressfrei besichtigen. Zum Rundgang zu Fuß gibt es keine Alternative.

Muss für alle Namibia-Neulinge

Das **Independence Memorial Museum** ❶ (Unabhängigkeits-Gedenkmuseum, Robert Mugabe Ave., tgl. 8–17 Uhr, Eintritt frei) ist sicher nicht die gelungenste architektonische Idee, durch seine Größe und die eigenwillige Architektur (Spitzname: Kaffeemaschine) dominiert es aber das Zentrum. Für die Mehrzahl der farbigen Namibier ist das Museum die wichtigste Sehenswürdigkeit der Stadt und so hat auch der Standort eine symbolische Bedeutung: Der Bau wurde von einem nordkoreanischen Konzern genau an der Stelle errichtet, wo über viele Jahrzehnte das Reiterdenkmal seinen Platz

hatte. Das Denkmal zeigte einen überlebensgroßen deutschen Schutztruppenreiter, einen Militär, der in Deutsch-Südwestafrika im Einsatz war (s. auch Alte Feste S. 20). Ursprünglich sollte das Unabhängigkeits-Museum bereits 2010 eröffnet werden, seine Fertigstellung verzögerte sich aber mehrmals; erst im März 2014 öffneten sich seine Tore. Eine multimediale Ausstellung führt durch die Geschichte Namibias, insbesondere durch die Zeit der langjährigen Unabhängigkeitskämpfe. Auch wenn uns manche der Ausstellungsstücke und wohl auch die

ASIATEN AUF DEM VORMARSCH

Seit 10 Jahren strömen immer mehr Chinesen nach Namibia. Man schätzt, dass es mittlerweile an die 100 000 sind. Das chinesische Interesse beruht auf dem ungebremsten Rohstoffhunger des Riesenreiches. In Namibia finden chinesische Unternehmen Diamanten, Gold, Blei, Zink und vor allem Uran. Deshalb hat die China Guangdong Nuclear Power Company bereits eine Milliarde US-$ in die neue Husab-Mine investiert (s. S. 99). Außerdem schätzen die Chinesen das Land als Absatzmarkt für ihre elektronischen Geräte. Die problematischste Seite des chinesischen Engagements in Namibia: Gemeinsam mit den Nordkoreanern erhalten chinesische Firmen rund zwei Drittel der öffentlichen Bauaufträge – ruinöse Folgen für die einheimische Wirtschaft inklusive. Und zu guter Letzt erhalten sie auch Konzessionen für Landkauf – die richtigen Schmiermittel und viele ›kleine‹ Nettigkeiten für die Verantwortlichen machen es möglich.

Art der Präsentation fremd erscheinen mag – ein Muss zum Verständnis der jüngeren Geschichte ist es allemal. Die kuriose Anmutung der Ausstellung hat übrigens eine einfache Erklärung: Der nordkoreanische Baukonzern lieferte teilweise gleich die Inhalte mit und setzte so manches Exponat mit kommunistischen Propagandastilmitteln in Szene (s. auch Kasten S. 19).

Neben dem Museum zieht die **Christuskirche ❷** die Blicke auf sich. Das 1910 geweihte Gotteshaus der evangelisch-lutherischen Gemeinde entwarf Regierungsbaumeister Gottlieb Redecker. Ihr charakteristisches Aussehen verdankt die Kirche dem rötlichen Quarzsandstein, der in der Nähe von Windhoek gebrochen wurde. Für das Portal verwendete man dagegen originalen Carrara-Marmor, der mit Schiff und Bahn aus Europa nach Windhoek gebracht wurde. Die wunderschönen Buntglasfenster stiftete Kaiser Wilhelm II. 1971 erfolgte eine umfassende Renovierung. 80 % der dafür benötigten finanziellen Mittel kamen aus Deutschland.

Reiter im Dornröschenschlaf

Die **Alte Feste ❸** ist das älteste Gebäude der Stadt. Die Bauarbeiten wurden kurz nach der Ankunft von Hauptmann Curt von François begonnen und bereits 1892 beendet. Bei Umbauten in den Jahren 1895 und 1912 verlieh man dem Bau sein heutiges Aussehen. Als Festung wurde er jedoch nur bis 1915 genutzt. Später zog ein Internat in die alten Mauern ein und schon 1957 wurde die Alte Feste zum Nationalmonument erklärt. Heute sind in den Festungsräumen die Exponate des Nationalmuseums (National Museum of Namibia) untergebracht. Die historische Sammlung umfasst Ausstellungsstücke aus der Zeit der ersten Missionsstationen, der deutschen Kolonialzeit sowie der Mandatsverwaltung durch Südafrika und dokumentiert auch den schweren Weg bis zur Erlangung der Unabhängigkeit.

Im Hof der Alten Feste lagert zurzeit das **Reiterdenkmal.** Es war vor seiner Demontage 2013 eines der von Touristen meistfotografierten Wahrzeichen der Stadt. Doch von vielen Namibiern wurde es abgelehnt, denn das von Adolf Kürle entworfene, pünktlich zum Geburtstag von Kaiser Wilhelm II. am 27. Januar 1912 enthüllte Monument ehrt die während der Feldzüge gegen die Herero und Nama zwischen 1904 und 1907 gefallenen deutschen Soldaten – und ignoriert das von den deutschen Schutztruppen bei diesen Kämpfen begangene Massaker an den Herero (s. S. 173). Dem Reiter wurde 2014 vom namibischen Denkmalrat aus diesem Grund der Status eines nationalen Denkmals aberkannt, voraussichtlich soll er als einfaches Museumsstück im Hof der Alten Feste aufgestellt werden.

Robert Mugabe Ave., Mo–Fr 9–18, Sa, So 10–12.30, 15–18 Uhr, Eintritt frei

---

FAKTENCHECK WINDHOEK **F**

Einwohner: 400 000
Bedeutung: Hauptstadt Namibias, kulturelles und politisches Zentrum
Stimmung auf den ersten Blick: heiter, freundlich, weltoffen
Stimmung auf den zweiten Blick: zwiegespalten, so wie das Verhältnis zwischen Schwarz und Weiß, zwischen Arm und Reich
Besonderheiten: Das Zentrum von Windhoek ist der einzige Ort im Land, an dem man sich ins Gewimmel stürzen kann.

Der Parliament Garden ist eine der schönsten grünen Oasen der Stadt und der perfekte Ort, um nach einem heißen Stadtbummel zu Füßen des Tintenpalasts auf einer schattigen Bank etwas zu verschnaufen.

Zentralen der Demokratie

Das lang gestreckte, ebenfalls von Gottlieb Redecker entworfene Verwaltungsgebäude erhielt im Volksmund den Namen **Tintenpalast** ❹, weil die Beamten, egal unter welcher Regierung, hier viel Tinte verschrieben. Ob mit sinnvollen Sätzen oder nicht, mag dahingestellt bleiben. Mittlerweile ist dies auch der offizielle Name des 1913 eingeweihten Baus. Ursprünglich war er als Verwaltungssitz der deutschen Kolonialregierung konzipiert. Doch nur ein Jahr, von Mai 1914 bis Mai 1915, tagte hier der Landesrat. Seit der Unabhängigkeit tritt hier das Unterhaus der Nationalversammlung zusammen.

Noch unter der Mandatsherrschaft der Südafrikaner entstand 1964 unweit des Tintenpalastes ein modernerer Gebäudekomplex, der früher die Administration und den Landrat beherbergte. Im heutigen **Parlamentsgebäude** ❺ (Houses of Parliament) tagt seit 1990 das Oberhaus der Nationalversammlung.

Robert Mugabe Ave., nur Außenbesichtigung

Entlang der Independence Avenue

Kaiser Wilhelm war gestern

An der Ecke R. Mugabe Avenue/ Sam Nujoma Drive steht das 1905/06 errichtete **Offiziershaus** ❻, wo man einen Blick in die Ställe und die Sattelkammer werfen kann. Dort wo der Sam Nujoma Drive die Independence Avenue

Windhoek

Ansehen

1. Independence Memorial Museum
2. Christuskirche
3. Alte Feste
4. Tintenpalast
5. Parlamentsgebäude
6. Offiziershaus
7. Curt-von-François-Denkmal
8. Zoo Park
9. Uhrturm
10. Meteoritenbrunnen
11. Kudu-Denkmal
12. Oude Voorpost
13. Turnhalle
14. Werth Lookout
15. St. George's Cathedral
16. National Theatre
17. Old State House
18. Schwerinsburg
19. Sanderburg
20. Klein Windhoek
21. Ludwigsdorf
22. Khomasdal
23. Katutura
24. TransNamib Museum
25. National Art Gallery
26. Owela Museum

Schlafen

1. Heinitzburg
2. Windhoek Country Club Resort
3. Safari Court Hotel/Hotel Safari
4. Village Courtyard Suites
5. Kalahari Sands Hotel
6. Thüringer Hof
7. Backpacker Unite

Essen

1. Leo's at the Castle
2. NICE
3. Gathemann
4. Homestead Restaurant
5. The Gourmet
6. Yang Tse
7. Restaurant Africa
8. La Marmite
9. Otjikaendu Den
10. Sardinia

Einkaufen

1. Kunsthandwerkermarkt
2. Wernhil Park
3. Maerua Mall
4. Namibia Craft Centre
5. Casa Anin
6. Penduka Artisan Shop

Bewegen

1. Katu Tours
2. Ricma Safaris

Ausgehen

1. Joe's Beerhouse
2. 99FM PlayHouse Theatre
3. Cinema Ster Kinekor

kreuzt, erinnert das 1965 eingeweihte **Curt-von-François-Denkmal** ❼ an den Gründer der Stadt Windhoek. 1852 in Luxemburg geboren, hatte von François eine Militärausbildung an der Preußischen Hauptkadettenanstalt in Berlin absolviert. Nach mehreren Afrikaexpeditionen wurde ihm im Jahr 1889 die Leitung der Schutztruppe in

---

VON DER MISSION ZUR KOLONIALHAUPTSTADT **K**

Am 18. Oktober 1890 legte der deutsche Schutztruppenoffizier Hauptmann Curt von François den Grundstein für die Alte Feste – der Tag gilt als Grundsteinlegung für Windhoek. Der Platz war aber schon lange davor von Nama besiedelt, im 19. Jh. folgte eine Missionsstation der rheinischen Missionsgesellschaft. Über Jahrzehnte lag die Missionsstation inmitten der blutigen Stammesfehden von Nama und Herero und hatte wenig Möglichkeiten, sich zu entwickeln. Erst mit der Ankunft der deutschen Schutztruppler unter Hauptmann von François 1889 änderte sich das. In kurzer Zeit wurde die Feste gebaut und bereits ein Jahr später zog das deutsche Verwaltungszentrum von Otjimbingwe nach Windhoek um. Erste Siedler ließen sich nieder und fortan entwickelte sich die ehemalige Missionsstation zur wichtigsten Stadt des Landes. Mit der Eröffnung der Eisenbahnlinie Swakopmund–Windhoek 1902 stand schließlich einem wirtschaftlichen Aufschwung der Stadt nichts mehr im Weg. Bis zum Ende der deutschen Kolonialzeit 1915 blieb Windhoek, damals eingedeutscht Windhuk, Sitz der deutschen Kolonialverwaltung.

---

der neuen Kolonie Deutsch-Südwestafrika übertragen.

An der Independence Avenue weiter nördlich liegt der **Zoo Park** ❽ – zwischen 1916 und 1963 tatsächlich ein Zoo, heute nur eine schöne Parkanlage. An der Straße der Unabhängigkeit, die bis 1990 Kaiserstraße hieß, konzentrieren sich viele der Einkaufsmöglichkeiten von Windhoek. Besonders in ihrem nördlichen Verlauf kommt man an vielen kleinen Geschäften und Lokalen vorbei, deren deutscher Ursprung meist nicht zu übersehen ist.

Wenige Schritte hinter dem Zoo Park biegt links die **Post Street Mall** ab, eine moderne Fußgängerzone. Hier verkaufen auf einem **Kunsthandwerkermarkt** ❶ Straßenhändler Souvenirs und andere Waren. Den Eingang zur Fußgängerzone können Sie nicht verfehlen, er wird von einem recht auffälligen **Uhrturm** ❾ (Clock Tower) markiert, einer Nachbildung des Uhrturms der 1906 gegründeten Deutschen Afrikabank, die zur Kolonialzeit die Geldgeschäfte zwischen Deutschland und Südwestafrika abwickelte. Ein interessanter Blickfang an der Post Street Mall ist der **Meteoritenbrunnen** ❿. Der Brunnen aus 31 Gesteinsbrocken, die einst als Meteoritenschauer auf Namibia niedergingen, ist ein idealer Platz, um das Treiben in der Fußgängerzone zu beobachten. Die außerirdischen Steine bestehen zu über 90 % aus Eisen und sollen rund 600 Mio. Jahre alt sein. Die Fußgängerzone führt direkt in das Einkaufszentrum **Wernhil Park** ❷ mit seinen zahlreichen Läden, Boutiquen und Cafés.

Zurück auf der Independence Avenue passiert man auf der anderen Straßenseite die Post. Auf der rechten Seite steht das **Kudu-Denkmal** ⓫, ein weiteres Wahrzeichen der Stadt. Das von dem Münchner Professor Fritz Behn 1960 geschaffene Standbild eines Kudus ist ein beliebter Hintergrund für

Erinnerungsfotos und wird auch gern als Treffpunkt genutzt. Ein Geschäftsmann stiftete die Plastik zum Gedenken an die Rinderpest, der 1897 zahlreiche Rinder, aber auch Kudus und andere Antilopen zum Opfer gefallen waren. Ein Stück weiter folgt das im Jahr 1902 erbaute, als **Oude Voorpost** 12 bezeichnete einstige Kaiserliche Landesvermessungsamt, heute Sitz des Ministeriums für Naturschutz und Tourismus.

An der R. Mugabe Avenue

Sportlich den Hügel hinauf

In der **Turnhalle** 13 (1909), einst tatsächlich eine Sportstätte, fand 1975 die erste verfassunggebende Versammlung statt. Sie ging als ›Turnhallen-Konferenz‹ in die namibischen Geschichtsbücher ein. Bis 2017 war die größte Oppositionspartei in Namibia, die Democratic Turnhalle Alliance (DTA), nach diesem Ereignis benannt. Heute heißt die DTA Popular Democratic Movement (PDM).

Nicht weit von der Turnhalle entfernt führt ein Abstecher den Hügel zum **Werth Lookout** 14 hinauf, einem beliebten Aussichtspunkt. Auf dem Weg zurück ins Stadtzentrum passiert man die **St. George's Cathedral** 15 (1924), die kleinste Kathedrale im südlichen Afrika.

Zurück ins Zentrum

Im Laufe der R. Mugabe Avenue treffen Sie auf zwei interessante Museen: die **National Art Gallery** 25 (S. 30) und das **Owela Museum** 26 (S. 30) mit einer natur- und volkskundlichen Sammlung. In direkter Nachbarschaft zur National Art Gallery befindet sich das **National Theatre** 16, ein Dreispartenhaus mit Ballett-, Theater- und Musicalaufführungen. Den Abschluss des Stadtbummels, nun wieder fast zurück am Ausgangspunkt, bildet das **Old State House** 17, bis 2010

Anziehungs- und beliebter Treffpunkt gleichermaßen ist der Meteoritenbrunnen an der Post Street Mall.

Amtssitz des Präsidenten. Das neue, von einem nordkoreanischen Konsortium errichtete State House liegt ca. 4 km südlich des Zentrums im Stadtteil Ausblick.

Südlich der Innenstadt

Burgen aus der Retorte

Wer nach der Besichtigung des Stadtzentrums noch gut zu Fuß ist oder, noch besser, ein Auto zur Verfügung hat, kann einen Abstecher auf dem Sam Nujoma Drive in Richtung International Airport unternehmen. Bevor man den Berg ganz nach oben gefahren ist, liegen rechter Hand Windhoeks drei Burgen. Natürlich sind sie in puncto Alter nicht mit ihren europäischen Verwandten zu vergleichen. Alle drei

Lieblingsort

Fern der städtischen Hektik

Zu den Eigentümlichkeiten, auf die man in Windhoek stoßen kann, gehören zweifellos die drei ›Burgen‹, die auf dem sogenannten Luxushügel oberhalb der Stadt thronen. Die **Heinitzburg** ❶ ist eine von ihnen. Erbaut 1914 von Architekt Wilhelm Sander, der in Südwest einige Spuren hinterlassen hat, gehört sie zu den Orten, von denen aus man Windhoek am besten genießen kann. Ursprünglich hatte Sander das Schlösschen für sich selbst errichtet, doch schon 1916 verkaufte er es an Graf von Schwerin, der es für seine Verlobte Margarethe von Heinitz erwarb. Heute ist es ein Luxushotel. Auf der Terrasse sitzend, einen Cocktail trinkend oder bei Kaffee und Kuchen hat man die namibische ›Metropole‹ zu seinen Füßen. Ein Ort so richtig perfekt für einen stilvollen Abschied vor dem Rückflug.

wurden erst zwischen 1913 und 1917 geplant und erbaut. Den Anfang machte die **Schwerinsburg** ⑱, in der heute die italienische Botschaft residiert. Wie die beiden anderen Trutzbauten wurde sie von dem Architekten Wilhelm Sander projektiert. Graf von Schwerin ließ ein Jahr später für seine Frau eine zweite Burg bauen, die nach ihrem Mädchennamen **Heinitzburg** ❶ genannt wurde. Seit 1996 beherbergt der Bau ein komfortables Hotel und ein Restaurant. Von der Terrasse eröffnet sich ein herrlicher Blick über die Stadt (s. Lieblingsort S. 26). Die dritte Burg, die Sander errichtete, wurde sein eigener Wohnsitz und heißt daher **Sanderburg** ⑲. Sie ist bis heute in Privatbesitz.

Klein Windhoek und Ludwigsdorf

Bei seinem Streifzug durch Windhoek sollte man sich nicht nur auf das Zentrum beschränken. Interessant ist auch eine Fahrt in jene Viertel, welche die bis heute existierenden sozialen Extreme Windhoeks repräsentieren: Da sind zum einen die typischen Stadtteile der Weißen, unter denen besonders **Klein Windhoek** ⑳ und das angrenzende **Ludwigsdorf** ㉑ mit ihren schmucken Einfamilienhäusern und luxuriösen Villen hervorstechen. In Klein Windhoek beginnt der Aloe Trail, ein Panoramarundweg (s. Tour S. 29).

Khomasdal und Katutura

Im krassen Gegensatz zu den ›weißen‹ Vororten stehen die Stadtteile der Schwarzen **Khomasdal** ㉒ und Katutura im Norden der Stadt. Der Grundstein für beide Wohngebiete

wurde in der Zeit der südafrikanischen Apartheidsherrschaft gelegt. Bis heute lassen sich die seinerzeit festgeschriebenen Unterschiede erkennen. Khomasdal liegt näher am alten Windhoek als Katutura und die Grundstücke und Häuser machen in der Regel einen bedeutend großzügigeren Eindruck als dort. Obwohl in Katutura erkennbar eine schwarze Mittelschicht entstanden ist, wird dieser Stadtteil nach wie vor von barackenähnlichen Gebäuden und Wellblechhütten dominiert.

Wie eine eigene Stadt

Für alle, die mehr von Windhoek sehen wollen als die glitzernden Fassaden, ist eine Tour durch **Katutura** ㉓ ein Muss. Hier spielt sich typisch afrikanisches Leben ab. Es ist ratsam, an einer organisierten Tour per Kleinbus (inkl. kurzer Fußwege, Restaurantbesuch) teilzunehmen, praktisch alle Veranstalter in Windhoek bieten eine solche Tour an (s. S. 34). Abseits des Zentrums, nur wenige Kilometer und schon ist man in einer anderen Welt. Hat man Khomasdal passiert und das Industriegebiet rechts liegen gelassen, erreicht man die ersten Straßen von Katutura. Auch hier herrscht quirliges Leben, aber anders als im Zentrum erinnert nichts an eine deutsche Kleinstadt. Auch rund 30 Jahre nach der Unabhängigkeitserklärung wohnt die Mehrheit der schwarzen Windhoeker noch immer in Katutura. Der schwarze Stadtteil der Metropole hat sich zu einer selbstständigen Stadt entwickelt mit Krankenhaus, Schulen, Kindergärten und anderen Versorgungseinrichtungen. Über 200 000 Menschen leben hier, mehr als in allen anderen Stadtteilen zusammen.

Rassentrennung à la Südafrika

Katutura – ›Ort, wo wir nicht leben möchten‹ – nennt sich der Stadtteil, ein Name, der das Gefühl all jener Schwarzen zusammenfasst, die Mitte der 1960er-Jahre nach der Verabschiedung der Apartheidgesetze von den südafrikanischen Besatzern aus der Old Location, ihrer früheren Wohnsiedlung in Windhoek, vertrieben wurden. 1968 war die Zwangsumsiedlung abgeschlossen und das alte Windhoek so ›weiß‹, wie es die Apartheid verlangte.

Das Township einst und heute

Wer Katutura besucht, erblickt als Erstes Straßen mit netten kleinen Siedlungshäusern, in denen sich nach und nach ein schwarzer Mittelstand etabliert hat. Vor der Unabhängigkeit waren die Menschen selbst in Katutura streng getrennt nach ihrer ethnischen Zugehörigkeit untergebracht. So gab es Viertel für Ovambo, Herero und Damara – noch heute zeugen an manchen Häusern die Buchstaben ›O‹, ›H‹ und ›D‹ davon. Doch die Trennung nach Stammeszugehörigkeit gehört lange der Vergangenheit an. Jeder kann heute wohnen, wo er will. Ein Weißer in Katutura ist jedoch noch immer die Ausnahme, ebenso wie ein Schwarzer in einem der weißen Wohnviertel von Windhoek.

Mit Elendsvierteln, wie man sie aus anderen Entwicklungsländern kennt, hat Katutura abgesehen von den Squatter Camps (s. u.) kaum etwas gemein. Die namibische Regierung hat große Anstrengungen unternommen, um die Infrastruktur und die Lebensumstände der Einwohner zu verbessern. Straßen wurden geteert, Telefon- und Stromleitungen sowie Wasseranschlüsse gelegt. Auf den Straßen Katuturas ist es heute sauberer als in vielen europäischen Großstädten.

Randbedingungen

Während manche Bewohner von Katutura bereits in schmucken Häuschen wohnen, leben viele noch in flachen, 45 m² großen Baracken, die meist noch aus der Zeit vor 1990 stammen. Nicht selten teilen sich bis zu 20 Menschen die vier winzigen Zimmer. Je weiter man in die Randgebiete fährt, desto ärmlicher werden die Behausungen. Täglich treffen neue Landflüchtlinge ein, errichten Hütten aus Kartons und Wellblech. In diesen ›Squatter Camps‹ herrschen unsägliche Armut, untragbare hygienische Verhältnisse und eine Arbeitslosigkeit von weit über 50 %. Das sorgt für soziale Spannungen. Der traurigste Ort in Katutura wurde 1987 gesprengt: das Ovambo-Hostel, ein Wohnheim für Wanderarbeiter aus dem Norden mit ständig überbelegten Schlafsälen. Doch bis heute gibt es in Katutura Wohnblöcke für Vertragsarbeiter, die fern von Frau und Kindern arbeiten müssen, um das Überleben ihrer Familie zu sichern.

Markttrubel

Einen Stopp sollte man unbedingt am Soweto Market einlegen. Dort gibt es fast alles, was man zum Leben benötigt. Auch die geführten Touren durch Katutura machen hier Halt. Die Händler freuen sich natürlich, wenn die Besucher etwas kaufen – und auch über das Interesse an ihrem Leben. Seinen Charakter hat sich der Markt zum Glück trotz Touristen bewahrt, sie sind nur eine Randerscheinung. Wer beim Marktbesuch Hunger bekommen hat, der kann sich hier oder in einer der kleinen Gaststätten des Townships stärken, z. B. in dem weit über Katutura hinaus bekannten Lokal **Otjikaendu Den** 9 von Melba Tjahere (s. S. 32), wo u. a. der legendäre gefüllte Ziegenkopf serviert wird.

Hilfe zur Selbsthilfe

Heute gehen viele Bewohner des einstigen Townships ganz selbstbewusst mit ihrem Wohnumfeld und ihrem Alltag um. Für sie ist aus Katutura, dem ›Ort, an dem wir nicht leben wollen‹, Matutura geworden: ›Wir wollen bleiben‹. Dass sie so empfinden, hat auch etwas damit zu tun, dass fast jeder in Katutura irgendetwas tut, um sich

TOUR
Per Pedes am Rande von Windhoek

Aloe Trail (Hofmeyer Walk)

Infos

📍 J 9

Start:
Dr.-Kaunda-St.

Dauer: ca. 1 Std.

Hinweise: Festes Schuhwerk ratsam. Aus Sicherheitsgründen nur als Gruppenunternehmung zu empfehlen – in der Vergangenheit kam es mehrfach zu Überfällen!

Großstädte sind im Allgemeinen nicht gerade Wanderparadiese, Windhoek macht da keine Ausnahme. Doch es gibt hier einen kleinen Weg, den man ruhig einmal unter die Wanderschuhe nehmen kann. Dabei sind Wanderschuhe wirklich zu empfehlen, denn geteert oder gepflastert ist er natürlich nicht. Bekannt ist der Weg als Hofmeyer Walk, doch setzt sich der neue Name Aloe Trail immer mehr durch. Er verweist darauf, dass man hier, besonders in den kühleren Monaten (März/April), von den wunderschönen roten Blüten der Aloe begleitet wird. Viele Vögel werden vom Duft der Blüten angezogen. Auch in der übrigen Zeit lohnt der Weg: Er bietet tolle Panoramablicke auf Windhoek, denn er verläuft malerisch auf dem sanften Bergrücken, der das Zentrum der Metropole vom Stadtteil Klein Windhoek trennt.

Wenn auch der Weg selbst das Ziel ist, so kann man ihn sicherlich auch als Verbindung zwischen Windhoek und Klein Windhoek nutzen. Sinnvoller ist es aber, auf Rundtour zu gehen, an der **Dr.-Kaunda-St.** nordöstlich des Tintenpalastes zu starten und dann nach dem ›Aufstieg‹ auf Höhe der **Wasserreservoire** wieder abwärts in Richtung des **Parkplatzes** an der Orban St. zu wandern. Zu Füßen des Weges liegen dabei im Osten die zumeist von hohen Mauern mit Stacheldrahtkronen umgebenen Villen wohlhabender Weißer. Im Westen dagegen ragen die das Sonnenlicht spiegelnden Fassaden der neu entstandenen Hochhäuser aus dem Tal. Auch die Türmchen und Zinnen der drei Windhoeker Burgen sind zu sehen. Am Parkplatz angekommen geht es dann geradewegs wieder zurück zum **Ausgangspunkt.**

auch ohne geregelte Arbeit ein menschenwürdiges Leben zu schaffen. Es gibt eine Reihe von Projekten, die die Menschen in diesem Bemühen unterstützen. Ein Vorzeigebeispiel ist Penduka, ein staatliches Projekt zur Förderung von Frauen mit Sitz in Katutura. Ein Abstecher nach Westen führt zum malerisch am Goreangab Dam gelegenen **Penduka Artisan Shop** ❻ (s. S. 34). In dem Kunsthandwerkszentrum kann man den Frauen beim Bedrucken von Stoffen mit ethnischen Motiven zusehen und in einem Verkaufsraum hübsche Souvenirs erwerben. Es gibt Zimmer und ein nettes Restaurant mit Terrasse.

Museen

❶ **Independence Memorial Museum:** Das wichtigste Museum der Stadt, s. S. 19.

Pflicht für Eisenbahnenthusiasten
❷❹ **TransNamib Museum:** Im ersten Stock des 1912 gebauten Bahnhofsgebäudes mit einem Mix aus wilhelminischen und Jugendstilelementen wartet das kleine TransNamib Museum auf Besucher, das interessante Einblicke in die Geschichte der namibischen Eisenbahngesellschaft ermöglicht. Vor dem Bahnhof steht, durch ein Dach geschützt, der »Poor Old Joe«. Über 100 Schmalspurloks dieses Typs wurden aus Deutschland importiert.
Bahnhof St., Mo–Fr 8–13, 14–17 Uhr, 5 N$

Über die Landesgrenzen hinaus
❷❺ **National Art Gallery:** Das größte Kunstmuseum des Landes zeigt in seiner ständigen Ausstellung namibische Kunst, u. a. Werke von John Ndevasia Muafangejo (1943–87), der vor allem durch seine ausdrucksstarken Linolschnitte international bekannt wurde. Aber auch Kunst aus anderen afrikanischen Ländern sowie aus Europa ist zu sehen. In dem modernen Museumsbau finden regelmäßig Sonder-

ausstellungen zu ausgewählten Themen oder zeitgenössischen Künstlern statt.
Robert Mugabe Ave./Ecke John Meinert, Mo–Fr 8–17, Sa 9–14 Uhr, Eintritt frei

Alltag in Dioramen
❷❻ **Owela Museum:** Ebenfalls an der Robert Mugabe Avenue trifft man in Richtung Zentrum auf das Owela Museum. In diesem Komplex ist die natur- und volkskundliche Sammlung des Nationalmuseums untergebracht. Einen Schwerpunkt bildet die Ausstellung von Dioramen, die das Alltagsleben afrikanischer Völker, u. a. der Himba, Nama und San, zeigen.
4 Robert Mugabe Ave., Mo–Fr 9–18, Sa, So 10–12.30, 15–18 Uhr, Spenden willkommen

Schlafen

Mit Sakko und Schlips
❶ **Heinitzburg:** Fürstlich geführtes Haus, das 1996 in der Burg (s. Lieblingsort S. 26) eröffnet wurde. Stilvoll gestaltet, guter, persönlicher Service, Terrassencafé, toller Blick auf die Stadt; das zugehörige Restaurant Leo's besitzt einen bestens sortierten Weinkeller.
22 Heinitzburg St., T 061 24 95 97, www.heinitzburg.com, DZ ab 3600 N$

Am Loch 19
❷ **Windhoek Country Club Resort:** Großzügige Hotelanlage am Stadtrand, 5 Min. Fahrt bis ins Stadtzentrum, direkt am Golfplatz, Tennis, Badewelt, Gesundheitszentrum, Kasino, Restaurant mit internationaler Küche und Terrasse, 159 luxuriöse Zimmer.
B 1 Western Bypass, Windhoek South, Pioneers Park, T 061 205 59 11, www.legacyhotels.co.za, DZ ab 3600 N$

Luxus und Ruhe
❸ **Safari Court Hotel/Hotel Safari:** Moderner Hotelkomplex auf einem 13 ha großen Privatgrundstück am südlichen

Stadtrand; größtes Konferenzzentrum des Landes. Zwei Häuser: das luxuriöse 4-Sterne-Hotel Safari Court Hotel & Conference Centre (252 Zimmer) und das 3-Sterne-Hotel Safari (200 Zimmer). Bustransfer vom Hotel zum Flughafen und kostenloser Shuttlebus ins Stadtzentrum. Ecke Auas St./Aviation St., T 061 296 80 00, www.safarihotelsnamibia.com, DZ ab 3200 N$

Gespeist wird im Garten
4 Village Courtyard Suites: Luxuriöse, geschmackvoll und modern eingerichtete Unterkunft. Fußläufig zum Zentrum. Gespeist wird im Garten, das Auto steht geschützt im Hof. 18 Liliencron St., T 061 40 05 10, www.villagecourtyardsuites.com, DZ ab 2800 N$

Hotelkettenstandard
5 Kalahari Sands Hotel: 4-Sterne-Hotel in modernem Hochhaus im Zentrum, 184 Zimmer, Restaurant, Konferenzräume, Casino und Pool auf der Dachterrasse. 129 Independence Ave., T 061 280 00 00, www.fhotels.net/africa-namibia-khomas-windhoek, DZ ab 2100 N$

Tradition pur
6 Thüringer Hof: Im Zentrum, perfekter Ausgangspunkt für Stadtbesichtigungen und Shopping, Mitglied von Namib Sun Hotels, 40 gemütliche Zimmer, schattiger Thüringer Biergarten, Restaurant mit einheimischer und deutscher Küche, Konferenzraum. So konnte man schon vor 40 Jahren die Stadt erobern. Independence Ave., T 061 33 60 31, www.proteahotels.com, DZ ab 1620 N$

Rucksackträger willkommen
7 Backpacker Unite: Unterkunft für den kleinen Geldbeutel. 7 Min. vom Stadtzentrum entfernt, kostenloser Transfer, Pool, Waschsalon, Campingmöglichkeiten, berühmt für seinen tollen Big Braai. Independence Ave., T 061 33 60 31, über www.booking.com, DZ ab 1280 N$

Für gute Weine steht Südafrika, doch Namibia holt auf. Der Weinkeller in der Heinitzburg wird dem gerecht.

Essen

Französisch
1 Leo's at the Castle: Am Herd steht Tibor Reith und sorgt dafür, dass der hohe Standard, den sein Vater gesetzt hat, erhalten bleibt; ohne Zweifel eines der besten Häuser der Stadt mit exzellenter internationaler Küche und Panoramablick auf Windhoek. 22 Heinitzburg St., T 061 24 95 97, www.heinitzburg.com, tgl. ab 18.30 Uhr, Hauptgericht ab 200 N$

Junge Leute am Herd
2 NICE: Das Restaurant des Namibian Institute of Culinary Education führt eine hervorragende Küche in elegantem Ambiente. Im als Ausbildungsbetrieb geführten Restaurant zeigen junge Leute, was sie gelernt haben. Zur Lunchtime ist

geöffnet, sonst nur nach Bestellung für Gruppen, s. Zugabe S. 42.

Mozart St./Hosea Kutako Dr., T 061 30 07 10, www.nice.com.na, Hauptgericht um 180 N$

Buntes Treiben im Blick

3 Gathemann: Der perfekte Platz, um vom Balkon im ersten Stock das bunte Treiben im Zentrum der Stadt zu beobachten. Spezialität sind Wildgerichte wie Antilope, Kudu, Strauß oder Warzenschwein.

175 Independence Ave., 061 22 88 53, Mo–Sa 12–17, 18–22 Uhr, Hauptgericht um 180 N$

Wild auf dem Teller

4 Homestead Restaurant: In der Nähe des Ausspannplatzes in historischem Ambiente – das Haus stammt aus dem Jahr 1906. Herzhaft-kräftige Wild- und Fisch-Spezialitäten, so wie man des in Namibia erwartet.

53 Feld St., T 061 22 19 58, Mo–Fr 12–14, 18–22 Uhr, Hauptgericht um 160 N$

Es muss nicht immer Kudu sein

5 The Gourmet: Große Auswahl an Pizza, Pasta und Salaten sowie portugiesischen Speisen, dabei wird viel Wert auf eine gesunde Küche gelegt. Schöner, schattiger Garten. Es wird auch Frühstück serviert.

Kaiserkrone Centre, T 061 23 23 60, Mo–Sa ab 9 Uhr, Hauptgericht um 160 N$

Asiatisch darf nicht fehlen

6 Yang Tse: Letztlich wie überall in der Welt: Der ›Chinese‹ gehört zum kulinarischen Angebot aller Städte (s. auch Kasten S. 19). Beliebtes asiatisches Restaurant. Nach zwei Wochen Steaks auf dem Grill sind die chinesischen Gemüsegerichte eine willkommene Abwechslung. Auch Lieferservice.

351 Sam Nujoma Dr., Klein Windhoek, T 061 23 47 79, tgl. 10.30–23 Uhr, Hauptgericht um 150 N$

Authentisches

7 Restaurant Africa: Hier kommen authentische afrikanische Speisen auf den Tisch, Spezialitäten aus verschiedenen Regionen Afrikas.

In der Alten Feste, T 061 24 71 78, tgl. 19–22 Uhr, Hauptgericht um 140 N$

An der Hauptstraße

8 La Marmite: Im Süden Afrikas servieren die nordafrikanischen Besitzer westafrikanische Speisen. Wildgerichte und manch Exotisches kommt auf die Teller.

383 Independence Ave., T 061 23 03 06, Mo–Sa 12–15, tgl. 17–23 Uhr, Hauptgericht um 140 N$

Smiley für Mutige

9 Otjikaendu Den: Ein ausgezeichneter Platz für experimentierfreudige Gäste. Spezialität von Besitzerin ›Meme Melba‹ ist der lecker gefüllte Ziegenkopf, der aus gutem Grund auch ›Smiley‹ genannt wird. Das Hühnercurry wird ebenfalls gerühmt.

3440 Antiochie St./Ecke Caesar St., Luxury Hill, Katutura, mobil 081 245 40 75, tgl. ab 19 Uhr, Hauptgericht um 90 N$

Bester Espresso der Stadt

10 Sardinia: Italienisches Spezialitätenrestaurant im Herzen der Stadt, Pizza, Pasta, Steaks sowie der beste Espresso und Cappuccino.

39 Independence Ave., T 061 22 56 00, Mi–Mo ab 10 Uhr, Hauptgericht um 90 N$

Einkaufen

Windhoek ist nicht gerade ein Eldorado für Shopping-Fans. Trotzdem lohnt sich ein Bummel durch die Innenstadt, wo es eine Reihe netter kleiner Geschäfte gibt, die ergänzt werden durch einige Supermärkte und Kaufhäuser. Im Prinzip kann man alles kaufen, was man braucht – und einiges mehr. Ein vielfältiges Angebot findet man entlang der **Independence Avenue**

Mitbringsel für die Lieben in der Heimat müssen sein. Die Frauen von Penduka produzieren in ihrer Werkstatt liebevoll schöne Dinge.

(u. a. Safaribekleidung, Keramik, Malerei, Schmuck, s. S. 21). Nicht versäumen sollte man außerdem den Besuch eines der **Märkte** in Katutura – nicht so sehr wegen der dort verkauften Waren, sondern wegen der Atmosphäre. Am besten klappt das im Rahmen einer organisierten Tour in diesen Stadtteil (s. S. 27).

Große Auswahl

1 Kunsthandwerkermarkt: Für Souvenirs empfiehlt sich unter anderem dieser Straßenmarkt im Bereich der Fußgängerzone an der Post Street Mall. Dort gibt es auch eine Reihe kleiner Souvenirläden mit einem recht ansprechenden Sortiment und kompetenter Beratung (s. auch S. 24). Post Street Mall

Zentral

2 Wernhil Park: Rund 38 000 m² großes Einkaufszentrum mit über 70 Läden von u. a. südafrikanischen Labels wie dem Diamantenjuwelier Sterns oder den klassischen Herrenausstattern John Craig und Markham Cignal, außer Mode auch Unterhaltungselektronik, Beauty-Produkte, Schuhe, Sportswear etc., s. S. 24 Ecke Fidel Castro/Mandume Ndemufajo St., www.wernhilpark.com

Europäisches Flair

3 Maerua Mall: Die Shopping Mall hat teilweise europäisches Flair. Auf über 40 000 m² warten rund 100 Geschäfte – ähnliche Labels wie im Wernhil Park, Restaurants, Kinos und ein Fitnessstudio. Ecke Robert Mugabe Ave./Jan Jonker St., südl. vom Zentrum im Stadtteil Suiderhof, www.maeruamall.com, Mo–Fr 9–19, Sa bis 17, So bis 15 Uhr

Authentisch

4 Namibia Craft Centre: Für alljene, die keine Massenware suchen, ist das Zentrum die beste Adresse. Hier ist fast das gesamte Spektrum volkskünstlerischer Arbeiten zu finden, die das Land zu bieten hat, von Lederarbeiten und Schnitzereien bis hin zu Keramik und Egg Art (Kunstobjekte aus Straußeneiern). Einigen Handwerkern kann man bei der Arbeit über die Schulter schauen. Trotz der gehobenen Qualität der Produkte sind die Preise moderat. Es gibt hier auch die handbestickte Bettwäsche von Casa Anin s. u. und Werke junger namibischer Künstler (s. S. 297). Einen Besuch wert ist auch das Café.

40 Tal St., T 061 24 22 22, http://namibia craftcentre.com, Mo–Fr 9–17, Sa 9–13 Uhr, Café: www.craftcafe-namibia.com

Originell
5 Casa Anin: Sehr hochwertige Bettwäsche, Tischdecken, Servietten und Kissen aus Baumwolle oder Leinen in den hellen Farben Namibias bestickt mit typischen namibischen Motiven wie Zebras, Giraffen, Nashörnern usw. Die Casa Anin ist ein Sozialprojekt, das mitt-

lerweile 300 Müttern und ihren Familien ein Einkommen sichert.

Im Bougain Villas Shopping, Sam Nujoma Drive, https://anin.com.na/retail-outlets, Mo–Do 9–17, Fr bis 20, Sa bis 13 Uhr

Krimskrams für den guten Zweck
6 Penduka Artisan Shop: Bettwäsche, Tischdecken, Servietten und Handtücher aus handgewebten Baumwollstoffen, bestickt oder bedruckt mit Motiven aus der namibischen Tierwelt. Staatliches soziales Entwicklungsprojekt, auch mit angeschlossener Lodge.

Penduka Village, Goreangab Reservoir off, Green Mountain Dam Road, www.penduka. com/en/artisans-shop

Bewegen

Mit dem Fahrrad
1 Katu Tours: Geführte Fahrradtouren (3,5 Std., 7 km) durch Katutura, Di–So im-

Ob Joe's Beerhouse afrikatypisch ist, sei dahingestellt. Eine Windhoeker Institution und abendlicher Hotspot ist es aber auf alle Fälle.

mer morgens, Start: Penduka am Gorean-gab Dam, 450 N$ pro Pers. (min.14 Jahre).
SL.10 Soweto Market/Independence Ave., www.katutours.com, T 061 21 00 97, mobil 081 303 28 56

Katutura live

2 Ricma Safaris: Geführte Touren durch Katutura (250 N$ pro Pers.) und durch die Stadt.
Gutenberg Plaza, 51–55 Werner List St., T 061 22 02 68, mobil 855 63 32 66, www.ricma-safaris-namibia.com/citydaytours.htm

Gemeinsam unterwegs

Camelthorn Transfers and Tours: Der Safari- und Tourenveranstalter führt auch Touren zu den Highlights und Märkten von Windhoek durch.
T 061 25 54 90, http://camelthorn.com.na

Auf der anderen Straßenseite

Face to Face Tours: Ganz eingestellt auf die Wünsche der Teilnehmer, erläutern die Führer die Entwicklung Katuturas und führen kundig durch den Stadtteil. Abholung an der Unterkunft.
T 061 26 54 46, www.namibweb.com/katuturatours.htm

Auf Deutsch

Red Earth Sunny Tours & Transfers: Alexandra Sacharow organisiert deutschsprachige Touren durch Katutura und Stadtrundfahrten.
www.redearthsafaris.com

Ausgehen

Wilder (Süd-)Westen

Joe's Beerhouse: Rustikales ›Western‹-Ambiente mit lustigem Trödel unter reetgedeckten Dächern, typische Kneipe für Einheimische wie Touristen. Hier trifft man sich, wenn man nach langer Überlandfahrt oder einer Wüstensafari den Staub des Tages mit einem Wind-

hoek Lager herunterspülen will. Rund 400 Plätze im gemütlichen Biergarten und im Restaurant, Bier vom Fass nach deutschem Reinheitsgebot, Wildgerichte vom Grill. Die Gruppe Ongoma lädt jeden Mi zum Trommel-Workshop (s. S. 295).
160 Nelson Mandela Ave., Eros, T 061 23 24 57, www.joesbeerhouse.com, Mo–Do ab 17, Fr–So ab 11 Uhr

Konzerte und mehr

2 99FM PlayHouse Theatre: Im ehemaligen Warehouse Theatre finden nicht nur die angesagtesten Konzerte für Junge und Junggebliebene in der Region statt, auch das Bistro (tgl. 12–14.30 und ab 16.30 Uhr) und das Internetcafé (tgl. 9–17 Uhr) sind beliebt. Jeden Dienstag ab 21 Uhr darf jeder selbst zum Mikrofon greifen, denn dann ist Karaoke angesagt. Für manche Überraschung ist gesorgt!
48 Tal St., T 061 40 22 53, www.99fmplayhouse.com.na

Große Leinwand

Cinema Ster Kinekor: Ein modernes Kino mit breiter Filmpalette, größtenteils englischsprachige Filme.
Maerua Mall, Ecke R. Mugabe Ave.,/Jan Jonker St., T 061 21 59 12, www.sterkinekor.com

---

Feiern

Infos zu Veranstaltungen siehe auch www.whatsonwindhoek.com.
• **Windhoek Karneval (WIKA):** Ende März/Anfang April, http://wika.na/. Wenn die Windhoeker Karnevalisten von der Leine gelassen werden, brauchen sie den Vergleich mit Köln nicht zu scheuen. Eine Prunksitzung gehört ebenso zum Programm wie ein zünftiger Kinderkarneval, ein Prinzenball und natürlich ein Straßenkarnevalszug quer durchs Zentrum.
• **Bank Windhoek Arts Festival:** Juli–Sept., www.bankwindhoekarts.com.na. Ausstellungen, Filme etc.

- **Oktoberfest:** 1. Wochenende im Okt., http://windhoekoctoberfest.com/the-festival. Das traditionelle Oktoberfest in Windhoek ist eines der größten (wenn nicht das größte) Volksfeste in Namibia. Seit 1958 findet es jährlich auf dem Gelände des Sportklubs Windhoek statt und zählt Tausende Besucher. Die Brauer sorgen für ein spezielles Festbier. Der Fassanstich gibt den Startschuss und neben der zünftigen Musik der Festzeltband und Schuhplattlern sorgen auch Bierkrugstemmen und Stammsägen für das rechte Gaudi.

Infos

- **Windhoek Tourism Information:** 7 Post St. Mall und 39 Post St. Mall, Channel Life Towers.
- **Windhoek Tourism Information:** 7 Post Street Mall, T 061 290 20 92.
- **Namibia Tourism Board:** Channel Life Towers, 39 Post Street Mall, T 061 290 60 00, www.namibiatourism.com.na.
- **Namibia Wildlife Resorts:** 81 Gathemann Building, Independence Ave., Private Bag, T 061 28 57 20, www.nwr.com.na. Viele Unterkünfte und Campingplätze in den Nationalparks müssen hier im Voraus gebucht werden.
- **www.windhoekcc.org.na/tour.php:** offizielle städtische Seite für Touristen, nur wenige Unterpunkte funktionieren aber.
- **Flugzeug:** s. S. 229.
- **Bahn:** www.transnamib.com.na. Jeweils tgl. außer Sa Verbindungen mit Swakopmund und Walvis Bay sowie mit Keetmanshoop; mehrmals wöchentlich nach Tsumeb und Gobabis, s. auch Website.
- **Bus:** Intercape Mainliner via Keetmanshoop nach Kapstadt, via Grootfontein zu den Victoria Falls, via Swakopmund nach Walvis Bay sowie via Tsumeb nach Ondangwa, Oshakati und Oshikango (2 Galilei St., T 061 22 78 47, www.intercape.co.za). Town Hoppers bedient mit Kleinbussen die Strecke Windhoek–Swakopmund–Walvis Bay (T 064 40 72 23, www.namibiashuttle.com). Busterminal Independence Ave./Fidel Castro St.

- **Taxi:** Es sind relativ wenige Taxis unterwegs. Touristen sollten aus Sicherheitsgründen nach Möglichkeit nur in Taxis steigen, die sie sich vom Hotel oder Restaurant haben rufen lassen. Der Taxistand ist gegenüber dem Kalahari Sands Hotel (Independence Ave.). Offizielle Taxis tragen gut sichtbare Schilder mit ihrer Registriernummer. Wichtig: Geben Sie einen markanten Punkt an, Straßen oder Adressen sagen den Taxifahrern meist nichts!

KOSTBARES WASSER

Überall in Namibia und ganz besonders dort, wo die Menschen in einem Ballungsraum versorgt werden müssen, ist Wasser knapp. So kommt es in Windhoek deshalb schon seit Jahrzehnten immer wieder zu Situationen extremer Wassernot. Aus diesem Grund war Windhoek 1969 die weltweit erste Stadt, die aufbereitete Abwässer nutzte. Jedoch ist das nur der buchstäbliche Tropfen auf den heißen Stein. Rund 70 % des Wassers für Windhoek kommen vom Von-Bach-Staudamm, der nur noch zu einem Drittel gefüllt ist. Die Förderung aus Grundwasserbohrungen wird aufwendiger. Es ist also unabdingbar, das Wasser besser zu nutzen. Entsprechend wurde 2017 ein Reglement zur Wassernutzung erarbeitet, das festlegt, wann wie viel und zu welchem Zweck Wasser genutzt werden darf. Seit die Regierung 2019 – das fünfte Mal in sechs Jahren – für ganz Namibia den Dürrenotstand ausrief, weil der Niederschlag während der Regenzeit zu gering ausfiel, wird immer deutlicher wie ernst das Problem ist.

Umgebung von Windhoek

Heroes' Acre Monument ♀ J9

Heldenacker

Am 26. August 1966 fielen in der Schlacht von Omugulugwombashe die ersten Schüsse, sie markierten den Beginn des 23-jährigen Unabhängigkeitskampfes. Geführt wurde der Krieg von der People's Liberation Army of Namibia (PLAN), den militärischen Zweig der Südwestafrikanischen Volksorganisation (SWAPO), gegen die südafrikanische Besatzungsmacht. Der Tag im August ist heute Nationalfeiertag, das Heroes' Acre Monument erinnert an die in diesen kriegerischen Auseinandersetzungen Gefallenen. Das Monument wurde vom gleichen nordkoreanischen Baukonzern wie das Independence Museum (s. S. 19) erbaut – daher auch hier die sozialistische Bildsprache. Herrlich ist der Blick von dem oberen Plateau über das Umland.

An der B1 südl. von Windhoek, frei zugänglich, bewachter Parkplatz

Daan Viljoen Game Park ♀ J9

Naherholungsgebiet

Auf der ehemals wichtigsten Verbindungsstraße in Richtung Swakopmund, der C 28, sind es aus dem Stadtzentrum nur rund 20 km bis zum 1962 gegründeten Daan Viljoen Game Park. Er bietet eine Vielzahl von Wandermöglichkeiten (s. Tour S. 38).

Khomas-Hochland ♀ G/H 9/10

Das passt genau

Vorbei am Daan Viljoen Game Park führt die Straße weiter hinauf ins Khomas-Hochland. Dort kann man ebenfalls so manche Wandertour unternehmen. Wenn auch fast alle Autofahrer in Richtung Swakopmund die zeitlich kürzeste Strecke auf der asphaltierten Straße über Okahandja wählen, haben die alten Passstraßen doch durchaus ihren Reiz. Das betrifft nicht nur die C 28, sondern ganz besonders die C 26. Allein die rund 120 km lange Strecke bis zum **Gamsberg-Pass** ist einen Tagesausflug von Windhoek aus wert. Der höchste Punkt, den diese Straße erreicht, liegt bei 2334 m ü. d. M. Nicht nur die Fahrt ist reich an Landschaftseindrücken, sondern besonders auch der Blick vom Pass über die Weiten der Namibwüste bleibt, klares Wetter vorausgesetzt, noch lange in Erinnerung.

Schlafen

Nah am Himmel

Hakos Guest Farm: 10 komfortable Zimmer, kräftig-herzhafte Küche, Indoor-Pool, schattige Stellplätze. Die Farm hat sich ganz auf die Bedürfnisse astronomisch interessierter Gäste eingestellt (u. a. zwei eigene Sternwarten).

135 km südwestl. von Windhoek an der C 26 auf Höhe des Gamsberg-Passes, am Fuß des Hakos-Bergs, T 062 57 21 11, www.hakos-astrofarm.com, DZ/HP ab 2100 N$

Wandern, Reiten und Natur

Eagles Rock Leisure Lodge: 9 komfortable Zimmer im Bungalowstil, Pool, Grillplatz, internationale und namibische Küche, Wandermöglichkeiten, Reiten.

Ca. 40 km westl. von Windhoek, Ausspannplatz, T 061 25 71 16, www.von-schmude.de/namibia/namibia-lodge.htm, DZ ab 1500 N$

TOUR
Ein Tag Namibia konzentriert

Wanderungen im Daan Viljoen Game Park

Infos

📍 J 9

Eintritt Park: pro Person 60 N$, pro Fahrzeug 20 N$

Sun Karros Daan Viljoen Resort: Zimmer, Campingplatz und Restaurant; geführte Touren. Im Park, T 083 323 23 93, http://sunkarros. com/sun-karros/, DZ im Chalet 3200 N$

Mit einer Fläche von rund 40 km² ist der Daan Viljoen Game Park zwar nicht besonders groß, dennoch gibt es eine Reihe interessanter Wanderpfade unterschiedlicher Länge. Für alle Wanderungen gilt: Festes Schuhwerk anziehen und im Sommer auf den längeren Strecken ausreichend Trinkwasser mitnehmen; Schatten gibt es im Hochland kaum. Angst vor Raubtieren muss man im Park nicht haben, die gibt es hier nicht. Die beste Zeit für einen Besuch sind die Monate Dezember bis Mai. Durch die Höhe kann es in den Wintermonaten empfindlich kühl werden, besonders wenn der Wind über die Berge streicht – was er regelmäßig tut. Seit 2008 hat die private namibische Investorengruppe Sun Karros über 40 Mio. N$ in den Park investiert und die Anlagen auf den neuesten Stand gebracht.

Wag'n Bietjie Trail (lila)
Dieser Weg ist Familien mit kleinen Kindern und all jenen zu empfehlen, die es lieber bequem mögen oder

Daan Viljoen Game Park

nicht so gut zu Fuß sind. Er ist nur 1,5 km lang, beginnt beim **Parkbüro**, führt zum **Stengel-Stausee** und von dort wieder zurück. Mit etwas Glück – vielleicht ist sogar Wasser im See – kann man bereits auf diesem kurzen Weg viele Tiere des Parks zu Gesicht bekommen. Das Spektrum ist recht groß und reicht von Bergzebras über Gnus, Elands und Springböcke bis hin zum Strauß. Außerdem fühlen sich im Park auch Vertreter von über 200 Vogelarten pudelwohl.

Rooibos Trail (grün)

Schon etwas mehr Vorgeschmack auf die kommende Namibia-Tour hält dieser 9 km lange Rundwanderweg bereit. Vom **Swimmingpool** führt der Weg, immer wieder von tollen Ausblicken begleitet, bis auf eine Höhe von 1763 m. Rund 2,5 Std. später endet er am **Parkbüro** des Wildparks, was nicht unpraktisch ist.

Sweet Thorn Trail (blau)

Wer sich mal wieder richtig ›auswandern‹ will, dem sei der 32 km lange Sweet Thorn Trail (auch Daan Viljoen Unguided Hiking Trail) empfohlen. Die ein- bis zweitägige Wanderung kann nur in einer Gruppe (3–12 Pers.) unternommen werden. Dafür ist eine Voranmeldung unter info@namibweb.com erforderlich. Start ist am **Parkbüro**. Die Teilnehmenden sorgen selbst für ihre Verpflegung (Wasser mitnehmen!). Bei der zweitägigen Variante mit Übernachtung bleibt Zeit für die Tiere im Khomas-Hochland. Bis zu 180 Vogelarten kann man beobachten, auch Kudus und Springböcke.

Allradtour und Mountainbiking

Für ›Gehmuffel‹ und für Besucher, die aus gesundheitlichen Gründen auf das Auto angewiesen sind, steht eine 6,5 km lange Piste für *game drives* (schwarz) zur Verfügung. Es gibt im Park außerdem eine Mountainbike-Route (Räder können ausgeliehen werden).

ANGEPASSTE SCHAFE **S**

Die ursprünglich in Usbekistan beheimateten Karakulschafe kamen Anfang des 20. Jh. über Deutschland ins heutige Namibia. Die schlanken Steppenschafe kamen sehr gut mit den klimatischen Gegebenheiten des Landes zurecht, sodass sie sich in der Landwirtschaft etablierten. Die namibischen Karakulschafe werden heute Swakara genannt und wegen der Fleisch- und Pelzgewinnung (Persianer) gehalten.

Farm Peperkorell   ♀ K 10

Farmerleben und Kunst

Auf der Farm Peperkorell erfüllten sich Volker und Dörte Berner, fasziniert von der Schönheit des Landes, ihren Traum von einer künstlerischen Weberei und einer Bildhauerwerkstatt. Volker Berner bezog in seine Arbeit als Textildesigner die namibischen Traditionen mit ein. Sein Projekt wird von der Kooperative Dorkambo Teppiche weitergeführt, der er seine Erfahrungen vermittelte und seine Gerätschaften übergab. So ging die Arbeit planmäßig weiter: Die ›Dorka-Teppiche‹ genießen international einen hervorragenden Ruf und die Nachfrage ist groß – besonders aus den USA. Internationale Anerkennung genießen auch die Arbeiten von Dörte Berner. Sie gilt als eine der besten Bildhauerinnen des Landes. Ihr Medium ist der Stein und ihre Hauptmotive sind die Menschen der Region. Die Farm und die komfortable **Eningu Clayhouse Lodge** (www.eningulodge.com), in der die Besucher übernachten können, sind nicht weit vom Flughafen entfernt.

Anfahrt über B 6 und D 1472, T 062 58 18 80, http://dorkambo.com

Arnhem Cave   ♀ K 9

Mal unten schauen

Von der Farm Peperkorell ist es ein Katzensprung zur Arnhem Cave. Mit einer Länge von 4,5 km gehört sie zu den größten Höhlensystemen des Landes. Der Besuch der Höhle verspricht zwar nichts Spektakuläres, doch ist die ›rustikale Art‹, sie zu besichtigen, interessant. Nur die eigene Taschenlampe spendet Licht. Wer schreckhaft ist, sollte sich bereits vorher auf sechs verschiedene Fledermausarten einstellen. Im Gegensatz zu Höhlen in Europa liegt die Temperatur in der Arnhem Cave konstant bei 24 °C. Angst vorm Frieren muss man also nicht haben.

T 061 57 35 87, tgl. um 9.30 und 14.30 Uhr starten zwei- bis dreistündige Höhlentouren; man sollte ältere, nicht zu warme Kleidung anziehen; Taschenlampe mitnehmen

Farm Ibenstein   ♀ K 10

Wolliges von Vierbeinern

Jahrzehntelang war das Gebiet zwischen Dordabis und Gobabis östlich der Hauptstadt das Zentrum der Karakul-Schafzucht. Auch der Name der Farm Ibenstein stand einst für die Schafhaltung. 1952 gründete die Tochter des Besitzers August Stauch, die deutsche Malerin Marianne Krafft, auf der Farm eine Weberei. Diese stellt bis heute ›Ibenstein-Teppiche‹ in bewährter Handarbeit her. In den Jahrzehnten ihres Bestehens hat sich die Weberei, die 1980 von Dordabis nach Klein Ibenstein verlegt wurde, zu einem richtigen Entwicklungshilfeprojekt entwickelt, zu dem u. a. sogar ein eigener Kindergarten gehört. Einheimische Farmarbeiter entdeckten, motiviert von Marianne Krafft, in der Weberei ihre Kreativität.

Auf der Farm wurde zugleich das Zusammenleben von Menschen verschiedener Kulturen gefördert. Nachdem ab 1974 die Tochter der Gründerin die Weberei geleitet hatte, wird sie inzwischen in dritter Generation betrieben.

4 km südl. von Dordabis, T 062 57 35 35, www.ibenstein.com, www.ibenstein-weavers.com.na

Schlafen

Luxus pur

Burg Gusinde: Exklusives Ambiente im kolonialen Stil für nur 6–8 Gäste, beliebte Jagdfarm, die auch damit dem kolonialen Anstrich entspricht. Bibliothek, panafrikanische Küche. Überwältigendes Panorama.

Nordöstl. von Windhoek, ca. 2 Std. Fahrt über verschlungene Pisten von Windhoek aus, T 061 25 71 07, DZ ab 5100 N$ (inkl. VP)

Am eigenen Damm

Gästefarm Elisenheim: 1896 am Fuße der Erosberge gegründet, war Elisenheim eine der ersten deutschen Farmen. Neun Zimmer, Pool, Billard, Bar, Campingplatz, Wandermöglichkeiten im Tigertal, Tierbeobachtungen am farmeigenen Damm.

Rund 15 km nördl. von Windhoek, T 061 26 44 29, www.natron.net/tour/elisenheim, DZ ab 1500 N$

Nach der An-, vor der Abreise

Afrika Farm Ondekaremba: Wer es nach dem Zehn-Stunden-Flug am ersten Tag ruhig angehen (oder auch die letzten Nächte vor dem Rückflug stressfrei genießen) möchte, ist bei Familie Rust auf der Afrika Farm Ondekaremba bestens aufgehoben. Reichlich afrikanisches Flair ist hier ebenso garantiert wie eine sehr komfortable Unterbringung.

11 km bis zum Flughafen, T 062 54 04 24, www.ondekaremba.de, DZ ab 1580 N$

Wer Einblick in den Alltag einer namibischen Karakul-Schafzucht-Farm bekommen möchte, kann die Tivoli-Farm zwischen Ibenstein und Rehoboth besichtigen.

Restaurant mit Lehrauftrag

Namibian Institute of Culinary Education – NICE

In Windhoek, etwas versteckt in einer Straße abseits der Touristenströme, in einer alten Villa, findet man eines der besten Restaurants der Stadt. Gute Küche mit höchster Qualität auf dem Teller findet man mittlerweile in der Stadt durchaus, doch rund um NICE, so heißt das Restaurant, haben sich Geschichten angesammelt, die es zu erzählen gilt. Denn NICE ist schon etwas Besonders.

Hört man den Namen, denkt man unwillkürlich an ›nett‹ – eine Übersetzung, die jedem Sprachkundigen sofort durch den Kopf geht. Mit diesem Attribut könnte NICE durchaus gut leben, doch der Name setzt sich aus den Initialien von Namibian Institute of Culinary Education zusammen. Dahinter steckt ein Ausbildungszentrum, das die Wolwedans Foundation gemeinsam mit dem schwäbischen Koch Ralf Herrgott vor über 10 Jahren ins Leben gerufen hat und seither mit viel Engagement und nicht weniger finanziellem Einsatz betreut.

Aber der Reihe nach: Was zog einen Koch aus Deutschlands Spätzle-Gegend nach Namibia? Eine Zeitungsannonce weckte sein Interesse: Wolwedans, ein namibisches Wüstencamp für Leute mit gut gefüllter Brieftasche, suchte einen Koch. Namibia reizte Ralf Herrgott – im Urlaub hatte es ihn schon einige Male in den Südwesten Afrikas gezogen – und die Aufgabe auch. So nahm er das Ticket, das ihm sein neuer Chef Stephan Brückner geschickt hatte, und machte sich auf den Weg. Vor Ort stellte Herrgott immer wieder fest, dass im Land zwar neue Gästefarmen und Lodges wie Pilze aus dem Boden schossen, es aber kaum ausgebildete Köche gab. Ein weites Feld, das er gemeinsam mit Stephan Brückner beackern wollte – und noch dazu ein sehr lohnendes. Angesichts einer Arbeitslosigkeit von bis zu 50 % würde jeder Ausbildungsplatz ein Gewinn sein. Stephan Brückner war nicht nur angetan von dem, was Ralf Herrgott auf die Teller der Gäste zauberte, sondern auch von der Idee des jungen Kochs. Und so nahm das Projekt, betreut von Brückners Wolwedans Foundation, schnell Formen an.

Es hat NICE auch keinen Abbruch getan, als Ralf Herrgott eines Tages weiterzog. Er hatte seinen Garten gut bestellt, der Grundstein war gelegt, und das Samenkorn ging schnell auf. NICE wurde zu einem starken Baum. Seither werden im NICE Köchinnen und Köche ausgebildet. Eine perfekte Verzahnung von Theorie und Praxis garantieren den Erfolg. Bisher verließen rund 250 junge Leute das Projekt

Bisher verließen rund 250 junge Leute das Projekt mit einem erfolgreichen Abschluss in der Tasche.

mit einem erfolgreichen Abschluss in der Tasche. Viele davon sorgen nun in den Wüstencamps der Wolwedans Collection, wo sie auch alle Teile ihrer praktischen Ausbildung absolvierten, für den perfekten Service. Denn neben den Meistern am Herd werden bei NICE und der parallel laufenden Wolwedans Desert Academy auch andere Servicekräfte fit gemacht für die Arbeit im Restaurant und in den Übernachtungsbetrieben von der Gästefarm über Camps, Lodges bis hin zum Hotel. Der Plan von Stephan Brückner, Chairman der Wolwedans Foundation, dass das Restaurant einmal die Kosten der Ausbildung tragen sollte, ist nicht aufgegangen, dazu liegt NICE wohl etwas zu weit abseits. Das ist für ihn aber kein Grund, in seinen Anstrengungen nachzulassen. Umso mehr widmet sich die Foundation der Ausbildung des Nachwuchses, der in der Namibischen

Gastronomie dringend gesucht wird. Mittlerweile sorgt Elias Mukongelwa (4. v. r. im Bild unten), ehemals selbst ein erfolgreicher Absolvent des Instituts, für die praktische Ausbildung der jungen Azubis. Er ist glücklich, seinen Traumjob gefunden zu haben. Rindsfilet mit frischem Saisongemüse ist eine seiner großen Spezialitäten. Für das frische Gemüse und Kräuter sorgt ein direkt am Restaurant angegliederter Garten. Ein Pluspunkt mehr für das NICE, denn Gemüsegärten findet man in den ländlichen Gebieten Namibias kaum.

Als Ausbildungsküche hat das NICE werktags zwischen 12 und 14.30 Uhr geöffnet. Eine gute Gelegenheit, den jungen Leuten über die Schulter zu schauen und ihr Können zu testen. Für Gruppenbestellungen und Events wird natürlich auch abends und an den Wochenenden geöffnet (www.nicenamibia.com). ∎

In der Küche des NICE schwingen junge Azubis die Töpfe. Darin landen aber nicht die traditionellen Spezialitäten der Ovambo, sondern die mit namibischer Würze verfeinerten klassischen internationalen Gerichte.

Südlich des Tropic of Capricorn

Natur und Geldgier — im Süden begeistern spektakuläre Landschaften und liegen Diamanten im Wüstensand.

Köcherbaum-wald

Vor den Toren von Keetmanshoop zeichnen Hunderte Köcherbäume ihre eigenwilligen Silhouetten in den tiefblauen afrikanischen Himmel.

Der Kgalagadi Transfrontier Park ist Löwengebiet.

Fish River Canyon

Nach dem Grand Canyon in Arizona gilt der Fish River Canyon als zweitgrößter Canyon der Welt. Zwar ist er in seinen Ausmaßen nicht mit dem amerikanischen Pendant zu vergleichen, doch beeindruckt er mindestens genauso sehr.

Eintauchen

Auf dem Orange

Man muss kein Paddel-Profi sein, um sich für eine Kanufahrt auf dem sanften Orange River zu begeistern.

Garub

Wilde Pferde mitten in der Wüste, das überrascht. An der Wasserstelle Garub laben sich die edlen Tiere.

Eagle's Nest Chalets

Afrika pur – die Lodge verströmt die Atmosphäre der Wüste fernab der Zivilisation.

Seite 69
Felsenkirche

Seit 1910 trotzt der neugotische Bau den Stürmen des Atlantiks hoch über Lüderitz.

Seite 75
Ritzi's Seafood Restaurant

Meeresfrüchte genießen – wo sonst, wenn nicht in Lüderitz? Das Lokal am Hafen ist dafür eine gute Adresse. Frisch aus dem Atlantik kommt das Seafood zuerst auf den Grill und dann auf die Teller.

Seite 78
Lüderitz-Halbinsel

Für die Autotour über die reizvolle Halbinsel südlich von Lüderitz sollte man ruhig einen zusätzlichen Tag einplanen. Malerische Buchten, Vogelinseln und einsame Strände reihen sich entlang der aussichtsreichen Strecke.

Seite 80
Diamanten-Sperrgebiet

Tief im Südwesten Namibias, bei Lüderitz, liegt hinter Stacheldraht eine geheimnisumwitterte Welt – das Diamanten-Sperrgebiet. Glücksritter buddelten hier einst mit bloßen Händen nach den kostbaren Edelsteinen.

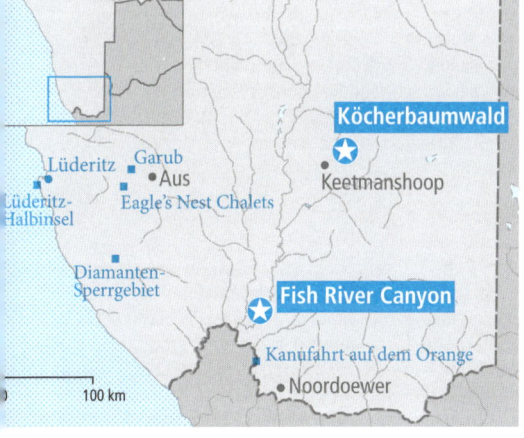

Bei Wanderungen von Mule Trails Namibia tragen Esel das Gepäck.

Bei einer Wanderung durch den Fish River Canyon die glühende Hitze Afrikas spüren oder sich in Lüderitz die frische Atlantikbrise um die Ohren pfeifen lassen – all das ist der Süden.

erleben

Tiefer Canyon und edle Steine

Auf langen Kilometern zieht sich das schwarze Asphaltband in Richtung Süden – dorthin, wo Namibias Landschaft nicht typischer sein könnte. Den Süden sollte man sich also nicht entgehen lassen. Für Namibier sind 100 oder 200 km keine Entfernung, erst recht, wenn sie die Strecke auf gut asphaltierten Straßen zurücklegen können. Kein Wunder, dass Rehoboth, die Heimat der Baster, und selbst der Hardap Dam noch zu den Naherholungszielen der Hauptstädter gehören. Wobei das mit der Naherholung wohl mehr auf den Staudamm zutrifft.

Bevor es dann richtig losgeht, sollten Sie dem Städtchen Rehoboth eine Stippvisite abstatten. Kurz hinter Rehoboth, direkt nach der Überquerung des Tropic of Capricorn (Wendekreis des Steinbocks), beginnt der faszinierende Landesteil. Er ist reich an Anziehungspunkten – spektakulär, was die Natur in Jahrmillionen hervorgebracht hat, darunter natürlich der legendäre Fish River Canyon mit seinen tief eingeschnittenen Schluchten. Die Tour bis zum Canyon gehört zu den Standardrouten einer Namibia-Reise. Eine mehrtägige Wanderung durch den Canyon

ORIENTIERUNG **O**

Infos: Auskünfte erteilt Lüderitz Safaris & Tours (s. S. 76).
Anfahrt und Herumkommen: Die Anreise in Namibias Süden erfolgt im Normalfall von Windhoek aus auf der Hauptverkehrsader des Landes, der B 1. Diese verläuft bis zur südafrikanischen Grenzstation Noordoewer am Grenzfluss Orange. In den Westen, Richtung Lüderitz, führt die B 4, die ebenfalls durchweg asphaltiert ist. Das übrige Straßen- und Wegenetz ist zwar recht dicht gespannt, doch handelt es sich zumeist nur um Pads, also Schotterstraßen, deren Zustand sich ständig ändert.

zählt dagegen bereits zu den etwas ausgefalleneren Urlauberlebnissen. Weitere attraktive touristische Ziele erwarten Sie im Süden: u. a. der Köcherbaumwald bei Keetmanshoop, die Hafenstadt Lüderitz mit ihrer Diamanten-Vergangenheit und die wilden Pferde der Naukluft. Bis zum Orange River, dem permanent Wasser führenden Strom an der Grenze zu Südafrika, dringen nur noch wenige Touristen vor. Schade, denn auch eine Bootsfahrt auf dem Orange River sorgt für unvergessliche Erinnerungen.

Rehoboth ♀ J 10

Für viele Reisende ist der Ort auch die letzte Station vor der Fahrt in den Namib Naukluft Park und wird genutzt, um sich mit Proviant einzudecken. Ein SPAR-Markt ist darauf bestens eingestellt. Doch insgesamt halten nur wenige Touristen im Ort, die meisten fahren auf der B 1, von Süden oder Norden kommend, ihrem nächsten Ziel entgegen. Dabei ist das kleine Städtchen mit seinen rund 15 000 Einwohnern keinesfalls hässlich.

Wie bei so vielen anderen Orten in Namibia liegt der Ursprung Rehoboths in einer Missionsstation. Um 1870 kamen die Baster (*afrikaans* Bastard) aus der Kapregion in Südafrika, wo sie durch die wachsende Zahl weißer Siedler in Bedrängnis geraten waren, in die Gegend des heutigen Rehoboth und ließen sich hier nieder. Sie waren die Nachfahren aus Beziehungen zwischen Nama-Frauen und burischen Männern. Heute sollen in und um den Ort an die 30 000 Baster leben – bis in die Gegenwart oft noch nach den strengen Sitten und Moralvorstellungen ihrer burischen Vorfahren.

Kurze Stippvisite

Einen Stadtkern im eigentlichen Sinn gibt es nicht, vielmehr ist der Ort stark zergliedert. Die vielen kleinen Häuser schmiegen sich an die sanften Hänge entlang des Trockenflussbettes des Oanab. Das einzige architektonisch herausragende Bauwerk ist die **Pauluskirche** (1907) der Bastergemeinde.

Museum

Rehoboth Museum: Ein Besuch lohnt für jeden, dessen Interesse an namibischer

Die Rehoboth Baster nehmen sich bis heute als eigenständige ethnische Gruppe mit eigener Tradition und Geschichte wahr. Die meisten ihrer Mitglieder sprechen Afrikaans.

Geschichte sich nicht auf die weißen Einwanderer beschränkt. Im Mittelpunkt der Ausstellung, die im alten Haus des Postvorstehers untergebracht ist, steht die Geschichte der Baster. Im Rahmen des Community Based Tourism werden Ausflüge zu eindrucksvollen Felsgravuren und einem Akazienwald organisiert.

Old Postmaster's House, T 062 52 29 54, www.rehobothmuseum.com, Mo–Fr 9–12, 14–16, Sa 9–12 Uhr, So/Fei, 25 N$

Umgebung von Rehoboth

Badespaß im Kleinen
Rund 10 km westlich von Rehoboth staut der 1990 fertiggestellte Oanob Dam den gleichnamigen Fluss. Der 2,7 km^2 große Stausee **Lake Oanob** fasst ca. 35 Mio. m^3 Wasser und lockt mit seinen Wassersportmöglichkeiten sowie Picknickplätzen und einem Aussichtspunkt Ausflügler an.

Auf dem 23. Breitengrad
Ein weiteres interessantes Ziel liegt rund 15 km südlich von Rehoboth direkt an der B 1. Ein Schild weist darauf hin, dass man den **Tropic of Capricorn,** den Wendekreis des Steinbocks, überfährt. Wohl jeder Tourist legt hier eine kleine Pause ein. Ein Erinnerungsfoto muss ganz einfach sein. Dieser südliche Wendekreis ist der Breitengrad, an dem die Sonne zum Zeitpunkt der Sommersonnenwende im Zenit steht. Danach wendet sich ihr Lauf zurück in Richtung Äquator. Der europäische Winteranfang am 21. Dezember ist der Tag, an dem die Sonne am Mittag ihren Zenit über dem südlichen Wendekreis erreicht. Über dem nördlichen Wendekreis, dem des Krebses, passiert das am 21. Juni. Dieser Wendekreis liegt etwa auf der geografischen Breite von Assuan in Ägypten, d. h. wenn man im Dezember oder Januar im Norden des Landes unterwegs ist, geht der Lauf der Sonne über den Südhimmel.

Schlafen

Luxus bezahlbar
Lake Oanob Resort: Geschmackvoll im afrikanischen Stil eingerichtete, luxuriöse Chalets, Zimmer mit Seeblick, A-la-carte-Restaurant. Angeschlossen sind ein Zelt- und Campingplatz, ein Grillplatz sowie diverse Angebote für Aktivurlaub, u. a. Fahrrad- und Bootsvermietung.

In Rehoboth, T 062 52 23 70, www.oanob. com.na, Chalets ab 1850 N$

Unter dem Kreuz des Südens
Tivoli Southern Sky Guest Farm: Südwestlich von Rehoboth, unweit des südlichen Wendekreises, liegt die ideale Anlaufstelle für Hobbyastronomen und sonstige Liebhaber des Sternenhimmels. Weit und breit kein Lichtschein, der das nächtliche Sternenspektakel am Südhimmel stört. Familie Schreiber ist seit Jahrzehnten auf diese Klientel spezialisiert.

T 062 58 14 05, www.tivoli-astrofarm.de, DZ 50 € pro Pers. inkl. Frühstück und Dinner

Hardap Dam ♥ K 12

1963 wurde der Fish River rund 20 km nördlich von Mariental durch eine 865 m lange und 39 m hohe Mauer gestaut. Im Laufe von einigen Jahren Anstauzeit entstand der größte Stausee Namibias. Mit einer Fläche von rund 25 km^2 und einem Fassungsvermögen von ca. 323 Mio. m^3 Wasser hat er sich zu einem Eldorado für Wassersportler – sogar aus der Hauptstadt – entwickelt. Die riesige blaue Wasserfläche inmitten der trockenen kargen Hügellandschaft bietet ein

HARDAP DAM AKTIV **H**

Zwar hat der Hardap-Stausee als Ausflugsziel durch den Lake Oanob in Rehoboth Konkurrenz bekommen, doch bleibt er weiterhin die Nummer eins, besonders bei Süßwasseranglern. Den Angelschein gibt es vor Ort im Büro der Verwaltung am Staudamm. Außerdem kann man auf dem See segeln, surfen und Wasserski fahren.

beeindruckendes Bild. Weniger attraktiv präsentiert sich der Stausee, wenn der Fish River Hochwasser führt. Doch das passiert oft. Bereits 1964 wurden das nördliche und ein Teil des südlichen Seeufers zum Naturschutzgebiet erklärt. Die Gesamtfläche des Wildparks beträgt 252 km². Von der B 1 kommend, durchfährt man kurz vor dem Ziel eine saftig grüne Oase, wie man sie sonst kaum irgendwo in Namibia findet. Dort hat das Hardap Freshwater Fish Institute seinen Sitz. Der Park kann natürlich besucht werden. Rund um den See liegen mehrere Tierbeobachtungsplätze und zwei Trails können zu Fuß begangen werden (s. Tour S. 50).

Schlafen

Neuer Komfort
Hardap Camp: Das ursprünglich sehr spartanische Camp wurde vor einigen Jahren qualitativ deutlich aufgewertet und erwartet die Touristen jetzt mit komfortablen Unterkünften inklusive Campingplatz. Der landschaftlich reizvolle Damm bietet reichliche Möglichkeiten für abwechslungsreiche Aktivitäten zu Land und zu Wasser.
T 061 259 372, www.hardapresort/where tostay.na, DZ/Chalet ab 1100 N$

Infos

● **Hardap Recreation Resort:** Das Resort ist ganzjährig täglich von Sonnenaufgang bis 18 Uhr geöffnet. Der Eintritt kostet 40 N$ pro Pers. und 10 N$ pro Fahrzeug.

Mariental ♀K12

Die kleine Stadt Mariental (ca. 12 500 Einw.) hat für Reisende auf der B 1 zwischen Windhoek und Keetmanshoop fast ausschließlich Bedeutung als Stopp auf der eintönigen Fahrt durch die trockene, trostlose Landschaft am Rande der Kalahari. Banken, Tankstellen und ein Supermarkt sind die Anlaufpunkte. Manche Reisende übernachten auch in Mariental. Darüber hinaus entwickeln sich die Gästefarmen und Lodges in der Umgebung, speziell in der Kalahari, für anspruchsvolle Touristen zunehmend zu Übernachtungszielen.

Gochas ♀L13

Auf der C 18 gelangt man nach Gochas, wo auf dem Friedhof Gräber von deutschen Schutztrupplern an die Kämpfe mit den Nama im Jahr 1905 erinnern (s. S. 270). Gochas ist ein guter Ausgangspunkt für Fahrten in den Kgalagadi Transfrontier Park.

Schlafen

Am ›Fluss‹
Auob Country Lodge: Eine grüne Oase unweit von Gochas am Ufer des trockenen Flusses Auob. Die 54-Betten-Lodge bietet u. a. zwei Familieneinheiten, ein Res-

TOUR
Flamingos und Kudus in Sicht

Tierbeobachtung und Wanderungen im Hardap Recreation Resort

Infos

📍 K12

Start: Hardap Camp

Öffnungszeiten, Eintritt: s. S. 49

Der Hardap-Stausee ist auch ein Paradies für Vogelliebhaber. Über 260 Arten sind hier heimisch, darunter viele Wasservögel wie Pelikane, Flamingos und Kormorane. Vom **Hardap Camp** aus kann man auf einer Piste am nordöstlichen **Ufer des Stausees** entlang und durch den Park fahren. Leoparden, Geparden und Spitzmaulnashörner sind die wildesten Tiere, die in der Hardap-Region herumstreichen. Außerdem kann man Oryxantilopen, Springböcke, Kudus, Kuhantilopen, Steinböcke, Zebras und Strauße beobachten. Im Gegensatz zu anderen Wildparks darf man ohne Führer das Auto verlassen und den 15 km langen **Rundwanderweg** (schwarz), der sich auf eine **kurze Schleife** (rot) von 9 km verkürzen lässt, begehen. Leoparden und Geparden sind im Normalfall aber schon lange weg, bevor man sie sieht, nur vor den Nashörnern sollte man sich in Acht nehmen und genügend Sicherheitsabstand halten. Die urtümlichen Kameraden sehen nur so behäbig aus, das kann sich blitzschnell ändern.

taurant, einen Swimmingpool, ein Fernsehzimmer und einen Aufenthaltsraum mit Kamin, Pooltisch und Bar; Wander- und Reitmöglichkeiten; Stellplätze für Camper.
T 061 37 47 50, www.auob.com.na,
DZ 2900 N$

Kalahari und Kgalagadi Transfrontier Park 📍 N 12–14

Der Kgalagadi Transfrontier Park entstand im Jahr 1999 durch den Zusammenschluss des Kalahari Gemsbock National Park auf südafrikanischer mit dem Gemsbock National Park auf botswanischer Seite. Damit wurde der erste Schritt zur Umsetzung des Peace-Park-Projekts (www.peaceparks.org) getan. Im Rahmen derartiger Projekte sollen grenzüberschreitende Nationalparks geschaffen werden, die sich an den über Jahrhunderte genutzten Wegen und Lebensräumen von Mensch und Tier orientieren. Es gibt wenige Orte, wo man Löwen, Schakalen, Geparden und sogar Leoparden so nah kommt wie im Kgalagadi Transfrontier Park. Für den Abstecher muss man mehrere Tage einplanen. Man erreicht den Wildpark über die Grenzübergänge Mata Mata bzw. Rietfontein.

Infos

• **Kalahari und Kgalagadi Transfrontier Park:** Der Grenzübergang Mata Mata ist von 8 bis 16.30 Uhr, im Winter von 7 bis 15.30 Uhr geöffnet. Der Übergang steht nur Parkbesuchern aus Namibia offen, die zwei Nächte im Park verbleiben. Eine Ein- und Ausreise ohne Übernachtung ist nicht möglich. Der Eintritt kostet 356 Rand pro Person. Unterkünfte im Park sind über die Park-Website zu buchen.
www.sanparks.net/parks/kgalagadi

Umgebung der Kalahari Anib Lodge 📍 K 12

Dort, wo die **Kalahari Anib Lodge** (Adresse s. u.) dazu einlädt, die Wanderschuhe zu schnüren, reiht sich ein roter Dünenkamm an den nächsten. Allerdings sind die Dünen nicht mit dem Sossusvlei zu vergleichen. Spärlicher Bewuchs und die vom meist blauen Himmel herunterbrennende Sonne verstärken den Eindruck einer Todeszone. Doch geht man mit einem Ranger der Lodge auf Tour, erlebt man hautnah, dass auch diese Wüste lebt. Man muss nur die Augen offen halten: Kleine Käfer, Spinnen und Eidechsen bevölkern den glühend heißen Sand. Drei Routen haben die Mitarbeiter der Lodge ausgesucht. Die Schnuppertour ist knapp 5,8 km lang, die längste 9 km. Letztgenannte Tour ist besonders zu empfehlen, denn man kommt zu einem Trockenflussbett, wo reizvolle Fotomotive warten. Die Vegetation wird vielfältiger und auch die Tierwelt. Wenn im Licht der Abendsonne die Dünen zu brennen scheinen und dann auf dem gegenüberliegenden Hügelstreifen Kudus ihre Silhouette in den langsam dunkler werdenden Himmel zeichnen, hat sich der Weg gelohnt.
Betreten des Geländes nur als Gast der Kalahari Anib Lodge (s. u.) möglich

Schlafen

Rote Dünenwelt
Kalahari Anib Lodge: Die perfekte Zwischenstation auf dem Weg in den Süden. Sehr komfortable Lodge mit ausgezeichneter Küche und großem Pool. Eine grüne Oase mitten in den roten Dünen der Kalahari. 55 exklusive Zimmer mit Veranda und Klimaanlage sowie vier exklusiven Stellplätzen für Wohnmobile mit eigenen

Sanitäranlagen. Tolle Touren mit erfahrenen Guides in die Kalahari, u. a. auch zu den wunderschönen Sonnenuntergängen (s. Lieblingsort S. 53).

Ca. 30 km östl. von Mariental an der C 20, T 061 23 00 66, www.gondwana-collection.com, DZ 2700 N$

Bitterwasser Lodge & Flying Center   ♀ K 11

Eldorado für Segelflieger

Als Paradies für Segelflieger präsentiert sich die Lodge unweit von Kalkrand am Rande der Kalahari. Das Klima und die Thermik sind für diesen Sport über der Wüste perfekt und so zieht es auch viele Piloten aus Deutschland in die Kalahari, die teils Jahr für Jahr wiederkommen und hier sogar eigene Flugzeuge stehen haben. Natürlich kann das Equipment inklusive Segelflieger auch vor Ort gemietet werden. Außerdem bietet die Lodge komfortable Unterkünfte und einen Top-Service rund ums Fliegen.

Bei Hoachanas, in der Nähe von Cravelroad cross-way C15 / C21, T 063 26 53 00, www.bitterwasser.com

---

Keetmanshoop und Umland   ♀ K 15

Mit fast 20 000 Einwohnern gehört Keetmanshoop zu den großen Städten in Namibia. Benannt wurde der bereits im Jahr 1866 gegründete Ort nach dem deutschen Kaufmann Johann Keetmann, der die Mission in den Anfangsjahren finanziell unterstützte. Aufgrund der geringen Niederschläge – zwischen 100 und 200 mm pro Jahr sind die Regel – ist die Gegend karg. Dennoch präsentiert sich Keetmanshoop keineswegs staubig oder trostlos. Im Gegenteil: Schon beim Durchfahren macht der Ort einen freundlichen, einladenden Eindruck. Der ›Einladung‹ sollte man folgen, denn als Tor zum Süden und wichtiger Verkehrsknotenpunkt bietet sich Keetmanshoop für einen Stopp vor der letzten Etappe an, sei es auf der Fahrt nach Lüderitz, an den Orange River oder zum Fish River Canyon.

Hübsche Hotels und Pensionen sind in Keetsmanshoop in ausreichender Zahl vorhanden. Wer etwas Zeit hat, wird feststellen, dass es auch manches Sehenswerte gibt, so die ehemalige **Kirche der Rheinischen Missionsgesellschaft** (1895), die heute als Museum genutzt wird und sich u. a. der Historie der Stadt und der Nama-Kultur widmet. Die Touristeninformation hat sich mit dem ehemaligen **Kaiserlichen Postamt** (Hampie Plichta Ave.) ein wahrlich herrschaftliches Domizil ausgesucht.

Kirche der Rheinischen Missionsgesellschaft: Sam Nujoma Ave., T 063 22 12 56, Mo–Fr 7.30–12.30, 13.30–16 Uhr, Eintritt frei

---

Schlafen

Familiär

Pension Gessert: Anlage in lauschigem Garten mit Pool. Sieben liebevoll eingerichtete Zimmer und eine ruhige familiäre Atmosphäre.

13th St., T 063 22 38 92, www.natron.net/gessert, DZ ab 1400 N$

Langjährig beliebt

Bird's Mansions Hotel: Hübsches Hotel für Touristen und Geschäftsleute im Zentrum von Keetmanshoop. 23 Zimmer mit Klimaanlage, Telefon und TV; Restaurant und sicherer Parkplatz.

6th Ave., T 063 22 17 11, www.birdsaccommodation.com, DZ 1400 N$

Lieblingsort

Sundowner im Glas

Ein Sundowner gehört auf einer Namibia-Reise ganz einfach dazu – und die roten Dünen der Kalahari sind als Ort dafür geradezu ideal. Im Licht der untergehenden Sonne ist ein faszinierendes Farbenspiel garantiert! Von der **Kalahari Anib Lodge** ♀ K 12 ist es nicht so weit bis auf die Düne, auf der das abendliche Schauspiel zelebriert wird. Für die richtige Umrahmung, etwas zum Anstoßen gehört ganz einfach dazu, sorgen die Guides, für das Schauspiel am Himmel die Sonne (s. Kalahari Anib Lodge, S. 51).

Gemütliches Vogelnest
Bird's Nest Bed & Breakfast: Unter der gleichen Leitung wie das Bird's Mansions Hotel.
16 Pastorie St., T 063 22 29 06

3-Sterne-Komfort
Canyon Hotel: Freundliches, gut ausgestattetes 3-Sterne-Haus in der Stadt. Architektonisch recht anspruchsvoll. 54 Zimmer (z. T. behindertengerecht), Bar, exzellente Küche, Pool, Konferenzräume.
Wheeler St., T 063 22 33 61, www.canyon hotel.wheretostay.na, DZ ab 1250 N$

Stadtlodge mit Stil
Central Lodge: Überraschend moderne, sehr stilvolle Stadtlodge mit Pool und Konferenzraum. Zimmer mit Klimaanlage und Telefon, A-la-carte-Restaurant.
5th St., T 063 22 58 50, www.central-lodge. com, DZ ab 1400 N$

Infos

- www.keetmanshoopmunicipality.org. na: allgemeine Infos zum Ort.
- Tourist Information Keetmanshoop: Hampie Plichta Ave., Keetmanshoop, T 063 22 12-11/-12.

Brukkaros-Krater ♀ K 14

Rund 80 km nördlich von Keetmanshoop ist das Örtchen Berseba Ausgangspunkt für eine Exkursion zu einem interessanten geologischen Phänomen. Nach etwa 39 km auf Pad 3904 erreicht man den Fuß des Brukkaros-Kraters, der rund 300 m aus der Landschaft aufragt. Entstanden ist er nicht als Vulkan, sondern durch Magma, das ringförmig aus der Erde drang. Wer die Anstrengung einer Bergwanderung nicht scheut, kann in den Krater hineinklettern.

Köcherbaumwald   ♀ K 15

Für viele Touristen liegt der eigentliche Grund für einen Stopp in Keetmanshoop vor den Toren der Stadt: Rund 20 km nordöstlich auf dem Gelände der Farm Gariganus befindet sich der schönste Köcherbaumwald (Quivertree Forest) des Landes. Seit 1955 ist er ein nationales Monument. Einige der über 250 Bäume (Aloe dichotoma) sind zwischen 200 und 300 Jahre alt. Am Köcherbaumwald kann man sein Zelt aufschlagen und ist so problemlos zur Stelle, wenn das Licht zum Fotografieren am besten ist: ganz früh am Morgen, wenn die Sonne gerade aufgeht, oder in der Stunde vor dem Sonnenuntergang, wenn das Rot der Abendsonne die Bäume zum Glühen bringt. Auf der Farm kann man auch Chalets mieten.
www.quivertreeforest.com, Eintritt inkl. Giant's Playground, 55 N$

Schlafen

Am Wald der ›komischen‹ Bäume
QuivertreeForest Rest Camp: auf der Farm Gariganus, Camp direkt am Köcherbaumwald mit drei kleinen Iglu-Hütten, zwei komfortablen Gästehäusern (alle Zimmer mit Dusche/WC und Klimaanlage) sowie Campingmöglichkeiten. Man ist ganz auf die Besucher des Köcherbaumwaldes eingestellt.
T 083 7683 421, www.quivertreeforest.com, DZ ab 1800 N$, Zeltplatz 100 N$ pro Pers.

Giant's Playground ♀ K 15

Nahe dem Köcherbaumwald wartet noch der ›Spielplatz des Riesen‹. Zwar sind Riesen hier in den letzten Jahren nicht gesehen worden, doch ihr Spielzeug – bizarre Felsen – haben sie liegen gelassen. Knapp eine Stunde benötigt man für den Rundweg über den ›Spielplatz‹. Er ist zwar relativ gut ausgeschildert, dennoch kann es passieren, dass man zeitweise vom rechten Weg abkommt. Dann wird aus der einen Stunde schnell mehr und es ist gut, wenn man genug Wasser dabeihat.

Fish River Canyon ⭐ 📍 J/K 17/18

Im Giant's Playground sind die Felsen die Attraktion, große Sprünge sollte man aber mit Vorsicht angehen.

Der Fish River ist mit rund 650 km der längste Fluss Namibias. Seine Quelle liegt im östlichen Naukluftgebirge. Südwestlich von Ai-Ais endet sein Weg im Orange. Seinem Namen ›Fischfluss‹ macht er kaum Ehre. Nur ganz selten, nach sehr starken Niederschlägen, füllt sich das Trockenflussbett mit Wasser. Das ändert nichts daran, dass der Canyon zu den eindrucksvollsten Landschaftsformationen im südlichen Teil Afrikas gehört. Dabei hat er sich in den Köpfen vieler Touristen der Konkurrenz des Grand Canyon zu erwehren. Diesen Wettstreit kann er eigentlich nur verlieren. Mit einer Tiefe von bis zu 550 m und einer Länge von 160 km ist er bestenfalls der kleine Bruder des amerikanischen Verwandten. Lediglich mit seinem Alter von schlappen 550 Millionen Jahren übertrumpft er seinen nur 70 Millionen Jahre alten Konkurrenten deutlich. Aber all diese Zahlenspielereien tun dem imposanten Charakter des Canyons keinen Abbruch. Steht man am Aussichtspunkt über dem Canyon, kann man sich seiner Wirkung kaum entziehen. In der schroffen, abweisenden Felsenwelt könnte man Sciencefiction-Filme über das Leben auf dem Mond drehen. Trotz der Trockenheit leuchten aus dem Flussbett meist einzelne Tümpel auf. Es muss Grundwas-

ser sein, das diese kleinen Wasserstellen das ganze Jahr am Leben erhält. Dieses Wasser ist Voraussetzung dafür, dass im Canyon einige Antilopenarten und auch Leoparden ihr Auskommen finden.

Aussichtspunkte

Der Canyon ist das Herz des staatlichen Ai-Ais/Richtersveld Transfrontier Park und so muss man am Tor bei **Hobas** (📍 K 17) einen kleinen Obolus entrichten (s. Infos S. 57). Von dort sind es rund 10 km bis zum ersten Aussichtspunkt. **Hell's Bend** (dt. Höllenkurve) nennt sich das spektakuläre Stück Canyon, das hier vor den Besuchern liegt. Links und rechts davon, auch mit dem Auto über kleine Pisten zu erreichen, befinden sich noch

Schroff ins Gestein eingeschnittene Schluchten, steil aufragende Felswände und durch den tiefen Grund schlängelt sich ein kleines Flüsschen – all das macht den Fish River Canyon zum Sehnsuchtsziel.

eine Reihe weiterer Aussichtspunkte, die den Canyon und seine Schluchtenwelt aus immer neuen Perspektiven erleben lassen. Kurz vor dem **Hiker's Viewpoint** beginnt der Abstieg in die Schlucht für Wanderer (s. Tour S. 58).

Thermalbad Ai-Ais ♀ J 17

Das staatlich geführte Thermalbad Ai-Ais bietet eine weitere Möglichkeit, den Canyon zu erleben. Zum Badekomplex, dessen Schwimmbecken sich aus bis zu 60 °C heißen Quellen speisen – daher der Name Ai-Ais (›brennendes Wasser‹) – gehören ein Hallen- und ein Freibad sowie ein Restcamp mit Ferienwohnungen, Campingplatz, Tankstelle, Restaurant. Das Wasser soll bei Rheuma helfen.

B 12 bis Grünau, dann weiter auf der C 10, nur 15. März–31. Okt., Eintritt 80 N$ (Hallenbad zzgl. 20 N$), Auto 30 N$

Schlafen, Essen

Heiße Quelle
Ai-Ais Hot Springs Resort: Das Resort beim Thermalbad am Canyon bietet Ferienwohnungen mit Küchenbereich sowie Doppelzimmer; geführte Wanderungen.
Fish River Canyon, Reservierung T 061 23 69 75, www.nwrnamibia.com/ai-ais.htm, DZ ab 2200 N$

Am Parkeingang bei Hobas
Hobas Restcamp: Sechs Chalets mit großen Fenstern, 14 Stellplätze für Camper. Kleiner Pool, Restaurant und ein Braai-Areal zum Selber-Grillen.

10 km östl. Fish-River-Canyon-Parkeingang, www.nwr.com.na/resorts/hobas-camp, Chalet 1350 N$, Zeltplatz pro Pers. 250 N$

Infos

- **Ai-Ais/Richtersveld Transfrontier Park:** Der Fish River Canyon ist Teil des Transfrontier Park. Das **Permit** (80 N$ pro Pers., 20 N$ pro Fahrzeug) muss am Tor bei Hobas bezahlt werden. Um im Fish River Canyon mehrtägig zu wandern (s. Tour S. 58), müssen die **Camps** – am besten schon ein Jahr – im Voraus bei Namibia Wildlife Resorts (www.nwr.com.na) gebucht werden. Eine ärztliche Bescheinigung über die körperliche Fitness ist unter Umständen dabei vorzulegen. Der Canyon ist nur vom 15. April bis zum 15. Sept. für Wanderungen geöffnet.

Gondwana Canyon Nature Park ♀ K 17

Das 1995 gegründete, 1260 km² große Naturreservat der Gondwana Collection bietet den Gästen der Gondwana-Unterkünfte (s. rechts) zahlreiche Möglichkeiten, die aride Landschaft am Rande des Fish River Canyon zu Fuß zu erkunden. So kann man einen einstündigen Sunrise Walk buchen oder bei einer dreistündigen Morgenwanderung von einem erfahrenen Führer viel Interessantes über die faszinierende Wüstenlandschaft lernen. Markierte Wanderwege eröffnen außerdem die Möglichkeit, die Umgebung der Canyon Lodge auf eigene Faust zu erkunden und den Urlaubstag sogar mit einer kleinen Exkursion auf den ›Hausberg‹ zu beenden – Sonnenuntergang inklusive.

Schlafen, Essen

Buchung für alle drei folgenden Gondwana-Canyon-Unterkünfte:
Gondwana Collection Namibia, T 061 23 00 66, https://store.gondwana-collection.com

Gesamtkunstwerk
Canyon Roadhouse: 24 gemütliche Doppelzimmer sowie Stellplätze für Camper; Swimmingpool. Die liebevolle, recht rustikale Dekoration in den Außenanlagen und im Roadhouse selbst machen es zu einer ganz besonderen Unterkunft. Immer wieder entdeckt man in diesem ›Gesamtkunstwerk‹ neue Details. So manche Oldtimer haben hier, teils komplett, teils in Einzelteilen, ihre letzte Ruhestätte gefunden. Tanksäulen stehen zwischen den Tischen, alte Dampfmaschinen kämpfen gegen den Zahn der Zeit. Historische Blechschilder mit Werbebotschaften rund um die automobile Welt vergangener Zeiten zieren die Wände. Auch der Wegweiser zum Roadhouse ist ein uraltes Autowrack.
DZ ab 2960 N$

Inmitten von Felsen
Canyon Lodge: Das Nonplusultra für Erlebnisse in der wildromantischen Fel-

FRISCH AUFS BUFFET

Die Gäste der Gondwana-Unterkünfte Canyon Lodge, Canyon Village und Canyon Roadhouse am Fish River Canyon wundern sich oft über das üppige Buffet-Angebot. Fast alles wird im eigenen Selbstversorgungszentrum produziert, einem Projekt der Gondwana Collection, mit dem diese die einheimischen Farmarbeiter in den Tourismus einbeziehen und Arbeitsplätze in der Region schafft (s. auch S. 267).

TOUR
Nichts für Weicheier

Mehrtägige Wanderung durch den Fish River Canyon

Infos

📍 K 17

Start: Einstieg in der Nähe des Hiker's Viewpoint

Dauer: 4 bis 5 Tage

Länge: ca. 85 km

Ziel: Ai-Ais

Öffnungszeiten: Der Trail ist nur vom 15. April bis zum 15. Sept. geöffnet.

Permits: Die Permits für den Trail erhält man am Eingangstor zum Fish River Canyon.

Es ist früh am Morgen. Verdammt früh. Doch ein zeitiger Start sollte uns zumindest in den ersten Stunden vor der unbarmherzigen afrikanischen Sonne schützen. Fast ist es noch ›Stirnlampen-Wetter‹. Trotzdem sind tief unten im Tal schon erste Blicke auf das ehemalige Flussbett des Fish River möglich. Wie oft haben wir schon hier von oben den Blick weit über den Fish River Canyon schweifen lassen? Schwer zu sagen. Doch den Abstieg hatten wir bisher noch nicht gewagt. Und schon gar nicht die 85 km lange Wanderung durch den Canyon. Das wird sich heute ändern. Ein Freund hat die Permits besorgt und als Kenner des Canyons ist er mit von der Partie. Da sollte, so hoffen wir, nichts schiefgehen. Auch die Jahreszeit stimmt und unsere Rucksäcke haben wir mit Überlegung gepackt. Oder besser gesagt wir haben es zumindest versucht. Inwieweit das aufgeht, werden die nächsten Tage zeigen. Ein warmer Schlafsack ist ein Muss. Immerhin kann es in dieser Jahreszeit nachts bis fast an den Gefrierpunkt abkühlen. Was aber die Sonne durchaus nicht daran hindern wird, uns an manchen Tagen mit 30 Grad plus zu ›verwöhnen‹. Auch reichlich Trinkwasser habe ich in Form eines Kanisters eingepackt. Links und rechts ist noch ein Platz für zwei weitere Flaschen. Auch wenn wir sicher sein dürfen, im Canyon Wasser zu finden, und Chlortabletten dabeihaben. Reichlich ›Trockenfutter‹ und Energieriegel komplettieren das kulinarische Angebot für die nächsten Tage. An Wechselwäsche sparen wir, wen soll das da unten stören. Nur Wechselsocken und Blasenpflaster gilt es nicht zu vergessen. Das wichtigste Hilfsmittel haben wir bereits an den Füßen: knöchelhohe Wanderschuhe. Wie wichtig die sind, wird sich in den nächsten Tagen noch erweisen.

Runter ins Trockenflussbett
Einstieg in den Canyon für alle Wanderer, und da machen wir keine Ausnahme, ist der Abstieg unweit von

Hobas kurz vor dem **Hiker's Viewpoint**. Unser Transferfahrer von der Canyon Lodge hat uns hierhergebracht und wird uns, hoffentlich am Endpunkt, wieder einsammeln. Der Wegweiser gibt die Richtung vor. Ab jetzt geht es nur noch abwärts. Teils mit Seilen gesichert, immer gut zu erkennen, erreicht der Weg nach einer guten halben Stunde eine Art **Zwischenplateau**. Wie schon vom oberen Schluchtrand aus präsentiert sich der Canyon hier wie ein Labyrinth. Verständlich, dass es wichtig ist, einen Begleiter zu haben, der den richtigen Weg kennt. Auch ein kleines ›Verwandern‹ bringt zusätzliche Kilometer, auf die man nur zu gern verzichten möchte. Mittlerweile steht die Sonne schon hoch über dem Canyon. Immer wieder macht loses Gestein den schmalen Pfad zu einer Herausforderung. Eine kleine Einstimmung, auf das, was da noch kommen soll. Nach gut drei Stunden haben wir dieses Wegstück geschafft – wir sind ganz unten angekommen. Zeit für eine kleine, verdiente Pause.

Zwischen hoch aufragenden Wänden

Dann beginnt die eigentliche Wanderung. Da wir nur zu dritt sind und auch konditionell scheinbar auf einem ähnlichen Level, können wir uns unsere Etappen selbst einteilen. Über **Sandbänke** mit feinem Sand geht es auf der ersten Etappe relativ flott voran, doch nach einer ersten Nacht unter sternklarem Himmel warten auf den nächsten Streckenabschnitten größere Herausforderungen auf uns. Teils gilt es über große **Felsbrocken** zu klettern, teils besteht der ›Weg‹ kilometerlang aus abgeschliffenen,

Der Fish River Canyon in Namibia, Ai-Ais und der Richtersveld National Park in Südafrika wurden 2003 zu dem grenzüberschreitenden Ai-Ais Richtersveld Transfrontier Park zusammengelegt. Durch den Grenzübergang Sendelingsdrift sind die namibischen Parkteile mit dem südafrikanischen verbunden (Visum für Südafrika ist nicht erforderlich). Eine Autofähre in Sendelingsdrift transportiert Touristen mit Gefährt über den River Orange (9–17 Uhr). Auf südafrikanischer Seite ist ein 4x4-Wagen unabdingbar. Alle Unterkünfte müssen im Voraus gebucht und bis 16 Uhr erreicht sein.

runden, teils kindskopfgroßen Steinen. Ein Tanz nicht auf dem Vulkan, aber auf Eiern. Das Schönste ist die Ruhe – nur Vogelgezwitscher durchbricht sie ab und an. Die Gefahr, dass wir auf unserer so enthusiastisch begonnenen Wanderung in ein stumpfsinniges Vor-uns-hin-Laufen verfallen, begrenzt unser Begleiter mit Interessantem aus und über Namibia. Immerhin lebt er seit fast 30 Jahren im Südwesten Afrikas. Natürlich hat er auch zum Canyon manches zu erzählen. So gibt es verschiedene Geschichten darüber, wie denn der Canyon entstanden sei. Die realistische besagt, dass der Fish River die Schlucht über Jahrmillionen in den Fels geschliffen hat – das mag zwar wahr sein, auch dass die Verschiebung und Teilung des Urkontinents Gondwana ihre Finger im Spiel hatte – ok. Uns gefällt aber die Geschichte besser, die die Nama dazu erzählen: In ihrer Mythologie entstand der 160 km lange und bis zu 27 km breite Canyon durch eine Schlange. Das von Nama-Jägern verfolgte Tier hatte zuvor Vieh der Nama gefressen. Schwer verwundet wand und schlängelte sich das Riesenreptil so heftig im Wüstensand, dass die Erde aufriss und die Schlange in diesem Graben verschwand.

Immer schauen, wo man hintritt

Der ›Eiertanz‹ geht in die Beine und auf die Gelenke. Ein Glück, dass wir auf die guten Ratschläge gehört haben und wirklich die schweren, hohen Wanderstiefel tragen. Trotzdem läuft auf diesen Streckenabschnitten immer ein Schuss Vorsicht mit. Wer sich hier den Knöchel verstaucht oder gar bricht, ist auf die Luftrettung aus Windhoek angewiesen. Einen anderen Weg gibt es nicht. Auch die zwei Notausstiege, die erschöpften Wanderern die Chance bieten, den Canyon eher zu verlassen, sind dafür nicht geeignet. Ein solcher Rettungseinsatz kann schnell einen fünfstelligen Betrag kosten. Und das in Euro, nicht in Namibdollar. **Notausstieg 1** haben wir noch mit einem leichten Lächeln negiert, zwei Tage später können wir unweit der **Vier-Finger-Felsen** der Abkürzung nicht widerstehen. Wir wissen, fast jeder nimmt sie, warum nicht wir auch? Fünf Kilometer gespart. An den Hängen palavert eine Pavianfamilie, hinter einer Biegung sehen wir drei der Pferde, die hier im Canyon leben (s. Kasten S. 67). Glatter Felsen wechselt mit Geröllstrecken und dann wieder tiefer Sand. Auch mancher Wassertümpel wird

Ja, es kann auch nass werden unten im Canyon. Je nach Wetterlage führt der Fluss mal mehr oder weniger Wasser. Oft sind dichte Wanderstiefel dann ein Pluspunkt auf dem Weg zum Ziel.

zum Hindernis. Ein weiterer Fixpunkt ist das **Grab von Leutnant Thilo von Trotha,** der hier 1904 mit seinen Marinesoldaten auf kriegerische Namas stieß und erschossen wurde. Im Canyon beigesetzt, finden sich ab und an Blumen auf seinem Grab. Die Versuchung am **Notausstieg 2** ist deutlich größer als noch vor zwei Tagen. Die Beine schmerzen und der Rücken meldet sich. Dann eine wenn auch vorher angekündigte Überraschung: An einem kleinen **Kiosk** gibt es kalte Getränke. Mal was anderes als die mit Chlortabletten trinkbar gemachte braune Tümpelbrühe in unseren Trinkflaschen. Eine Cola weckt neue Lebensgeister und so wird die letzte Nacht im Canyon erneut zu einem unvergesslichen Sterneerlebnis. Aber wir sind wohl etwas leichtsinnig geworden: In dieser Nacht finden sich große Käfer in unseren Schlafsäcken ein. Was soll's, das Ziel ist nah und es waren keine Skorpione.

Wow – geschafft!

Am letzten Tag warten nochmals knapp 20 Kilometer. Mit dem Grad unserer Erschöpfung steigt zum Glück auch die Qualität des Weges. Die größten Brocken liegen hinter uns. Dann haben wir es geschafft und sind erst mal geschafft. Muskelkatergarantie für die nächsten Tage und vorerst die Nase voll von Trockenfutter und Powerriegeln eingeschlossen. Blasen an den Füßen, mancher Fleck und Riss in der Wanderhose und wohl auch nicht nach Veilchen duftend, steigen wir in den Wagen, der uns auf dem Campingplatz in **Ai Ais** bereits seit einer guten Stunde erwartet. Ganz so flott waren wir am Ende dann wohl doch nicht mehr. Aber stolz! Ein Königreich für ein kaltes Bier und eine warme Dusche. Beides wartet in der Canyon Lodge auf uns.

senwelt. Die 26 rustikalen Bungalows verschmelzen mit der Landschaft. Da bildet der Naturfelsen schon mal die Trennwand zwischen den Betten und dem Sanitärbereich. An solche ›Hotelzimmer‹ denkt man noch nach Jahren mit einem Schmunzeln im Gesicht zurück.

20 km bis zum Fish River Canyon, Bungalow ab 3950 N$

Von Holland inspiriert
Canyon Village: Sehr großzügige Anlage in holländischem Stil nur fünf Autominuten von der Canyon Lodge entfernt. 42 schmucke Bungalows und ein luxuriöses Restaurant.

DZ ab 2750 N$

Bewegen

Auf Esels Rücken
Mule Trails Namibia: Vom 15. April bis 15. September organisiert Mule Trails Namibia mehrtägige Wanderungen mit Mulis. Ausgangspunkt ist die Canyon Mule Station im Gondwana Canyon Nature Park. Rund 15 km lang sind die Tagesetappen. Damit sich niemand Illusionen macht: Geritten werden darf auf den Mulis nicht - sie sind nur fürs Gepäck ›zuständig‹. Die klassische Route, der Canyon Fish River Trail, führt mit vier Übernachtungen und drei Wandertagen am Canyon entlang und zu einigen seiner tollsten Plätze inklusive 360-Grad-Panorama. Nach dem Abstieg geht es durch enge Schluchten, vorbei an permanenten Quellen, die zum kühlen Bad einladen. Es kann geangelt werden, und auch die faszinierende Pflanzen- und Tierwelt der Nama-Karoo-Wüste kommt zu ihrem Recht. Mit etwas Glück kann man Bergzebras, Kudus, Duiker, Springböcke und Klippspringer beobachten. Am Himmel kreist vielleicht ein Schreiseeadler.

Reservierungen über http://www.namibweb.com/muletrails.htm oder www.gondwana-collection.com, Mindestalter 12 Jahre

Infos

• **Gondwana Canyon Nature Park:** Das private Schutzgebiet ist nur für Gäste der Gondwana-Unterkünfte zugänglich.

Canyon Nature Park $\mathbf{9}$ J/K 17/18

Auch der Westrand des Fish River Canyon ist für den Tourismus erschlossen. Hier entstand ein 440 km² großes privates Naturschutzgebiet, der Canyon Nature Park. Langsam erholt sich der Landstrich von der Überweidung in früheren Jahren und der Wildtierbestand ist wieder angestiegen. Im Naturschutzgebiet liegt das Canyon View Camp, eine gute Übernachtungsmöglichkeit. Zum Park kommt man über die D 463, die 28 km westlich von Seeheim von der B 4 abbiegt. Im Gegensatz zur Anfahrt über Hobas gibt es auf dieser Alternativroute Stellen, an denen man ein Fahrzeug mit Allradantrieb benötigt.

Schlafen, Essen

Rustikal
Canyon View Camp: Im privaten Naturschutzgebiet Canyon Nature Park auf der Westseite, kleine Zelte und Bungalows direkt am Canyonrand, Rundfahrten und Spaziergänge werden organisiert.

T 061 22 69 79, Zelt 550 N$

Infos

• **Canyon Nature Park:** Das private Schutzgebiet ist nur für Gäste des Canyon View Camp zugänglich.

Orange River

📍 H–N 18/19

Wie im Norden bildet auch im Süden ein ›richtiger‹ Fluss die Landesgrenze. Der Oranje oder Orange River gehört zu den wenigen permanent Wasser führenden Flüssen Namibias. Er durchfließt eine der bisher touristisch noch recht unerschlossenen Regionen. Entlang des Flusses gibt es aber inzwischen zumindest ein paar Lodges. Nicht viele Besucher schaffen es jedoch bis an Namibias Südgrenze und an den Orange River. Der Fluss entspringt in den südafrikanischen Drakensbergen und fließt auf einer Länge von 1800 km durch Südafrika, bis er bei Oranjemund den Atlantischen Ozean erreicht. In Südafrika heißt der Strom Gariep, erst die Namibier nennen ihn Orange. Das Wasser des Orange ist klar, sein Grund und seine

Ufer sind sandig. Gleitet man in einem Boot, getragen vom Fluss, in Richtung Meer, glaubt man oft nicht, noch in Namibia zu sein. Am Ufer gibt es Weinberge und Zitrusplantagen, die vom Wasser des Orange leben. Doch neben seiner Funktion als Wasserlieferant für Landwirtschaft und Weinbau und seinem touristischen Potenzial hatte und hat der Fluss eine viel größere Bedeutung: Der Orange war es, der über Jahrmillionen Diamanten aus dem südafrikanischen Kimberley in den Atlantik spülte. Von dort trug die Meeresströmung sie nordwärts bis zu den Dünenfeldern der Namib.

Aktiv auf und am Orange River

Mit dem Kanu auf Paddeltour
Der Orange ist im Normalfall ein sanfter und friedlicher Strom. Man muss

Erquickend für die Augen, weil in Namibia so selten: Einem blauen Band gleich windet sich der Orange River durch die karge Bergwelt des Ai-Ais Richtersveld Transfrontier Park.

TOUR
Wassernah im tiefen Süden

Auf der Sandpiste am Orange River entlang

Infos

📍 K 19

Start: Noordoewer

Strecke: 160 km

Übernachtung:
Norotshhama River Resort in Aussenkehr, s. S. 65

Permits: keine erforderlich

Eine Alternative zur Flusserfahrung per Boot (s. S. 63) bietet eine Autotour auf der D 212/C 13 von **Noordoewer** nach Rosh Pinah. Über lange Strecken begleitet die Schotterpiste den Flusslauf. Die Route ist rund 160 km lang und im Normalfall – wenn man vorsichtig fährt – auch mit einem Pkw ohne Allrad zu befahren. Es gibt weder Unterkünfte noch Tankstellen. Ein Problem sind die Brücken, die in schöner Regelmäßigkeit dem Hochwasser zum Opfer fallen. Es ist also auf jeden Fall ratsam, sich bei der Polizei in Noordoewer vorab zu erkundigen, ob die Straße gerade durchgehend befahrbar ist.

Zunächst geht es auf der C13 nach **Aussenkehr,** einige Kilometer dahinter endet jedoch der Asphalt. Sandige Passagen und Schotter wechseln sich ab. In Aussenkehr befindet sich die letzte Unterkunft vor Rosh Pinah – dem Ziel der Strecke. Am Flussufer findet man aber viele malerische Stellen für Übernachtungen in der ›Wildnis‹. Eigentlich ist wildes Campen in Namibia nicht erwünscht und auch jedes noch so abgelegene Stück Land gehört irgendjemand. Für eine Nacht wird das aber sicher kein Problem sein. Am Lagerfeuer kann man den Tag gut ausklingen lassen – doch auch in Wassernähe muss auf Funkenflug geachtet werden. In zahlreichen Flussarmen fließt das Wasser gemütlich dahin, sodass der Fluss zum Baden einlädt. Bei **Sendelingsdrift** biegt die Straße nach Norden Richtung **Rosh Pinah** ab, wo eine Asphaltdecke die Fahrt auf den letzten Kilometern erleichtert.

also kein Paddel-Profi sein, um sich für eine Kanu- oder Schlauchbootfahrt auf dem Fluss zu begeistern. Einige Anbieter haben sich dieser touristischen Nische angenommen. Der reizvollste Flussabschnitt für Bootstouren beginnt in dem Grenzstädtchen **Noordoewer** ♥ K 19, führt am Fish River Canyon und dem Diamanten-Sperrgebiet entlang und endet an der Mündung in den Atlantik. Bereits der Abschnitt zwischen Noordoewer und Sendelingsdrift zeigt viele der unterschiedlichen Gesichter des Stroms. Es gibt verschiedene Anbieter von ein- und mehrtägigen Touren in Kanus und Schlauchbooten. Die meisten haben ihren Sitz in Südafrika, so auch Amanzi Trails, die jedoch in Noordoewer eine Niederlassung betreiben. Ihre Kanutouren führen in drei bis fünf Tagen auf dem teils spiegelglatten, teils von abwechslungsreichen Stromschnellen gekennzeichneten Fluss durch die faszinierende Landschaft des Ai-Ais Richtersveld Transfrontier Park (s. S. 60).

Am Flussufer entlang

Auf der Sandpiste geht es mit dem Auto am Orange River entlang (s. Tour S. 64).

Schlafen

Perfektes Basislager

Orange River Lodge: 12 Zimmer mit Klimaanlage und TV, vier mit kleiner Küche. Die Familienräume sind von bis zu vier Personen nutzbar. Es gibt auch einen Campingplatz direkt am Flussufer. Rundfahrten und Kanutouren werden organisiert. Ein perfektes Basislager für Erkundungstouren am Orange River. In Noordoewer, T 063 29 70 12, www.orlodge.iway.na, DZ 920 N$

Zwischenstopp in Aussenkehr

Norotshama River Resort: Ca. 50 km westlich von Noordoewer auf der Farm

Aussenkehr am River Orange. Ruhige, entspannende Umgebung, Pool, Restaurant, reetgedeckte Chalets mit Klimaanlage, viele Aktivitäten zu Wasser und zu Land. In Aussenkehr, T 063 29 72 15, www.norotshamaresort.com, Chalet ab 1350 N$

Bewegen

Flussfahrt

Amazi Trails: Tagsüber Kanufahren und am Abend am Orange River campen – romantischer kann eine Paddeltour kaum sein. Auf Wunsch werden auch Tagestouren organisiert. In Noordoewer, T 063 29 72 55, www.amanzitrails.co.za

---

Aus ♥ H 16

Der kleine Ort Aus liegt direkt an der Nationalstraße B 4, rund 120 km östlich von Lüderitz. Im Gegensatz zu anderen Orten links und rechts der Straße ist Aus ein grünes Städtchen, denn auf dem 1500 m hohen Huibplateau fällt mehr Regen als anderswo. Das Kapklima bringt den Farmern der Region regelmäßig eine zwar kurze, aber doch wichtige zweite Regenzeit im Winter. Ein Pluspunkt des Ortes ist für Reisende die dortige **Namib Garage.** Sie ist Tankstelle, Snackbar, Autowerkstatt und Campingplatz in einem.

Nur etwa 4 km östlich von Aus an der asphaltierten Straße in Richtung Rosh Pinah erinnern ein paar Mauerreste und eine Gedenktafel an das ehemalige deutsche **Kriegsgefangenenlager,** in dem die Südafrikaner ab 1915 rund 1500 deutsche Unteroffiziere und Soldaten interniert hatten. Schutzlos waren sie der Sonne ausgeliefert. Die Situation war so

Mal was ganz anderes: Statt Löwen, Elefanten oder Zebras sind es Wildpferde, die an der Wasserstelle Garub die Aufmerksamkeit der Touristen auf sich ziehen.

unerträglich, dass sich die Gefangenen aus selbst geformten Lehmziegeln kleine Häuser bauten. 1918 starben jedoch 65 Kriegsgefangene an der damals grassierenden Influenza, der auch 60 ihrer Bewacher zum Opfer fielen.

Wasserstelle Garub   ♀ G 15

Wildes Pferdegetrappel

Westlich von Aus, dort wo die Dünen der Namib beginnen, trifft man mit etwas Glück auf die größte Attraktion der Region. Hier ist eine Herde Wildpferde zu Hause, die sich in einzigartiger Art und Weise an das trockene und heiße Wüstenklima angepasst haben. Es ist ein prächtiges Schauspiel, die Wildpferde beim ausgelassenen Herumtoben

vor den Dünen zu beobachten. An der Wasserstelle Garub, nur einen kleinen Abstecher von der B 4 entfernt, wurde ein überdachter Beobachtungsplatz eingerichtet. Von dort kann man, vor der Sonne geschützt, den stolzen Tieren aus der Nähe zusehen. Übrigens: Die Pferde können bis zu sechs Tage ohne Wasser auskommen. Das erstaunt, verbindet man solche Genügsamkeit doch eigentlich eher mit Kamelen.

Schlafen

Klein-Aus Vista ist eine von Gondwana Collection vermarktete Gästefarm ca. 2 km westlich von Aus, auf der Reisende gleich vier recht rustikale Übernachtungsmöglichkeiten (s. rechts) erwarten. Ein großer Teil der Gäste macht hier wegen der wilden Pferde der Namibwüste Station. Die Farm ist aber auch ein guter Ausgangspunkt für Ausflüge in die südliche Namib sowie nach Lüderitz. Buchung der folgenden vier Unterkünfte über:

T 063 25 80 21, www.klein-aus-vista.com/de/unterkunft

Unterkunft mit Weitblick

Eagle's Nest Chalets: Für Urlauber, die das Besondere suchen. Einsamkeit, Weite und Stille inklusive. Der Platz, 15 Auto-minuten vom Restaurant der Gästefarm entfernt, heißt nicht umsonst ›Adlernest‹: An den Hang eines Berges schmiegen sich insgesamt acht aus groben Natursteinen gemauerte Chalets mit einem wahrhaft grandiosen Blick. Die purpurroten Sonnen-untergänge, wie man sie so nur in Namibia erleben kann, sind im Preis inbegriffen.

DZ/Chalet 3440 N$

Pferdenah

Desert Horse Inn: Zentral auf der Farm unweit des Restaurants gelegen. Auf 1400 m Höhe in den Aus-Bergen warten 24 geräumige Zimmer mit Bad. Optimaler Ausgangspunkt für einen Besuch bei den wilden Pferden oder auch ein perfekter Zwischenstopp in Richtung Lüderitz.

DZ 2550 N$

Gemeinsam einsam

Geisterschlucht Cabin: In einem klei-nen Tal duckt sich das ›Geisterhaus‹ in den Schatten mächtiger Granitblöcke. Es ist einfach und rustikal – ideal für Familien oder kleine Gruppen. Hier ist man fern-ab von Menschen ganz unter sich. Zwei Schlafräume mit je fünf Etagenbetten, zwei Duschen, organische Toiletten und Ge-meinschaftsküche. Natürlich kann gern das 6 km entfernte Restaurant genutzt werden.

DZ 1140 N$

Dachzelte und Co.

Desert Horse Campsite: Duschen, Toiletten, Grill und mehr erwartet die Gäste, die mit Wohnmobil oder Allrad-camper zu den wilden Pferden kommen. 10 Stellplätze.

Stellplatz pro Pers. 200 N$

Infos

● **Aus Info Centre:** am Ortseingang, T 063 25 81 51, tgl. 9–18 Uhr. Mit einer Ausstellung zu Natur, Kultur und Wirt-schaft der Region sowie einem Café und einem Souvenirshop.

VORFAHREN GESUCHT

So unbekannt wie die genaue An-zahl der Wildpferde sind heute ihre Herkunft und Geschichte. Es gibt verschiedene Theorien: Einige Wissenschaftler vertreten die An-sicht, dass es sich bei den Pferden um Nachkommen der rund 2000 Reittiere handelt, die die deutschen Schutztruppen mitbrachten, andere halten sie für Nachkommen von Anfang des 20. Jh. entlaufenen Tie-ren aus der Pferdezucht von Baron Hansheinrich von Wolf auf der Farm Duwisib. Neuere Forschungen legen allerdings die Vermutung nahe, dass die Tiere keinen deutschen, sondern einen südafrikanischen Stammbaum haben. Welche Erklärung auch richtig sein mag – zwei Vorausset-zungen sicherten das Überleben der Pferde in der staubtrockenen Umgebung: Zum einen hatten sie durch ein Tiefbohrungen entstandenes Bohrloch Zugang zu Wasser, zum anderen hatte man 1908 bei Kolmanskuppe einen rund 100 km breiten Küstenstreifen zum Diamanten-Sperrgebiet (s. S. 77) erklärt, in dem die Tiere über Jahr-zehnte völlig ungestört waren.

Lüderitz ♀ F 16

Wenn man in Namibia unterwegs ist, hört man immer wieder – sei es von Touristen oder auch von Namibiern –, die Fahrt nach Lüderitz könne man sich sparen. Eigentlich schade. Zwar kann sich die historische Gründerstadt des modernen Südwestafrika nicht mit Swakopmund messen – sieht man einmal vom kühlen Küstennebel ab, der auch Lüderitz regelmäßig einhüllt –, ein eigener Reiz ist der 25 000-Einwohner-Stadt aber nicht abzusprechen.

Das Zentrum von Lüderitz hat es sich auf einem mächtigen, dem stürmischen Seewind ausgesetzten Granitfelsen ›gemütlich gemacht‹. Obwohl der Diamantenboom nur wenige Jahre dauerte (s. Magazin S. 260), sieht man der Stadt den früheren Reichtum bis heute an. Die teils prächtig restaurierten Häuser im wilhelminischen und im Jugendstil sprechen eine deutliche Sprache. Pulsader der Stadt ist die Bismarck Street. Hier konzentrieren sich die meisten Geschäfte, die Büros der Touranbieter sowie Banken, Restaurants und Hotels.

Die touristische Infrastruktur wurde in den letzten Jahren ausgebaut, denn die Stadt hofft auf den Tourismus. Doch so richtig aufgegangen ist die Rechnung bisher noch nicht. Auch der vor einigen Jahren eröffnete Flughafen, der mehr Menschen den schnellen Luftweg von Windhoek in den Südwesten ermöglichen sollte, hat daran nicht viel geändert. Auf dem Landweg sind es von Windhoek immerhin gut 850 km.

Langusten und Austern gehören zu den wirtschaftlichen Standbeinen, seit die Diamantensucher vor Jahrzehnten an den Orange River weitergezogen sind. Vor der Küste wurden zwar große Erdgasfelder entdeckt, doch noch lässt sich damit kein Geld verdienen. Einen kleinen Aufschwung gab es ab 1969 durch die Zinkfunde in Rosh Pinah, die zumindest zur Folge hatten, dass man die Eisenbahnlinie zwischen Keetmanshoop und Lüderitz ab Aus wieder in Betrieb genommen hat. Ursprünglich war sie in den 1980er-Jahren komplett stillgelegt worden.

Am Diamantberg

Auftakt mit Lug und Betrug
Wer Lüderitz besucht, sollte den kurzen Aufstieg auf den Diamantberg nicht

---

FAKTENCHECK LÜDERITZ

Einwohner: 19 000
Bedeutung: wichtigste und größte Stadt im Süden, Hafenstadt
Stimmung auf den ersten Blick: zurückhaltend, eher ruhig
Stimmung auf den zweiten Blick: Hoffnung auf Aufschwung und Tourismus, leicht optimistisch
Besonderheiten: Lüderitz ist eine stürmische Stadt, eine sehr stürmische sogar. Durch ihre Lage auf dem Felsen ist sie den von See heranbrausenden Winden relativ schutzlos ausgeliefert. Deshalb: Möglichst immer gegen die Windrichtung parken, sonst kann es passieren, dass einem der Sturm beim Aus- oder Einsteigen die Autotür aus der Hand reißt und schlimmstenfalls die gesamte Türaufhängung abbricht.

Vom Diamantberg schweift der Blick über Lüderitz bis zum Hafen – der Felsenkirche liegt die ganze Stadt zu Füßen. Was man dem Foto nicht ansieht: Die Meeresbrise in Lüderitz gleicht eher einem Sturm.

scheuen. Von der Höhe gewinnt man einen guten Überblick über Lüderitz und die gleichnamige Bucht. Angra Pequeña (›Kleine Bucht‹) hieß sie, als Heinrich Vogelsang im Auftrag des Bremer Tabakkaufmanns Adolf Lüderitz am 1. Mai 1883 hier mit den Nama einen Vertrag über den Kauf der Bucht und eines rund fünf Meilen breiten Uferstreifens schloss – und dabei mächtig trickste: Vogelsang ließ die Nama in dem Glauben, der Berechnung des Kaufpreises liege die damals übliche englische Landmeile von 1,61 km zugrunde. Erst nach Vertragsabschluss stellte sich heraus, dass die preußische Landmeile von 7,5 km maßgeblich war. Er hatte die Nama also über den Tisch gezogen.

Adolf Lüderitz, an den auf Shark Island (s. S. 74) ein Gedenkstein erinnert, hatte auf Erz- oder Mineralienfunde im Hinterland gehofft, doch er hatte sich verspekuliert: Weder Gold noch Silber oder Kupfer wurden gefunden. So musste Lüderitz mangels Geldreserven im Jahr 1885 seine Besitzungen an die Deutsche Kolonialgesellschaft verkaufen. Schon 1884 hatte Bismarck nach anfänglichem Zögern die Besitzungen von Lüderitz unter deutschen Schutz gestellt. Mit der Anlandung eines kleinen Truppenkontingents schlug die Geburtsstunde der deutschen Kolonie Südwestafrika.

Auf dem Diamantberg ragt die markante **Felsenkirche** ❶ auf, die schon allein wegen ihrer Glasfenster einen Besuch lohnt. Seit 1910 trotzt der neugotische Bau den Stürmen, gut drei Jahre dauerte seine Fertigstellung. Sie verschlang die damals stattliche Summe

Lüderitz

Ansehen

❶ Felsenkirche
❷ Goerke-Haus
❸ Kreplin-Haus
❹ Krabbenhöft & Lampe
❺ Bahnhof
❻ Alte Postamt
❼ Kapps Konzert- und Ballsaal
❽ Lesehalle
❾ Turnhalle
❿ Waterfront
⓫ Woermann-Haus
⓬ Shark Island
⓭ Lüderitz Museum

Schlafen

1 Nest Hotel Lüderitz
2 Sea View Hotel Zum Sperrgebiet
3 Pension Zur Waterkant
4 Pension Haus Sandrose
5 Pension Kratzplatz
6 Campsite Shark Island

Essen

1 Penguin Restaurant
2 Restaurant Zum Sperrgebiet
3 Ritzi's Seafood Restaurant
4 Barrel
5 Butcher's Shop & Grill

Bewegen

❶ Bootsanleger
❷ Lüderitz Safaris & Tours

---

von 360 000 Mark. Errichtet wurde die Kirche aus Quarzitsandstein, der unweit der Stadt gebrochen wurde. Der Entwurf sah ein neuromanisches Gotteshaus vor, doch Regierungsbaumeister Gottlieb Redecker, der für den Bau verantwortlich war, ließ dem Kirchturm einen gotischen Helm aufsetzen. Einflüsse des Jugendstils, zu dieser Zeit ja hochmodern, lassen u. a. die geschwungenen Bogenstaffelgiebel erkennen.

Ein Blick ins Innere lohnt: Die herrlichen Buntglasfenster, die den Chorraum abschließen, wurden in Nürnberg hergestellt und von Kaiser Wilhelm II. gestiftet. Die schwere Altarbibel war ein Geschenk von des Kaisers Gattin. Heute leben nur noch etwa 120 Deutsche in Lüderitz. Alle paar Wochen findet in der Felsenkirche auf dem Diamantberg ein Gottesdienst in deutscher Sprache statt. Dafür muss der Pfarrer eine Anreise von gut 500 km auf sich nehmen – selbst für namibische Verhältnisse kein Katzensprung.

Mo–Sa ab 18 Uhr oder nach Vereinbarung: T 20 23 81, 5 N$

Im Diamantenfieber

Zwanzig Jahre nach Lüderitz' Unfalltod auf dem Orange River wurden doch noch Bodenschätze vor den Toren von Lüderitz entdeckt: Diamanten (s. Zugabe S. 80). Damit begann ab 1908 eine – wenn auch kurze – Blütezeit der Stadt: Ein Bauboom unerwarteten Ausmaßes setzte ein, wer Geld hatte, und das waren infolge des Diamantenschürfens einige, wollte das auch zeigen. Das bescherte Lüderitz zahlreiche imposante Bauwerke, die der wilhelminischen und im Besonderen der Jugendstilarchitektur verpflichtet waren. Als attraktivstes Stück Gründerzeit in Lüderitz gilt das **Goerke-Haus** ❷ nur wenige Schritte von der Kirche entfernt. Leutnant Hans Goerke leitete die Emiliental-Diamantengesellschaft in Lüderitz und ließ sich die prächtige, von Otto Ertl entworfene Villa 1909 bis 1911 auf den Fels setzen. Der Bau ist ein gutes Beispiel für die Verbindung von Wilhelminischem und Jugendstil. Besonders sehenswert sind die Sonnenuhr am Turm, die mit einem Kreuzgrat überwölbte Vorhalle und die prächtigen Buntglasfenster mit

den hübschen Flamingomotiven. Teile der Originalmöblierung gehören bis heute zur Einrichtung des Hauses, das man inzwischen besichtigen kann. Bereits im Jahr 1912 kehrte Goerke nach Deutschland zurück. 1920 ging das Gebäude in den Besitz einer südafrikanischen Diamantengesellschaft über und 1983 kaufte es die spätere NAMDEB, die es als Gästehaus nutzt.

Auch Emil Kreplin ›machte in Diamanten‹. Er war nicht nur lange Direktor einer Diamantenfirma, sondern von 1909 bis 1914 auch der erste – weithin sehr angesehene – Bürgermeister von Lüderitz. Außerdem züchtete er Pferde für den Einsatz im Bergbau. Sein 1907 errichtetes Domizil, das **Kreplin-Haus** ❸, gehört noch heute zu den sehenswerten Bürgerhäusern der Stadt.

Innenstadt

Für alles war gesorgt

In der Bismarckstraße sollte man das 1910 errichtete legendäre Haus von

Nicht nur an der Waterfront, auch in den kleinen Straßen von Lüderitz hat der Griff zu Farbe und Pinsel sowie zur Maurerkelle für manch farbenfrohe fotogene Fassadenzeile gesorgt.

Krabbenhöft & Lampe ❹ besuchen. 1880 entstanden, war die Handelsgesellschaft das erste in Namibia gegründete Unternehmen. Später beherbergte das Gebäude eine Karakul-Teppichweberei. Wo die Wirtschaft brummte, durften ein repräsentativer Bahnhof und ein ebensolches Postamt nicht fehlen. Der **Bahnhof** ❺, seit 1976 ein Nationales Denkmal, wurde von dem Regierungsarchitekten Kurt Lohse entworfen und 1914 eingeweiht – erst sieben Jahre, nachdem der erste Zug in Lüderitz eingetroffen war. Der Bahnhof war Endstation der Linie nach Keetmanshoop. Das **Alte Postamt** ❻ entstand im Jahr 1908 und beherbergt heute die Naturschutzbehörde. Auch für Freizeitvergnügen war gesorgt, wie der **Kapps Konzert- und Ballsaal** ❼ mit

Kegelbahn (Bay Road), heute ein Hotel, sowie die **Lesehalle** ❽, bis heute eine Bücherei, und die **Turnhalle** ❾ (1912) beweisen. Bis zum Ausbruch des Ersten Weltkriegs führten viele der Deutschen, die in Lüderitz wohnten, ein ausschweifendes Leben. Es soll Zeiten gegeben haben, in denen Champagner billiger war als Wasser – kein Wunder: Das Leben spendende H_2O musste mit Tankschiffen aus Südafrika geholt werden.

Erinnerungen an die Kolonialzeit

Wer beim Rundgang durch die Stadt Hunger verspürt, kann ab 17.30 Uhr im **Barrels** ❹ einkehren (s. S. 75). Das Restaurant gehört zur **Pension Kratzplatz** ❺ (s. S. 75), die schon seit über zwei Jahrzehnten in einem der ältesten Häuser der Stadt residiert. Das Gebäude von 1911 war während der Kolonialzeit Sitz einer Firma, die mit den seinerzeit als Schmuck und Dekoration begehrten Straußenfedern handelte; später zog eine dubiose religiöse Sekte ein. Der durch seinen roten Anstrich besonders auffällige Komplex zieht sich um die Ecke bis zur Diaz Street.

Nur einige Schritte weiter wartet in einem schlichten Backsteinbau das etwas angestaubte, aber sehenswerte **Lüderitz Museum ⑬** auf Besucher (s. S. 74).

Waterfront und Inseln

Lüderitz am Wasser

Folgt man am Ende der Bismarck Street der Hafen Street, erreicht man das derzeit größte Prestigeprojekt der Stadt: Es ist weltweit Mode geworden, in traditionellen Hafenstädten eine sogenannte **Waterfront ⑩** zu bauen, so auch in Lüderitz. Obwohl zwei Nummern kleiner als in Kapstadt, Sydney oder auch Oslo, ist die Waterfront von Lüderitz doch ein netter Platz zum Bummeln und Verweilen. Was noch fehlt, sind potente Mieter für Geschäfte und Büros sowie natürlich reichlich Touristen, die das Ganze mit Leben füllen.

Über der Waterfront thront ein weiteres Relikt der Kolonialzeit, das **Woermann-Haus ⑪**. Adolph Woermanns Reederei betrieb nicht nur in Swakopmund, sondern auch in Lüderitz eine Niederlassung, wenn auch in etwas kleinerem Maßstab. Seit 1884 zeichnete die Reederei für den regelmäßigen Linienverkehr zwischen Kolonie und Mutterland verantwortlich. Natürlich war es für sie wichtig, ein Haus mit einem weiten Überblick über Hafen und Bucht zu besitzen. Es entstand ein recht schlichtes Gebäude, das fest mit dem Felsen verbunden scheint. Architektonisch interessant ist die Nordseite mit ihren zwei Erkern und drei Balkonen. Vom Woermann-Haus hat man einen schönen Blick auf den Hafen und die vorgelagerte Shark Island mit dem geradezu wildromantischen Campingplatz.

Raus aufs Meer

Täglich um 8 Uhr starten vom **Bootsanleger ①** an der Waterfront zweistündige Bootsfahrten mit der »Sedina«. Ziele sind die **Sturmvogelbucht** und **Halifax Island** (s. auch Tour S. 78). Wer damit klarkommt, dass das Meer das kleine Schiff mächtig durchschüttelt, kann sich auf interessante Eindrücke inklusive Pinguine freuen. Im Mittelpunkt stehen aber die Robben, die sich, wenn man Glück hat, in großer Zahl auf den Felsen in der Sonne aalen. Abhängig von der Jahreszeit sind sogar Begegnungen mit Delfinen und Walen möglich. Besonders zu empfehlen ist eine Sonnenuntergangstour auf dem alten Segler.

Elena Travel Services: T. 061 24 45 58, www.namibweb.com/sedina.htm, Cruise-Preis pro Pers. ab 400 N$

EINE STADT BENENNT SICH NEU

Dass Lüderitz auch künftig noch seinen an die Kolonialzeit erinnernden Namen tragen wird, ist unwahrscheinlich. Wie für andere Orte wird derzeit eine Umbenennung erwogen: in !Nami=Nüs, was in der Sprache der Nama, Ureinwohner des Landstrichs, Umarmung bedeutet oder auch: Stadt, von Wasser umringt. Das Regional Council trägt den neuen Namen schon auf einem gut sichtbar montierten Willkommensschild im Stadtzentrum. Die Satzzeichen im Namen stehen für Klicklaute.

SPÄTE HEIMKEHR　　　　　　　　**H**

Für einen Teil der Insassen des deutschen **Konzentrationslagers Shark Island** ging der Horror auch noch nach dem Tod weiter: Ihre Skelette wurden für die nationalsozialistische Rassenforschung nach Berlin gebracht. Erst 100 Jahre später kehrten die sterblichen Überreste nach Namibia zurück, die ersten 2011, dann 2014 und zuletzt 2018. Bei der letzten Übergabe nahm erstmalig mit der Staatsministerin im Auswärtigen Amt Michelle Müntefering eine deutsche Regierungsvertreterin an den Gedenkzeremonien in Namibia teil, die sich sichtlich berührt für die von Deutschen begangenen Gräuel entschuldigte. Doch den Betroffenen reicht das noch nicht: Vekuii Rukoro, ein Herero-Vertreter, wiederholte bei der Feier seine Forderung nach einer finanziellen Entschädigung für den Völkermord in der einstigen deutschen Kolonie (s. S. 270). Mit Blick auf die sterblichen Überreste sagte er: »Willkommen zu Hause. Aber jetzt muss der Kampf um nachträgliche Gerechtigkeit weitergehen.«

Deutsches Konzentrationslager

Während man im Zentrum alles Sehenswerte in kurzer Zeit zu Fuß erreichen kann, ist es bis zur **Shark Island ⑫** etwas weiter. Auf der Halbinsel befindet sich die **Campsite Shark Island ⑥** (s. S. 75), eigentlich einer der tollsten Campingplätze des Landes. Die Stellplätze sind hinter mächtigen Granitfelsen verborgen. Doch sollte man sich sehr gut überlegen, ob man hier wirklich unbekümmert Urlaub machen kann, denn die Vergangenheit des Geländes ist erschütternd: Zwischen 1904 und 1912 befand sich an diesem Platz ein deutsches Konzentrationslager, in dem rund 2000 Nama/Orlaam mit ihren Familien interniert waren. Nur jeder Vierte überlebte die unsäglichen Bedingungen der Haft und die harten Witterungsverhältnisse im Lager. Der rassistische Terror war damit aber für einige der Insassen noch nicht zu Ende: s. Kasten oben.

Museum

Musealer Rundumschlag

⑬ **Lüderitz Museum:** Das Stadtmuseum informiert mit Zeitzeugnissen über die Geschichte von Lüderitz, den Diamantenabbau, die einheimische Bevölkerung, den Fischfang und das Leben in der Wüste. Diaz St., T 063 20 25 32, Mo–Fr 15.30–17 Uhr, 20 N\$

Schlafen

Wellenrauschen gratis

① **Nest Hotel Lüderitz:** Erstes Haus am Platz, umfangreiche Renovierungs- und Modernisierungsarbeiten 2017/18 haben dafür gesorgt, dass das so bleibt. Direkt am Meer gelegen und sehr komfortabel, gutes Restaurant mit Fischspezialitäten. Diaz St., T 063 20 40 00, www.nesthotel. com, DZ ab 2750 N\$

Weitblick

② **Sea View Hotel Zum Sperrgebiet:** Erstklassiges Hotel mit Bar, Restaurant, Innenpool und Sauna. Ausgezeichnete Lage in einem sehr ruhigen Wohngebiet oberhalb der Waterfront mit einem weiten Blick über die Lüderitz-Bucht. Das Haus gehört zur südafrikanischen Protea-Hotelgruppe. Woermann St., T 063 20 34 11, https://protea-hotel-sea-view-zum-sperrgebiet-luderitz. hotel-mix.de/, DZ ab 1960 N\$

Zimmer mit Ausblick

3 **Pension Zur Waterkant:** Gästehaus unter deutschsprachiger Leitung in einem ruhigen Wohnviertel. Komfortable Zimmer mit Frühstück, alle mit herrlichem Blick über den Hafen und die Lüderitzbucht. Auf Wunsch können verschiedene Ausflüge organisiert werden.

Bremer St., T 063 20 31 4, www.zurwater kant.com/de/, DZ ab 960 N$

Familiär

4 **Pension Haus Sandrose:** Kleine, gemütliche Pension mit Garten in zentraler, doch ruhiger Lage.

15 Bismarck St., T 063 20 26 30, www. haussandrose.com, DZ ab 900 N$

Historisches Flair

5 **Pension Kratzplatz:** Monica und Manfred Kratz haben das historische Gebäude in eine ansprechende und gemütliche Unterkunft verwandelt, in der man sich nicht nur wohlfühlt, sondern auch angenehm umsorgt wird. Das Restaurant Barrels (s. rechts) gehört zum Haus.

5 Nachtigal St., T 063 202 458, www.kratz platz.info, DZ ab 800 N$

Die Nase im Wind

6 **Campsite Shark Island:** Buchungen über Namibia Wildlife Resorts. Die Erfahrung zeigt aber, dass man außerhalb der Ferienzeiten vor Ort ein Übernachtungspermit erhalten kann. Wenn man hier nächtigt, sollte man bedenken, dass sich Anfang des 20. Jh. hier ein deutsches Konzentrationslager befand (s. S. 74).

www.nwr.com.na/resorts/shark-island

Essen

Mit Meeresblick

1 **Penguin Restaurant:** Internationale Küche mit dem Schwerpunkt auf Meeresfrüchten. Großzügige Terrasse mit Blick aufs Meer.

Im Nest Hotel, T 063 20 40 00, www.nestho tel.com/restaurant.html, tgl. 12–14, 18–23 Uhr, Hauptgericht um 180 N$

Meeresfrüchtespezialist

2 **Restaurant Zum Sperrgebiet:** Die Küche in Lüderitz wird von dem dominiert, was der Ozean vor der Tür zu bieten hat. Der beste Meeresfrüchtespezialist am Ort hat aber trotzdem eine große Auswahl an Fleischgerichten auf der Karte.

Im Sea View Hotel Zum Sperrgebiet, T 063 20 34 11, tgl. 12–14 und ab 17.30 Uhr, Hauptgericht um 150 N$

Hummer & Co

3 **Ritzi's Seafood Restaurant:** Beliebt bei Touristen und Einheimischen. Der Name ist Programm: Im Mittelpunkt stehen Muscheln, Hummer und andere Meeresfrüchte, doch auch wer so etwas nicht mag, geht nicht hungrig nach Hause.

Waterfront, T 063 20 28 18, Mo–Sa 9–24 Uhr, Hauptgericht um 130 N$

Urig

4 **Barrels:** Historische Gebäude in strahlendem Rot. Ein uriger Ort für gemütliche Abende. Gute Küche – natürlich steht auch hier viel Fisch auf der Karte. Das Restaurant gehört zur Pension Kratzplatz (s. links).

5 Nachtigal St., T 063 20 24 58, www. kratzplatz.com, tgl. ab 17.30 Uhr, Hauptgericht um 110 N$

Frisch vom Grill

5 **Butcher's Shop & Grill:** Gepflegte Atmosphäre, Seafood à la carte, gute Fleischgerichte der Region vom Grill.

Bay Road, T 063 20 31 10, Menü ab 110 N$

Bewegen

Blick vom Wasser aus

1 **Bootsanleger:** Hier legen Ausflugsboote zu Küstentouren ab.

Waterfront

Das Rundum-sorglos-Paket

2 **Lüderitz Safaris & Tours:** Hier kann man Rundumpakete für den Lüderitz-Aufenthalt buchen. Buchung von Hotels, Restaurants und Segeltouren auf der »Sedina« und dem »Sturmvogel«, Permits für die Geisterstadt Kolmanskop etc. Bismarck St., T 063 20 27 19, ludsaf@africa online.com.na, Mo–Fr 9–18, Sa 8.30–10 Uhr

Infos

- **Touristeninformation:** Alle Auskünfte erteilen gerne die Angestellten von Lüderitz Safaris & Tours, s. o.
- **Crayfish Festival:** Ende April/Mai, an der Waterfront. Hier dreht sich alles um Langusten. Ein kulinarisches Fest richtig für Feinschmecker. Das Festprogramm umfasst auch Live-Konzerte und sportliche Wettkämpfe.

Wo einst feine Damen ihre Feste gaben, hat heute der Sand die Herrschaft in den Salons übernommen.

Umgebung von Lüderitz

Lüderitz ist vom Diamanten-Sperrgebiet umgeben, sodass man für Touren in die weitere Umgebung Genehmigungen, sogenannte **Permits,** braucht. Diese erhält man im Büro von Lüderitz Safaris & Tours (s. S. 76). Für die Lüderitz-Halbinsel ist kein Permit erforderlich.

Agate Beach   📍 F 15

Wer Strandspaziergänge mit Schatzsuche verbinden will, ist am nördlich von Lüderitz gelegenen Agate Beach richtig. Zum Baden ist es allerdings meist zu kalt, dafür ist der eisige Benguelastrom verantwortlich (s. Kasten S. 77). Seinen Namen erhielt der Strand nach dem Halbedelstein Achat, von dem es im Sand bis heute reichlich Splitter gibt. Größere Einzelstücke sind allerdings selten.

Kolmanskop   📍 F 16

Sandige Geisterstadt

Der Faszination der alten ›Geisterstadt‹ Kolmanskop kann sich kaum ein Besucher entziehen. Rund 10 km vor Lüderitz gelegen, ist sie eines der beeindruckendsten Zeugnisse des Diamantenfiebers in Namibia. Ein Bummel durch Kolmannskuppe ist faszinierend und bedrückend zugleich. Nur das leise Singen des Windes, der den Sand vor sich hertreibt, stört die Stille. Einzig im Kasino, dort, wo einst Stars aus Europa auftraten, lässt sich der Glanz der alten Diamantenmetropole noch erahnen. Einen Ausflug dorthin lässt wohl kaum ein Tourist aus. Die einstige

Diamantenhauptstadt zieht bis in die Gegenwart Tausende Touristen an und lässt so manchen vom ehemaligen Reichtum träumen. Der Diamantenboom rund um Kolmannskuppe begann 1908. Nachdem die Stadt 1956 vollständig verlassen worden war, schien sie unaufhaltsam von der Wüste verschlungen zu werden, doch heute ist sie ein beeindruckendes Freilichtmuseum. Seit das Interesse an Führungen stetig wächst, hat man einige Gebäude wieder hergerichtet. Es wartet also auf die Besucher nicht nur Verfall, sondern auch ein Stückchen früherer Pracht (s. Zugabe S. 80).

Kolmanskop liegt noch außerhalb des Diamanten-Sperrgebiets und kann deshalb auch ohne Führung besichtigt werden. Ein geführter Rundgang ist aber bei einem erstmaligen Besuch empfehlenswert, da man auch viel über die Geschichte der einzelnen Gebäude erfährt.

Tgl. 9–13 Uhr, Führungen: Mo–Sa 9.30, 11, So 10 Uhr (ca. 1 Std., Erw. 85 N$, Kinder 50 N$). Tickets: am Eingang oder Lüderitz Safaris & Tours (s. S. 76); Führungen von Ghost Town Tours zu buchen über http://kolmanskuppe.com; empfehlenswert ist ein Foto-Permit für 200 N$, mit dem man unabhängig von der geführten Tour von Sonnenauf- bis Sonnenuntergang in der Geisterstadt bleiben kann

Diamanten-Sperrgebiet

📍 F–H 16–18

Nachdem sich die Diamantenförderung mehr und mehr vom Inland in das Orange-Mündungsgebiet verlagert hatte, erklärte man das gesamte Diamanten-Sperrgebiet 2008 zum Tsau//Khaeb National Park, ein Jahr später wurde dieser dem Namib-Naukluft Park zugeschlagen. Die Einfahrt ins Sperrgebiet ist nur lizenzierten Reiseveranstaltern erlaubt (s. rechts und Magazin S. 260).

EISIGER BENGUELA-STROM

Obwohl es in Namibia ganzjährig heiß ist, ist das Land kein Reiseziel für einen Badeurlaub. Das liegt an den niedrigen Wassertemperaturen, die zwischen kühlen 12 °C und 16 °C schwanken. Für das kalte Wasser sorgt der Benguelastrom, eine aus den antarktischen Gewässern gespeiste kalte Meeresströmung im Südatlantik, die vom Kap der Guten Hoffnung entlang der afrikanischen Südwestküste nordwärts bis zum Äquator fließt. Der Benguelastrom macht jedoch nicht nur Wasserratten einen Strich durch die Rechnung, sondern ist auch für das trockene Klima Namibias mit äußerst niedrigen Niederschlägen verantwortlich (s. S. 258).

Bewegen

Organisierte Touren

Coastways Tours: Autotour durch das Sperrgebiet bis zum Bogenfels. Abfahrt ca. 8.30 Uhr (Teilnehmer werden abgeholt), Rückkehr ca. 18 Uhr. Verpflegung ist inklusive. Unbedingt über die Website zwei Wochen im Voraus buchen. Reisepassnummer, Wohnadresse und Name – also am besten den Reisepass bereithalten.

T 063 20 20 02, www.coastways.com.na

Lüderitz-Halbinsel

📍 F 16

Eine Autotour über die Lüderitz-Halbinsel führt entlang der malerischen Küste zu historisch interessanten Punkten (s. Tour S. 78).

TOUR
Die Nase im Wind

Mit vier Rädern um die Lüderitz-Halbinsel

Infos

 F16

Start: Lüderitz

Strecke/Dauer:
ca. 70 km/4–5 Std.

Nur wenige Besucher der Stadt planen einen zusätzlichen Tag für die Lüderitz-Halbinsel ein. Bedauerlich, denn eine Tour dorthin ist sehr reizvoll: Es warten malerische Buchten, Lagunen und einsame Strände. Ein Permit ist nicht erforderlich. Hat man **Lüderitz** in Richtung Keetmanshoop verlassen, biegt rechts eine Piste Richtung Küste ab. Vorbei an der **Second Lagoon** führt sie in Richtung Norden. Eine erste Sackgasse bringt den Besucher zu den Stränden der **Griffith**

Atlantischer Ozean

Lüderitzbucht
Penguin Island
Angra Point
Nautilus Hill 132 m
Sturmvogelbucht
Shark Island
Robert Harbour
Diaz Point
Nautilus
Leuchtturm
Lüderitz Harbour
Yacht Basin
Diaz-Kreuz
Shearwater Bay
Start/Ziel Lüderitz
Guano Bay
Ostend
Benguela
Halifax Island
Griffith Bay
Halifax Point
Radford Bay
Knochenbucht
Witmuur
Wasserturm
Essy Bay
Second Lagoon
B4
Keetmanshoop
Eberlanzhöhle
Fjord
88 m
Kleiner Fjord
Tsau //Khaeb (Sperrgebiet) National Park
Kleiner Bogenfels
Große Bucht

Swartberge

0   2,5   5 km

Auf den Pinguin-Inseln vor Lüderitz leben Pinguine in Brutkolonien. Ihr Kot – Guano – ist als Naturdünger sehr beliebt. Der Guanoabbau ist heutzutage aber stark eingeschränkt, denn bis sich eine 1 m dicke Schicht des Vogelmists gebildet hat, dauert es mindestens 35 Jahre.

Bay und zur **Sturmvogelbucht,** an der noch Reste einer Walfängerstation zu sehen sind, die norwegische Walfänger hier 1914 errichteten. Zurück auf der ›Insel-Hauptstraße‹ geht es auf dieser Piste, die auch für normale Pkw kein Problem darstellt, bis zum **Diaz Point,** dem **Leuchtturm** und dem **Diaz-Kreuz.** 1487 suchte der Portugiese Bartolomeu Diaz mit seinen drei Karavellen in der heutigen Lüderitzbucht Schutz vor einem Sturm. Als erster Europäer setzte er seinen Fuß hier aufs Festland. Ein Jahr später machte er erneut an dieser Stelle Halt und errichtete auf der späteren Diaz-Spitze ein Steinkreuz. Überreste des Originals sind im Museum in Windhoek zu sehen. Das heutige Kreuz, eine Nachbildung, wurde 1988 zum 500. Jahrestag der Landung von Bartolomeu Diaz aufgestellt.

Weiter fährt man an der Westküste der Halbinsel entlang. Zwischen der **Guano Bay** und der **Knochenbucht** liegt vor der Küste die kleine **Halifax Island.** Sie darf nicht betreten werden, doch gibt es Segeltouren von Lüderitz dorthin – mit dem Fernglas kann man vom Boot das bunte Vogeltreiben gut beobachten. Halifax Island gehört zu den zwölf sogenannten Pinguin-Inseln, die nördlich und südlich vor Lüderitz liegen. Tausende Pinguine – vor allem Brillenpinguine (s. Foto oben) – und zahlreiche andere Seevögel sind hier zu Hause. Die Inseln weckten Ende des 19. Jh. wegen ihrer Guano-Vorkommen das Interesse der Europäer und bescherten dem Naturhafen von Lüderitz einen erneuten kurzen Aufschwung. Über 300 europäische Schiffe im Jahr liefen die Pinguin-Inseln an und transportierten Hunderttausende Tonnen Guano ab.

Zur **Eberlanzhöhle** direkt am Meer wurde ein rund zehnminütiger Fußweg markiert, der von der Piste südlich von **Essy Bay** abgeht. Wer eine richtige Höhle erwartet, wird aber enttäuscht, es ist nicht mehr als eine grottenähnliche Aussparung in der Felsenküste. Von der **Großen Bucht,** einem Badestrand für Liebhaber kalten Wassers, führt die Straße zurück nach **Lüderitz.**

Zugabe
Glitzernde Steine

Die Zeit des Diamantenrauschs

Mehr Zufall als planvolles Suchen stand am Anfang des beispiellosen Diamantenrauschs, der in den ersten Jahrzehnten des 20. Jh. Glückssucher von nah und fern in den Süden der deutschen Kolonie Deutsch-Südwest zog. Es war ein Tag im April 1908. Wie immer war der aus Thüringen stammende Oberbahnmeister August Stauch mit seinen Arbeitern damit beschäftigt, die Bahngleise der Strecke Lüderitz–Keetmanshoop von Treibsand zu befreien. Eine wahre Sisyphusarbeit, die ihm aber genug Zeit für sein Hobby ließ, die Mineralogie. So verwundert es nicht, dass August Stauch sofort ahnte, welch wertvollen Fund er vor Augen hatte, als ihm sein farbiger Mitarbeiter Zacharias Lewala einen dreckigen Gesteinsklumpen überreichte. Lewala, der einige Jahre in südafrikanischen Minen gearbeitet hatte, vermutete richtig: Es war ein Diamant. Wenig später hatte sich August Stauch mit zwei Freunden die Schürfrechte gesichert.

Wie beim Goldrausch in Alaska ging die Kunde von den Diamantenfunden in Windeseile um die Welt und Glücksritter aus vielen Ländern machten sich auf den Weg nach Deutsch-Südwest. Tausende erwarben Schürfrechte und steckten ihre Claims ab. Doch die Hoffnung auf das große Geld erwies sich für die meisten als trügerisch. Die Zeit der kleinen Digger währte nur kurz. Bereits im September 1908 machte die deutsche Kolonialverwaltung Nägel mit Köpfen und erklärte einen 100 km breiten Küstenstreifen zum Diamanten-Sperrgebiet. Um seine Erschließung und Ausbeutung kümmerte sich fortan die Deutsche Diamanten Gesellschaft. Kolmannskuppe entstand, die Diamantenmetropole von Deutsch-Südwest. In der Blütezeit lebten hier über 300 Spezialisten mit ihren Familien. In den Anfangsjahren brachte ein Schiff aus Kapstadt jeden Monat 1000 t Trinkwasser – später ermöglichten Entsalzungsanlagen die Wasserversorgung. Von der Schule über Bahnhof, Bäckerei und Krankenhaus bis hin zum Kasino fehlte es an nichts. Selbst einen Ballsaal und eine Kegelbahn gab es.

Mit Beginn des Ersten Weltkriegs und dem Ende der deutschen Kolonialzeit ging die Mine an Südafrika. Bis dahin hatte man dem Wüstenboden bereits Diamanten im Wert von rund 165 Mio. Mark entrissen. Die Minengesellschaft errichtete in den 1930er-Jahren die Stadt Oranjemund, die erst in den letzten beiden Jahren so langsam wieder für Besucher geöffnet wurde. Dort leben und arbeiten aktuell Tausende Spezialisten und Vertragsarbeiter. Da die Vorkommen an

Tausende erwarben Schürfrechte und steckten ihre Claims ab. Doch die Hoffnung auf das große Geld erwies sich für die meisten als trügerisch.

der Mündung des Orange River reicher waren als jene in der Wüste, verlor Kolmannskuppe schnell an Bedeutung. 1956 verließen die letzten Einwohner die Stadt. Überall drang Sand ein und die Häuser verfielen Stück für Stück. Auch August Stauch erging es nicht besser als der einstigen Diamantenmetropole: Die vielen Millionen, die er als allererster Diamantenschürfer verdient hatte, waren so schnell gewonnen wie zerronnen. Inflation, Weltwirtschaftskrise und der Zweite Weltkrieg machten aus ihm wieder das, was er zuvor gewesen war – ein armer Mann. 1947 starb er in seiner alten Heimat Thüringen. Man sagt, er habe noch 2,50 Mark besessen.

Kolmanskop hatte schließlich mehr Glück: Dem Verfall wurde ab 1983 ein Riegel vorgeschoben. Einige der Gebäude wurden wieder aufgebaut oder restauriert und aus der Geisterstadt entstand ein sehr fotogenes Freilichtmuseum (s. S. 76). ∎

Hätte man nicht Teile der Geisterstadt Kolmanskop restauriert, wäre wohl mittlerweile alles unter dem Sand verschwunden.

Swakopmund und der Namib Naukluft Park

Natur-Kultur-Kontraste — Schwarzwälder Kirschtorte vor dem Hintergrund der Namib-Wüste und der Naukluftberge.

Seite 85
Swakopmund ⭐

Dank dem Benguela-strom herrschen in Swakopmund auch im namibischen Sommer angenehme Temperaturen. Dann bevölkern einheimische Sommerfrischler die Straßen und Plätze.

Seite 88
Kristall Galerie

In einem futuristischen Gebäude in Swakopmund untergebracht, ist die Galerie für Liebhaber von Kristallen und Halbedelsteinen eine geniale Fundgrube. Highlight der Ausstellung ist der weltgrößte Quarzkristall. Den Steinschmuck kann man kaufen.

In Walvis Bay bevölkern Flamingos die Lagune.

Eintauchen

Seite 93
Wie bei Muttern

Die Schwarzwälder Kirschtorte im Café Treffpunkt und Café Anton in Swakopmund weckt Heimatgefühle.

Seite 95
Kücki's Pub

Kücki ist Kult. Seit vielen Jahren verwöhnt er seine Gäste in Swakopmund mit Bier vom Fass und Fischgerichten.

Seite 96
Mondesa-Tour

Mit Cultural Tours & Travel geht es durch den Swakopmunder Vorort Mondesa – authentische Einblicke sind garantiert.

Seite 108
Drei-Pässe-Route

Bei einer Autofahrt von Walvis Bay über die drei schönsten Pässe der Namib eröffnen sich spektakuläre Ausblicke.

Seite 114
Sesriem-Canyon

Der Tsauchab, der von der Naukluft ins Sossusvlei verläuft, hat hier eine rund 1 km lange Schlucht ausgewaschen. Eine reizvolle Wanderung lohnt den Abstecher.

Seite 116
Sossusvlei ⭐

Dünen so hoch wie Berge. Die Märchenwelt aus rotem Sand und strahlendem Licht begeistert und überrascht die Besucher je nach Tageszeit mit ganz unterschiedlichen, aber immer wieder aufs Neue beeindruckenden Bildern.

Seite 121
Naukluft-berge ⭐

Die Naukluftberge erheben sich durchschnittlich 1000 m über das Vorland, ihre höchsten Gipfel ragen über 2000 m in die Höhe. Auf mehreren Trails können Übernachtungsgäste die Berglandschaft erkunden.

Die Säule von Cape Cross zeigte die Herrschaftsansprüche des portugiesischen Königs an.

Wer sich in Swakopmund gerne auf Deutsch unterhalten möchte, hat bei der Deutsch sprechenden, netten Apothekerin oder in Peters Antiquariat die Gelegenheit.

Wüste Berge und kaltes Meer

›Kühlschrank am Atlantik‹, so nennen die Namibier ihre zweitwichtigste Stadt. Kein Wunder: Wenn im Landesinneren die Temperaturen in Richtung der 40-Grad-Marke klettern, bleibt es in Swakopmund, dem Benguelastrom sei Dank, angenehm kühl. Wer es sich leisten kann – vom Büroangestellten bis zum Präsidenten –, entflieht dann der Hitze in Richtung Meer. Swakopmund, das mit kolonialem Flair lockt und derzeit einen in Namibias Geschichte einzigartigen Bauboom erlebt, hat sich zu einem Ziel für Reisende aus aller Welt entwickelt. Die Ziele in der Umgebung – von Cape Cross im Norden bis zur Sossusvlei im Süden – versprechen kontrastreiche Erlebnisse am Rande des Meeres. Während einerseits Robben in großer Kolonie ihr recht aufregendes Familienleben ›zur Schau stellen‹, fasziniert südlich von Swakopmund die wohl beeindruckendste Landschaft des Landes, der Namib Naukluft National Park. Naturimpressionen rund um Berge, Felsen, Stein und Sand lassen Touristen zu Tausenden dorthin strömen. So ist auf einer Namibia-Reise eine Fahrt in die Dünenwelt des Sossusvlei neben dem Besuch des Etosha-Nationalparks die absolute Hauptattraktion. Wanderfreunde kommen dagegen in der schroffen Gebirgswelt der Naukluft voll auf ihre Kosten, ob auf einer Tageswanderung durch eine der Schluchten oder einer mehrtägigen Trekkingtour. Bei aller Begeisterung für die Natur sei aber nicht vergessen, dass neben Swakopmund auch Walvis Bay einen Zwischenstopp wert ist.

ORIENTIERUNG ❶

Anfahrt und Herumkommen: Die Fahrt von Windhoek nach Swakopmund kann über die Hauptstraßen B 1 und ab Okahandja B 2 erfolgen. Landschaftlich reizvoller sind aber die C 28 und die C 26 über das Khomas-Hochland. Da es die Alternative über die Asphaltpiste via Okahandja gibt, sind diese Pads allerdings oft nicht besonders gut gepflegt.

Parken: In Swakopmund kann man bei der Erkundung des historischen Zentrums problemlos auf sein Auto verzichten. In den meisten Seitenstraßen der Sam Nujoma Avenue findet man ausreichend Parkplätze. Die Straßenkriminalität in Swakopmund ist deutlich niedriger als in der Hauptstadt. Und gibt man sein Fahrzeug bei einem lizenzierten Parkwächter in Obhut, kann man völlig beruhigt auf Tour gehen.

Swakopmund ⭐ 9 E9

Swakopmund ist ein einzigartiger Spagat gelungen: Alte ›deutsche Tugenden‹ wie Ordnung und Sauberkeit sind geblieben und haben sich mit dem bunten Treiben einer afrikanischen Stadt vermischt. Menschen aller Hautfarben flanieren durch die mit viel Liebe restaurierten Straßen des Zentrums. Im Café Treffpunkt finden sich noch immer Einheimische und Gäste gleichermaßen ein, doch sitzt hier heute die schwarze Business-Frau neben dem weißen Touristen aus Europa – vor 1990 undenkbar. Neue Einkaufszentren wurden eröffnet und kleine Läden und Boutiquen warten ebenso auf Kunden wie Restaurants und Hotels aller Preisklassen. Die Bedeutung der Stadt als Ferien- und Touristenzentrum wächst ständig. Neben dem Tourismus sind die Salzgewinnung, der Abbau von Guano (s. auch S. 78) und natürlich die seit 1970 Uran fördernde Rössing-Mine nahe Swakopmund für die Wirtschaft des Landes von Bedeutung.

Wer vor 20 Jahren nach Swakopmund kam, konnte sich ein Bild machen vom bedingungslosen Konservatismus der weißen Swakopmunder, die mehr als die Menschen anderswo im Land noch in ihrem Denken und Handeln dem Geist des deutschen Kolonialismus verhaftet zu sein schienen. Zwar war Swakopmund zu dieser Zeit bereits das beliebteste Seebad der weißen Namibier, doch es fehlte nahezu alles, was die Leichtigkeit afrikanischen Lebens ausmacht. Heute sieht das anders aus, es weht ein fast mediterranes Flair durch die historischen Straßen. Mittlerweile leben weit über 30 000 Menschen in Swakopmund, davon fast zwei Drittel in Mondesa, der schwarzen Vorstadt,

Ein Bummel auf der Jetty gehört zu jedem Swakopmund-Besuch dazu – wobei es, der afrikanischen Sonne zum Trotz, über den Wellen des Atlantiks schon recht frisch werden kann.

die wie Katutura in Windhoek von der südafrikanischen Verwaltung zur Durchsetzung der Apartheidgesetze geschaffen worden war.

Deutsche Kolonie

Es ist verbrieft, dass bereits 1793 holländische Seefahrer für kurze Zeit in der Swakop-Mündung vor Anker lagen. Danach dauerte es fast 70 Jahre, bis die nächsten Eroberer kamen. Am 14. August 1862 hisste der Kapitän des Kanonenbootes »Wolf« an der Swakop-Mündung die deutsche Fahne. Damit galt das Land als in Besitz genommen. Erneut vergingen danach 30 Jahre, bis 1892 das nächste deutsche Kanonenboot 40 Siedler in Begleitung von 120 Soldaten der Schutztruppe an Land setzte. Für die deutsche Kolonialmacht war die Bucht am Swakop lebensnotwendig, ermöglichte sie doch die Versorgung der Kolonie. Der viel günstigere Naturhafen Walvis Bay 30 km südlich war von den Briten besetzt. Da das Wasser in der Swakopmunder Bucht sehr flach ist, mussten die Schiffe weit vor der Küste vor Anker gehen. Die Hamburger Reederei Woermann betrieb einen regelmäßigen Schiffsverkehr zwischen dem Mutterland und der Kolonie. Alles, was gebraucht wurde, vom Bettbezug bis zur Dampflok, schaffte man auf dem Seeweg heran. In den Jahren des Herero-Aufstandes wurden 15 000 Soldaten und 11 000 Pferde angelandet. Erst 1905 wurde ein 325 m langer Landungssteg fertiggestellt. Nun konnte man Fracht und Passagiere in einem geschlossenen Korb auf den Landungssteg hieven. Ein Exemplar dieses eigenwilligen Beförderungsmittels ist im Swakopmund Museum zu sehen. Die Holzbrücke wurde später durch eine Eisenkonstruktion ersetzt.

Südafrikanische Übernahme

Die Bedeutung der Stadt wuchs und damit auch ihre Einwohnerzahl. 1905 lebten hier 1400 Weiße. In schneller Folge wurden wichtige Gebäude wie Bahnhof, Bezirksgericht und Lazarett errichtet. Swakopmund war das wichtigste Handelszentrum von Deutsch-Südwestafrika. Nach der Kapitulation der deutschen Truppen vor der südafrikanischen Union im Jahr 1915 schlossen die Südafrikaner den Hafen von Swakopmund. Ihnen stand jener in Walvis Bay zur Verfügung, den sie zu einem modernen Hochsee- und Fischereihafen ausbauten. Swakopmund fiel in eine Art Dornröschenschlaf. Das hatte auch sein Gutes: Heute profitiert die Stadt davon, dass ihr historisches Zentrum in einmaliger Komplexität erhalten geblieben ist.

SCHILDBÜRGERSTREICH **S**

Der Schutztruppenoffizier Edmund Troost dachte, eine geniale Idee zu haben, als er 1896 die eiserne ›Dampfmaschine‹ – eine Straßenlokomotive – aus Deutschland nach Swakopmund kommen ließ. Sie sollte den Gütertransport nach Windhoek erleichtern und beschleunigen, doch: Ihr Wasser- und Holzverbrauch erwies sich als viel zu hoch! Bis heute wurde das Ungetüm nicht entsorgt, sondern kann kurz vor der Stadtgrenze an der B 2 in einer Halle besichtigt werden. Das Dampflokomobil hat auch einen Spitznamen, nämlich »Martin Luther«: Der Name spielt getreu dem Luther-Spruch »Hier stehe ich, ich kann nicht anders« auf den fehlgeschlagenen Modernisierungsversuch in der Zeit der deutschen Kolonie an.

Blick über das Zentrum

Als Einstieg in einen Rundgang durch Swakopmunds Innenstadt bietet sich das **Woermannhaus** ❶ mit dem **Damara-Turm** an. Das Gebäude entstand 1904 und war Sitz der Hamburger Reederei Woermann. Vom Dach des Turms hatten die Angestellten der Firma die Möglichkeit, schon frühzeitig über den Spiegeltelegrafen mit den ankommenden Schiffen in Verbindung zu treten. Heute ist der Blick vom Turm die einzige Möglichkeit, der Stadt »aufs Dach« zu sehen. Die prachtvolle Innenausstattung des Gebäudes beeindruckt bis heute. Die Stadtbibliothek und der Kunstverein haben hier ihr Domizil gefunden. Wenn der Turm verschlossen ist, erhält man den Schlüssel in der Bibliothek.

Rund um den Leuchtturm

Am anderen Ende der Straße Am Zoll, auf dem größeren Platz, den die Arnold Schad Promenade dahinter bildet, sind einige Dutzend Verkaufsstände zu einem ansehnlichen **Kunstgewerbemarkt** 🔼 vereint. Die Auswahl ist ähnlich wie in Windhoek, das Preisniveau ebenfalls. Neben dem über dem Platz thronenden, 21 m hohen rot gestreiften **Leuchtturm** ❷ (1902) steht das ehemalige **Kaiserliche Bezirksgericht** ❸ (1902). Sein hölzerner Turm wurde erst 1945 angebaut. Heute beherbergt der Komplex die Sommerresidenz des Präsidenten. Auf dem Platz steht zwischen den Händlern das **Gefallenendenkmal** ❹ und neben dem ehemaligen Bezirksgericht das **Marinedenkmal** ❺. Dieses von dem Berliner Bildhauer Albert Moritz Wolff geschaffene Monument wurde 1908 zum Gedenken an die Gefallenen des Marine-Expeditionskorps während der Herero- und Nama-Aufstände 1904 bis 1907 errichtet. Gleichzeitig sollte man an dieser Stelle der 45 000 Herero gedenken, die in diesen Kriegshandlungen von den Deutschen ermordet wurden (s. S. 270).

Zu den Swakopmunder Wahrzeichen gehört ohne Zweifel der Leuchtturm.

Es ist sicher eine Frage der Zeit, bis das Denkmal abgebaut wird. Vom Leuchtturm aus sieht man bereits das Gebäude des **Swakopmund Museum** ⓯, s. S. 90.

Swakopmund Waterfront

Direkt hinter dem Museum liegt die **Mole** ❻. Sie wurde von 1899 bis 1903 zum Schutz des Hafenbeckens gebaut. Genau dort hatten deutsche Schutztruppler 1892 Swakopmund gegründet. 1901 betraten auf der Mole erste Schiffspassagiere das Land. Wegen der geringen Tiefe des Meeres an dieser Stelle konnten größere Schiffe jedoch nicht anlegen. Heute ist die kleine Bucht völlig versandet. Die Mole schützt den **Palm Beach** und die dort badenden Einheimischen und Touristen. Strandbereich und Promenade sind von

Swakopmund

Ansehen

1 Woermannhaus
2 Leuchtturm
3 Kaiserliches Bezirks-
   gericht
4 Gefallenendenkmal
5 Marinedenkmal
6 Mole
7 Altes Amtsgericht
8 Bahnhof
9 OMEG-Haus
10 Otavi-Bahnhof
11 Hohenzollernhaus
12 Prinzessin Rupprecht
   Heim
13 Alte Kaserne
14 Jetty
15 Swakopmund Museum
16 National Marine
   Aquarium
17 Mondesa
18 Hansa Bäckerei

Schlafen

1 Strand Hotel
2 Swakopmund Hotel &
   Entertainment Centre
3 The Delight
4 Swakopmund
   Guesthouse
5 Hotel Eberwein
6 Hotel Schweizerhaus
7 Namib Guesthouse
8 Hotel-Pension Rapmund
9 Veronika Bed & Breakfast
10 Alte Brücke Caravan &
   Camping Site
11 Mile 4 Caravan Park

Essen

1 Platform One
2 The Tug
3 Swakopmund Brauhaus
4 Kücki's Pub

5 Café Treff/WagaWaga
6 Café Anton

Einkaufen

1 Kunstgewerbemarkt
2 Kristall Galerie
3 Peter's Antiques
4 Swakopmunder
   Buchhandlung
5 Die Muschel
6 Brauhaus Arcade
7 Pick n Pay
8 Prima Schlachterei
9 Adler Apotheke
10 Henckert Tourist Centre

Bewegen

1 Okakambe Horse Riding

Ausgehen

1 Tiger Reef Bar

---

blühenden Sträuchern und Palmen ge-
säumt, die regelmäßig bewässert werden.
Vorsicht: Um Wasser zu sparen, bewäs-
sern die Swakopmunder ihre Grünanlagen mit Abwasser. Aus ökonomischer
und ökologischer Sicht eine gute Lösung,
die aber je nach Wetter und Wasser den
Geruchssinn der Spaziergänger stark stra-
paziert. Von Rasensprengern sollte man
sich daher fernhalten.

Theo Ben Gurirab Avenue

Zurück in der Altstadt zieht das **Alte
Amtsgericht** 7 mit seinen Türmchen
und Giebeln die Blicke auf sich. Es
gehört zu den meistfotografierten Gebäuden der Stadt. Schräg gegenüber
überrascht die **Kristall Galerie** 2 mit
ihrer modernen Architektur. In dem
modernen Bau kommen Liebhaber
schöner Steine auf ihre Kosten. Der
Steinschmuckhersteller zeigt in seiner
Ausstellungsgalerie seltene Mineralien, das größte Exponat ist ein über
14 t schwerer, mehrere Meter hoher
Quarzkristall (20 N\$, s. auch S. 95).

Eines der schönsten Gebäude von
Swakopmund ist der 1901 erbaute
Bahnhof 8 der Kaiserlichen Eisen-
bahn-Verwaltung. Seinen Turm verdankt er dem durch seine Burgen in

Windhoek später recht bekannt gewordenen Baumeister Wilhelm Sander. Der Bahnhof war die Endstation der Strecke Windhoek–Swakopmund. 1995 wurde der Gebäudekomplex völlig umgebaut. Vom historischen Bahnhof blieb nur die Fassade erhalten, innen sind ein Luxushotel sowie Galerien, Geschäfte und ein Spielcasino eingezogen. Heute trägt der Komplex den Namen **Swakopmund Hotel & Entertainment Centre** 2.

Auf dem Weg zurück zur Sam Nujoma Avenue findet man rings um die Kreuzung Otavi Street/Daniel Tjongarero Avenue eine Reihe restaurierter Gebäude aus den Jahren vor dem Ersten Weltkrieg, so z. B. die **Deutsche Regierungsschule,** die **Deutsche Evangelisch-Lutherische Kirche** und das **Dr.-Schwietering-Haus.**

An der Sam Nujoma Avenue

Das **OMEG-Haus** 9 gehörte ursprünglich der Otavi Minen- und Eisenbahngesellschaft (OMEG) und diente als Lagerhaus. Heute werden die Räumlichkeiten von Kunst- und Handwerksbetrieben genutzt. Der benachbarte **Otavi-Bahnhof** 10 wurde 1906 für die eigene Bahn der OMEG gebaut. Die Staatsbahn war den Minenbesitzern zu unzuverlässig. Die Gesamtstrecke bis Tsumeb wurde 1906 in Betrieb genommen und war mit 567 km die längste Schmalspurbahn der Welt. Daran dürfte sich bis heute nichts geändert haben. Die Bahn brachte das Kupfererz der Otavi-Mine zum Hafen, von wo es nach Deutschland verschifft wurde.

FAKTENCHECK SWAKOPMUND

F

Einwohner: 25 000 offiziell, inoffiziell 45 000
Bedeutung: drittgrößte Stadt nach Windhoek und Walvis Bay, Ferienziel für Einheimische, Seebad (»Kühlschrank«) am Atlantik, ein Muss für jeden Touristen
Stimmung auf den ersten Blick: heiter, gelassen, lässig
Stimmung auf den zweiten Blick: Abgrenzung zwischen Schwarz und Weiß
Besonderheiten: Hier hat sich das Deutsche im Alltagsleben erhalten, schwarz-afrikanisches Leben konzentriert sich in der Vorstadt Mondesa.

Zurück zum Strand

Das schönste Haus der Stadt steht an der Ecke Tobias Hainyeko Street/Libertine Amathilas Avenue. Es ist das sogenannte **Hohenzollernhaus** ⑪ mit einer prächtigen, neobarocken Fassade. 1906 wurde es als Hotel errichtet, heute ist es ein normales Wohnhaus. An der Kreuzung Bismarck Street/Anton Lubowski Avenue stößt man auf das **Prinzessin Rupprecht Heim** ⑫ aus dem Jahr 1901. Das ehemalige Militärlazarett beherbergt jetzt ein familiäres Hotel. An die Kolonialzeit erinnert auch die **Alte Kaserne** ⑬ weiter landeinwärts. Über Jahrzehnte wurde das Gebäude im Stil eines Forts als Schule genutzt, heute ist es ein Jugendheim.

Von hier sind es nur wenige Straßenzüge bis zur **Jetty** ⑭, so nennen die Einheimischen die einst auf 640 m geplante Landungsbrücke aus Eisen und Stahl. 1911 hatte man sie als Ersatz für den hölzernen Landungssteg zu bauen begonnen. Nach Ausbruch des Krieges 1915 wurden die Arbeiten unterbrochen und mit Schließung des Hafens ganz eingestellt. Der nie fertiggestellte Steg hat eine Länge von 262 m. Nachdem der bei Spaziergängern und Anglern beliebte Steg wegen Baufälligkeit viele Jahre gesperrt war, wurde er 2005 restauriert. Heute ist das Restaurant am meerseitigen Ende ein Anziehungspunkt für Alt und Jung. Abends bildet der Jetty weiterhin den perfekten Vordergrund für das Sonnenuntergangsfoto.

Am Ende des Strandes befindet sich das **National Marine Aquarium** ⑯ (s. S. 91).

Mondesa

Das ehemalige Township **Mondesa** ⑰ im Osten von Swakopmund spiegelt heute die bunte Vielfalt der namibischen Kulturen wider. Für einen Rundgang schließt man sich am besten einer organisierten Tour an (s. S. 96, 284).

Museen

Der Primus namibischer Museen

⑮ **Swakopmund Museum:** Ohne Übertreibung kann man es als das beste Geschichtsmuseum im Land bezeichnen. Die 1951 gegründete Institution zeigt eine Reihe sehr interessanter Ausstellungsstücke zur Geschichte der Stadt, so z. B. die Kutsche des letzten deutschen Gouverneurs. Breiten Raum nimmt die Mineraliensammlung ein und Haushaltsgeräte sowie Schnitzereien vermitteln einen Eindruck von der Lebensweise der schwarzen Bewohner der Region. Ein eigener Raum ist der Arbeit der Rössing-Mine gewidmet. Zu den interessantesten Exponaten gehören große

Dioramen, die das Leben in der Wüste und am Atlantik lebendig darstellen.

Strand St., T 064 40 20 46, www.scientific societyswakopmund.info/swakopmund-museum, tgl. 10–17 Uhr, 30 N$

Auf Tuchfühlung, aber trocken

⑯ National Marine Aquarium: Das 1994 eröffnete, 2012 nach über zweijähriger Sanierung wiedereröffnete Meerwasseraquarium gestattet auch Nichttauchern einen Blick in die Unterwasserwelt. Durch das 320 000-Liter-Wasserbecken führt ein Glastunnel, sodass man sich quasi inmitten der Fische bewegt und selbst Haie aus nächster Nähe beobachten kann. Gefüttert wird täglich gegen 15 Uhr.

Strand St., http://namibweb.com/aquarium. htm, T 064 40 57 44, Di–So 10–16 Uhr, Erw. 40 N$, Kinder 20 N$

Schlafen

Musik der Wellen

① Strand Hotel: Der luxuriöse Neubau an traditioneller Stelle bietet gehobenen Standard mit 140 Zimmern in traumhafter Lage.

On the Mole, T 064 41 14 00, www.strand hotelswakopmund.com, DZ 4500 N$

Erstes Haus am Patz

② Swakopmund Hotel & Entertainment Centre: Das Luxushotel der Stadt im 1994 umgebauten alten Bahnhof. Perfektes Ambiente, Restaurant, 43 Doppel- und 30 Familienzimmer sowie 14 Luxuszimmer und zwei Luxussuiten, ein weiteres Zimmer mit behindertengerechter Ausstattung.

2 Theo-Ben Gurirab Ave., T 064 41 05 20, www.legacyhotels.co.za/en/hotels/swakop mund, DZ 3240 N$

Charme und Design

③ The Delight: Charmantes Designhotel im Herzen der Stadt. Ausruhen, Kraft schöpfen und mit Leichtigkeit verwöhnen lassen – das ist das Delight. Mit diesem Haus hat Gondwana Collections sein Rundreiseportfolio komplettiert.

Theo Ben Gurirab Ave./Ecke Nathaniel Maxuilili St., T 061 42 72 00, www.gondwana-collection.com, DZ 2700 N$

Gemütlichkeit ganz modern

④ Swakopmund Guesthouse: Zentrumsnäher geht es kaum und auch ruhigere nicht. Das ist ein großer Vorteil des kleinen Swakopmund, schon die kleinen Einfamilienhaussiedlungen im Zentrum sind perfekte Ruheoasen. Dazu kommt in diesem Fall ein tolles, modernes Styling und ein perfekter Service. Es gibt so manches interessante innenarchitektonische Detail zu entdecken.

35 Hendrik Witbooi St., T 064 46 20 08, www.swakopmundguesthouse.com, DZ 2160 N$

Das Hohenzollernhaus im historisierenden Stil des Neobarock ist seit 1972 nationales Denkmal.

KOLONIALE SPUREN

Die alten deutschen Straßennamen sind in Swakopmund inzwischen zwar fast vollständig verschwunden, so wurde aus der Kaiser-Wilhelm-Straße die Sam Nujoma Avenue, nur die ›Bismarckstraße‹ hat sich überraschenderweise erhalten. Dennoch ist Swakopmund wohl die deutscheste Stadt Namibias – zahlreiche Gebäude im historisch gewachsenen Zentrum, aber auch Cafés mit Käsekuchen oder Schwarzwälder Kirschtorte erinnern an die einstige Kolonialzeit (s. Tour S. 93).

Jugendstilvoll

5 Hotel Eberwein: Elegantes Hotel im Zentrum. Es befindet sich in einer 1910 errichteten Jugendstilvilla, die früher die Deutsche Schule beherbergte, 17 Zimmer mit individueller

Sam Nujoma Ave., T 064 41 44 51, www. hotel-eberwein.com, DZ 1900 N$

Tradition pur

6 Hotel Schweizerhaus: Traditionsreiches, seit über 50 Jahren unter deutscher Leitung stehendes Haus mit 24 komfortablen Zimmern. Zentrale Lage, nur drei Minuten sind es bis zum Strand und zum Museum. Das legendäre Café Anton (s. S. 95) befindet sich im selben Gebäudekomplex.

1 Bismarck St., T 064 40 03 31, www. schweizerhaus.net, DZ 1700 N$

Persönlicher Service

7 Namib Guesthouse: Hübsche kleine, recht moderne Unterkunft im Zentrum, trotzdem sehr ruhig gelegen.

61 Anton Lubowski St., T 064 40 71 61, www.namibguesthouse.com, DZ 1560 N$

Mit Meerblick

8 Hotel-Pension Rapmund: Angenehme, mittelgroße Pension mit kurzem Weg zum Strand. 25 Zimmer, sehr abwechslungsreich mit viel Liebe zum Detail gestaltet. Großzügiges Frühstück und herzliche Gastlichkeit.

6–8 Bismarck St., T 064 40 20 35, www. hotelpensionrapmund.com, DZ ab 1350 N$

Deutsch zum Frühstück

9 Veronika Bed & Breakfast: Kleine, komfortable Pension unter deutscher Leitung etwas abseits des Zentrums. 15 Minuten in die Stadt auf schönem Fußweg am Meer entlang.

5 Dolphin St., T 064 40 49 15, www.veronika-bed-and-breakfast.com, DZ ab 880 N$

Camperparadies

10 Alte Brücke Caravan & Camping Site: Bester Campingplatz der Region. Gepflegte Rasenflächen, jeder Stellplatz mit eigenen Sanitäranlagen. Auch Bungalows für Selbstversorger.

T 064 40 49 18, www.altebrucke.com

Außerhalb

11 Mile 4 Caravan Park: Großflächige Anlage, der Zustand und die Ausstattung sind recht einfach.

Ca. 8 km nördl. des Zentrums, T 064 46 17 81, www.mile4swkp.com, Platz mit Strom 160 N$ plus 100 N$ pro Pers.

Essen

Bahnhof 1. Klasse

1 Platform One: Ein ›Bahnhofsrestaurant‹ mit entsprechender Ausstattung, aber alles 1. Klasse. Das geht also auch. Fangfrische Meeresfrüchte in hervorragender Qualität.

2 Theo Ben Gurirab Ave. (im Swakopmund Hotel & Entertainment Centre), T 064 40 08 00, tgl. 12.30–14.30, 19–22 Uhr, Hauptgericht um 220 N$

TOUR
Kulinarische Überraschungen

Futtern wie bei Muttern in Swakopmund

Infos

📍 E 9

Start: Hansa Bäckerei, 7 McHugh St., Besichtigungen auf Anfrage

Café Treff, Café Anton, Prima Schlachterei:
s. S. 95

Hätten Sie das in Namibia vermutet: leckere Spitzkuchen, so wie sie in der Pfefferkuchenstadt Pulsnitz den Backofen verlassen haben könnten, Stollen nach original Dresdner Rezept, Knackwürste wie daheim und dazu ein Hansa-Bräu, nach Deutschem Reinheitsgebot gebraut? – auch das ist Namibia, auch das ist ein Aspekt seiner kolonialen Vergangenheit.

Wenn Sie also Lust auf eine herzhafte Bratwurst oder einen köstlichen Bienenstich haben, sind Sie in Swakopmund genau richtig. Hier lassen keineswegs nur die Deutsche Schule oder die Deutsche Buchhandlung an die Heimat denken. Stolz führt der Besitzer der **Hansa Bäckerei** 18 Besucher durch den modernen Backbetrieb. Hier wird noch ›richtiges‹ Brot in den Ofen geschoben, das z. T. sogar nach Südafrika exportiert wird. Auch 40–50 Sorten Kleingebäck werden produziert. Die Renner aber sind die Torten Schwarzwälder Kirsch und Quark-Sahne und in der Adventszeit Stollen und Spitzkuchen. Probieren können Sie die Köstlichkeiten beim Nachmittagskaffee im **Café Treff** 5, die Café-Institution wird von der Hansa Bäckerei beliefert. Zu empfehlen sind auch der Bienenstich und die Schwarzwälder Kirschtorte im **Café Anton** 6, dem Hauscafé des Hotels Schweizerhaus. Die **Prima Schlachterei** 8 sorgt für Herzhaftes. Die richtigen Räucheröfen und das in Deutschland erlernte Handwerk garantieren Bekanntes. Ihre 30 Wurstsorten, produziert nach alten, deutschen Rezepten, sind in vielen Supermärkten zu finden.

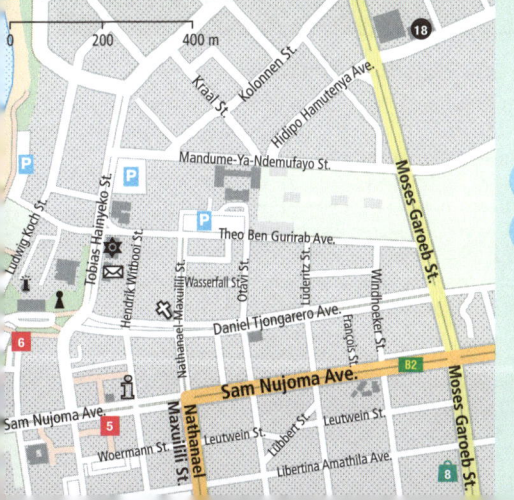

Lieblingsort

Ein deutsches Bier am Rande der Wüste

… für manchen mag der erfrischende erste Schluck das Urlaubserlebnis erst so richtig komplettieren. Nachvollziehbar – wo schmeckt ein kühles Helles besser als unter der heißen afrikanischen Sonne? Nach einer staubigen Wüstentour ist das **Swakopmund Brauhaus** **3** die perfekte Adresse. Noch vor wenigen Jahren gab es im Städtchen mit der Hansa Brauerei sogar eine richtige Braustätte, und die mit einem deutschen Braumeister. Leider musste die Brauerei schließen, das gesamte Bier im Lande wird nun in Windhoek gebraut, doch das hat der Qualität des Gerstensaftes keinen Abbruch getan. Man schmeckt es, das Bayerische Reinheitsgebot hat auch den Weg in den afrikanischen Süden gefunden. Das Windhoek Lager braucht keinen Vergleich mit original deutschem Bier zu scheuen. Und kaum irgendwo kann man es stilvoller genießen als im Brauhaus von Enjoi Müller (22 Sam Nujoma Ave., in den Arkaden, T 064 40 22 14, www.swakopmundbrauhaus.com, tgl. 11.30–14.30, 18–21.30 Uhr, So geschl., Hauptgericht um 170 N$).

Von Wellen umtost

2 The Tug: Ein Restaurant mit Charakter, untergebracht in einem alten Schiffsrumpf. Die Bar okkupiert die einstige Kommandobrücke. Stürmische Blicke direkt auf die Jetty. Tolle Speisekarte mit einem abwechslungsreichen Angebot rund um Fisch, Salat und anderes ›Gesundes‹. Natürlich gibt es auch afrikanische Steaks. An der Jetty Promenade, T 064 40 23 56, www.the-tug.com, tgl. 18–22, Sa, So zusätzlich 12–15 Uhr, Hauptgericht um 180 N$

Deutsch ganz pur

3 Swakopmund Brauhaus: s. Lieblingsort S. 94.

Richtig was auf dem Teller

4 Kücki's Pub: Für so manchen Namibia-Fan ist das gemütliche, etwas rustikale Restaurant zum Stammplatz in Swakopmund geworden. Die Atmosphäre stimmt und nicht nur im Innenhof voller Palmen warten neben vorzüglichen Fischgerichten auch, typisch namibisch, große Fleischportionen auf dem Grill. Besonders beliebt auch bei Einheimischen. (Die Namibier stehen halt immer auf große Portionen.) Tobias Hainyeko St., T 064 64 40 24 07, www.kuckispub.com, Mo–Sa 18 Uhr, Hauptgericht um 140 N$

Kuchen und Surfbretter

5 Café Treff/WagaWaga: Altbewährt sind die Kuchenspezialitäten, die von der Hansa Bäckerei geliefert werden, und die typischen kleinen Gerichte wie die rheinischen Reibekuchen, neu ist das Surfequipment, das man nach dem Kaffeetrinken hier kaufen kann (s. Tour S. 93). 32 Sam Nujoma Ave., T 0811 62 60 02, Mo–Fr 8–17, Sa 8–13 Uhr

Eine Institution

6 Café Anton: Probieren Sie Schwarzwälder Kirschtorte, Florentiner oder Bienenstich (s. Tour S. 93). Ecke Bismarck St./Daniel Tongarero St.

Einkaufen

Ein Einkaufsparadies ist Swakopmund sicher nicht, doch viele Boutiquen und kleine Spezialgeschäfte bieten interessante landestypische Produkte. Zudem wartet auf dem **Kunstgewerbemarkt 1** an der Promenade ein breites Spektrum an afrikanischen Souvenirs auf Käufer und Käuferinnen.

Glitzerndes

2 Kristall Galerie: Der Steinschmuckhersteller offeriert Glitzerndes in reicher Auswahl. Schöne Steine, ausgefallene Kristalle im Original oder kunstvoll veredelt. In der Werkstatt kann man bei der Herstellung von Schmuck zuschauen. Im Verkaufsraum können die schönen Stücke erworben werden. Theo Ben Gurirab Ave./Ecke Tobias Hainyeko St., T 064 40 60 80, www.kristallgalerie.com

Gebrauchtes

3 Peter's Antiques: Was der vor Jahrzehnten aus Bayern ausgewanderte Peter Haller hier zusammengetragen hat, ist verblüffend. Es reicht von einer großen Auswahl deutschsprachiger Bücher aus und über Namibia, z. T. von ihm selbst verlegt, über die Handwerkskunst Schwarzafrikas bis hin zu Antiquitäten aus der Zeit des alten Namibia, als es noch Südwestafrika bzw. Deutsch-Südwest hieß. Tobias Hainyko St., T 064 40 56 24, www.peters-antiques.com

Helfendes

4 Swakopmunder Buchhandlung: Bereits seit über hundert Jahren existierende Buchhandlung mit der größten Namibia-Abteilung im Land; auch Literatur auf Deutsch. Umfangreiches Angebot an Reiseführern und Karten rund ums südliche Afrika. 22 Sam Nujoma Ave., T 064 40 26 13, swabuch@iway.na

Bildendes

5 Die Muschel: Für englisch- und deutschsprachige Bücher ebenso wie für namibische oder südafrikanische Kunst ist die ›Muschel‹ die richtige Adresse. Im zugehörigen Café kann man sich bei Kaffee und Kuchen vom Stöbern erholen.

Brauhaus Arcade, Ecke Tobias Hainyeko St., T 064 40 28 74, www.muschel.iway.na

Vielfältiges

6 Brauhaus Arcade: Arkade mit vielen kleinen, gut geführten Geschäften u. a. für Safaribekleidung, Kuduiederschuhe und Souvenirs.

22 Sam Nujoma Dr.

Was man so alles braucht

7 Pick n Pay: Hier findet man fast alles, was das Herz begehrt. Kann in der Breite der Angebote mit europäischen Supermärkten mithalten.

Ecke Sam Nujoma Ave./Hendrik Witbooi St.

Wurst & Fleisch

8 Prima Schlachterei: Leckere Wurst vom deutschen Fleischermeister (s. Tour S. 93).

23 Moses Garoeb St., T 064 40 43 98

Gesundmachendes

9 Adler Apotheke: Wenn es irgendwo zwickt oder man preisgünstige Mittel zur Malaria-Prophylaxe sucht, kann die traditionsreiche Apotheke gewiss helfen – meist in perfekt fließendem Deutsch.

26 Sam Nujoma Ave.

Steinreich

10 Henckert Tourist Centre: Große Auswahl an hochwertigen (teuren) Souvenirs von Kleidung über Holzschnitzerei bis Steinschmuck. Man erhält viele Informationen über die Edelsteine und den Bergbau in der Region sowie die Bearbeitung der Steine, aber auch allgemeine Infos.

38 Sam Nujoma Ave., T 064 40 01 40, www.henckert.com

Bewegen

Hoch zu Roß

1 Okakambe Horse Riding: Ein- und mehrstündige Ausritte sowie nach Absprache mehrtägige Reitexkursionen in die Umgebung.

Ca. 10 km östl., T 064 40 27 99, www. okakambe.iway.na

Mondesa-Touren

Cultural Tours & Travel: Heinrich Hafeni und sein Team führen durch das ehemalige Township Mondesa. Die Einblicke in das Leben in diesem schwarzen Stadtteil sind sehr authentisch (s. S. 284).

Buchungen: hafenictours@gmail.com, T 064 614 40 07 31, mobil 812 77 30 74

Auf schnellen Brettern

Düne Ski: Auf Sanddünen kann man fast so gut Ski fahren wie auf Schnee – egal ob man die schnellen Bretter talwärts oder die schmalen Latten für Touren bevorzugt.

Henrik May, mobil 081 472 03 43, www.ski-namibia.com

Zeitreise in Swakopmund

Angelica Flamm-Schneeweiss: Rund zwei Stunden führt Angelica durch das hübsche Küstenstädtchen und lässt das ›alte Swakopmund‹ lebendig werden. Treffpunkt für die Führungen ist in der Regel das Swakopmund Museum.

T 064 46 26 47, mobil 081 272 66 93, www.swakopmund-stadtfuhrungen.com, Führungen auf Deutsch, 2–4 Pers. 250 N$

Ausgehen

Sundowner mit Meeresrauschen

1 Tiger Reef Bar: Von den Stühlen und Tischen der Tiger Reef Bar im rustikalen Holzbau lässt sich der unverstellte Ausblick auf das weite Meer herrlich genießen. Mit dem angeschlossenen Campingplatz

vermittelt das Tiger Reef ein bisschen das Flair, das man mit Afrika verbindet.
Suedstrand St., River Mouth

Feiern

- **Küstenkarneval (KüSKA):** Mitte Juni. Die ganze karnevalistische Palette – Büttenreden, Maskenbälle, Musik und Tanz. Den Auftakt macht am ersten Tag um 11.11 Uhr der ›Narrenwecker‹.
- **Swakopmunder Musikwoche:** Anfang/Mitte Dez., www.musikwoche.com. Konzertangebot rund um Klassik mit Veranstaltungen im Saal der örtlichen Bankfiliale, in Kirchen und unter freiem Himmel.

Infos

- **Tourist Information Namib:** Sam Nujoma Ave./Hendrik Witbooi St., T 064 40 48 27, mobil 081 255 15 13, namibi@iway.na, Mo–Fr 8–13, 14–17, Sa, So 9–13 Uhr. Kompetente Beratung.
- **Namibia Wildlife Resorts (NWR):** Sam Nujoma Ave., Ecke Bismarck St., Private Bag 5018, T 064 40 21 72, 064 40 27 96, www.nwr.com.na, Mo–Fr 8–13, 14–17, Sa, So 8–13 Uhr.
- **www.swkmun.com.na:** Internetseite der Stadt Swakopmund.
- **Flugzeug:** Air-Namibia-Linienverkehr nach Windhoek (Eros). Alle anderen Ziele können nur über Windhoek erreicht werden (Air Namibia, 11 Sam Nujoma Ave., T 064 40 51 23, www.airnamibia.com).
- **Bahn:** TransNamib, T 064 46 31 87, www.transnamib.com.na; Bahnhof an der Mandume-Ya-Ndemufayo Street.
- **Bus:** von/nach Walvis Bay und Windhoek (www.intercape.co.za). Haltestelle: Hendrik Witbooi Street. Tgl. 1 x je Strecke verkehren Kleinbusse zwischen Swakopmund und Windhoek (Antonius Building, Nathanael Maxuilili St., Shop 12, T 064 40 72 23, www.namibiashuttle.com).

Umgebung von Swakopmund

Nicht zuletzt ist Swakopmund auch der perfekte Ausgangspunkt für mehr oder minder abenteuerliche Touren in alle Himmelsrichtungen – den Westen mal ausgenommen, dort wird es zu nass.

Dorob National Park
⚲ D/E 8/9

Das gesamte Küstengebiet nördlich von Swakopmund bis zum Skeleton Coast National Park zählt zum Dorob National Park (früher National West Coast Tourist Recreation Area). So sollen die herrlichen Badestrände und Angelreviere geschützt werden. Es sind bereits einige Campingplätze und Feriensiedlungen entstanden, doch gibt es noch viel Platz. Ein Badeparadies wird das Gebiet allerdings nie werden, dafür ist das Wasser des Atlantiks viel zu kalt (s. Kasten S. 77).

Salzpfannen
⚲ E 9

10 km nördlich von Swakopmund liegen die großen Salzpfannen. Nachdem sich die natürlichen Salzvorkommen in den 1950er-Jahren erschöpft hatten, wird hier Meerwasser in riesige flache Becken geleitet, wo es durch die Sonneneinstrahlung schnell verdunstet. Das übrig gebliebene Salz wird aufbereitet und zum großen Teil exportiert. Man kann auf der C34 zum südlichen Ende des Geländes fahren und von dort zwischen den Salzpfannen herumlaufen. Allerdings sind die Lakebecken am Boden nicht so fotogen, wie sie auf Luftbildaufnahmen erscheinen.

Das Robben-Spektakel an der Henties Bay ist ein optisches Vergnügen.
Ob es den Nasen ebenso gut tut, hängt von der Windrichtung ab.

Henties Bay   ♀ E 9

Fährt man rund 70 km auf der C 34 an der Küste entlang, erreicht man Henties Bay. Immer mehr Namibier zieht es im Urlaub in den kleinen Ferienort am Meer, dessen Charakter von Hotel, Campingplatz, Schwimmbad und Golfplatz bestimmt wird. Außerhalb der Ferienzeit ist hier kaum etwas los.

Cape Cross   ♀ D 8

Etwa 130 km nördlich von Swakopmund liegt Cape Cross. Hier stellte der Portugiese Diego Cão 1486 ein Steinkreuz auf, das heutige Kreuz ist eine Nachbildung. Ende des 20. Jh. kam aufgrund privater Spenden ein weiteres, dem Original eher entsprechendes neues Steinkreuz hinzu, sodass sich heute am Cape Cross zwei Kreuze befinden. 2017 bat die namibische Regierung die Bundesrepublik um die Rückgabe des Originalkreuzes, das sich im Besitz des Deutschen Historischen Museums in Berlin befindet. Das DHM stimmte 2018 zu, sodass das historische Objekt schon bald seine Rückreise antreten wird. In der Nähe hat sich auf den Felsen im Meer eine große Robbenkolonie niedergelassen.

Welwitschia Drive   ♀ E/F 9

Biegt man von der B 2 nach rechts auf die C 28 ab, beginnt nach rund 20 km der Welwitschia Drive (D 1991). Die beliebteste Tagestour führt auf der D 1991 Richtung Namib-Naukluft-Park ca.

60 km östlich der Stadt. Auf der Strecke stößt man auf zahlreiche Vertreter der eigenwilligen Pflanze (s. Zugabe S. 132). Auf dem Weg zu den Welwitschias passiert man auch das **Moon Valley**, ein Stück Erde, das an Kargheit kaum zu überbieten ist. Das will für namibische Verhältnisse etwas heißen!

Rössing Mine   📍 F9

Kaum irgendwo auf der Welt gibt es die Möglichkeit, eine Uranmine zu besichtigen. In Namibia geht das jedoch (noch?). Seit Beginn der Schürfarbeiten Anfang der 1970er-Jahre ist etwa 65 km von Swakopmund entfernt ein gewaltiges Loch entstanden. Woche für Woche werden ca. 1 Mio. t radioaktives Gestein aus dem Boden der Namib gesprengt. Zudem sind weitreichende Uranvorkommen im umliegenden Gebiet entdeckt worden, sodass im Dezember 2016 mit der Förderung im benachbarten Tagebau Husab – früher auch als Rössing-Süd bezeichnet – begonnen wurde. Die Rössing-Mine ist Eigentum der britischen Bergbaugesellschaft Rio Tinto Zinc und zurzeit nach dem Diamantenschürfer De Beers der zweitgrößte Konzern im Land (s. auch S. 262). www.rossing.com, jeden 2. Fr Besichtigungstour, Anmeldung im Swakopmund Museum, s. S. 90, T 064 40 20 46, 50 N$

Schlafen

Robbennah
Cape Cross Lodge: Hübsche, mittelgroße Lodge direkt am Meer. Deutlich komfortabler, als man es hier erwartet. Idealer Ausgangspunkt für Besucher der Robbenkolonie am Cape Cross, des Skeleton Coast National Park und der Namibwüste. Ein kleines Museum erzählt über die Geschichte der Region und eine Kunstgalerie stellt Werke heimischer Künstler vor.
Henties Bay, T 064 694012/7, www.capecross.org, DZ 2900 N$

Nebelfrei
Sophia Dale Base Camp: Preiswerte Bungalows und Campingplätze, gute Alternative zu den Unterkünften in der Stadt. Die hausgemachten Grillwürstchen von Fleischermeister Manfred Nütz, der das Camp zusammen mit seiner Frau Michaela führt, sind ebenso ein Geheimtipp wie seine anderen Wurstspezialitäten.
An der B2, 12 km östl. von Swakopmund, ausgeschildert, T 064 40 32 64, www.sophiadale.org, DZ 900 N$

Bewegen

Sandboarden
Ultimate Sandboarding: Auf dünnen Brettern, gut mit Wachs präpariert, geht es mit bis zu 60 km/h die Dünen hinunter.
Mobil 081 421 60 21, www.ultimatesandboarding.com

Über der Wüste
Pleasure Flights and Safaris: Je nach Wunsch Rundflüge über die Skelettküste, die Sossusvlei oder auch in den Norden.
T 064 40 45 00, www.pleasureflights.com.na

Auf dem Wüstenschiff
Erb Camelfarm: Kurze und längere Ausritte auf dem ›Wüstenschiff‹ mit Übernachtung unter freiem Himmel.
Zwischen dem Burghotel Nonidas und dem Rössing Country Club an der B 2, T 064 40 03 63, www.africandesk.com/kamelreiten.htm

Jeepfahrten
Charly's Desert Tours: Fachkundig geführte Touren bis hin zum Kuiseb Canyon können ebenso gebucht werden wie Tagestouren rund um Swakopmund.
T 064 40 43 41, www.charlysdeserttours.com

Walvis Bay   📍 E 10

Von Swakopmund bis Walvis Bay sind es nicht mehr als 40 km, trotzdem lagen jahrhundertelang Welten zwischen beiden Städten. Der Grenzzaun ist zwar gefallen, zwei ungleiche Schwestern sind sie aber geblieben. Während Swakopmund für Touristen immer attraktiver wird, zieht es nur wenige Reisende nach Walvis Bay. Soweit man in Namibia den Begriff Industriestandort überhaupt verwenden kann, trifft er auf Walvis Bay zu. Die Stadt lebt vom einzigen Tiefseehafen des Landes, in dem jährlich rund 1000 Schiffe anlegen und 2,5 Mio. t Fracht gelöscht werden, sowie von der großen Salzgewinnungsanlage, in der man dem Meerwasser jedes Jahr rund 400 000 t Salz abringt. Das dritte Standbein ist der Fischfang, von dem etwa 6000 der rund 60 000 Einwohner direkt oder indirekt leben. Ein hartes Brot, denn die Fischer müssen immer weiter hinausfahren. Die Küstengewässer wurden, auch von ausländischen Fischern, jahrzehntelang systematisch überfischt.

Geopolitische Sonderentwicklung

Obwohl Walvis Bay bereits 1487 von Bartolomeu Diaz entdeckt wurde, ist es, juristisch gesehen, das jüngste Stück Namibia. Über Jahrhunderte verlief die Entwicklung dieser ehemaligen Enklave abgeschottet von der des übrigen Landes.

1793 nahmen es die Kap-Holländer in Besitz. Einige Jahre später annektierten die Briten diesen strategisch nicht unwichtigen Hafen. 1910 wurde Walvis Bay Mitglied der Südafrikanischen Union. Die Stadt war also nie Teil der deutschen Kolonie, weshalb hier – anders als in Swakopmund – kaum deutschstämmige Namibier leben. Als Südafrika nach der Kapitulation der deutschen Schutztruppen die Mandatschaft über Südwestafrika übernahm, war das für Walvis Bay nur eine Angliederung auf Zeit. Mit der Erklärung der Unabhängigkeit Namibias gab es wieder Grenzzäune und Kontrollen rund um die Stadt. Erst 1994 übergab die Republik Südafrika die Enklave Walvis Bay endgültig an Namibia. Seither spielt die Stadt eine wichtige Rolle für die Wirtschaft des Landes.

Ortszentrum

Das kleine **Walvis Bay Museum ❶** informiert über naturkundliche Themen sowie insbesondere die Historie der Stadt. Anschauungsmaterial zu dem geschichtlichen Exkurs liefert die **Kirche der Rheinischen Missionsgesellschaft ❷**, die aus dem Jahr 1888 stammt. Sie ist übrigens ein Beleg dafür, dass die Fertigbauweise keine Erfindung der jüngeren Architekturgeschichte ist: Die Holzteile, die man für den Bau der

---

F

FAKTENCHECK WALVIS BAY

Einwohner: 62 000
Bedeutung: einziger Tiefseehafen des Landes, zweitgrößte Stadt
Stimmung auf den ersten Blick: ungeliebte Stiefschwester von Swakopmund; alles dreht sich um die Fischindustrie.
Stimmung auf den zweiten Blick: Man bemüht sich um mehr Tourismus.
Besonderheiten: Die Geschichte der ehemaligen britischen Enklave verlief etwas anders als im Rest des Landes.

Der Hafen von Walvis Bay ist ein Container- und Fischereihafen. Moderne Technik hilft beim Entladen des in Eis gelagerten frischen Fisches aus dem Atlantik. Die Restaurants im Ort warten schon darauf.

Kirche verwendete, wurden in Deutschland hergestellt, von dort verschifft und vor Ort in Namibia zusammengefügt.

Walvis Bay Museum: Nangolo Mbumba Dr., T 064 20132 73, Mo–Fr 9–17 Uhr, Eintritt frei

Schlafen

Strandnah

1 The Burning Shore Beach Lodge: Zwischen Swakopmund und Walvis Bay in den Dünen am Strand gelegen. Räumlichkeiten vom Komfortzimmer bis zur Luxussuite. In dem Hotel, das zu den Africa Pride Hotels gehört, haben schon Angelina Jolie und Brad Pitt gewohnt.

152 4th St. Long Beach, T 064 20 75 68, DZ 2840 N$

Für Ornithologen

2 Lagoon Loge: Gegenüber der Lagune von Walvis Bay mit hervorragendem Blick auf das Vogelparadies. Sechs Themenzimmer mit einem jeweils recht spannenden Flair. Da haben sich die Gestalter manch lustiges Detail einfallen lassen.

Kovambo Nujoma Rd., T 064 20 08 50, www.lagoonloge.com.na, DZ 2040 N$

Interieur mit besonderer Note

3 Protea Hotel Pelican Bay: Gepflegtes Haus mit interessanten innenarchitektonischen Details.

Esplanade (am Jetty), T 064 21 40 00, www.proteahotels.com/protea-hotel-pelican-bay.html, DZ ab 1825 N$

Grüne Oase

4 Langholm Hotel: 17 komfortable Zimmer, herrlich grüner Garten, Aktivitäten wie Quadbiking und Dünen-Surfen können gebucht werden, sichere Parkplätze, Bar und Bibliothek.

24 Second St., T 064 20 92 30, www.langholmhotel.com, DZ 1450 N$

Walvis Bay

Ansehen
1 Walvis Bay Museum
2 Kirche der Rheinischen Missionsgesellschaft

Schlafen
1 The Burning Shore Beach Lodge
2 Lagoon Loge

3 Protea Hotel Pelican Bay
4 Langholm Hotel
5 Protea Hotel Walvis Bay
6 Long Beach Resort

Essen
1 The Raft
2 Marina Resort
3 Café Probst

Bewegen
1 Levo Seal & Dolphin Cruises
2 Dare Devil Adventures
3 Mola Mola Safaris

Zentral
5 **Protea Hotel Walvis Bay:** Zentral gelegenes Hotel mit 58 klimatisierten Zimmern und behindertengerechter Ausstattung; WLAN.
Sam Nujoma Ave. /10th Rd., T 064 21 37 00, www.proteahotels.com, DZ ab 1400 N$

Camping am Meer
6 **Long Beach Resort:** Zeltplatz mit einfacher Ausstattung auf halbem Weg zwischen Swakopmund und Walvis Bay. 117 Stellplätze, auch 2- bis 4-Bett-Chalets. In der Hochsaison Dez./Jan. nur 14-tägige Aufenthalte möglich.
T 064 20 09 13, www.namibweb.com/wbresorts.htm

Essen

Mee(h)rblick
1 **The Raft:** Das exklusive Restaurant auf Stelzen direkt an der Lagune ist allein schon wegen des tollen Blicks auf den atlantischen Ozean einen Besuch wert; serviert wird internationale Küche mit dem Schwerpunkt auf Fischgerichten und Steaks.
The Esplanada, T 064 20 48 77, www.theraftrestaurant.com, tgl. 12–15, 18–22 Uhr, Hauptgericht um 200 N$

Im Zug
2 **Marina Resort:** Restaurant in ausrangierten Bahnwaggons direkt am Meer, nahe dem Campingplatz Long Beach Resort zwischen Swakopmund und Walvis Bay. Ausgefallenes Ambiente, italienische Küche mit dem Schwerpunkt Seafood.
T 064 20 70 09, tgl. 10–15, 18–21 Uhr, Hauptgericht um 160 N$

Herzhaft und süß
3 **Café Probst:** Auf dem Weg zurück in die Zivilisation, dann wenn staubige Pisten aus dem Süden kommend langsam hinter einem liegen, zieht es so manchen Reisenden, oft auch aus Tradition, zu einem Stopp bei Kaffee und Kuchen ins Zentrum von Walvis Bay. Ob Schwarzwälder Kirsch, Schweinsohren, Käsekuchen oder auch lecker belegte Brötchen – ein Besuch im 1957 eröffneten Café Probst ist für Touristen und Einheimische gleichermaßen eine Stunde abseits von Hitze und Hektik.
148 Ben Gurirab St., T 064 20 27 44, Mo–Fr 6–18, Sa 6–14 Uhr, Hauptgericht um 140 N$

Bewegen

Bootstouren
1 **Levo Seal & Dolphin Cruises:** Wer die Seevogelwelt der Lagunen und vorge-

lagerten Inseln vom Wasser aus beobachten und gleichzeitig den Delphinen einen Besuch abstatten möchte, der findet bei diesem Anbieter ganz sicher die richtige Tour; auch Angelausflüge.

14th Rd./Ecke 1st St. East, T 064 20 75 55, www.levotours.com

Quadbiking

2 **Dare Devil Adventures:** Tgl. geführte Quadbiketouren durch den großen Sandkasten Namib (gestartet wird gegenüber dem Long Beach Resort an der B 2 zwischen Swakopmund und Walvis Bay); sieben verschiedene Touren.

An der B2 nach Norden stadtauswärts, mobil 081 149 12 61, www.daredevil adventures.com

Sandwich Harbour stressfrei

3 **Mola Mola Safaris:** Kraft und Nerven spart, wer bei Mola Mola Safaris eine organisierte Geländewagen-Tour nach Sandwich Harbour bucht. Halber Tag 1650 N$.

Waterfront Walvis Bay, T 064 20 55 11, www.mola-namibia.com

Infos

• **www.walvisbaycc.org.na:** Website der Stadtverwaltung mit allgemeinen Infos auch für Touristen.
• **Walvis Bay Tourism Centre:** Union St./Ecke 5th Rd., mobil 081 128 67 13, bookings@walvis-info.com, www. photoventures-namibia.com/walvis-bay-tourism-centre. Informationen zu Unterkünften, Ausflügen (auch Buchung), Souvenirshop etc.
• **Flugzeug:** Flüge von/nach Windhoek und Kapstadt, T 061 22 96 39; der Flughafen liegt rund 12 km östlich an der C 14.
• **Bahn:** T 064 208-517/-545, www. transnamib.com.na. Reguläre Verbindung So–Fr von/nach Windhoek via Swakopmund, außerdem Sonderfahrten mit dem Desert Express.

Ein faszinierendes Bild ganz in Rosa bietet sich dem Beobachter, wenn Aberhunderte Flamingos auf einem Bein stehend in der Lagune von Walvis Bay rasten. Das überreiche Nahrungsangebot lockt sie an.

● **Bus:** T 061 22 78 47, www.intercape. co.za. Intercape-Mainliner-Busse fahren von/nach Kapstadt (u. a. via Windhoek und Keetmanshoop).

Umgebung von Walvis Bay

Walvis Bay Lagune   ♀ E 10

Flamingos & Co.

Die besondere Attraktion von Walvis Bay ist die Lagune mit ihrem sagenhaften Reichtum an Wasservögeln. Bei den regelmäßig durchgeführten Zählungen kam man in den besten Jahren auf über 120 000 Vögel, und dazu kommen noch bis zu 200 000 Zugvögel. Da schlägt das Herz eines jeden Ornithologen höher. Die Lagune zählt zu den größten geschützten Flachwassergebieten an der Westküste Afrikas. Nur an wenigen anderen Plätzen in Namibia können die Seevögel geschützt leben. Es sind vor allem Flamingos, Hirtenregenpfeifer und Grünschenkel, die vom Überangebot an Nahrung in der Lagune profitieren. Allein am **Pelican Point,** der südlichsten Stelle der Landzunge, kann man Hunderte Pelikane beobachten.

Dune 7   ♀ E 10

Hoch auf die Düne

Wer gut zu Fuß ist, kann ca. 10 km östlich von Walvis Bay **Dune 7** besteigen, die mit Abstand höchste Düne der Region. Von ihrem Kamm bietet sich ein atemberaubendes Panorama über die Namib und den Atlantik. Ein paar Tropfen Schweiß müssen aber investiert

werden, denn im losen Sand geht es nur mühsam aufwärts.

Sandwich Harbour   ♀ E 10

Die Allradtour nach Sandwich Harbour führt zu den schönsten Stellen an der namibischen Küste. So nah an den Zivilisationszentren Walvis Bay und Swakopmund rechnet man nicht damit. Der Küstenverlauf hat sich in den letzten Jahrzehnten dramatisch verändert, wodurch der Lebensraum der Vögel deutlich eingeschränkt wurde. Die Natur ist aber immer noch wunderschön und der Kontrast zwischen der sanften Dünenlandschaft und dem Wasser der Lagune garantiert attraktive Fotos.

Durch die Süßwasserquelle, die früher auch kleine Teiche speiste, war Sandwich Bay ein beliebter Ankerplatz für Walfänger, Schmuggler und Piraten. In der ersten Hälfte des vorigen Jahrhunderts wurden in der Region Tausende Tonnen Guano (Vogelmist) abgebaut und als Dünger nach Europa verschifft.

Nur für Könner

Viele Reisende erschrecken sich, wenn sie feststellen, dass die knapp 50 km lange Fahrt nach **Sandwich Harbour** zu den anspruchsvollsten Allradtouren in Namibia gehört. Teilweise verläuft die eigentlich nicht vorhandene und auch nicht gekennzeichnete Piste entlang der Küste durch tiefen Sand. Die einzige Orientierung bieten die Spuren der Vorausfahrenden. Schon mehr als ein Fahrer wurde in der Vergangenheit von der Flut überrascht und musste hilflos mit ansehen, wie der Ozean sein Fahrzeug langsam verschlang. Man ist als Selbstfahrer darum gut beraten, am Wochenende zu fahren. Dann sind entlang der Küste und auch im Bereich der 10 km langen Lagune viele Angler unterwegs, die im Notfall helfen können. Wenn möglich, sollte man bei Ebbe fahren. Kraft und Nerven spart, wer in Walvis Bay bei Mola Mola Safaris (s. S. 104) oder Sandwich Harbour 4x4 (s. u.) eine organisierte Geländewagen-Tour nach Sandwich Harbour bucht.

Sandwich Harbour 4x4: Buchung über www.sandwich-harbour.com, Abfahrt tgl. 10 Uhr Walvis Bay Waterfront, Dauer 6 Std., 1900 N$ inkl. Permit
Permits Selbstfahrer: beim Ministry of Environment & Tourism in Walvis Bay, T 612 84 23 33, und bei der Touristinfo in Swakopmund

Namib Naukluft Park ♀ E–G 9–15

Namibia heißt Naturerlebnis und Naturerlebnis heißt natürlich auch und oft Nationalpark. Da kommt dann kaum ein Besucher um die Namib-Naukluft herum. Will auch niemand, denn mit 49 768 km² ist der Namib Naukluft Park der größte Nationalpark Namibias und nach der Central Kalahari Reserve in Botswana und der Selous Game Reserve in Südtansania der drittgrößte Afrikas. Er umfasst einen 100–150 km breiten Landstreifen entlang der namibischen Küstenwüste zwischen dem Swakop-Tal im Norden und dem Stadtrand von Lüderitz im Süden. Den nördlichen Teil zwischen Swakop und Kuiseb nennt man Namib Section. Bereits 1907 wurde ein erster Teil der Namibwüste, das zentrale Gebiet, unter Schutz gestellt. In den 1940er- und 1950er-Jahren kamen dann das Gebiet um Sandwich Bay, die Welwitschia-Ebene und der Kuiseb hinzu. Die Südafrikaner benannten das Schutzgebiet, das unter deutscher Verwaltung ›Naturschutzgebiet Nr. 3‹ hieß, in Namib Desert Park um. In der Folgezeit kaufte Südafrika zahlreiche Farmen in der Naukluft auf, die als Naukluft Mountain Zebra Park zu einem Rückzugsgebiet für

Wenn die Sonne vom Himmel brennt und das Thermometer über die 35-°C-Marke steigt, ist Schatten nicht nur bei Menschen beliebt. Auch die Oryxantilopen haben ihn gesucht und gefunden.

die Hartmann-Bergzebras wurden. Als Diamanten-Sperrgebiete in der Region freigegeben wurden, konnten beide Parks zum heutigen Namib Naukluft Park verbunden werden. Seine jetzige Größe erreichte der Park erst 1986, als der Rest des Diamanten-Sperrgebiets Nr. 2 an den Park angegliedert wurde. Besuchermagnet Nummer eins ist das berühmte Dünengebiet von Sossusvlei. Daneben entwickelt sich das Naukluftgebirge mit seinem vielseitigen Wander- und Sportangebot zu einem weiteren Ziel für Touristen aus der ganzen Welt.

Infos

• **Namib Naukluft Park:** Nur kleine Abschnitte des Parks kann man als Tourist besuchen – den Kuiseb, die Naukluftberge und die Dünenfelder des Sossusvlei. Das klingt nicht nach viel, erfordert aber mehrere Tage Zeit. Für die **Anfahrt** gibt es verschiedene Möglichkeiten, in den Namib Naukluft Park zu reisen. Aus Swakopmund und Walvis Bay nimmt man im Normalfall die Route auf der C 14 über den Kuiseb-Pass. Von Windhoek gibt es mehrere Alternativen. Der kürzeste Weg führt auf der C 26 über den Kupferberg- und den Gamsberg-Pass auf die C 14. Andere Reisende fahren südlich von Rehoboth auf die C 24 und auf dieser über Nauchas und den Remhoogte-Pass in Richtung Solitaire. In Nauchas kann man aber auch die C 24 verlassen und nördlich von dieser Route zum Spreetshoogte-Pass in Richtung C 14 weiterfahren. Der Parkeingang für die Naukluft Section liegt an der Pad D 854, die kurz vor der Gästefarm Büllsport von der C 14 abzweigt. Die C 28 und die C 14 sind ebenso wie die C 19 ohne **Permit** zu benutzen. Für alle von den Hauptstraßen abweichenden Touren, z. B. zur Welwitschia-Ebene oder nach Gobabeb, braucht man Genehmigungen, die man bei den Touristenbüros in Swakopmund oder Windhoek erhält. Das **Permit** für die Fahrt ins Sossusvlei kann man direkt vor Ort kaufen.

Von Walvis Bay zum Kuiseb Canyon ♥ E–G 10

Während die Strecke von Windhoek aus Richtung Nationalpark – sieht man von den grandiosen Landschaften einmal ab – nur wenig Grund zum Anhalten bietet, sollte man von Swakopmund bzw. Walvis Bay kommend einige Stopps einplanen. Rund 50 km östlich von Walvis Bay verlässt eine kleine Piste die C 14 in Richtung der Wasserstellen **Zebra Pan, Gobabeb** und **Homeb**. Dabei passiert man den **Vogelfederberg**, einen vom Wind glatt geschliffenen Felsen. In Homeb gibt es am Kuiseb Rivier ein kleines Camp zum Übernachten. In Gobabeb betreiben Wissenschaftler eine Wüstenforschungsstation, die für Besucher jedoch nicht zugänglich ist. Von Homeb aus geht es zurück auf die C 14. Wer nun Lust und Zeit hat, noch etwas Wüstenluft zu schnuppern, der sollte nicht sofort in Richtung Solitaire fahren, sondern die Pad nördlich wählen. Sie führt vorbei am **Kriesse-Rus Camp** und an der Wasserstelle **Ganab.**

Hält man sich in Ganab östlich, stößt man auf einen äußerst anspruchsvollen Allradtrail. Dieser passiert die C 28 und führt in einem weiten Bogen westlich auf diese Hauptverbindungsstraße Richtung Windhoek zurück. In Klein Tinkas und an der **Bloedkoppie**, einem mächtigen Granitberg, gibt es kleine Campingplätze für romantische Übernachtungen in der Wüste. Von der Bloedkoppie kann man der Geländepiste nach Westen folgen oder auf der Pad in Richtung Süden vorbei an der Wasserstelle **Hotsas** zurück auf die C 14 fahren. Nun sind es nur noch 25 km bis in den Kuiseb Canyon

TOUR
Mit dem Auto durchs Hochland

Die Drei-Pässe-Route von Walvis Bay nach Ababis

Wer Touren durch die wilde Landschaft liebt, dem sei die Drei-Pässe-Route zwischen Namib und Naukluft ans Herz gelegt. Die Passstraßen vom Hochland über die Abbruchkante sind überwältigend.

Salziger Start

Salz liegt in der Luft, wenn man früh am Morgen sein Hotel in **Walvis Bay** verlässt, um Richtung Süden zu fahren. Doch die großen Salzberge und Salzpfannen lässt man rechts liegen und biegt auf der C 14 nach Osten ab – immer den Bergen entgegen. Die ersten hundert Kilometer kann durchaus Langeweile aufkommen. Da heißt es, durchhalten und ›Kilometer

Infos

Sart: Walvis Bay
📍 E 10

Länge: rund 340 km

Dauer: 8–10 Std.

Planung: gute Stra-
ßenkarte und
ausreichend Wasser
mitnehmen!

Permits: Ein Permit
ist nur für den
Abstecher zum Hen-
no Martin Shelter
erforderlich. Die
Permits gibt es am
Sesriem Gate (s.
S. 113).

**Kuiseb Bridge
Campsite:** unbe-
wachter Platz direkt
an der C 14, sehr
einfache Ausstattung,
Plumpsklos

**Spreetshoogte
Farm Camp Site:**
T 062 57 20 10,
www.natron.net/
tour/spreetshoogte,
150 N$ pro Pers.

fressen‹. Nur ein erster kleiner Gruß aus der Bergwelt bringt etwas Abwechslung: der von Wind und Wetter blank gescheuerte **Vogelfederberg** (📍 F 10) rund 50 km östlich von Walvis Bay.

Surreale Mondlandschaft

Nach einer Stunde Fahrt steht die Sonne schon recht hoch am Himmel und so langsam stellt sich die Frage, ob man nicht von der ›Südwester-Klimaanlage‹ – d. h. alle vier Fenster offen – auf die moderne Klimaanlage umsteigen sollte. Unaufhaltsam kommen die Berge näher. Nach gut hundert Kilometern wird die Fahrt abwechslungsreicher. Der **Kuiseb Pass** (872 m) wirft seine Schatten voraus. Einmal mehr kommt man sich vor wie in einer surrealen Mondlandschaft. Doch ehe die eigentliche Passstraße beginnt, steht die Fahrt durch den wilden **Kuiseb Canyon** bevor. Hier wird die Bergwelt von einem Labyrinth aus Trockenflüssen regelrecht zerschnitten. Rund 1 Mio. Jahre alt soll der Canyon sein. Wasser führt der namensgebende Fluss recht selten, aber wenn es einmal der Fall ist, dann kann er kurzzeitig zu einem reißenden Strom anschwellen. Im Canyon gibt es unweit der Kuiseb Bridge einen kleinen, recht romantisch gelegenen Campingplatz.

Abstecher zum Versteck der Geologen

Etwas später erreicht man eine Abzweigung, die von der C 14 zum Aussichtspunkt **Carp Cliff** und durch eine weitere Schlucht zur **Henno-Martin-Höhle** führt. In der Höhle hielten sich die beiden deutschen Geologen Henno Martin (1910–98) und Hermann Korn (1907–46) im Zweiten Weltkrieg versteckt, um der drohenden Internierung zu entgehen. Ihr Buch »Wenn es Krieg gibt, gehen wir in die Wüste« dürfte das bekannteste Werk über Namibia sein (s. Kasten S. 113). Für den 6 km langen Abstecher benötigt man ein Permit (s. Info-Pfeil links).

Bergauf und bergab

Für alle Passfahrer, die den Abstecher auslassen und weiter der C 14 folgen, heißt es, hinter dem Kuiseb-Pass auf die Straße C 26 abzubiegen. Der **Gamsberg Pass** (2334 m) wartet. Wer jetzt auf besondere Sehenswürdigkeiten hofft, hat den falschen

Ausflug gewählt. Im engeren Sinne gibt es diese hier nicht. Doch man kann spektakuläre Landschaften erleben und zumeist auch fotografieren oder filmen. Weit hinauf schraubt sich die Straße und nach jeder Kurve öffnet sich ein weiterer Ausblick nach oben. Immerhin sind weit über 1000 Höhenmeter zu überwinden. Auf rund 2200 m Höhe steigt die Straße an, wobei die Panoramen der ariden Landschaft immer weiter werden. Nach rund 60 km auf der C 26 sollte man vor dem kleinen Ort **Göllschau** auf der D 1265 nach rechts abbiegen, um nach kurzem Weg, rund 30 km, die C 24 Richtung Ababis zu erreichen. Weitere 24 km später, in **Nauchas,** muss man die C 24 wieder verlassen und nach rechts auf die deutlich kleinere D 1275 wechseln. Nun steht der Höhepunkt der Tour unmittelbar bevor: der **Spreetshoogte Pass.** Eine Rast am Beginn des Passes hinunter in die Wüste sollte man auf jeden Fall fest einplanen.

Bei ›Höhenflügen‹ über 2000 m wird auch dem Auto die Luft manchmal knapp. Also auch aus diesem treuen Begleiter ab und an eine Pause gönnen. Bergab danken es die Bremsen.

Atemberaubend

Mit seinen 1780 m ist der Spreetshoogte-Pass zwar niedriger als der Gamsberg-Pass, doch sein Höhenunterschied fällt deutlicher aus. Mit bis zu 22 % Gefälle gehört er zu den atemberaubendsten Passstraßen, die das südliche Afrika zu bieten hat. Einige der gefährlichsten Stellen der Abfahrt sind in den letzten Jahren durch Betonpflaster entschärft worden. Das gibt auch dem Fahrer ab und zu die Möglichkeit, einen Blick auf die Landschaft zu riskieren. Dennoch sollte man regelmäßig Fotopausen einlegen. Etwa auf halber Höhe passiert man den Campingplatz der **Spreetshoogte Farm.** Drei Stellplätze (jeweils mit Sanitärhäuschen) laden zu einer spektakulären Nacht am Pass mit ebensolchem Blick über die Namib ein. Wer mit Allradcamper und Dachzelt unterwegs ist, kann sein Nachtlager auch auf dem kleinen Parkplatz am Anfang des Spreetshoogte-Passes aufschlagen. Der Ausblick ist grandios.

Fernblick im goldenen Licht

Wer die bedeutenden Pässe Afrikas kennt, weiß, dass auch der Spreetshoogte Pass in Namibia dazu zählt. Dabei sind namibische Pässe nicht im eigentlichen Sinne Pässe, wie wir sie kennen. Hier geht es nicht erst hoch und dann wieder runter. Diese Pässe stür-

Das Nonplusultra auf der Drei-Pässe-Tour ist es, auf dem Allrader seine eigenen Dachzelte dabeizuhaben und den Sonnenunter- und -aufgang am Spreetshoogte Pass zu erleben.

zen sich vom Hochland die Abrisskante zur Wüste hinunter. Steht man oben auf der Höhe des Spreetshoogte Passes, streift der Blick weit über die Wüste, die sich scheinbar unendlich bis über den Horizont hinaus zieht. Dieser Blick ist zu jeder Tageszeit ein guter Grund, sich vor der Passfahrt hinab einige Minuten Zeit zu nehmen und die Weite des Landes zu genießen. Ein Labsal für die Seele nicht nur der Blick, sondern auch die fast bedrückende, tiefe Stille, die die Szenerie beherrscht.

Zum Schluss ein paar Fahrübungen

Nach ca. 50 km auf der D 1275 trifft man wieder auf die C 14. Nun ist es nur noch ein Katzensprung bis **Solitaire** und nach weiteren 10 km auf der C 19 erreicht man die **Farm Ababis,** wo sicher schon ein gekühltes Bier auf die staubigen Kehlen wartet. Chef Uwe Schulze-Neuhoff hat dort noch manch reizvolle Tour durch die wilde Bergwelt am Fuß der Naukluft in petto. Auf der Farm selbst gibt es einen Übungsparcours für Allrad- und Outdoorfans. Dort bietet Schulze-Neuhoff auch komplette Allradkurse an, die aufbauend auf ADAC-Standards natürlich beginnend mit der Theorie zur Praxis führen (www.ababis-gaestefarm.de, s. auch S. 258).

und auf den Kuiseb-Pass. Es gibt zwei ideale Stellen für einen Blick über den Canyon: zum einen in **Aruvlei**, 2 km südlich der C 14, und, nachdem man den Canyon passiert hat, von **Carp Cliff** aus.

Drei-Pässe-Tour
Die Fahrt von Walvis Bay durch den Namib Naukluft Park über Kuiseb Canyon kann auch in einem Rutsch bis Solitaire und Ababis gefahren werden. Atemberaubend sind die Ausblicke von den Pässen über die Landschaft (s. Tour S. 108).

Kuiseb Canyon 📍 G 10

An der tiefsten Stelle wird das Trockenflussbett des Kuiseb von einer modernen Betonbrücke überspannt. In der Nähe liegt ein beliebtes Camp, von dem aus man in das Flussbett, das aus der Landesmitte kommt und nur sehr selten Wasser führt, hineinwandern kann. Doch die Vegetation und manches Wasserloch beweisen es: Der Grundwasserspiegel liegt sehr hoch. Besonders an den Wasserstellen gibt es gute Chancen, Wild zu beobachten. Bekannt wurde der Kuiseb Canyon durch die beiden deutschen Geologen Henno Martin und Hermann Korn, die sich hier im Zweiten Weltkrieg vor der drohenden Internierung versteckten (s. Kasten S. 113).

Schlafen

Rote Berge
Namib Desert Lodge: Großzügige Lodge am Fuße der ›versteinerten‹ Dünen der Ur-Namib, eingerahmt von rötlichen Bergen aus Sand. 50 komfortable Zimmer sowie schattige Stellplätze. Von der Lodge kann auch ein Ausflug zu einer einsamen Nacht in den Dünen gebucht werden. Ein besonderes Erlebnis, denn dort kann das

Bett auf Rollen auf die Terrasse geschoben werden und eine Nacht unter dem fantastischen Südhimmel beginnt.
Gondwana Namib Park, T 061 42 72 00, www. gondwana-collection.com, DZ ab 3032 N$

Brandneu
The Desert Grace: Eine exklusive Lodge gebaut aus dem Sand der Wüste. Eines der schönsten Plätze in der Namib komplettiert seit 2019 das breit gefächerte Angebot von Gondwana. 20 großzügige Villen mit eigenen Pools garantieren ein ganz besonders Wüstenerlebnis.
T 061 42 72 00, www.gondwana-collection. com, Villa ab 3500 N$

Solitaire 📍 G 11

Vom Kuiseb-Pass bis nach Solitaire sind es weniger als 100 km. Hinter dem schmucken Namen des Ortes verbirgt sich eine kleine Farmsiedlung mit einer Tankstelle, die nicht immer Sprit hat, und einer dazugehörigen Kombination aus Tante-Emma-Laden, Bar und Kneipe. Das kalte Bier soll hier aber noch nie ausgegangen sein.

Schlafen

Legendär
Rostock Ritz: Doppelzimmer in großen ›Lehm-Iglus‹. Pool, Wanderungen und Ausritte. Weiter Blick auch aus dem ›Wüsten-Pool‹. Ein legendäres Ziel für Wüstenliebhaber.
Zufahrt nördl. von Solitaire von der C 14 ausgeschildert, T 064 69 40 00, www. rostock-ritzdesert-lodge.com, DZ 3950 N$

Guter Zwischenstopp
Solitaire Country Lodge: 23 Doppel- und zwei Familienzimmer für bis zu fünf Personen, Bungalows für Selbstversorger und Stellplätze für Camper; Pool.

Ca. 80 km vom Eingang zum Sossusvlei entfernt, T 064 29 36 21, www.solitairenamibia.com, DZ 2460 N$, Stellplatz 200 N$

Sesriem und Sesriem Canyon 📍 G 12

Sesriem ist ein typischer Versorgungsort mit einer Tankstelle und Kiosken, wo man ein paar Lebensmittel und Wasser kaufen kann. Wichtiger Grund, um hier Halt zu machen, ist das Sesriem Gate, das Eingangstor zum Sesriem Canyon, in dem man eine einfache Wanderung auch ohne Führer unternehmen kann (s. Tour S. 114), und zum Sossusvlei.

Schlafen

Für das perfekte Dünenfoto
Sossus Dune Lodge: Die staatliche Lodge liegt innerhalb des Nationalparks; die 23 Dünen-Chalets mit jeweils 2 Betten bieten eine grandiose Aussicht. Selbstfahrer haben den Riesenvorteil, bei Sonnenauf- und bis nach Sonnenuntergang an den Dünen Fotos machen zu können. Reservierung über Namibia Wildlife Resorts, online unter https://za.cimsoweb.com/rooms, 2000–3900 N$ inkl. Parkeintritt

Dünenwelt
Sossusvlei Lodge: Am Parkeingang beim Sesriem Camp, aber nicht innerhalb des Namib Naukluft Park gelegen. Perfekter Ausgangspunkt für alle Aktivitäten rund um die Dünenwelt des Sossusvlei. 45 Zelte und Zimmer mit Blick auf die Wüste, Pool. T 063 69 32 23, www.sossusvleilodge.com, DZ 5440 N$

Zelten im Park
Sesriem Camp: Einfacher Zeltplatz direkt am Parkeingang, aber innerhalb des Namib Naukluft Parks gelegen. Die 24 Stellplätze sind schnell ausgebucht, darum empfiehlt sich eine rechtzeitige Reservierung. Vorteil: Man darf von hier aus eine Stunde früher zum Sossusvlei aufbrechen als andere Parkbesucher und auch eine Stunde später zurückkehren. T 063 29 36 52, www.nwr.com.na/resorts/sesriem-camp, 250 N$ pro Pers., plus Parkeintrittsgebühren

Infos

• **Sesriem Canyon und Sossusvlei:** Am Sesriem Gate muss der Eintritt zum Namib Naukluft Park und damit zu den Dünen von Sossusvlei von 80 N$ pro Person und 10 N$ pro Fahrzeug entrichtet werden. Das

SPANNENDER LESESTOFF

Das Buch »Wenn es Krieg gibt, gehen wir in die Wüste« dürfte das bekannteste Werk über Namibia sein. Im September 1935 kommen Henno Martin und Hermann Korn, frischgebackene Doktoren der Geologie, an der Küste Südwestafrikas – zu dieser Zeit südafrikanisches Protektorat – an. Sie haben Nazideutschland verlassen, beginnen geologische Forschungen in den Naukluftbergen und erkunden Wasservorkommen für die Farmer. Der Zweite Weltkrieg holt sie ein, aus Furcht vor der drohenden Internierung als feindliche Ausländer fliehen sie in die Wüste und kämpfen dort mehr als zwei Jahre um das nackte Überleben. Sie leben fast wie Menschen der Urzeit, bewundern die karge Schönheit der Wüste, deren extreme Spannung von Tod und Leben sie zu neuen Einsichten über das Werden und Vergehen von Natur und Menschheit führt.

TOUR
Sechs Riemen tief

Ausflug in den Sesriem Canyon

Infos

Start: Eingangstor zum Sossusvlei oder Parkplatz
📍 G 12

Zeit: 2–3 Std.

Planung: Wasser, Kopfschutz und Sonnencreme mitnehmen; durchschnittliche Kondition genügt, aber Trittsicherheit ist erforderlich; sehr selten, nach ergiebigen Regenfällen, führt das Flussbett Wasser, sodass die Wanderung nicht möglich ist.

Nicht sehr viele Namibia-Reisende nehmen sich Zeit für den Sesriem Canyon. Dabei ist er vom Eingang ins Sossusvlei-Dünengebiet gut zu erreichen. Der Tsauchab, der von der Naukluft ins Sossusvlei führt, hat hier eine rund 1 km lange Schlucht ausgewaschen. Eine reizvolle Wanderung lohnt den Abstecher.

Liebe auf den zweiten Blick

Wer sich das Kleinod Sesriem Canyon nicht entgehen lassen will, hat zwei Möglichkeiten: Er kann sein Auto unweit des **Sesriem Gate,** des Eingangstors zum Sesriem Canyon und Sossusvlei, abstellen und den ausgeschilderten Weg zum Canyon zu Fuß in Angriff nehmen oder er nutzt mit dem Auto gleich links hinter dem Eingangstor am Zaun entlang die Pad und fährt, fast parallel zur C 27, bis zu einem kleinen **Parkplatz** am Canyonrand. Dort muss man das Auto in der Sonne abstellen – Schatten gibt es hier leider nicht – und mit reichlich Wasser eingedeckt in den Canyon absteigen. Wer gerade vom Fish River Canyon (s. S. 55) kommt, ist vom Sesriem Canyon vielleicht zunächst etwas enttäuscht. Nur etwa 1 km lang ist Letzterer, 25–30 m tief und teilweise noch nicht einmal 2 m breit. Dennoch ist die Schlucht grandios und eine Wanderung durch das Trockenflussbett des Tsauchab ein wunderbares Erlebnis. Rund 3 Mio. Jahre hat der Fluss Tsauchab gebraucht, um das felsige Meisterwerk zu schaffen. Führt er viel Wasser, was alle paar Jahre vorkommt, setzt er auch die rund 60 km entfernte Dünenwelt des Sossusvlei unter Wasser. Dann grünt und blüht es, wo sonst

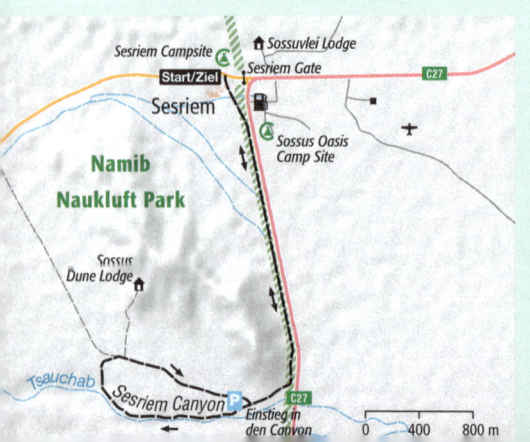

Zwischen den hoch aufragenden Felswänden herrscht kühler Schatten.

Bleibt die Frage, warum die Schlucht Sesriem Canyon heißt. Ganz einfach: Wollten vor gut 100 Jahren Lenker von Ochsenkarren vom Canyonrand aus Wasser für ihre Tiere schöpfen, mussten sie sechs *(ses)* ihrer Ochsenriemen *(riem)* vom Gespann zusammenknoten und daran das Gefäß befestigen.

Sand und Stein dominieren. Der Nachteil an der eigentlich guten Sache: Dann ist es im Canyon natürlich nicht so recht gemütlich, da auch er unter Wasser steht. Doch wer Namibia kennt, weiß: Das Wasser verschwindet ganz schnell wieder.

Erfrischend kühl

Die Wanderung verläuft über Stock und Stein, einen richtigen Weg gibt es nicht. Man sollte sich Zeit nehmen und die Felsenwelt genießen – und auch das Mikroklima in der Schlucht. Da kaum ein Sonnenstrahl ihren Grund erreicht, ist es angenehm frisch. Die permanente **Wasserstelle,** zu der man nach etwa 20 Min. gelangt, tut ein Übriges. Beliebt ist die Quelle auch bei den Wildtieren. Mit etwas Glück kann man Springböcke beobachten oder sogar eine Oryxantilope am Wasserloch fotografieren. Der Canyon wird auch von zahlreichen Siedelwebervögeln bevölkert und wenn man die Augen offen hält, sieht man immer wieder Eidechsen unter Steinen verschwinden. Rings um die Quelle nutzen Bäume und Sträucher das Leben spendende Nass. Vögel zwitschern und über dem Canyonrand sieht man die Sonne glitzern. Hinter dem Wasserloch wird der Canyon deutlich flacher und breiter. Stück für Stück geht er in ein flaches Flussbett mit **Galeriewald** über. Schirmakazien säumen nun das Trockenflussbett, das immer weiter in die Sandwüste und schließlich bis ins Sossusvlei führt. Zurück wählt man entweder die gleiche Route oder läuft außen neben dem Canyon entlang, was schneller geht. Wer Zeit hat, sollte durchaus den Rückweg durch die Schlucht wählen. Abhängig von der Lauf- und Blickrichtung zeigt sich ihre Felsenwelt in immer neuen Lichtspielen. Außerdem hat man damit eine zweite Chance, Oryxantilopen am Wasserloch zu fotografieren. Denn, ehrlich gesagt, dazu gehört wirklich etwas mehr als nur eine kleine Portion Glück.

Tor ist von Sonnenauf- bis Sonnenuntergang geöffnet, d. h. im Juli/Aug. 7.30–18, im Dez./Jan. ca. 6–20 Uhr.

Sossusvlei  F/G 12/13

Das landschaftliche Highlight der Namib ist für ›normale‹ Besucher das Sossusvlei, eine von mächtigen roten Dünen umgebene flache Senke, die alle paar Jahre durch den Fluss Tsauchab mit Wasser gefüllt wird. Wer über die rund 32 000 km² große Region der Dünennamib fliegt, sieht, dass es sicherlich noch manche anderen Stellen gibt, die zumindest ähnlich attraktiv sind. Man nimmt an, dass der Fluss Orange den Sand vor einigen Millionen Jahren aus der Kalahari in den Atlantik trug und dieser den Sand dann nördlich mit der Brandung wieder anschwemmte. Die Dünen am Sossusvlei sollen die höchsten der Welt sein. Sahara-Kenner bezweifeln das gern. Doch zu den schönsten, attraktivsten und vor allem fotogensten zählen sie auf jeden Fall. Bei einer Tour haben Sie die Möglichkeit, die Dünen nicht nur zu fotografieren, sondern sogar zu besteigen (s. Tour S. 117).

LICHTSPIELE IN DEN DÜNEN

Besonders reizvoll ist es, die Sossusvlei-Dünen bei Sonnenauf- oder Sonnenuntergang zu erleben – das Farbenspiel und die Licht- und Schattenwirkungen sind dann am beeindruckendsten. Doch zu dieser Zeit vor Ort zu sein, ist in der Regel nicht möglich, da das Sesriem Gate erst bei Tagesanbruch geöffnet wird und man das Sossusvlei vor Einbruch der Dunkelheit verlassen haben muss. Nur Gäste des Sooriem Camps (s. S. 113) und der Sossus Dune Lodge (s. S. 113) entgehen dieser Problematik, da die Unterkünfte innerhalb des Parks liegen.

Schlafen

Luft oder Land
Desert Homestead Lodge: Ob auf dem Rücken der Pferde, mit dem Heißluftballon über dem Land oder per Allradtour in die Sandwelt des Sossusvlei, die Homestaed Lodge kann mit alldem aufwarten. Die 20 Gästebungalows bieten rustikale Gemütlichkeit und im Haupthaus kümmert sich die Bar- und Küchencrew um das leibliche Wohl der Touristen. Die umweltsensibel geführte Lodge der Ondili Gruppe ist eine wahre Oase in der Wüste. Buchung: Namibia Travel Consultants, T 061 24 00 20, www.deserthomesteadlodge.com, DZ ab 3980 N$

Überraschend
Le Mirage Desert Lodge & Spa: Schon von Weitem fällt der ungewöhnliche Baustil der Lodge auf. Mit etwas Fantasie könnte man eher an ein Schlösschen in Mauretanien denken als an eine Lodge im Süden Afrikas. Im Innern setzt sich die eigenwillige Gestaltung fort: großzügige hohe Zimmer, schmale Fenster, ein großer Pool im grünen Innenhof. Ganz prima ist das Wellnesszentrum der Lodge und auch die Küche erfüllt hohe Ansprüche. An der D 862, T 063 68 30 19, www.mirage-lodge.com, DZ (inkl. HP) ab 4400 N$

Bewegen

Luftiger Lieblingsort
Wild Air Safaris: Mit dem Paramotor geht es im Doppelpack in die Luft (s. Lieblingsort S. 120). Buchung über Homestead Desert Lodge, s. o.

TOUR
Berge aus Sand

Fahrt in das Sossusvlei mit Aufstieg auf die Dünen

Infos

Start: Sesriem Gate
📍 G 12

Öffnungszeit:
Sonnenauf- bis
Sonnenuntergang, s.
auch Infos S. 113

Dauer: ca. 6 Std.

Hinweis: Sonnen-
schutz, Kopf-
bedeckung und
reichlich Wasser
sind unerlässlich. Es
empfehlen sich auch
feste Wanderschuhe.

**Organisierte
Tour:** Die Desert
Homestead Lodge
veranstaltet Allrad-
touren zu den Dünen,
s. S. 116.

Sand, Sand und nichts als Sand

Wenn ein Sandkasten über 31 000 m² misst, ist klar, der kann nicht nur für Kinder bestimmt sein. So ist es kein Wunder, dass die Namibwüste seit jeher für Abenteurer ein interessantes Ziel war. Nun ist aber die älteste Wüste der Welt, und das ist die Namib mit ihren ›schlappen‹ 80 Millionen Jahren, noch deutlich größer als jeder Sandkasten. Denn die, vom Diamanten-Sperrgebiet südlich von Lüderitz über 500 km bis nach Angola reichende Küstenwüste, schon das ist eine Seltenheit, ist nicht überall von Sanddünen geprägt. Doch das Namib-Sandmeer, das als UNESCO-Welterbe eingestuft wurde, bezieht seine Attraktivität vor allem aus einigen der höchsten Sanddünen der Welt. Und an einer Stelle können auch ›normale‹ Touristen diesen Highlights ganz nahe kommen.

Erste Einstimmung

Die Reise in die Märchenwelt der Dünen beginnt am **Sesriem Gate,** und zwar in aller Herrgottsfrühe, kurz bevor das Tor bei Sonnenaufgang öffnet. Hier erhält man auch die Eintrittskarten für die Fahrt in den Park. Bis zum Parkplatz am Sossusvlei sind es dann noch rund 60 km. Schon von Weitem sind erste ›Sandhügel‹ zu sehen. Nicht ganz namibiatypisch ist die Straße bestens geteert. Es gibt mindestens drei gute Gründe für Zwischenstopps: Einen ersten kleinen Abstecher lohnt die **Elim-Düne** nördlich der Hauptpiste (ca. 4 km vom Tor entfernt). 20 km weiter verspricht der Aussichtspunkt **Sossuspoort** einen Überblick über das Tal, die Dünen und die vorgelagerten Berge. Und schließlich liegt links der Straße **Düne 45**, die man kaum ohne auf dem Dünenkamm sitzende Japaner fotografieren kann. Sie ist nicht die höchste in der Sossusvlei, aber eben die wohl meistbestiegene. Der Zusatz ›45‹ hat übrigens nichts mit der Dünenzahl zu tun, sondern bezeichnet den Abstand in Kilometern vom Sesriem Camp. Ein Schritt voran, zwei Schritt zurück, so fühlt sich der Weg nach oben an. Trotz der frühen Morgenstunde tropft manche Schweißperle über Stirn und Rücken. Manch ein Tourist muss vorzeitig die Segel streichen. Die, die durchhalten, erwartet ein toller Panoramablick. Doch zu viel Zeit sollte man sich für diesen Stopp nicht lassen, denn die Hauptattraktionen warten noch. Interessante Fotomotive bietet auch die Durchfahrt durch das Trockenflussbett des **Tsauchab.**

Mit dem Pendelbus geht es weiter

Am 2x4-Parkplatz unter Kameldornbäumen angekommen, müssen diejenigen ihr Fahrzeug zurücklassen, die nicht mit einem Allradwagen unterwegs sind. Das Schild, das darauf hinweist, sollte man unbedingt beachten. Spätestens einige hundert Meter weiter ist auf jeden Fall Schluss mit der akzeptablen Fahrbahn. Zeitweise ist der tiefe Sand auf den letzten Kilometern ins Vlei so schwierig zu befahren, dass man sogar selbst im Geländewagen Probleme bekommen kann, was aber bei dem dichten Verkehr auf dieser Strecke nicht tragisch ist. Einer der Profis, die ständig zwischen Parkplatz und Vlei pendeln, hilft auf jeden Fall. Dieser Pendelverkehr bringt jene zum Ziel, die ihr Auto auf dem 2x4-Parkplatz zurücklassen mussten. Man kann

Wer als Tagesbesucher im Sossusvlei unterwegs sein will, sollte bereits kurz vor der Parktoröffnung mit seinem Auto am Tor stehen. Unbedingt im Vorfeld nach den genauen Öffnungszeiten des Tores fragen.

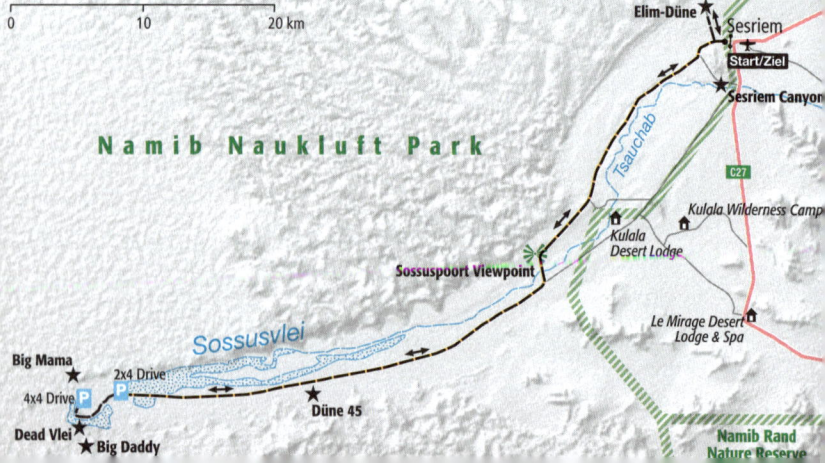

Erst die Arbeit, dann das (Foto-) Vergnügen. Der Dünenaufstieg hat es in sich.

die letzten Kilometer auch laufen. Das ist aber sehr anstrengend – man sollte sich seine Kraft lieber für den Dünenaufstieg sparen.

Aufstieg auf die Dünen
Inmitten der höchsten Sanddünen der Welt ist das Ziel erreicht: **Big Daddy** und **Big Mama** reichen über 300 m hoch. Mit etwas Glück stehen vor dem braunen Sand Oryxantilopen und geben ein tolles Motiv ab. Vereinzelt sieht man Touristen, die auch diese Tour in Angriff nehmen. Ein hartes Stück Arbeit. Deutlich mehr nutzen den Weg zum vier Kilometer entfernten **Dead Vlei** (ausgeschildert). Ein mindestens ebenso attraktives Ziel: eine ausgetrocknete Salzpfanne, das gesamte Gebiet steht nur alle paar Jahre unter Wasser. Ursprünglich war sie der Endpunkt des Tsauchab-Flusses. Abgestorbene Kameldornbäume prägen das bizarre Bild. Es liegt eine ganz eigene Stimmung über dem ›toten‹ Vlei. Sind kaum Touristen da, verstärkt sich das Gefühl, von der Welt abgekoppelt zu sein. Schade, ganz allein ist man hier nur selten. Da fällt es nicht so schwer, sich zu lösen und den Rückweg in Angriff zu nehmen. Mittlerweile brennt die Sonne unerbittlich vom wolkenlosen Himmel. An Schatten ist nicht zu denken. Wasser im Rucksack ist Pflicht.

Den Park vor Sonnenuntergang verlassen
Jetzt heißt es auf ein Pendelfahrzeug zu warten, das wieder zum 2x4-Parkplatz zurückfährt – dann geht es, mit letzten Blicken auf die Dünenwelt (auf der 45 hocken noch immer Japaner), durch das **Sesriem Gate** am Parkausgang wieder hinaus, einem neuen Namibia-Abenteuer entgegen.

Lieblingsort

Am Gleitschirm über der Wüste

Immer schneller wird das eigenwillige Gefährt, dem ich mich anvertraut habe. Mächtig schüttelt und rumpelt es über die Wüstenpiste am Rande der Namib. Dann, nur einige Sekunden später, ist es so weit: Wir heben ab. Wir, das sind Pilot Vincent Beutter von **Wild Air Safaris,** der hinter mir die Steuerleinen fest im Griff hat, und unter mir das Fahrgestell des Paramotor. Schnell gewinnen wir an Höhe und treffen genau auf den Moment, als die Sonne ihre ersten Strahlen über die karge Landschaft wirft. Diese Pünktlichkeit hatte natürlich ihren Preis. Schon weit vor Sonnenaufgang sorgte das Klopfen an meinem Bungalow in der **Desert Homestead Lodge** ♥ **G 12** für ein abruptes Ende des Schlafes. Auf dieser Lodge ist Wild Air Safaris (S. 116) stationiert und von hier aus geht es mit Pilot Vincents Beutter zum Hangar in der benachbarten Desert Homestead Outpost, wo das eigenwillige Fluggerät seinen Platz hat.

Naukluftberge  G/H 11/12

Die Berge der Naukluft erheben sich bis zu 1000 m über das Hochland der Umgebung. Schroffe Hänge, tiefe Schluchten und paradiesisch grüne Täler mit permanenten Quellen bieten unerwartet viel Abwechslung. Bereits auf der Fahrt nach Solitaire grüßen die Naukluftberge aus der Ferne. Wer direkt hinauffahren will in die wilde Bergwelt, erreicht die Naukluft am besten auf der C 14 in Richtung Maltahöhe. Nach einer malerischen Fahrt zwischen den Remhoogte-Bergen (östlich) und der Naukluft gelangt man dort, wo sich das Tal wieder öffnet, kurz vor der Gästefarm BüllsPort, zu einer Kreuzung. Auf der D 854 hält man sich westlich, ehe nach knapp 10 km das erste Parktor zur Naukluft kommt. Von dort sind es nochmals knapp 10 km bis zum zweiten Gate.

Wanderungen

In den Naukluftbergen erwarten Sie verschiedene Wandermöglichkeiten, die Gästen des **Naukluft Camp** zugänglich sind (s. Tour S. 122). Auf dem Gelände der **BüllsPort Gästefarm** verlaufen attraktive Wanderwege, von denen der spektakulärste durch die Köcherbaumschlucht führt (s. Tour S. 124).

Schlafen

Bewegung garantiert

BüllsPort Gästefarm: Diverse Aktivitäten machen die Farm zum beliebten Treffpunkt für Reisende, die sich gern bewegen: Geschieht das bei den Allradfahrten auf das Naukluftplateau eher passiv, sieht das unterwegs mit Wanderschuhen oder auf dem Rücken stolzer Pferde schon anders aus, Wanderungen und Ausritte sind auch mehrtägig möglich. Zwei Zeltplätze gehören zur Farm, sie bieten jeweils ein Schattendach, zwei Duschen, zwei Spül-toiletten und eine Grillstelle.

60 km südöstl. von Solitaire, an der C 14 am östlichen Fuß der Naukluftberge, T 063 69 33 71, www.buellsport.com, DZ ab 3985 N$ (HP)

Attraktive Hiking Trails

Naukluft Camp: Der NWR Naukluft Campingplatz liegt auf der östlichen Seite der Naukluftberge und ist Ausgangspunkt für Wanderungen auf dem Olive Trail, dem Waterkloof Trail und dem Naukluft Hiking Trail. 21 Stellplätze, 6 Hütten, Bar und Restaurant. Rechtzeitige Reservierung ist angeraten.

T 063 68 37 91, www.nwr.com.na/resorts/naukluft-camp, um 1250 N$ pro Pers.

Allradparadies

Ababis Gästefarm: Familiär geführte Gästefarm an der C 19 am Fuße der Naukluftberge, rund 12 km südlich von Solitaire. Farmrundfahrten, Wanderungen im Farmgebiet, Tagestouren zum Sossusvlei, Allradtraining und Offroadfahrten (s. Kasten S. 258).

T 063 68 30 80, www.ababis-gaestefarm.de, DZ 3000 N$

3-Stock-Zelt

Camp Gecko Desert Ranch: Wer hat das schon erlebt, ein Zelt mit drei Stockwerken? Beim Camp Gecko geht es auch zweistöckig. Wobei der Standard normale Safarizelte sind. Natürlich mit Bad und WC. Auch eine Terrasse gehört zu jedem Zelt dazu. Der Blick schweift weit übers Land unterhalb des Spreetshoogte Pass.

T 062 57 20 17, www.campgecko.net, Doppelzelt ab 2300 N$

Günstig (zwischen-)übernachten

Capricorn Restcamp: Gemütliches, familiäres Restcamp vor der Kulisse der Naukluftberge. Idealer Zwischenstopp an der D 854 auf dem Weg von Windhoek

TOUR
Wunderbare Naturerlebnisse garantiert

Die drei ›klassischen‹ Naukluft-Trails

Die Naukluft ist ein ideales Terrain für Bergwanderer. Schon wer sich nur wenige Stunden auf Erkundungstour begibt, sammelt bleibende Eindrücke. Es gibt eine Vielzahl von Wandermöglichkeiten, drei davon kann man als die ›klassischen‹ Wanderrouten bezeichnen. Zumindest die ersten beiden kann auch der ›Naukluft-Anfänger‹ ohne Führer in Angriff nehmen – Vorraussetzung ist allerdings, dass man auf dem Naukluft Camp übernachtet (s. S. 121).

Für alle Wanderungen gilt wie immer: Unbedingt ausreichend Wasser mitnehmen, 3 Liter pro Person sind das Mindeste, besser etwas mehr einpacken!

Olive-Trail mit kleiner Kletterpartie (grün)
Es sind weiße Fußabdrücke, die den Olive-Trail markieren und die es auch ohne Führer leicht machen, dem Weg zu folgen. Doch so ganz ohne ist der Trail nicht. Vom **Parkplatz** aus geht es in die Höhe und be-

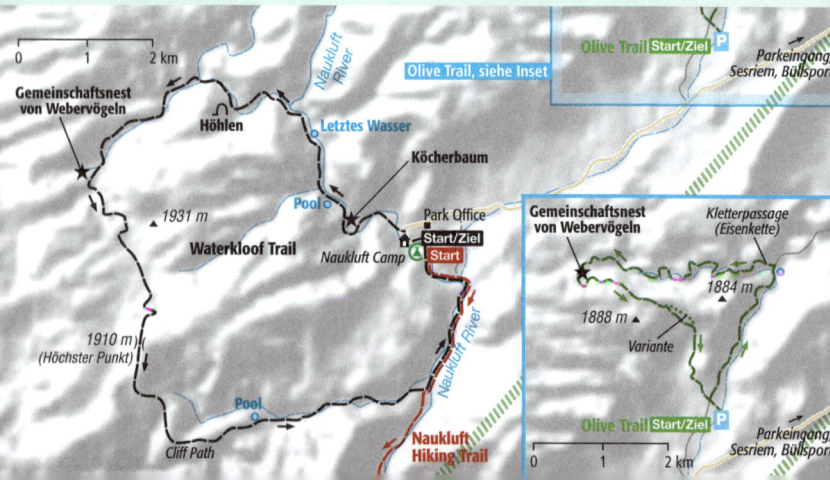

Gemeinschaftsnest von Webervögeln

Höhlen

Letztes Wasser

Köcherbaum

Park Office

Pool

Naukluft River

1931 m

Waterkloof Trail

Naukluft Camp

Start/Ziel

Start

1910 m (Höchster Punkt)

Pool

Cliff Path

Naukluft Hiking Trail

Olive Trail, siehe Inset

Olive Trail · Start/Ziel · P

Parkeingang Sesriem, Büllspor

Gemeinschaftsnest von Webervögeln

Kletterpassage (Eisenkette)

1884 m

1888 m

Variante

Olive Trail · Start/Ziel · P

Parkeingang Sesriem, Büllspor

0 · 1 · 2 km

Infos

📍 H 12

Olive Trail: Start Parkplatz, Strecke 10 km, Dauer 4–5 Std., ganzjährig

Waterkloof Trail: Start Park Office im Naukluft Camp, Strecke 17 km, Dauer 6–7 Std., ganzjährig

Eintritt: Für alle Trails muss man Gast des Naukluft Camp sein. Bei der Anmeldung im Park Office muss man die Parkgebühr von 80 N$ pro Person und 40 N$ pro Fahrzeug entrichten.

Naukluft Camp: Reservierung im Voraus, s. S. 121

reits nach kurzer Zeit öffnet sich ein beeindruckendes Bergpanorama. Wer nicht schwindelfrei ist, sollte schon hier umkehren. Für die anderen geht es hinab in eine tiefe Schlucht. Dort warten große Felsen, die man überwinden muss. Nach einigen Kilometern erreicht man die sogenannte **Pool Chain**, eine Eisenkette. Dort ist Mut gefragt, denn in der Trockenzeit muss man bis zu sieben Meter hoch am Fels entlangklettern. Damit ist der anspruchsvollste Teil des Weges geschafft. Über einen zweiten, nicht ganz so gefährlichen Pool erreicht man den **Geländewagentrack**, der zurück zum **Parkplatz** führt. Für Abwechslung auf der Wanderung sorgen neben der Geländebeschaffenheit Oliven- und Köcherbäume, Kudus, Paviane und Klippspringer, die sich von den Wanderern nur sehr bedingt stören lassen.

Badespaß Waterkloof Trail (schwarz)

Auch der Waterkloof Trail (gelbe Fußabdrücke) garantiert wunderbare Naturerlebnisse; mehrere Pools ermöglichen sogar Badepausen. Am **Naukluft Camp** startend, schlängelt sich der Weg einen schmalen Quellfluss entlang – beste Trinkwasserqualität garantiert. Der Fluss füllt einen kleinen, aber glasklaren **Pool** – gleich am Anfang eine tolle Bademöglichkeit.

So erfrischt, führt die Wanderung durch die Bergwelt hinauf auf einen **Gipfel** (1910 m), der einen beeindruckenden Ausblick auf die Naukluftberge bereithält. Von dort geht es bergab, und das teils recht schroff. Immer wieder trifft man auf **Pools**, die dazu einladen, eine Pause einzulegen und die Füße zu kühlen. War der Weg bisher faszinierend, wartet am Ende der anstrengenden Wanderung noch ein Sahnehäubchen: eine Schlucht, die zu manchen Fotos verführt. Dass man auch auf diesem Trail, der wieder am **Naukluft Camp** endet, Kudus, Paviane und Klippspringer sehen kann, versteht sich von selbst.

Mit Führer auf dem Naukluft Hiking Trail (rot)

Hartgesottene wählen den 120 km langen Naukluft Hiking Trail, der nur mit Führer begangen werden sollte (8 Tage, Kurzvariante 4 Tage, Permit erforderlich, nur März–Okt., mind. 3, max. 12 Pers., Buchung über das Naukluft Camp, hier können auch die Guides engagiert werden).

Feste Wanderstiefel sind ein Muss und selbst warme Kleidung gehört in den Rucksack, da die Temperaturen im Südwinter in den Bergen gern mal in den Frostbereich fallen.

TOUR
Imposante Urlandschaft

In der Naukluft wandern rund um die BüllsPort Gästefarm

So menschenfeindlich die Naukluft auch wirkt, ist sie doch ideal für Wanderer. Hinter manch hohem Bergrücken verbirgt sich Entdeckenswertes. Die Gästefarm BüllsPort (s. S. 121) hat sich neben dem Reitsport ganz auf Wanderer eingestellt. Auf dem Farmgelände hat man nicht nur Wanderwege ausgewiesen und mit Fußabdrücken markiert, sondern hält auch Infomaterial bereit.

Kudus sind eine der großen afrikanischen Antilopenarten, die Männchen tragen ein sogenanntes Schraubengehörn. Auffällig auch die großen Ohren am kleinen Kopf.

Sachter Einstieg auf dem Kudu-Pfad (rot)
Wer es sachte angehen will, der ist auf dem Kudu-Pfad richtig. Er führt in die Hochebene hinein und ist besonders für Vogelliebhaber ein Muss. Man wandert vom **Tor** an der BüllsPort-Farm am **Tsondab River** entlang und hat reichlich Gelegenheit, Habichte, Kiebitze, Hammerköpfe und Wiedehopfe zu beobachten. Oft kreuzen zudem Paviane den Weg, Bless- und Springböcke sind keine Seltenheit – und natürlich ist der Kudu vor Ort.

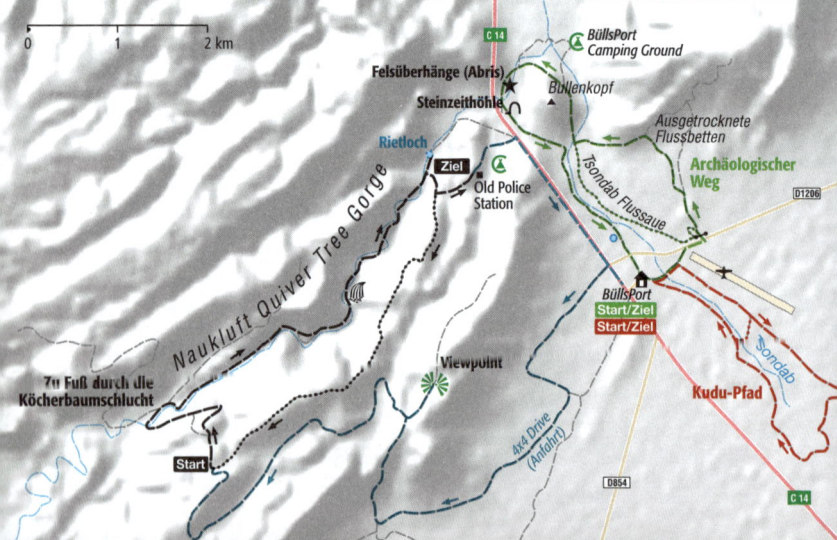

Infos

Start: an der Bülls-Port Gästefarm, s. S. 121
⚲ H 12

Kudu-Pfad: Strecke ca. 5 km, Dauer ca. 1,5 Std.

Archäologischer Weg: Strecke ca. 9,5 km, Dauer 4,5 Std., gute Kondition

Köcherbaum-schlucht-Weg: Strecke ca. 5,5 km, Dauer mit An- und Abfahrt ca. 5 Std., Allradwagen-Transfer zum Startpunkt über die Gästefarm BüllsPort

Hinweis: Für alle Touren Proviant (sehr viel Wasser!), Sonnencreme und Kopfbedeckung mitnehmen; feste Wanderschuhe erforderlich.

Uralte Unterschlupfe auf dem Archäologischen Weg (grün)

Etwas anspruchsvoller ist schon der Archäologische Weg, der auf dem Farmgelände am **Tor an der D 1206** startet. Von dort geht es einen alten Fahrweg entlang in Richtung des Naukluft-Gebirgszugs. Gelbe Markierungen weisen den Weg, der an einem **Berghang** weite Blicke über die Hochebene und auf der anderen Seite spektakuläre Gebirgspanoramen bietet. Mit einem Fernglas kann man vielleicht Bergzebras beobachten. Entscheiden Sie sich hier, doch schon zurückzugehen, müssen Sie einem Farmweg nach links folgen. Er führt Sie entlang des Tsondab geradewegs zurück zum Tor an der großen Straße. Der große Rundweg setzt sich durch ausgetrocknete **Flussbetten** unterhalb des markanten **Bullenkopfes** fort. Vorbei an einem alten Außenposten der Farm geht es ein Stück bergauf zu **Felsüberhängen** (Abris), die früher Jägern Schutz vor Unwettern gewährten. Die Decken sind bis heute verrußt. Wahrscheinlich fanden hier bereits vor Tausenden von Jahren die Ureinwohner Zuflucht. Ein Stück weiter wartet ein kurzer Abstecher zu einer eindrucksvolleren **Steinzeithöhle** den Berg hinauf. Ein Beweis mehr dafür, dass dieser unwirtliche Landstrich bereits vor Jahrtausenden besiedelt war. Wieder hinunter geht es zum Hauptweg zurück und dann zur Vorderseite des Bullenkopfes. Durch die **Tsondab-Flussaue,** wo sich viele Tiere beobachten lassen, erreicht man nach einer Weile wieder die **Straße D 1206** und nach einigen weiteren Metern auf der anderen Seite die **BüllsPort Gästefarm.**

Zu Fuß durch die Köcherbaumschlucht (schwarz)

Wer diese Wanderung – am besten in der kühleren Jahreszeit – unternimmt, sollte sich zumindest für eine Nacht, besser zwei, auf der **BüllsPort Gästefarm** einquartieren. Sie ist nicht nur komfortabel und die Gastfreundschaft der Familie Sauber legendär, die Farm ist auch das optimale ›Basislager‹. Dabei wird auf Wunsch für den Transfer zum Ausgangspunkt gesorgt. Man sollte früh starten. Gut zwei Stunden braucht der Allradwagen bis zum Startpunkt der Wanderung. Schon die Fahrt (blau) wird zum Erlebnis. Immer höher hinauf zieht sich der holprige Fahrweg und die Aussicht wird von Kurve zu Kurve grandioser. Ein kleiner Abstecher führt zu einem **Viewpoint,** wo einem die wilde

Badesachen nicht vergessen! In der Schlucht warten kleine Pools, mit kristallklarer Erfrischung.

Das Naukluftgebirge ist ein Paradies für Vogelliebhaber. Bisher wurden 250 Vogelarten klassifiziert, z. B. Gabelracken, erkennbar an ihrem bunten Gefieder, oder Webervögel, die zu den typischsten Vertretern der namibischen Vogelwelt gehören. Manchmal sieht man am Himmel auch Adler oder Geier kreisen.

Dass Köcherbäume keine Bäume sind, sondern Aloe-Gewächse, ist bekannt. Weniger vielleicht, dass sie ihren Namen von den San haben, die aus Teilen der Bäume Köcher für ihre Pfeile fertigen.

Welt der Naukluft fast wie eine Spielzeuglandschaft zu Füßen liegt. Vielleicht begegnet man einer Herde Hartmann-Bergzebras, die ausschließlich in den Bergregionen Namibias und Angolas heimisch sind. Wie Pferde wiehernd suchen sie jedoch meist schnell das Weite – normale Zebras wiehern nicht. Es geht noch ein Stück weiter bergauf, dann ist der ›Drop-off Point‹ erreicht, an dem die Anfahrt endet – der **Startpunkt** der Wanderung. Zunächst heißt es, die von der Fahrt geschüttelten Gliedmaßen zu sortieren, die Wanderschuhe fester zu schnüren und einen letzten Blick über die weite Landschaft zu werfen. Dann beginnt der Abstieg hinein in die märchenhafte Köcherbaumschlucht. Der Weg ist mit gelben Pfeilen und Punkten markiert. Zu verfehlen wäre er ohnehin kaum, denn man muss zwangsläufig in der Schlucht bleiben. Dort gibt es zahlreiche Quellen, die das ganze Jahr über sprudeln. Sie haben teilweise über die Jahrhunderte kleine Bassins in die Felsen gewaschen. Umgeben von saftig grünen Bäumen und überspannt vom azurblauen Himmel, muten sie wie ein kleines Paradies an. Dutzende Vögel fliegen umher. Kaulquappen schwimmen im klaren Wasser und Bergzebras suchen ihren Weg an den steilen Wänden der Schlucht entlang – eine schöne Kulisse für ein erfrischendes Bad. An den Berghängen lassen sich oft Paviane beobachten, die sich über den Besuch amüsieren, und Klippspringer. Sie sind die zierlichsten Vertreter der Antilopen und erreichen gerade mal eine Schulterhöhe von 60 cm und ein Gewicht von kaum über 10 kg. Damit sind sie bestens an ihre felsige Umwelt angepasst. Vielleicht trifft man auch einmal auf eine Speikobra. Eine solche Begegnung sollte man allerdings mit Vorsicht genießen. Die Tiere können ihr Gift über mehrere Meter zielsicher platzieren – besonders gefährlich, wenn es die Augen trifft. Im schlimmsten Fall droht Erblindung. Hat man die ersten **Quellen** und **Pools** passiert, führt der Weg an einem mächtigen **Felsbrocken** vorbei, der sicher vor Tausenden von Jahren herabgerollt ist. Dahinter bietet ein ausladender Feigenbaum viel Schatten für eine kurze Rast. Ein Blick ringsum beweist: Die Schlucht trägt ihren Namen zu Recht; überall an den Hängen stehen als ›Schluchtwächter‹ Köcherbäume. Botanisch gesehen sind sie keine ›Bäume‹, sondern Aloen. Bisher ging es zwar über Stock und Stein, dabei aber immer geradewegs durch die

Auch das ist die Naukluft: ein sprudelndes Bächlein, klare Pools zum Baden und Grünes an den Felswänden.

Schlucht. Doch nun teilt sich der Weg, sodass man zwischen zwei Alternativen wählen kann: Rechts führt ein mit Ketten gesicherter, recht schmaler Steg die Felswand hinauf. Leichter ist der Weg links, der relativ weit unten am Hang verläuft. Diese Variante wählen wir. Der linke Weg erreicht eine **Höhle** und erneut einen malerischen **Pool.** Nach einer kurzen, unproblematischen und von Seilen unterstützten Kletterpassage führt er zurück in die Talsohle und trifft nicht nur auf zwei eindrucksvolle Köcherbäume, sondern auch auf den schwierigeren, von rechts kommenden Alternativweg. Beide Wege trennen sich dann erneut, dieses Mal aber nur für rund 150 m. Die schwierigere Passage ist mit R, die leichtere mit L gekennzeichnet. Wer nicht so fit ist, sollte sich für die einfachere Variante entscheiden. Die schwierigere Strecke ist allerdings etwas reizvoller. Als Nächstes wartet ein besonders attraktives Fotomotiv auf die Wanderer: Nach dem Aufstieg an einem Kettengeländer entlang öffnet sich ein toller Blick in die Schlucht, in der ein **Wasserfall** in ein großes Felsbecken stürzt. Zurück in der Schlucht kann man einige Zeit später noch einen Abstecher zum **Rietloch** unternehmen (ca. 20 Min.). Dann führt der Weg, mit P gekennzeichnet, zum Endpunkt der Wanderung, wo man – sofern man das vorher so abgesprochen hat – wieder in den Allrader einsteigen kann. Für alle anderen geht es nun am Fahrweg entlang weiter zur **Old Police Station.** Hat man die C 14 erreicht, ist es nicht mehr weit bis zur **BüllsPort Gästefarm.**

Köcherbaumschlucht als Rundwanderung

Wer möchte, kann die Köcherbaumschlucht-Wanderung auch ohne motorisierte Unterstützung als Rundwanderung absolvieren. Dann liegt an der Old Police Station der Einstieg in die Schlucht. Der Hinweg verläuft an der südlichen Hangseite bis zum ›Drop-off Point‹ bei der Allradanfahrt, der Rückweg über die nördliche Hangseite wie oben beschrieben. Allerdings wird die Tour dann deutlich anstrengender; mindestens drei Liter Wasser sollte man in diesem Fall im Rucksack haben.

Auch vom Campingplatz der BüllsPort Gästefarm ist der Einstieg in die Köcherbaumschlucht an der alten Polizeistation gut zu erreichen.

ins Sossusvlei. Außerdem vier komfortable Stellplätze für Camper.
T 081 364 29 31, www.capricorn-naukluft. weebly.com, DZ 1200 N$

NamibRand Nature Reserve

📍 G 13/14

Östlich des Sossusvlei grenzt das größte private Naturschutzgebiet Afrikas, die **NamibRand Nature Reserve,** an den Namib Naukluft Park, eine Oase für individuellen und ökologisch vertretbaren Tourismus. Hier kann man ebenfalls Namib-Naukluft-Luft schnuppern.

Schlafen

Wüstenluxus
The Wolwedans Collection: Die vier luxuriösen Camps Wolwedans Dunes

---

Lodge, Wolwedans Dune Camp, Wolwedans Private Camp und Boulders Camp liegen in der NamibRand Nature Reserve.
T 061 23 06 16, www.wolwedans.com, DZ je nach Camp all-inclusive ab 14 900 N$

Self catering
NamibRand Family Hideout: Renoviertes Farmhaus, voll ausgestattet für Selbstversorger.
T 061 22 68 03, www.nrfhideout.com, ca. 720 N$ pro Pers., max. 10 Pers.

Maltahöhe

📍 J 13

Böse Zungen behaupten, Malta läge zwar nicht am A… der Welt, doch man könne ihn von hier aus schon sehr gut sehen. In Europa wäre Maltahöhe ein Verkehrsknotenpunkt. Hier aber hält sich das Verkehrsaufkommen trotz der fünf wichtigen Straßen, die in alle Himmelsrichtungen führen, in Grenzen. Die Bedeutung der 2000-Seelen-Gemeinde am Rande der 1400 m hohen Schwarzrandhochebene liegt vor allem in ihrer Funktion als Versorgungszentrum für die umliegenden Farmen. Zum Gottesdienst in der modernen Kirche kommen Farmer mit ihren Familien aus einem Umkreis von über 100 km. Seinen Namen erhielt der Ort durch Hauptmann Henning von Burgsdorf, der den hiesigen Posten der Schutztruppler nach seiner Frau Malta benannte. Nahe der Stadt erinnern auf zwei Friedhöfen deutsche Namen an die deutsche Kolonialzeit. Nördlich von Maltahöhe, direkt an der C 14, liegt der Ernst-Hermann-Friedhof. Hermann brachte die Schafzucht und Wollveredlung in die damalige deutsche Kolonie, im Jahr 1904 kam er beim Aufstand der Nama gegen die deutschen Kolonialherren ums Leben (s. auch S. 270).

FLÜSSE OHNE WASSER

Die Namibwüste wird von vielen Flusstälern durchzogen, doch erreicht kaum einer der Flüsse, wenn sie überhaupt einmal Wasser führen, den atlantischen Ozean. Alle paar Jahre schaffen das Swakop und Ugab. Der Tsauchab endet spätestens im Sossusvlei, wo ihm hohe Dünen den Weg versperren, und der Kuiseb versickert zumeist in den Dünen nahe Walvis Bay, der Koichab in der Koichab Pan. Regnet es doch einmal, verwandeln sich die sogenannten Trockenflüsse (Riviers) in sprudelnde Ströme.

Schlafen

Gelebte Tradition
Hotel Maltahöhe: Kleines Hotel mit 30 gemütlichen Zimmern (drei Familienzimmer), ein echter Lieblingsort, s. S. 130.

Schloss Duwisib 9 H 13

Südlich von Maltahöhe
Mitten in die Wüste baute der Architekt Wilhelm Sander im Jahr 1908 ein Fantasieschloss für den Schutztruppen-Hauptmann Hansheinrich von Wolf: Schloss Duwisib, eine Ritterburg mit Zinnen, Türmen und Palas. Steinmetze aus Italien, Zimmerleute aus Skandinavien und Bauarbeiter aus Irland schufen den 22-Zimmer-Palast, der rund 250 000 Goldmark gekostet haben soll. Heute ist er eine Sehenswürdigkeit mit skurriler Einrichtung: Säbel und Geweihe an der Wand, daneben alte Bilder mit Reitern, Lederstühle mit Doppeladlern als Rückenlehne und ein massiver Kronleuchter an der Decke.
www.nwr.com.na/resorts/duwisib-castle, tgl. 8–17 Uhr, 60 N$

Helmeringhausen 9 H 14

Wenn es auch so scheint, Helmeringhausen ist kein Ort, sondern eine Familienfarm. Mit einer Tankstelle, einem Hotel und einem kleinen Landwirtschaftsmuseum (Schlüssel im Hotel) bietet sie einen willkommenen Anlass für eine Pause. Nur wenige Kilometer südwestlich an der C 13 fährt man am bizarren Granitmassiv der Tirasberge vorbei. Noch ist das Gebiet touristisch kaum erschlossen, doch haben sich mehrere Farmer zum Tiras Mountains Conservancy zusammengeschlossen (www.tirasberge.de).

Bei Maltahöhe wird im Namib Desert Environmental Education Trust mit Sonnenlicht gekocht.

Schlafen

Zwischen den Wüsten
Helmeringhausen Farm Hotel & Guest Farm: Gemütlicher Rastplatz ›zwischen den Wüsten‹ mit herrlich erfrischendem Swimmingpool, Tennisplatz, diversen Angeboten für Aktivitäten (Touren auf dem Farmgelände, Ausflüge, Birdwatching) und verführerischem Apfelstreuselkuchen.
T 063 28 33 07, www.helmeringhausen namibia.com, DZ 1840 N$

Bethanie 9 J 15

Zwei Gegebenheiten waren prägend für die Entwicklung des 2000-Einwohner-Ortes Bethanie: Zum einen führte eine starke Quelle dazu, dass hier be-

Lieblingsort

Erholoase zwischen Hitze und Staub

Der Reisende, den es hierher verschlagen hat, egal aus welcher Himmels-
richtung er auch gekommen sein mag, hat viele staubige Kilometer hinter
sich. Das macht Durst und auch Appetit! 1907 als erstes Landhotel Namibias
errichtet, ist das **Maltahöhe Hotel ♥ J 13** bis heute ein Ort, den man auf
Reisen quer durchs Land immer wieder gern besucht. Sein Restaurant sorgt
dafür, dass man sich den Staub aus der trockenen Kehle spülen und mit guter
Hausmannskost etwas fürs leibliche Wohl tun kann. Die Gartenterrasse und
ein Außenpool bieten herrliche Erfrischung, bis man zur Nacht sein müdes
Haupt auf den bequemen Betten niederlegen kann. Übrigens, ein kleines Museum mit vielen historischen Fotografien erzählt von der abwechslungsreichen
Geschichte des Hotels und des Ortes. Mit den Besitzern Marika Rauers und
Willi Wehl kann man Deutsch sprechen (T 063 29 30 13, www.maltahoehe-
hotel.com, DZ ab 1700 N$).

reits 1804 Orlaam/Nama siedelten, zum anderen errichtete der Missionar Johann Hinrich Schmelen bereits 1814 eine Station der Londoner Missionsgesellschaft. Schmelen heiratete eine Nama-Frau und lernte von ihr die Nama-Sprache Khoisan. Die Missionierung der Nama erwies sich jedoch als sehr schwierig. Sie waren zu sehr mit ihren Raubzügen gegen die Herero beschäftigt, um sich um Gottes Wort zu kümmern. Als sie Schmelen dann noch für eine lang anhaltende Dürre verantwortlich machten, gab er auf und verließ 1828 Bethanie. Einige Jahre später übernahm die Rheinische Missionsgesellschaft die Station und errichtete eine Kirche. Sie blieb nicht die einzige und so wird das Ortsbild heute von mehreren Gotteshäusern bestimmt. Natürlich sind zum sonntäglichen Gottesdienst auch Gäste willkommen. Besonders beeindruckend klingen die kirchlichen Gesänge der Nama-Gemeinde.

Deutsch-koloniale Vergangenheit

Im von Schmelen erbauten und bewohnten **Schmelen-Haus** ist ein kleines missionsgeschichtliches Museum untergebracht. Es ist fast immer geöffnet. Sollte es doch einmal geschlossen sein, kann man im angrenzenden Pfarrhaus nach dem Schlüssel fragen (T 063 28 31 40). Eine Spende von 20 N\$ wird erwartet.

Im **Joseph-Fredericks-Haus** wurde einer der folgenschwersten Verträge für Namibia geschlossen: Hier unterzeichnete 1883 der Nama-Führer Joseph Fredericks einen Vertrag mit Heinrich Vogelsang, dem Beauftragten von Adolf Lüderitz. Für 100 Pfund Sterling und 200 Gewehre überließen die Nama Lüderitz die Bucht von Angra Pequeña (Lüderitzbucht) und das Land im Umkreis von fünf Meilen. Fredericks ging bei der Vertragsschließung von einer englischen Meile aus, umgerechnet 1,61 km; Vogelsang legte dagegen stillschweigend das deutsche Maß fest: 7,5 km. Die darauffolgenden Proteste der geprellten Nama blieben wirkungslos, 1884 wurde in der Lüderitzbucht die deutsche Flagge offiziell gehisst. Dennoch schloss Fredericks im gleichen Jahr mit dem deutschen Generalkonsul Friedrich Nachtigal noch einen ›Schutzvertrag‹ ab, der die Nama vor Angriffen anderer Volksgruppen schützen sollte. Was Fredericks nicht durchschaute: Die Verträge dienten in erster Linie den Interessen des Deutschen Reiches und wurden instrumentalisiert, um die Kontrolle über die protegierten Völker zu erlangen und den eigenen Machtanspruch auszuweiten.

Joseph-Fredericks-Haus: David Fredericks St., T 063 283 0 59, Mo–Fr 8–17 Uhr

MODERNER VORDENKER

Neben Joseph Fredericks gab es weitere bedeutende Nama-Anführer (Kapteine). Einem Nama-Kaptein begegnen Sie in Namibia täglich: Hendrik Witbooi (1830–1905) – sein Porträt ist auf mehreren Geldscheinen aufgedruckt (s. S. 235). Witbooi war nicht nur Widerstandskämpfer gegen die deutsche Kolonialmacht, sondern auch Dokumentarist der damaligen politischen Situation. In mehreren Journalen, einer Art Textsammlungen, reflektierte er die Natur des Kolonialismus und den grundlegenden Unterschied zwischen dem Konflikt mit afrikanischen Konkurrenten und mit europäischen Invasoren. 2005 erklärte die UNESCO Witboois Journale zum Weltdokumentenerbe. Zur Begründung wurde die visionäre und poetische Kraft seiner Texte aufgeführt. Die Texte enthalten die erste schriftliche Formulierung des Konzepts des Panafrikanismus.

Zugabe
Leben im Nebelhauch

Überlebenskünstlerin in der Wüste – die Welwitschia

Eine leuchtend bunte Blütenpracht fehlt ihr ebenso wie sattgrüne Blätter – schön ist sie wahrlich nicht. Trotzdem kann man sie getrost als ›Königin der Wüste‹ bezeichnen. Gemeint ist die Welwitschia mirabilis, eine Sukkulente ganz besonderer Art.

Ausschließlich in Namibia und Südangola nördlich des Kuiseb findet man die Überlebenskünstlerin – immer in ›Reichweite‹ des Atlantiks, denn von dessen nebligem Hauch lebt die Welwitschia mirabilis. 1859 wurde das eigenwillige Gewächs unweit von Cabo Negro in Angola von dem österreichischen Arzt und Botaniker Dr. Friedrich Welwitsch erstmals beschrieben. Nach ihm ist es benannt. Der Namenszusatz mirabilis bedeutet ›wunderbar‹ oder ›erstaunlich‹ und lässt erkennen, wie Friedrich Welwitsch sein Fundstück empfand. Über die optische Attraktivität dieser Pflanze, die zur Gruppe der Sukkulenten gehört, könnte man trefflich streiten. Unbestreitbar ist dagegen, dass der Natur mit der Welwitschia wahrhaft ein Meisterwerk an Überlebenskunst gelungen ist. Die Riesenwelwitschias, die man gut ausgeschildert in der Nähe von Swakopmund findet, sind bis zu 1500 Jahre alt. Nicht ohne Grund wird die Pflanze auch gern als ›lebendes Fossil‹ bezeichnet.

Streng genommen ist die Welwitschia ein Baum – vereinzelt wurden Exemplare mit 1–2 m hohen Stämmen gefunden. Aber im Normalfall schlängeln sich ihre einige Meter langen Blätter als unübersichtliches Bündel am Boden rund um die zapfenförmigen Blütenstände. Dabei bestehen die Pflanzen nur aus zwei Blättern, die immer wieder nachwachsen und nur Stück für Stück an den Spitzen verwelken. In Ausnahmefällen findet man Exemplare, die zwei Blattpaare besitzen. Der ständige, Touristen oft störende Nebel, der gerade in der Region Swakopmund fast täglich vom Atlantik ins Land zieht und die erste Tageshälfte im Grau verschwimmen lässt (s. S. 258), ist für die Welwitschia ein wichtiger Lebensquell. Über ihre große Blattfläche nimmt sie die Feuchtigkeit aus diesem Nebel auf. Lange Zeit nahmen Wissenschaftler an, die mächtige, bis 3 m tief reichende Pfahlwurzel der Welwitschia erreiche das Grundwasser. Eine These, die man jedoch fallen lassen musste, nachdem praktische Untersuchungen ergeben hatten, dass

Bis heute gibt die Pflanze den Botanikern große Rätsel auf, denn auch die These von der alleinigen Wasseraufnahme über die Blätter ist umstritten.

dort, wo die Welwitschia ihre Heimat hat, das erste Grundwasser noch deutlich tiefer liegt. Bis heute gibt die Pflanze den Botanikern große Rätsel auf, denn auch die These von der alleinigen Wasseraufnahme über die Blätter ist umstritten. Man nimmt an, dass ihr weites, auf einen Radius von bis zu 15 m ausgedehntes Netz an feinen Wurzeln ebenfalls sehr wichtig für die Aufnahme der Feuchtigkeit der Nacht ist. Junge Pflanzen findet man kaum, denn Keimlinge können sich nur entwickeln, wenn der Oberboden komplett durchfeuchtet ist. Dieser Zustand tritt nach Extremniederschlägen auf und lässt sich nur in Abständen von mehreren Jahren erleben.

Viele, insbesondere sehr alte Exemplare sehen arg zerzaust aus. Das liegt zum einen daran, dass sich ihre Blätter mit der Zeit spalten, zum anderen, dass in der Trockenzeit immer wieder Tiere daran herumknabbern, z. B. Nashörner, Oryxantilopen oder Zebras. Da die Blätter im Jahr rund 25 cm wachsen, richten die Tiere jedoch kaum bleibende Schäden an. Dass eine solch einzigartige Pflanze unter Naturschutz steht, versteht sich von selbst.

Welwitschias sind sehr selten anzutreffen, die beste Möglichkeit dafür bietet der Welwitschia Drive (s. S. 98). Auf der kleinen Rundtour ab Swakopmund kann man prächtige Exemplare in Augenschein nehmen. Man sollte der Pflanze allerdings mit Vorsicht begegnen, denn in ihrem verschlungenen Blattwerk finden zahlreiche Kleinlebewesen Schutz. Echsen und Spinnen sind relativ harmlos und Schlangen verschwinden, wenn sie durch menschliche Schritte aufgeschreckt werden, Skorpione jedoch nicht. Zwar führen nur die Giftstacheln einiger weniger Skorpionarten zu ernsthaften Vergiftungen, doch ob dies beim jeweiligen Exemplar der Fall ist, sollte man nicht im Selbstversuch austesten. ■

Bei der Welwitschia gibt es weibliche (Foto) und männliche Pflanzen. Man erkennt das Geschlecht an den unterschiedlichen Blütenständen.

Erongo, Kunene und Ovamboland

Namibia ganz authentisch — geschichtsträchtige Stille einerseits, pulsierendes Alltagsleben andererseits.

Die Kristall Keller Winery überrascht mit tollen Weinen.

Eintauchen

Seite 155

Warmquelle

Die Quelle macht ihrem Namen alle Ehre: Ein natürlicher Pool mit wohlig warmem Wasser lädt eingerahmt von malerischen Felsen zum entspannenden Bad ein.

Seite 159

Epupa Falls

Hier stürzt der Kunene River auf seinem Weg zum Atlantik etwa 40 m in die Tiefe. Das meiste Wasser rauscht im April über die Fallstufen. Wer abends ankommt, kann einen idyllischen Abendspaziergang zu den Fällen unternehmen.

Seite 157

Toko Lodge

Auf dem Gelände der Lodge haben sich Himba in einem Dorf niedergelassen. Lodgegäste können sie besuchen – ein Highlight auf jeder Namibia-Reise.

Seite 160

Ondangwa

Ondangwa zählt zu den schnell wachsenden Städten im Norden Namibias. Hier pulsiert schwarzafrikanisches Leben, wie es abseits der Touristenorte entsteht. Es gibt quirlige Märkte, die Häuser sind einfach, nur die Hauptstraße ist asphaltiert – aber alles ist authentisch.

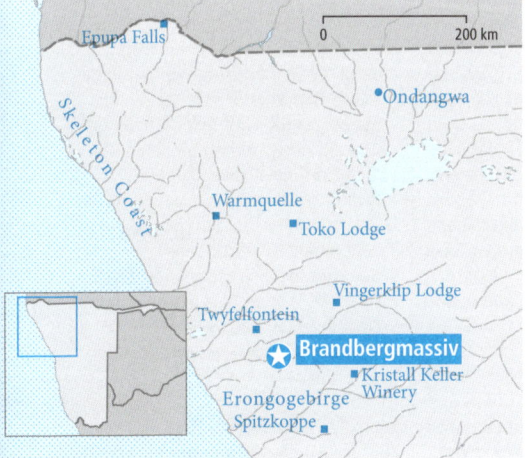

Das Eingangstor zur Skeleton Coast lässt keine Fragen offen.

Harald Pager zeichnete im Auftrag der Universität Köln im Brandberg 45 000 Felszeichnungen ab und schuf so ein gewaltiges dokumentarisches Werk über die San-Felskunst.

erleben

Bunte Felsen, Einsamkeit und wilde Wasser

D

Das Gebiet nördlich von Karibib bis hin nach Sesfontein und Oshakati wurde früher Damaraland genannt, eine Bezeichnung, die heute offiziell nicht mehr gebräuchlich ist. Wie ähnliche Reservatsgebiete war es im Rahmen der Homelandpolitik der südafrikanischen Verwaltung entstanden. Steine, Steine und nochmals Steine in allen Größen und allen Formen prägen das Land, das man den Damara 1964 zuwies, und machten es den Bewohnern schwer, das tägliche Brot für ihre Familien zu erwirtschaften. Nach den Vorstellungen der Südafrikaner sahen so offenbar die idealen Landflächen für die schwarze Bevölkerung Namibias aus. Im Zuge der Gebietsreform nach der Unabhängigkeit ging Damaraland in den Regionen Erongo und Kunene auf. Nur der Name Ovamboland hat sich aus der Zeit der südafrikanischen Fremdherrschaft erhalten und wird auch von den Ovambo selbst verwendet. Offiziell sind hier die Regionen Omusati, Ohangwena, Oshana und Oshikoto.

Nirgendwo sonst in Namibia stößt man auf so viele Zeugnisse alter afrikanischer Kulturen wie im Dreieck Brandberg, Spitzkoppe und Twyfelfontein. Aus jüngerer Vergangenheit stam-

ORIENTIERUNG 0

Anfahrt Nordwesten: Die Anfahrt in den Nordwesten kann auf gut asphaltierten Straßen erfolgen. Den westlichen Teil des Kunene erreicht man über Otjiwarongo und weiter über C 38/C 40 und C 35. Die Entfernungen von Windhoek sind jedoch so groß, dass viele Besucher auf Angebote für Fly-in-Safaris (s. S. 247) zurückgreifen. Ein Grund dafür ist auch, dass besonders im Kaokoveld Wege und Pfade meist nur etwas für gute Allradfahrzeuge und erfahrene Fahrer sind.
Anfahrt Ovamboland: Das Ovamboland erreicht man über die B 1. Wie diese ist auch die C 46 asphaltiert, eine Begleiterscheinung des Krieges in Angola – die südafrikanische Armee benötigte schnelle Nachschubwege. Linienflüge gibt es u. a. nach Ondangwa und Rundu.

men die Zeugnisse, die Touristen heute an die unwirtliche Skelettküste ziehen: Dutzende Wracks erzählen manch schaurige Geschichte aus den Zeiten der christlichen Seefahrt. Darüber hinaus kann man sich im Nordwesten auch von der Vielfalt der Tierwelt verzaubern lassen, insbesondere von den seltenen Wüstenelefanten.

Karibib ♥ G8

Das an der Hauptverbindungsstraße und
Eisenbahnstrecke zwischen Windhoek
und Swakopmund gelegene Städtchen
mit dem ›deutschen Touch‹ bietet sich
nicht nur für einen Stopp auf der recht
langweiligen Fahrt Richtung Küste an,
sondern auch als Startpunkt einer Reise
in den Nordwesten. Der Ort mit gut 7000
Einwohnern hat schon bessere Zeiten
gesehen. Zwischen 1900 und 1910 errichtete Gebäude wie der Bahnhof, die
Christuskirche und das Rösemann-Haus
(Main St.), einst Sitz des Handelsunter-
nehmens Rösemann & Kronewitter, später ein Hotel, heute eine Bank, zeugen
davon.

Anfang des 20. Jh. gab es einige gute
Hotels in der Stadt, denn zu Zeiten von
Deutsch-Südwest durften die Züge
nur tagsüber fahren. Das bedeutete,
dass Reisende, die von Windhoek oder
Tsumeb nach Swakopmund unterwegs
waren, in Karibib übernachten mussten.
Auch heute könnte man in Karibib ein
Dach über dem Kopf finden, doch es
wäre schade, in der Stadt zu bleiben,
denn in der Umgebung von Spitzkoppe und Erongogebirge haben sich einige Gästefarmen etabliert, auf denen
sich landschaftsnah und angenehmer
übernachten lässt.

Gelbes und weißes Gold
In der Nähe von Karibib werden jährlich in einer privaten Mine eines kata-
risch-polnischen Unternehmens rund
1,5 t Gold gewonnen. Das wahre Gold der
Region war jedoch weiß. Es war ein edler
Marmor, der hier von 1903 bis 2013 mit
Unterbrechungen gebrochen wurde und
dessen Qualität sich durchaus mit der des
italienischen Marmors messen ließ. Der
an der Hauptstraße von Karibib gelegene
Marmorsteinbruch ist noch gut zu sehen.

Schlafen

Für Langzeiturlauber
Etusis Lodge: Die sehr luxuriöse Lodge
liegt in den Otjipatera-Bergen. Wer länger
bleiben will, kann es sich im Farmhaus der
Etusis Lodge mit maximal vier Schlafräu-
men, Wohnzimmer, Küche und allem, was
dazugehört, gemütlich machen. Darüber
hinaus stehen sieben Bungalows und fünf
Luxuszelte sowie ein Restaurant zur Verfügung. Zu den angebotenen Aktivitäten
zählen Wandern, Reiten und Klettern.
36 km südwestl. von Karibib, T 064 55 08 26,
www.etusis.de, Bungalow/VP ab 1134 N$
pro Pers., Luxuszelt/VP 845 N$ pro Pers.

Historisch
**Guestfarm Albrechtshöhe Safari-
West:** Jagd- und Gästefarm mit fünf Doppelzimmern und Pool in einer historischen
Station von 1906. Mit dem Berufsjäger
geht es nicht nur auf die Pirsch.
24 km östl. von Karibib, T 062 50 33 63,
www.safariwest.de, DZ ab 920 N$

Otjimbingwe ♥ G9

Nur 60 km südöstlich von Karibib an der
D 1953 liegt Otjimbingwe, ein kleines
Dorf von ca. 8000 Einwohnern. Seine
einstige historische Bedeutung kann
man heute nur noch an einigen kolonialen Bauten ablesen.

Missionierte Herero
In der ersten Hälfte des 19. Jh. war der Ort
Sitz des Zeraua-Königshauses der Herero.
Dieser Umstand machte Otjimbingwe
immer wieder sowohl zum Zufluchtsort
für andere Herero-Kapteine (Führer) als
auch zum Schauplatz zahlreicher Überfäl-
le der Afrikaner aus Windhoek und der

Die Kräfte der Natur haben diesen Steinbogen am Fuß der Spitzkoppe geformt. Irgendwann wird er einbrechen, noch ist er ein tolles Fotomotiv.

Nama aus Hoachanas. 1849 errichtete die Rheinische Missionsgesellschaft hier eine Missionsstation und 1867 wurde das erste Gotteshaus der Herero gebaut. Der ständige Kontakt mit europäischen Missionaren brachte es mit sich, dass insbesondere die Kapteins-Söhne im Lesen und Schreiben unterwiesen wurden. Dies widerfuhr auch Samuel Maharero, und zwar offensichtlich mit so großem Erfolg, dass er als Nachwuchspriester ausersehen und als einer der ersten Schüler in die Priesterschule in Otjimbingwe aufgenommen wurde. 1904 führte Samuel Maharero die Herero in den Befreiungskampf gegen die deutsche Schutztruppe (s. S. 270).

Kurze Zeit Hauptstadt

Otjimbingwes Lage an der damaligen Eisenbahnstrecke zwischen Windhoek und Swakopmund ließ die kleine Stadt aufblühen. Rund 4000 Menschen lebten Ende des 19. Jh. hier. So verwundert es nicht, dass Heinrich Göring, Vater des NS-Reichsmarschalls Hermann Göring,

den Sitz der Deutschen Kolonialverwaltung 1885 gerade in diesen Ort verlegte. Doch bereits 1890 machte man Windhoek zur Hauptstadt der Kolonie.

Spitzkoppe 📍 F8

Perfekte Kulisse

Obwohl der Berg noch nicht in Sicht ist, bemerkt man es, wenn man der Spitzkoppe näher kommt: Immer öfter stehen an der Straße junge Männer oder ganze Familien, die den Reisenden Mineralien aus dem Spitzkoppe-Massiv verkaufen wollen. Da gibt es manch schönes Stück zu entdecken. Die Spitzkoppe selbst, ein 1759 m hoher, schroff in den Himmel ragender Felsen, ist zwar bei Weitem nicht der höchste Berg des Landes, aber mit Sicherheit einer der meistfotografierten. Gemeinsam mit den anschließenden Pondok Mountains bildet er den perfekten Hintergrund für Fotos. Schon während der Fahrt auf der D 1939 in Richtung Uis kann man das ›Matterhorn Namibias‹ in voller Schönheit bewundern. Wer näher ran will, sollte ein Stück weiter auf der B 2 in Richtung Swakopmund fahren und sich dann über die D 1918 und D 3716 an den Berg ›herantasten‹. An seinem Fuß gibt es zahlreiche Felsbilder zu entdecken.

www.spitzkoppe.com, 30 N$ pro Pers., 50 N$ pro Fahrzeug

Schlafen

Wandern und Klettern

Spitzkoppe Campsites: Campingmöglichkeiten rund um die Spitzkoppe, immer schöner Blick auf den Berg. Auch einfache Hütten. Essen im Restaurant kann vorbestellt werden. An der Bar gibt es eisgekühlte Sundowner. Wanderwege ab dem Camp. Von der Konrad-Adenauer-Stiftung mitfinanziertes Community-Projekt.

reservations@logufa.com, www.spitzkoppe. com, 170 N$ pro Pers.

Freiluftgalerie

Spitzkoppen Lodge: 15 Chalets mit angenehmem Komfort. Man kann Führungen zu den Felszeichnungen der San buchen oder auf eigene Faust wandern.

T 064 46 41 44, www.spitzkoppenlodge.com, Chalet ab 6900 N$ inkl. HP

Erongogebirge

📍 F/G 8

Millionen Jahre auf dem Buckel

Östlich der Spitzkoppe erheben sich die Berge des Erongogebirges. Da geht es dann schon über 2000 m hoch. Dieser Gebirgszug hat bereits die Ahnen der San und Damara in seinen Bann gezogen. Sie nutzten die Höhlen und Felsen als großes ›Malheft‹ und hinterließen eine beeindruckende Sammlung von Felsmalereien.

Felskugeln und Felsenkust

Wer das Erongogebirge kennenlernen möchte, kommt um einen Besuch der **Ameib Ranch** (s. S. 141) nicht herum. Ein großer Teil der Berge gehört zur Ranch. Besonders faszinierend und sogar mit dem Auto zu erreichen ist die Felsenwelt von **Bull's Party** (s. Lieblingsort S. 140). Mit etwas Fantasie kann man sich vorstellen, wie vor Jahrmillionen die Kinder der Riesen mit mächtigen Steinkolossen Murmeln spielten. Oberhalb davon findet man steinerne Brücken und Torbögen – fantasievolle Spielereien von Mutter Natur.

Nur zu Fuß zu erreichen ist **Phillip's Cave,** eine Höhle auf dem Gelände der

---

NATUR ALS KÜNSTLERIN

Die riesigen Granitkugeln der Bull's Party, die wohl spektakulärsten Felsformationen des Erongogebirges, sind ein Ergebnis von Millionen von Jahren andauernden Verwitterungsprozessen. Der Granit entstand in der Region vor ca. 120 Mio. Jahren durch aufsteigende Magma, die noch unter der Erdoberfläche erkaltete. Noch in der Erde wurden die Granitblöcke durch Witterung gesprengt, sodass sich große Blöcke bildeten. Als die Blöcke durch Abtragung der Erdoberfläche ans Tageslicht kamen, wurden sie von den enormen Tag-Nacht-Temperaturunterschieden weiter geformt. Ihre Oberfläche platzte ab, bis das Gestein schließlich die heutigen Formen annahm.

Lieblingsort

Spielplatz der Riesen

Bull's Party 📍 G 8 hält, was die Fantasie verspricht: Die eigenwilligen Felsformationen auf dem Gelände der Gästefarm Ameib erscheinen wie ein einstiger Spielplatz von Riesenmenschen, die sich auch in Namibia in der Sagenwelt tummeln. Ihre Murmeln in Übergröße haben sie einfach liegen gelassen. Das bietet heutigen Besuchern die Möglichkeit, sich selbst an dem Murmelspiel zu versuchen. Es scheint, als würde ein kleiner Stups genügen, um die rund geschliffenen Felsbrocken aus der Balance zu bringen. Doch weit gefehlt – zum Glück. Nicht auszudenken, wenn ein solcher Koloss ins Rollen käme …

Gästeranch. Eine halbe Stunde Klettern über Fels und Stein ist angesagt, will man die Felsmalereien in der Höhle besichtigen. Zwar wartet hier keine ›Weiße Lady‹, aber zumindest u. a. ein ›Weißer Elefant‹. Im Gegensatz zur ›Lady‹ (s. S. 143) ist dieser noch recht gut erhalten. Wie für andere Felsengalerien der Region gilt auch für die Höhle: Die namenlosen Felsbilder sind teilweise viel interessanter als die immer wieder beschriebenen.

Schlafen

Direkt vor Ort

Ameib Ranch: Leider ist das Gästehaus zzt. geschlossen, auf der Website heißt es, dass es im Herbst 2019 wieder eröffnet werden soll. Doch der Campingplatz wie auch die Ausflüge auf dem Ranchgelände stehen jetzt schon Besuchern offen.
Bei Usakos, T 064 53 08 03, www.ameib. com, Stellplatz ca. 190 N$ pro Pers.

Omaruru ♀G7

Rund um Omaruru sind eine ganze Reihe gemütlicher Gästefarmen entstanden. 1904 herrschte in der Region eine völlig andere Atmosphäre. Eine der Schlachten des Herero-Aufstands wurde hier geschlagen. Aufständische Herero hatten die Kaserne belagert (s. S. 270). In einem Gewaltmarsch erreichte die Kompanie des Hauptmanns Viktor Franke die Belagerten, sie hatte die 400 km von Gibeon nach Omaruru in fünf Tagen zurückgelegt, und sprengte den Belagerungsring. Über die Opferzahlen auf beiden Seiten ist nichts bekannt. 1908 errichteten die weißen Siedler in der Stadt einen Turm zu Ehren von Viktor Franke, den **Franke Tower.** Dieser und die umliegenden Kriegsfelder sind ein Nationales Denkmal Namibias. Inzwischen hat sich das Städtchen einen Namen als Kunst- und Weinanbauzentrum gemacht.

Kunst, Schokolade und Wein

Im Künstlerhaus **Tikoloshe Afrika** kann man den Holzschnitzern in ihren Werkstätten über die Schulter schauen. Die Holzskulpturen – von 10 cm bis zu 10 m Größe – werden aus Wurzeln und uralten Baumstämmen geschnitzt. Das Holz wird zumeist in der Halbwüste und in den nördlichen Gebieten Namibias gesammelt. Außerdem hat Omaruru, man mag es kaum glauben, seine eigene Schokoladenmanufaktur, **Dörgeloh Chocolates.** Es müssen nicht immer edle Weine vom südlichen Nachbarn sein. So mancher Tropfen der **Kristall Keller Winery** kann sich mit internationalen Spitzenweinen messen. Probieren lohnt also.
Tikoloshe Afrika: T 081 240 07 64, www. tikolosheafrika.com, tgl. 8–17 Uhr; **Dörgeloh Chocolates:** Kerk St., T 064 57 00 05; **Kristall Keller Winery:** T 064 57 00 83, http://kristallkellerei.com, Mo–Fr 8–16.30, Sa 8–12.30 Uhr

Schlafen

Eigene Wasserstelle

Omaruru Game Lodge: Komfortable Bungalows im Rundhüttenstil. Das Highlight der Lodge ist das allabendliche Schauspiel direkt vor der Restaurantterrasse. An der lodgeeigenen beleuchteten Wasser- und Futterstelle versammeln sich Wildtiere bis in die späten Abendstunden.
15 km östl. von Omaruru, T 064 57 00 44, www.omaruru-gamlodge.com, DZ/HP ab 4400 N$

Preiswert

River Guesthouse: Stadthotel im Zentrum mit sauberen, freundlich gestalteten Zimmern, Pool und guter Hausmannskost.
T 064 57 02 74, www.river-guesthouse.com, DZ 850 N$

Brandberg-massiv ♀E7

Die Welt der steinernen Bilder

Ein bedeutendes Ziel in der Region ist das Brandbergmassiv mit dem höchsten Berg des Landes, dem 2573 m hohen Königstein. Das Brandbergmassiv hat gewaltige Ausmaße: 30 km lang und 23 km breit, bedeckt es eine Fläche von gut 760 km². Wichtigster Grund für den Besuch des Brandbergmassivs sind die dortigen Felszeichnungen. In siebenjähriger Arbeit erfasste der Österreicher Harald Pager bis zu seinem Tod 1985 an 879 Stellen 43 000 Felsbilder.

Infos

● **Brandbergmassiv:** Um die Felsbilder im Brandberg vor leider mit dem Massen-

---

SCHWARZ LACKIERT **S**

Die Bezeichnung Brandberg rührt wohl von den zum Teil tiefschwarzen, glänzenden Felspartien her, die aussehen, als seien sie von Ruß geschwärzt. ›Wüstenlack‹ nennen die Namibier diese Erscheinung umgangssprachlich. Mit Feuer hat die Schwärzung nichts zu tun, wohl aber mit der extremen Sonneneinstrahlung und der sich dadurch entwickelnden Hitze. Unter ihrer Einwirkung entstand eine mineralhaltige Schicht aus Mangan, Kieselsäure und Eisenverbindungen, die sich dunkel verfärbte. Der stete Wüstenwind mit feinen Sandpartikeln erledigte den Rest, er schliff und polierte die Felsen.

---

tourismus auftretendem Vandalismus zu schützen, können sie nur in Begleitung eines **Daureb Mountain Guide** des Brandberg Community Tourist Project (in Uis, S. 146) besucht werden. Der Guide erhält ein Entgelt und muss auf Besucherkosten mit Essen und Wasser verpflegt werden. Für die Wanderungen zur White Lady wie in das übrige Berggebiet ist außerdem ein **Permit** notwendig. Man erhält es auf schriftliche Anfrage beim National Heritage Council Namibia (NHC) www.nhc-nam.org und es kostet für den Königstein 1500 N$, alle anderen Schluchten 450 N$. Es fällt außerdem eine Bearbeitungsgebühr von 150 N$ an.

White Lady ♀E7

Wanderungen im Brandbergmassiv sind eine anstrengende Angelegenheit. Das Terrain ist unwegsam, man braucht eine gute Ausrüstung, feste Schuhe und reichlich Wasser. Der leichteste Weg zu Felszeichnungen im Brandbergmassiv ist wohl jener zur White Lady. Aber selbst auf dieser kurzen Strecke – rund eine Stunde hin und eine zurück – ist man froh, einen Guide dabeizuhaben (s. Tour S. 143).

Uis ♀F7

Das Städtchen Uis (ca. 1000 Einwohner) ist schon von Weitem an den hellen Abraumhalden der Zinn- und Wolframmine zu erkennen. Der Verfall der Weltmarktpreise für Zinn führte Anfang der 1990er-Jahre zur Schließung der Mine. Von den ehemals 1000 Beschäftigten blieben nur wenige zur Sicherung des Geländes vor Ort. Ein kleines Unternehmen versucht heute mit neueren technischen Mitteln, weiteres Erz aus dem Abraum zu gewinnen.

TOUR
Weder Lady noch weiß

Über Geröll und Fels zur White Lady

Infos

Start: Büro der Daureb Mountain Guides in Uis, s. S. 146
📍 F 7

Dauer: je nach Intensität 2–5 Std., für den Hin- und Rückweg zur White Lady werden allein knapp 2 Std. benötigt.

Hinweis: Die Tour kann nur mit einem Daureb Mountain Guide (s. Start oben) durchgeführt werden, Kosten 300 N\$. Festes Schuhwerk, reichlich Wasser sind Voraussetzung. Möglichst die heiße Tageszeit meiden.

In diesem Jahr soll es anders werden. Schon einige Male sind wir von Swakopmund kommend in Richtung Norden am Brandbergmassiv vorbeigerollt. Auch aus der Ferne ein durchaus beeindruckender ›Steinhaufen‹. Doch immer haben Twyfelfontein oder auch der Etosha National Park mehr gezogen. Schluss damit. In diesem Jahr haben wir einen Tag für den Brandberg eingeplant – zumindest ein Kurzausflug soll es werden. Mehr kann es nicht sein, denn wir wissen, dass sich bei seiner beeindruckenden Fläche von fast 760 km² der Gedanke an einen Besuch an einem Tag eigentlich verbietet und dass auch der Aufstieg auf Namibias höchsten Berg, den 2573 m hohen Königstein, ein hartes Stück Arbeit bedeutet und ebenfalls an einem Tag nicht zu schaffen ist. Also werden wir uns auf die bekannteste von Tausenden Felsmalereien, die die San über Hunderte von Jahren hinweg hier hinterlassen haben, beschränken. Die Wanderung zur White Lady soll es sein. Sagenumwoben und mit mehr Fragezeichen umgeben als mit gültigen Antworten, gehört das kleine Felsbild zu den bekanntesten seiner Art – und das nicht nur von Namibia.

Nicht ohne unseren Guide

Doch bevor wir unsere Wanderschuhe schnüren, fahren wir früh am Morgen nach **Uis,** wo wir im Brandberg Rest Camp (s. S. 146) ein Zimmer für die kommende Nacht reserviert haben. Im Büro der **Daureb Mountain Guides** engagieren wir einen der Führer – Pflicht für Wanderungen im Brandberg! Und schon geht es los: Von Uis fahren wir auf der C 35 in Richtung Norden, ehe nach 12 km eine kleine staubige Straße, die **D 2359,** nach Westen abbiegt. Wie an anderen Stellen haben auch hier Steinhändler kleine Tische aufgebaut, um manches schöne Stück, das sie am Brandberg gefunden haben, an zahlungskräftige Besucher zu verkaufen. So schön manche glitzernden Mineralien auch sein mögen, wir denken an das limitierte Fluggepäck und fahren weiter. Bald ist der **Parkplatz** erreicht. Feste Wanderschuhe sind für diese Tour Voraussetzung, aber noch wichtiger ist – Jonas, unser Führer, weist sehr deutlich darauf hin – reichlich Wasser. Zwar dauert die Wanderung zu den **Felsmalereien** nur eine Stunde hin und eine Stunde zurück, doch trotz des Südwinters brennt die Sonne heiß vom Himmel und Jonas möchte uns, wenn wir Lust haben, noch zusätzlich den einen oder anderen Abstecher in die bemalte Steinwelt anbieten. Natürlich haben wir Lust. Immerhin kommen Wissenschaftler auf die beeindruckende Zahl von rund 50 000 Felsbildern an rund 1000 verschiedenen Standorten. Die meisten der Malereien wurden unter Überhängen und an vertikalen Felswänden angebracht und überdauern an diesen Orten schon zwischen 2000 und 4000 Jahren.

Echte Zeitreise: Der Brandberg mit seinen Felsbildern gibt einen realistischen Eindruck einer prähistorischen Landschaft, denn weder die hier lebenden Jäger-und-Sammler-Kulturen haben die Natur verändert noch hat das Klima hier in den letzten 2000–4000 Jahren Schwankungen vollzogen.

Durch die Tsisab-Schlucht zur Felsengalerie

Schattenlos schlängelt sich der zumindest recht ordentliche Wanderweg in Richtung des Bergmassivs. Stetig aufwärts durch die **Tsisab-Schlucht** nähern wir uns Ziel Nummer 1. Ab und an kreuzt eine flinke Eidechse unseren Weg, sonst ist es still rings um uns herum. Wir haben Glück, andere Wanderer scheinen zurzeit nicht unterwegs zu sein. Dann, endlich, haben wir die **White Lady** erreicht. Unsere Enttäuschung hält sich in Grenzen, schon im Vorfeld wussten wir, dass von der Felsmalerei nur noch vage Umrisse zu erkennen sein sollen. Hinter einem eisernen Gitter werden diese nun vor zu neugierigen Touristen geschützt. Wie Jonas zu berichten weiß, wurde das Felsbild bereits 1918 von dem deutschen Wissenschaftler Reinhard Maack entdeckt. Maack sprach dabei von einem Krieger. Heute nimmt man an, dass er mit dieser Deutung richtig lag.

Neben der berühmten White Lady gibt es am Brandberg Hunderte kleinere und größere Kunstwerke der San zu entdecken. Ein ortskundiger Guide ist dafür die optimale Voraussetzung. So geht man auch an dieser Jagdszene nicht unbeachtet vorbei.

Über Jahrzehnte geriet die 45 cm große Figur in Vergessenheit. Erst 1955 begeisterte sich der französische Priester Henri Breuil so für die Zeichnung, die damals wohl auch noch deutlich besser erhalten war, dass sie nicht nur in der Fachwelt berühmt wurde. Er deutete sie als ›weiße Dame‹. Auch wenn seine Vorstellung mittlerweile als überholt gilt, den Namen hat die Figur behalten. Natürlich versuchen wir ein, zumindest vorzeigbares, Foto von der Lady zu machen. Besser gelingt das bei einigen der anderen Felszeichnungen im Umfeld. Noch besser jedoch dort, wo uns Jonas nun über Stock und Stein hinführt. Da gibt es manches Interessante zu entdecken. Und dabei beweist sich auch hier wieder einmal, wie gut es ist, einen kundigen Guide dabeizuhaben. Ganz abgesehen davon, dass das ›Herumstreunen‹ in der Steinwelt des Brandberges sowieso nur mit einem der lizenzierten Führer erlaubt ist.

Ein gelungener Abschluss

Nach fast vier Stunden sind wir zurück am **Parkplatz.** Noch immer ist unser Allrader das einzige parkende Gefährt. Erstaunlich, wo hier doch sonst reichlich Betrieb herrschen soll? Die Sonne nähert sich bereits dem Horizont. Das mitgenommene Wasser hat gerade so gereicht. Gierig öffnen wir die Reserven im Auto. Da ist es egal, dass die Wasserflaschen mittlerweile wieder lauwarm geworden sind. Zurück in **Uis,** verabschieden wir uns von unserem nicht nur netten, sondern auch auskunftsfreudigen Führer Jonas. So gut wie an diesem Abend hat ein kühles Windhoek Lager lange nicht geschmeckt.

Zumindest einige Einwohner – ihre Zahl nimmt langsam zu – verdienen ihr Geld inzwischen mit dem Tourismus bzw. in seinem Umfeld. So sind im Rahmen des Community Based Tourism gegenüber dem Brandberg Camp das sehenswerte **Daureb Craft Centre** sowie im ehemaligen Minengebäude zahlreiche Ateliers entstanden. In den letzten Jahren ist Uis dadurch zu einem Ausflugsziel der Namibier geworden.

Schlafen

Unterkunft & Exkursionen

Brandberg Rest Camp: Vom komfortablen Doppelzimmer bis zum Camper-Stellplatz mit Stromanschluss und fließend heißem Wasser reicht die Palette. Pool und zahlreiche Aktivitäten, u. a. Touren ins Brandbergmassiv oder auch zum Messum-Krater.

Main St., www.brandbergrestcamp.com, DZ ab 1300 N$, Stellplatz 150 N$, Guides/ Fahrer 400 N$

Bewegen

Den Brandberg zu Fuß erkunden

Daureb Mountain Guides: Das Tourist Centre in Uis ist nicht zu verfehlen. Hier können Sie Guides für die Besichtigung der White Lady und anderer Felszeichnungen buchen (s. Tour S. 143, 150).

Südöstl. Ortseingang, T 064 50 41 62 oder info@namibweb.com, tgl. 8–17 Uhr

Messum-Krater   ♀ E7

Ein gutes Stück südwestlich des Brandbergmassivs, dort, wo es bis zu den Dünen der Namib nicht mehr weit ist, steht als Sockel eines erloschenen Vulkans der Messum-Krater. Rund 120 Mio. Jahre

mag es her sein, dass die Erde hier Feuer spie. Man erreicht den Krater nach einer abenteuerlichen, nicht gerade einfachen Fahrt über die C 35 und die D 2342 in Richtung Brandberg West und dann weiter auf einem kleinen Pfad am trockenen Messum Rivier entlang. Allraderfahrung und ein entsprechendes Fahrzeug sind die Voraussetzungen. Vor Ort sollte man dann die Wanderstiefel schnüren, um den Krater zu Fuß zu erkunden.

Von Khorixas nach Outjo

Khorixas und Vingerklip
♀ F6

Das Städtchen **Khorixas** ist der ideale Ausgangspunkt für den Besuch der fünf Sehenswürdigkeiten rund um Twyfelfontein, hat aber außer den notwendigen Versorgungseinrichtungen wie Läden, Craft Centre und Tankstelle nichts zu bieten. Gern genutzt wird das gepflegte Restcamp Khorixas Lodge vor den Toren der Stadt.

Wer von Khorixas auf der gut asphaltierten C 39 in Richtung Outjo rollt, wird etwa auf der Hälfte des Weges zu einem Abstecher in südliche Richtung eingeladen. Auf der D 2743 sind es dann rund 40 km bis zur **Vingerklip,** einem fingerförmigen Felsen. Wind und Wetter haben diese 35 m hohe Felsnadel geformt. Man schätzt, dass die ›Fingerklippe‹ bereits über 15 Mio. Jahre alt ist. Irgendwann wird die Erosion so weit fortgeschritten sein, dass der Felsen einfach umkippt. Den ähnlich aussehenden ›Finger Gottes‹ im Süden des Landes ereilte dieses Schicksal 1988. Doch bis dahin werden sicher (und hoffentlich) noch viele Generationen Reisender staunend die Kamera zücken. Der Felsen steht auf dem Gelände der Farm Bertram, kann aber von der Pad aus fotografiert werden. Auch wenn sich schon mancher an dem Felsen versucht hat – 1970 erreichte ein Amerikaner als Erster seine Spitze –, ist er im Grunde zum Klettern ungeeignet. Am Fuße der ›Fingerklippe‹ genießt man einen herrlichen Blick auf die Tafelberge der Ugab-Terrassen – ein Stück ›Wilder Westen‹ in Afrika.

Schlafen

Staatlich und stattlich
Khorixas Lodge: Staatliches Restcamp mit luxuriösen Bungalows, Stellplätzen, Pool und Restaurant, Pub.
T 061 285 72 00, https://www.nwr.com.na/ resorts/khorixas-camp, DZ 1100 N$

Faszinierend
Vingerklip Lodge: Elf gemütliche Doppelbungalows, Sundowner-Veranda mit toller Rundumsicht. Oben auf den Ugab-Terrassen wartet nicht nur mit Eagle's Nest das einzigartige Panoramarestaurant der Lodge, sondern mit Heaven's Gate auch ein exklusiver Bungalow für die luxuriöse Afrikanacht zu zweit.
T 067 29 03 19, www.vingerklip.com.na, DZ ab 2900 N$

Outjo 📍 G5

Das kleine Städtchen (ca. 5000 Einw.) ist nicht nur ein wichtiger Verkehrsknotenpunkt – hier treffen fünf Straßen aus verschiedenen Regionen des Nordens zusammen –, sondern für viele Reisende auch Ausgangspunkt ihrer Fahrt in den Etosha-Nationalpark. Der Ort wirkt freundlich und gepflegt. Man merkt, dass die Touristen hier manchen Namibia-Dollar lassen. Lodge und Zelt-

Im Khorixas Craft Centre gibt es diese netten Herero-Püppchen.

platz gibt es ebenso wie ein Hotel und eine Bäckerei, die in alter Tradition bis heute typisch deutsche Backwaren, u. a. Kuchen, anbietet. Bevor es weiter Richtung Norden geht, kann man also genüsslich ein Stück Schwarzwälder Kirschtorte essen.

Das kleine **Outjo Museum** (Franke Haus Museum) erinnert an den Kommandeur der Schutztruppe Major Viktor Franke. Es ist in einem Haus untergebracht, das dieser 1899 als eines der ersten Steinhäuser in Namibia bauen ließ. Ausgestellt sind stadtgeschichtliche und naturkundliche Exponate, u. a. Möbel und Mineralien.
T 067 31 37 45, Mo–Fr 10–12, 14–16 Uhr

Schlafen

Traditionell
Bambatsi Holiday Ranch: Gästefarm mit persönlicher Atmosphäre und Blick auf

eine Mopanewald-Ebene. Eine der ersten Farmen im Land, die sich auf Touristen eingestellt hatte. Pool, Grillplatz, Bar, zehn Bungalows, Farmrundfahrten.

Ca. 80 km westl. von Outjo, Anfahrt von der C 39, T 081 24 58 803, www.bambatsi.com, DZ/HP 2100 N$

Landestypisch
Ombinda Country Lodge: Luxuriöse Lodge am südlichen Stadtrand. 15 komfortable Bungalows im Landesstil, ausgezeichnetes Restaurant. Pool, drei Tennisplätze, 9-Loch-Golfplatz.

An der C 38, T 067 31 31 81, www.ombinda lodge.com, DZ 1240 N$

Stadthotel
Etosha Garden Hotel: Stadthotel im Schatten hoher Jacarandabäume, umgeben von üppigem Grün. 21 komfortable Doppelzimmer, Restaurant mit österrei-

chischer Küchenchefin, Biergarten, Pool, bewachter Parkplatz.

6 Ooravist St., T 067 31 31 30, www. etosha-garden-hotel.com, DZ 980 N$

Infos

• **Outjo Tourist Centre:** Sam Nujoma Rd. Hier gibt es nicht nur Informationen und Souvenirs, sondern auch ein kleines Restaurant mit Kaffee und Kuchen.

Twyfelfontein ♀E6

Kunst der San
Twyfelfontein, das übersetzt ›zweifelhafte Quelle‹ oder auch ›Quelle des Zweifels‹ bedeutet, ist der Name einer Quelle und

Typisch Namibia: Oft führen die belebten Wanderwege über Stock und Stein. Dabei können die Steine von Ort zu Ort durchaus auch einmal größer ausfallen.

eines Tales im Damara-Bergland, etwa 70 km westlich von Khorixas. Das Tal wurde von den Damara bewohnt, die das Tal in ihrer Sprache Uri-Ais (springende Quelle) nannten. Im Twyfelfontein wartet das nächste namibische ›Bilderbuch in Stein‹ auf den Reisenden (s. Tour S. 150).

Burnt Mountain

Auf dem Weg zum Burnt Mountain über die D 3254 passiert man die sogenannten **Organ Pipes** (Orgelpfeifen), aufrecht stehende, etwa 2–5 m hohe Basaltsäulen. Sie sind rund 120 Mio. Jahre alt. Ungefähr dieses Alter hat auch der **Verbrannte Berg** selbst. Ein Vulkan drückte im Erdmittelalter das schwarze, violette und dunkelrote Gestein an die Erdoberfläche. Das bis zu 1000 °C heiße Magma verbrannte das Schiefergestein. Besonders im Licht der Abendsonne bietet sich dem Betrachter heute auf andere Weise ein wahrlich glühendes Farbenspiel.

Petrified Forest

An der C 39 zwischen Khorixas und dem Abzweig nach Twyfelfontein gibt es bereits den nächsten Grund zum Aussteigen. Petrified Forest steht auf den Landkarten, doch es ist natürlich kein komplett versteinerter Wald, der hier erhalten geblieben ist. Vielmehr sind es Dutzende Baumstämme, teils in viele einzelne Stücke zerfallen. Interessant und ungewöhnlich sind sie trotzdem. Man geht davon aus, dass die Stämme vor rund 250 Mio. Jahren durch Flüsse angeschwemmt und – luftdicht und unter Schlamm und Geröll verschüttet – konserviert wurden und versteinerten. Über die Jahrmillionen brachten sie Verwerfungen und Erosion an die Oberfläche zurück. Die Souvenirjäger waren hier sehr aktiv, daher wird das Areal jetzt bewacht.

Erw. 40 N\$, Kinder/Jugendliche bis 17 Jahre 30 N\$, Fahrzeug 40 N\$

The Living Museum of the Damara

Der Reigen an besuchenswerten Orten westlich von Khorixas wird seit 2010 durch ein besonderes Museum komplettiert: das ›Lebende Museum der Damara‹, ein authentisches traditionelles Damara-Dorf, das sich an einen schroffen Felshang duckt (s. Lieblingsort S. 152 und S. 276).

Schlafen

Verbrannte Erde
Mowani Mountain Camp: Dreizehn Chalets mit je 50 m² Fläche stehen zur Verfügung – Luxus auf verbrannter Erde. Sie ist der perfekte Ausgangspunkt für die Erkundung von Twyfelfontein. Legendär ist der Sundowner auf dem Felsplateau des Camps. Ein Glas Wein in der Hand, in dem sich die Abendsonne spieglt, die das Land in einem tiefen Rot versinken lässt – was willst du mehr?

Nördl. des Damara Living Museum an der D 2612, T 061 23 20 09, www.mowani.com, ab 7700 N\$

Intim
Camp Kipwe: Intimer als das Schwestercamp Mowani. Max. 6 Gäste finden in den aus Naturstein gemauerten Rondavels (Rundhütten) Platz. Die Ausgestaltung ist puristisch, dennoch sehr komfortabel.

An der D2612, T 061 32 20 09, www.kipwe. com, DZ ab 6600 N\$ inkl. HP und Aktivitäten

TOUR
Galerie in Stein

Fußmarsch zu den Felsgravuren von Twyfelfontein

In vielen Fällen deutlich älter als die Zeichnungen am Brandberg (s. S. 142), faszinieren die Felsbilder von Twyfelfontein durch ihre Klarheit, die Motivvielfalt und ihren teils hervorragenden Erhaltungszustand.

In der Kunene-Region im Tal Twyfelfontein finden sich faszinierende Spuren der frühen namibischen Geschichte: uralte Felsgravuren, die die San hier hinterließen. Bereits 1952 wurde das Tal zum Naturdenkmal erklärt und seit 2007 steht es auf der UNESCO-Liste des Weltkulturerbes.

Faszination des Gestern
Nach staubigen Kilometern auf der D 2612 geht es an einer Kreuzung auf die D 3254 Richtung Süden. Das Ziel, **Twyfelfontein**, ist ab hier ausgeschildert. Einige Kilometer weiter erreicht man den kleinen **Parkplatz** und ergattert mit etwas Glück vielleicht sogar einen der wenigen Stellplätze unter einem Sonnendach. Die Ankömmlinge erwartet ein kleines **Visitors Centre,** das vielfältige Infos rund um die Felszeichnungen bietet, außerdem halten sich zahlreiche Guides bereit. Die Begleiter durch die Freiluftsäle der ›Galerie in Stein‹ sind lizenziert, wodurch ein gewisses Maß an Hintergrundwissen garantiert ist, zudem gewährleistet ihre Ortskenntnis, dass man wirklich alles Wichtige zu sehen bekommt. Auch wenn man mit Hilfe eines Führers den optimalen, d. h. kürzesten Weg nehmen kann, heiß und schweißtreibend wird die Wanderung über Stock und Stein in einem Wechsel aus Auf- und Abstieg allemal.

Allerlei wilde Tiere
Über 2500 Petroglyphen (Felsgravuren) wurden bei **Twyfelfontein** auf einer Gesamtfläche von rund 57 ha gefunden, aufgebracht auf glatten, roten Sandstein. Einige Bilder sind ausgezeichnet erhalten. Sie zeigen Alltagsszenen aus dem

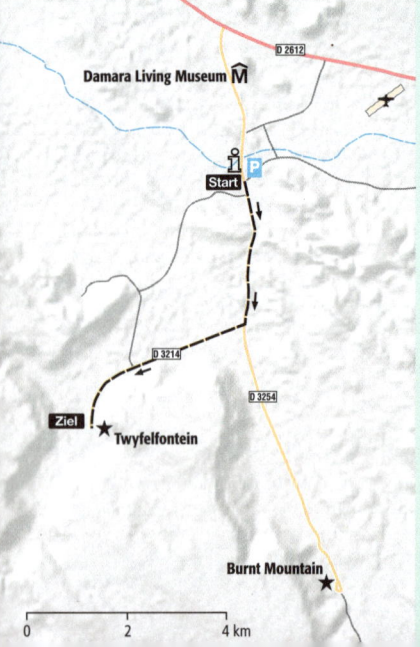

Infos

Start: Visitor Centre
📍 E 6

Strecke: ca. 10 km

Dauer: 2–3 Std.

Eintritt: 50 N$,
Kinder 30 N$,
Fahrzeug 20 N$
(zzgl. Trinkgeld
für die Guides)

Hinweis: Die Tour
kann nur mit einem
Guide des Visitor
Centre unternommen
werden. Für die
Klettertour durch die
steinige Felsenwüste
sollte man genügend
Zeit reservieren.
Kopfbedeckung und
Sonnencreme
(schattenlose
Wege!) sowie festes
Schuhwerk
sind erforderlich.

Leben der San. Häufig stehen Tiere im Mittelpunkt der Darstellungen, manchmal domestizierte, oft aber Wildtiere. Besonders interessant für Wissenschaftler sind die abstrakten Gravuren, so z. B. Kreise mit einem tiefen Loch in der Mitte. Bis heute ist nicht geklärt, was genau die San mit ihnen zum Ausdruck bringen wollten. Entdeckt wurde die beeindruckende Freiluftgalerie im Jahr 1917 von einem deutschen Landvermesser namens Volkmann. Intensiver beschäftigt hat sich mit dem immensen Schatz jedoch erst Albert Viereck, der hier ab 1947 eine Farm errichten durfte. Die Quellen auf dem Farmgelände erwiesen sich aber als ungeeignet für die Landwirtschaft, da sie immer wieder versiegten – daher der Name Twyfelfontein, was ›zweifelhafte Quelle‹ bedeutet.

Das Alter sieht man ihnen nicht an

Über das Alter der Gravuren streiten sich die Fachleute bis heute. Als gesichert gilt, dass ein großer Teil zwischen 2000 und 10 000 Jahre alt ist, manches Kunstwerk aber kaum mehr als 100 oder 200 Jahre zählt. Auf dem mit Stufen und Geländer versehenen Führungsweg geht es in die Steinwüste. Der optimale Zeitpunkt für die Besichtigung der Gravuren ist der späte Nachmittag. Dann ist das Licht perfekt – auch fürs Fotografieren. Der eisenhaltige Sandstein leuchtet in wärmsten Rottönen und lässt die Zebras, Elefanten und Nashörner, die die Steinplatten schmücken, aber auch Antilopen und Giraffen noch stärker hervortreten. Zu den berühmtesten Gravuren gehören der ›Große Elefant‹ und der ›Tanzende Kudu‹. Sehr eindrucksvoll ist außerdem ein Löwe – vielleicht handelt es sich aber auch um ein Warzenschwein.

In Stein gemeißelt

Das Gravieren der Kunstwerke war eine harte schweißtreibende Arbeit. Immerhin beträgt die Tiefe der Gravuren 2–8 cm. Wahrscheinlich benutzten die prähistorischen Künstler Quarzmeißel. Die Meisterschaft, mit der es ihnen gelang, mit ihren primitiven Werkzeugen so detailgetreue Bilder besonders der Tierwelt zu schaffen, beeindruckt noch heute. Auf der Hälfte des Weges gibt es einen kleinen Aussichtspunkt, von dem sich ein wunderbarer Blick über die ›Openair-Galerie‹ bietet. Weitere Petroglyphen säumen den Rückweg.

Die steinzeitlichen, also über 5000 Jahre alten Felsgravuren zeigen die ehemalige weite Verbreitung von Savannentieren auch an Standorten, die heute deutlich trockener sind.

Lieblingsort

Authentizität wird großgeschrieben

Immer dann, wenn es mich nach Twyfelfontain verschlägt, steht ein Besuch im **Living Museum of the Damara** 📍 **E 6** fest im Plan. Nach der Wanderung durch die glühend heiße Steinwelt der San verspricht das Museum in dem engen Felsental nicht nur etwas Schatten, sondern eine erholsame Stunde zum Eintauchen in die lebendige Kultur der Damara. Vom heiligen Feuer bis zu rituellen, uralten Tänzen, auch da weht ein Hauch Historie durch die karge Steinwelt. Hier erfahren die Besucher ganz unmittelbar, wie die Damara lange vor der Kolonialzeit gelebt haben. Vorangetrieben wurde das Projekt von der Living Culture Foundation Namibia, die damit ein wertvolles Stück Damara-Kultur gerettet hat (s. auch S. 276). Außerdem gibt das Museum einem ganzen Dorf Lohn und Brot (Kreuzung D 2612/D 3214, www.lcfn.info/dama ra/damara-home, tgl. 8–17 Uhr, 60 N$).

Skeleton Coast National Park

📍 A–E 1–9

Die gesamte Küste Namibias trägt den Namen Skeleton Coast (Skelettküste), der Skeleton Coast National Park umfasst den nördlichen Teil der Küstenregion zwischen Kunene River und angolanischer Grenze und ist ganzjährig geöffnet. Dieser Teil der Küstenregion, der eine Fläche von rund 16 000 km² hat, ist touristisch besonders interessant. Zum Nationalpark gehört nicht nur die Küste selbst, sondern auch ein 30–40 km breiter Wüstenabschnitt – eine wahre Todeszone. Von November bis Mai bestehen größere Chancen, nebelfreie Tage zu erwischen. Im Südwinter bilden sich am Nachmittag oft dicke Nebelschwaden, die sich in der Regel erst am nächsten Vormittag verziehen (s. S. 258).

Nach den Diamantfunden südlich von Lüderitz versuchten Schatzgräber ihr Glück auch im Norden. Bei **Toscanini** und Terrace Bay sind noch Zeugnisse dieser erfolglosen Schürfversuche zu sehen. Von Küstenabschnitt zwischen Terrace und **Torra Bay** sieht man häufig Strandangler. Von **Terrace Bay** aus lässt sich auch das Uniab-Delta erkunden.

Infos

- **Skeleton Coast National Park:** Mit dem privaten Pkw darf man im National Coast Skeleton Park nur bis Terrace Bay fahren, die **Permits** dafür erhält man direkt an den Zufahrten Ugabmund im Süden bzw. Springbockwater an der C 39. Übernachtungsgäste benötigen zusätzlich eine Reservierung für Terrace Bay oder Torra Bay und müssen die Eingangstore spätestens um 15 Uhr passieren. Mit einer

FRIEDHOF FÜR SCHIFFE UND MENSCHEN **F**

Die dichten Nebelbänke, die der kühle Benguelastrom (s. S. 258) über den Atlantik schickt, die oft unkalkulierbare, schwere Dünung und Riffe ließen über die Jahrhunderte manches Schiff an der Skeleton Coast auf Grund laufen oder gar zerschellen. Als es noch keine Funkverbindungen gab, war das für die Besatzungsmitglieder ein sicheres Todesurteil. Es gab nur die Alternativen, im Meer zu ertrinken oder in der Wüste zu verdursten. Ob die Bezeichnung ›Skelettküste‹ von den menschlichen Überresten herrührt, die man an diesem Küstenstreifen immer wieder gefunden hat, oder von den zahllosen Schiffswracks, darüber kann man nur spekulieren.

besonderen Genehmigung kann man bis Seal Beach (ca. 14 km nördlich von Terrace Bay) fahren. Weiter nördlich gelangt man nur mit einer Flugsafari. Der **Eintritt** beträgt pro Person 80 N$, pro Fahrzeug sind 10 N$ zu zahlen. **Wichtig:** Für den Skeleton Coast National Park benötigt man einen Allradwagen.

Schlafen

Besuch bei den Himba

Grootberg Lodge: 14 Bungalows für 2 Pers. und zwei Gruppenbungalows auf dem Etendeka-Plateau mit toller Aussicht über das Klip-River-Tal. Viele organisierte Ausflüge, darunter der sehr empfehlenswerte Besuch in einem Himba-Kral.
Bei Palmwag, Buchung in Deutschland T 089 215 48 29 99, www.afrikarma.de/grootberg-lodge, 2-Pers.-Bungalow 4300 N$ inkl. HP

Rustikal
Palmwag Lodge: Beliebter Startpunkt für Touren nach Terrace Bay und ins Kaokoveld. Komfortable Hütten und Bungalows, Stellplätze, Pool unter Palmen; Tankstelle. Die Lodge organisiert Safaris ins Kaokoveld und an den Kunene sowie Touren auf den Spuren der Wüstenelefanten und Nashörner.
Bei Palmwag, T 064 40 30 96, www.palmwaglodge.com, DZ 4540 N$ inkl. HP

Einfach
Terrace Bay Resort: Zwei Beach Chalets und 20 Doppelzimmer, Restaurant, Laden, Tankstelle. Direkt am Strand.
Terrace Bay, T 061 285 72 00, www.nwr.com.na/resorts/terrace-bay-resort, DZ 1360 N$

Wohnmobile
Torra Bay Campsite: Ganzjährig geöffneter Campingplatz. Die Serviceeinrichtungen sind jedoch nur während der namibischen Schulferien im Dez. und Jan. geöffnet. Fishing Retreat, direkt am Strand.
Torra Bay, T 061 285 72 00, www.nwr.com.na/resorts/torra-bay, 230 N$ pro Pers.

Kaokoveld   ♀ A–E 1–5

Mit seiner Fläche von 49 000 km² ist das Kaokoveld fast genauso groß wie die Schweiz. Nur 17 000 Menschen leben auf diesem rauen Stück Natur, rund 7000 von ihnen sind Himba. Heute gehört das Kaokoveld zur Region Kunene, deren Verwaltungssitz sich in Opuwo befindet.

Das Territorium ist recht bergig. Die höchste Erhebung ist mit 2039 m der Baynes Mountain unweit der Epupa-Fälle, während der Rest des Kaokovelds zwischen 600 und 1200 m über dem Meeresspiegel liegt. Regen fällt, wenn überhaupt, nur zwischen Januar und April, in normalen Jahren 30–150 mm. Da der wenige Niederschlag oft in Form heftiger gewittriger Regenschauer fällt, können die aus den Bergen kommenden Riviere (Trockenflüsse) plötzlich überlaufen. Doch der Spuk ist meist in wenigen Stunden vorbei. Im Südsommer kann es tagelang über 35 °C heiß werden, während im Südwinter in den Bergen sogar Frost vorkommt. Trotz dieser harten klimatischen Verhältnisse ist das Kaokoveld nicht vegetationslos, z. B. gibt es Mopane-Savannen. Die Blätter dieses Baumes schmecken Elefanten besonders gut. In den trockenen Flussbetten findet man Flächen mit Tamarisken, die sich mit Grassavannen abwechseln. Deutlich anders – sehr viel grüner – zeigt sich die Vegetation am Kunene, besonders an den Epupa-Fällen, wo sogar Palmen gedeihen. Auch die Tierwelt des Kaokovelds ist keineswegs so eintönig, wie es das harte Klima vermuten lässt. Es gibt vor allem Kudus, Springböcke und Zebras, Spitzmaulnashörner und die berühmten Wüstenelefanten.

Infos

• **Kaokoveld:** Die Infrastruktur im Kaokoveld ist rudimentär, eigentlich gibt es kaum etwas, das diesen Namen verdient.

RESPEKT ZEIGEN

Wenn Sie in Namibia Einheimischen begegnen, so im Kaokoveld z. B. Mitgliedern der Himba, vergessen Sie nicht, dass ein Foto von jemandem zu machen etwas sehr Intimes ist. Darum sollten Sie Respekt zeigen und vor dem Fotografieren um Erlaubnis fragen. Dazu muss man nicht ihre Sprache sprechen, das geht auch mit Händen und Füßen.

Bis auf wenige Ausnahmen verlangen die Pisten und Wege nach Allradwagen, oft auch nach einem allraderfahrenen Fahrer. Daher sind das Kaokoveld und der Landstrich am Kunene touristisch bisher kaum erschlossen. Das hindert aber viele Veranstalter und Outdoorreisende nicht daran, sich mit schweren Geländewagen durch die tiefen Sandpads zu graben. Solange das in Übereinstimmung mit einigen Grundregeln passiert, ist es sicher von der Natur und den Menschen in der Region zu verkraften. Eine Entwicklung hin zu einem ›massenhaften‹ Befahren der Region wäre aber auf die Dauer schädlich für die Landschaft und für die seltenen Wüstenelefanten. Darum im Kaokoveld unbedingt den Wildniskodex einhalten, s. S. 245. **Wichtig:** Überall im Kaokoveld sollte man immer reichlich Sprit und noch reichlicher Wasser an Bord haben.

Khowarib Gorge ♀D4

Ein Muss ist die Khowarib Gorge. Hier können Fahrzeug und Fahrer zeigen, was in ihnen steckt. Die Fahrt durch die rund 23 km lange Schlucht ist eine echte Herausforderung, zumal wenn Sand- und Staubstürme ein Übriges tun. Sie sollte möglichst mit mindestens zwei Fahrzeugen unternommen werden. An der Einfahrt zur Khowarib Gorge können Besucher im **Anmire Traditional Village** (Community Based Tourism, www.namibweb.com/anmire.htm) in das Alltagsleben der Damara eintauchen.

Schlafen

Panoramablick
Khowarib Lodge: Die Lodge liegt am Ufer des Hoanib in der Khowaribschlucht. Ihre 14 Chalets ragen auf Stelzen übers Ufer und bieten Panoramablicke über

WÜSTENELEFANTEN

An der Population dieser Dickhäuter zeigt sich am deutlichsten, wie stark der Wildbestand durch Wilderei und den jahrzehntelangen Unabhängigkeitskrieg dezimiert wurde. Man geht davon aus, dass vor hundert Jahren noch rund 3000 Wüstenelefanten im Kaokoveld unterwegs waren. Jetzt sind es nicht einmal mehr hundert. Übrigens sind Wüstenelefanten keine eigene Spezies. Es handelt sich einfach um Afrikanische Elefanten, die sich über viele Generationen an die Lebensbedingungen in der Wüste angepasst haben.

Schlucht und Fluss. Idealer Ausgangspunkt für Touren in den Nordwesten des Landes.
T 064 40 27 79, www.khowarib.com, DZ 3690 N$ inkl. HP

Warmquelle und Ongongo Falls ♀D4

Erfrischendes Nass
Einige Kilometer nördlich von Khowarib liegt an der C 43 **Warmquelle.** Der Name ist treffend. In Europa wäre an dieser Stelle schon längst ein Kurort entstanden, im Kaokoveld bleibt es bei einigen wenigen ärmlichen Hütten aus Lehm oder Wellblech. Für seine Gesundheit kann man hier trotzdem etwas tun. Ein natürlicher Pool lädt zu einem entspannenden Bad in der Thermalquelle im Flussbett des Hoanib ein. Da man sonst mit Wasser in der Region sehr sparsam umgehen sollte, ist das ein besonderer Genuss. Einige Kilometer weiter kann

Teil zwei der Wasserspäße folgen: Die **Ongongo Falls** sind niedrig und bescheiden, aber der glasklare, kleine See, den sie bilden, bietet pure Erfrischung – Seife ist natürlich tabu.

Schlafen

Authentisch
Fort Sesfontein Lodge & Safaris: Lodge im alten deutschen Fort (1896). Komfortable Räume, Restaurant, Organisation von mehrtägigen Safaris im Geländewagen. Selbstfahrer können Führer mitnehmen.
T 065 68 50 34, www.fort-sesfontein. com, DZ 3000 N$

Idyllisch zwischen Felsen
Ongongo Waterfall Camp Site: 10 schöne Stellplätze jeweils mit abgeschattetem Areal mit Wasch-/Spülbecken, max. 8 Pers. und 2 Fahrzeuge pro Platz, Duschen mit heißem Wasser. Morgens mit Vogelgezwitscher aufwachen und erst einmal im Naturpool der Ongongo Falls eine Runde schwimmen.
6 km nördl. von Warmquelle, T 061 23 96 43, www.ongongo.com/campsite, 600 N$ pro Pers.

Purros ♀C3

Mit einem Permit und am besten in Begleitung eines Führers können sehr erfahrene Allradwagenfahrer den **Hoarusib Canyon** bei Purros besuchen. Vom Campingplatz in Purros sind es rund 12 km Tiefsandpiste bis zum Eingang in den Canyon. Im Canyon die große Überraschung: Da das ganze Jahr hindurch hier Wasser an die Oberfläche dringt und einen kleinen Fluss speist, ist mitten in der Wüste eine traumhafte, grüne Oase entstanden.

Schlafen

Luxus pur
Okahirongo Elephant Lodge: Purer Luxus inmitten einer urwüchsigen, kargen, menschenfeindlichen Landschaft nahe Purros. Wohnen, wo die Wüstenelefanten ihre Wege ziehen und die Himba-Frauen seit Jahrhunderten heimisch sind. Sieben großzügige Chalets und eine Presidential Suite auf 160 m^2. Die Küche bietet eine spannende Mischung: afrikanische Speisen mit italienischem Touch. Die Eigentümer können ihre Wurzeln nicht verleugnen.
Purros, T 061 23 72 94, www.okahirongo lodge.com, DZ 8500 N$

Ganz individuell
Okagirongo River Camp: Pendant zur Elephant Lodge am Ufer des Kunene. Noch individueller können hier Touristen mit gut gefüllter Brieftasche die afrikanische Wildnis erleben. Das Herzstück des Camps, das für Fly-in-Safaris konzipiert wurde, ist der große Pool mit Sonnendeck.
Purros T 061 23 72 94, www.okahirongo lodge.com, DZ 7500 N$

Basislager für Hoarusib Canyon
Purros Community Campsite: 16 Standplätze mit Braai-Areal und schattenspendenden Bäumen, lokaler Guide-Service, Bar. Keine Vorausbuchung möglich, einchecken direkt vor Ort.
Purros, Hoarusib Riverbed

Opuwo ♀D2

Die Regionalhauptstadt Opuwo ist recht trostlos, doch es gibt einen Supermarkt, zahlreiche Händler, einen Campingplatz und eine Tankstelle. Ehe es weiter nach Norden geht, muss man diese letzte Tankmöglichkeit unbedingt nutzen. Westlich

Beeindruckend, wenn man aus der Wüste kommt: die tosenden Epupa Falls, deren Gischt sich malerisch über die Umgebung legt.

von Opuwo sind eine Reihe Himba-Familien mehr oder minder sesshaft geworden, d. h. die Frauen bleiben im Kral, während die Männer monatelang mit ihren Rinderherden unterwegs sind. Auf dem Gelände der **Toko Lodge** (s. u.) haben sich Himba in einem Dorf niedergelassen.

Das **Ovahimba Living Museum** 📍 C 2 42 km nördlich von Opuwo bietet auf nachhaltige Art und Weise und ohne großen Organisationsaufwand die Möglichkeit, die Kultur der Himba hautnah zu erleben. In dem lebenden Museum (s. auch S. 276) führen die Museumsmitarbeiter ihre authentischen kulturellen Traditionen und Lebensweisen vor. Im angeschlossenen Campingplatz hat man die Möglichkeit, bei den Himba zu übernachten.

Ovahimba Living Museum: www.lcfn.info/de/ovahimba, Campsite Omungunda, contact@lcfn.info, T 081 838 25 56

Schlafen

Besuch bei den Himba

Toko Lodge & Safari: Landschaftlich traumhaft an einem Berghang am südwestlichsten Zipfel des Etosha National Park gelegene Lodge mit Campingplatz. Pool, sehr schöne Terrasse mit Ausblick, herrlicher Platz für einen Sundowner, familiäre Atmosphäre. Auf dem Gelände der Lodge liegt ein Himba-Dorf, das Lodge-Gäste besuchen können (s. S. 263).

248 km südl. von Opuwo, bei Kamanjab, T 067 33 02 40, www.tokolodgesafaris.com, DZ 1900 N$

Infos

● **www.opuwo.info:** Website zum Ort, die vom Abba Guesthouse gepflegt wird.

TOUR
Sundowner am Wasserfall

Abendspaziergang zu den Epupa Falls

Infos

📍 C 1

Hinweis: Bis auf den Epupa Trail sind alle Wanderungen nur mit Guide möglich, Infos über die Büros der Lodges und des Camps.

Vorsicht: Krokodile! Zwar laden die Pools an den Fällen zum Baden ein, aber die Krokodile vor Ort sind groß und immer sehr hungrig.

Das Gute vorweg: Der Kunene führt, im Gegensatz zu manch anderem Fluss in Namibia, ganzjährig Wasser. Sprich, die Fälle sind immer ›in Betrieb‹. Natürlich ist das Schauspiel in der Regenzeit beeindruckender, im Ausgleich dafür ist die Zufahrt dann, trotz verbesserter ›Straßen‹, etwas schwieriger. Ein Rundweg von knapp zwei Stunden mit Blick auf die Fälle, der **Epupa Trail** (schwarz), bietet sich für einen Abendspaziergang an. Eine Wanderung rund um die Wasserfälle wurde unter dem Namen **Kachira's Hiking Trail** 2002 von Kaokohimba Safaris ins Leben gerufen. Je nach Fitnessgrad und Interesse an der Pflanzenwelt dauert die Tour, die in einem Himba-Dorf endet, 3 bis 5 Stunden. Eine gewisse Fitness sollte schon vorhanden sein, denn es geht über Stock und große Steine. Der **Crocodile Trail** dauert ebenso lange. Durch die verbesserte Zufahrt sind die Epupa Falls mehr noch als früher zu einem Touristenmagnet geworden. Von Opuwe kommend, führt kurz vor dem Ziel ein Weg nach links auf einen Hügel. Es lohnt sich, einen Stopp einzulegen, denn schöner bekommt man die Fälle nirgendwo vor die Kamera.

Epupa Falls   ⚲ C1

Auf der C 43 (auch als D 3700 ausgeschildert) sind es von Opuwo rund 180 km zu den spektakulären Wasserfällen des Kunene direkt an der angolanischen Grenze. Die Schönheit der Epupa-Fälle kennt wenig Vergleichbares. Obwohl das Wasser nur 40 m in die Tiefe fällt, gehören sie zu den eindrucksvollsten Wasserfällen der südlichen Hemisphäre. Bevor man sie erreicht, passiert man auf der D 3700 bzw. C 43 Omuhonga. Dort wurde speziell für fotografierende Besucher ein traditioneller **Himba-Kral** angelegt. Besichtigen, Fotografieren und Filmen ist erlaubt bzw. sogar erwünscht. Rund um die Fälle wurden Wanderwege, die **Epupa Trails**, angelegt, auf denen man die verschiedenen Ausblicke auf den Kunene-River, aber auch die Umgebung erkunden kann (s. Tour S. 158).

Schlafen

Flussblick
Epupa Camp: Luxuriöses Zeltcamp unweit der Epupa-Fälle, direkt am Kunene. Preisgünstiger ist es, sein eigenes Zelt auf dem angeschlossenen Zeltplatz aufzuschlagen. Campingzelte können auch gemietet werden (765 N$ pro Pers.). Optimal auch für den Besuch eines Himba-Dorfs.
T 061 23 72 94. www.epupa.com.na, DZ 3600 N$, Zeltplatz 175 N$ pro Pers.

Ruacana Falls   ⚲ D1

Wer sich die Fälle nicht entgehen lassen möchte, obwohl sie durch den Bau des größten Wasserkraftwerks Namibias viel von ihrer Schönheit verloren haben, erreicht sie über Opowu auf der C 41 und C 35 oder von Oshakati kommend über

die C 46. Von einer Passhöhe öffnet sich ein überwältigender Blick auf den Kunene mit seinen Stauseen. Der mächtige Kraftwerksblock auf einem Hügel unweit des Wasserfalls hat nicht nur das Landschaftsbild zerstört. Da das Wasser für die Turbinen gebraucht wird, fällt der Wasserfall auch meist trocken. Nur in der Regenzeit, und dann nur zweimal am Tag, werden die Schieber geöffnet, sodass das Wasser des Kunene 123 m in die Tiefe stürzt. Im Niemandsland zwischen Namibia und Angola gibt es eine Aussichtsplattform. Weitaus beeindruckender sind die Epupa-Fälle (s. links).

Von Opuwo auf der C 43 und dann der D 3701 erreicht man **Swartbooisdrift.** Von hier aus gelangt man dann einigermaßen komfortabel auf der D 3700 nach Ruacana. In Swartbooisdrift am Kunene veranstaltet die Kunene River Lodge von professionellen Guides geführte Wildwasserfahrten, für die keine Rafting-Erfahrung erforderlich ist.

Schlafen

Nah am Wasser gebaut
Kunene River Lodge: Abenteuercamp am Ufer des Kunene. Verschiedene Bungalows und Chalets sowie 14 Stellplätze mit gepflegten Sanitäranlagen. Zu den Aktivitätsangeboten gehören Wandern, Angeln, Wildwasserfahrten und Sundownertouren. Bis zu den berühmten Epupa-Fällen sind es rund 100 km.
Bei Swartbooisdrift, T 065 27 43 00, www. kuneneriverlodge.com, DZ 2120 N$

Zu Hause
Ruacana Eha Lodge: Eha heißt der Rückenschmuck der Himba-Frauen, es bedeutet aber auch ›zu Hause‹, und so fühlt man sich in der gemütlichen Lodge. Alle Zimmer mit Klimaanlage, Telefon, TV.
Springbock Ave., T 065 27 15 00, www. ruacanaehalodge.com.na, DZ 1620 N$

ÜBERBLEIBSEL DER APARTHEIDSPOLITIK **A**

Ovamboland bezeichnet ein geografisches Gebiet im Norden Namibias. Der Begriff stammt aus der deutschen Kolonialzeit und der Zeit der südafrikanischen Besatzung, wird heute aber auch von den Ovambo selbst verwendet. Im 15. und 16. Jh. siedelten die Ovambo in dem Gebiet um das heutige Ondangwa und Oshakati, die deutsche Kolonialmacht wies es um 1904 als Reservat aus. 1968 richtete die südafrikanische Verwaltung in dem Gebiet ein Homeland ein, was bedeutete, dass die Ovambo nun hier leben mussten. Sie konnten nur noch in die Townships von Windhoek und Swakopmund ziehen. Bis zur Unabhängigkeit 1990 hatten Schwarze in Namibia kein Recht auf freie Wahl ihres Aufenthaltsortes.

Ovamboland

Über 800 000 Menschen drängen sich auf dem fruchtbaren Land südlich der angolanischen Grenze. Damit ist diese Region die mit großem Abstand am dichtesten besiedelte des ganzen Landes. Die Landschaft ist flach und von vielen kleinen Flussläufen durchzogen.

Mit dem Anbau von Hirse und etwas Viehwirtschaft – Rinder, Ziegen und Schafe – versuchen die Menschen, ihren Lebensunterhalt zu sichern. Trotz der recht fruchtbaren Böden ist das ein oft aussichtsloses Unterfangen. Darum gibt es eine immense Landflucht. Immer mehr Menschen suchen in den beiden Städten Ondangwa und Oshakati ihr Glück oder fahren weiter in den Süden und landen meist in Katutura (s. S. 27).

Nur sehr wenige Touristen verirren sich in den hohen Norden. Dafür gibt es eine Reihe von Gründen, allen voran das fast vollständige Fehlen einer touristischen Infrastruktur. Abgesehen von der B 1 und C 46 ist das Straßennetz größtenteils in einem erbärmlichen Zustand. Durch die Niederschläge treten zahlreiche kleine Flüsse regelmäßig über die Ufer. Ein Allradwagen ist also Voraussetzung, und selbst damit kommt man oft nicht weiter. Unterkünfte, und sei es mit Minimalstandard, sind Mangelware. Durch den Krieg zwischen SWAPO und südafrikanischer Armee, der 25 Jahre dauerte und zum größten Teil hier ausgefochten wurde, kam es zudem zu großen Zerstörungen, deren Spuren noch heute zu sehen sind. Ein weiterer Grund ist, dass man in dem Gebiet zwischen Etosha National Park und Angola keine touristischen Ziele im landläufigen Sinne findet. Was man allerdings erleben kann, ist das typische Schwarzafrika von heute, das Leben in Städten, die vor Menschen fast überquellen und wo jeder versucht, mit ein wenig Handel ein Stück vom Kuchen abzubekommen.

Ondangwa 📍G2

Ondangwa ist die größte Stadt im dicht besiedelten Norden. Durch den ständigen Zuzug von Menschen aus den Dörfern des Ovambolandes ist es fast unmöglich, eine aktuelle Einwohnerzahl zu nennen. Die Schätzungen gehen bis 100 000. Es ist viel los in den Straßen, doch Traditionelles darf man nicht erwarten, das findet man am ehesten im Umland. Zu sehen ist das schwarze Namibia, wie es sich ohne den Einfluss von Touristen entwickelt hat. Es gibt verschiedene Märkte und an den Straßen stehen ungezählte kleine Garküchen, die nach einer bekannten angolanischen Biermarke Cuca Shops genannt werden.

Schlafen

Grüne Oase

Protea Hotel Ondangwa: Das erste große Hotel im Norden hat 85 Zimmer mit Klimaanlage, Telefon und TV. Es liegt zentral und trotzdem ruhig. Pool, Restaurant und Konferenzräume.
Main St., T 065 24 19 00, www.proteahotels. com/ondangwa, DZ 1700 N$

Oshikango   📍 G 1

Von Ondangwa ist es nur ein kurzer Abstecher auf der B 1 bis nach Oshikango,

dem kleinen Grenzposten an der angolanischen Grenze. Nach dem Ende des angolanischen Bürgerkriegs 2002 boomte der namibisch-angolanische Grenzhandel, sodass der Ort ungeregelt wuchs. Da seit einigen Jahren die angolanischen Käufer aber ausbleiben, sieht man in den Straßen geschlossene Geschäfte.

Missionsstation Olukonda
📍 G 2

Das **Nakambale House** ist das älteste Gebäude im Ovamboland. Es erinnert daran, dass selbst in Namibias Norden Missionare tätig waren, in diesem Fall kamen sie aus Finnland. Gebaut wurde das Haus von dem Missionar Martti Rautanen, den die Einheimischen Nakambale (›Mann mit dem Hut‹) nannten. In der Missionssta-

Wie überall auf der Welt: Dort wo der Handel blüht, sind die Chinesen nicht weit. Produkte made in China, wie z. B. Matratzen, sind auch für ärmere Namibier erschwinglich.

tion wurde ein Museum eingerichtet, das Einblicke in das Alltagsleben der Ovambo gestern und heute vermittelt. Ein Bereich ist dem Leben auf der finnischen Missionsstation gewidmet. Auch eine maßstabsgetreu nachgebildete Siedlung der Ndonga, die zu den Ovambo zählen, wird gezeigt. In der **Ndonga Homestead** kann man sich ganz praktisch über das Leben der Ovambo-Farmer informieren, ihre Speisen kosten und ihre Tänze und Gesänge erleben.

ALLE WOLLEN IN DIE STADT **S**

Eine große Herausforderung, mit der sich die namibische Regierung konfrontiert sieht, ist die stetig steigende Urbanisierung des Landes, da nach Schätzungen bis 2050 weitere 2 Mio. Bewohner, darunter auch Flüchtlinge aus den Nachbarländern, in die Städte ziehen werden. Eine Mammutaufgabe: Schon heute leben knapp 50 % der Namibier in Städten, die Mehrzahl von ihnen in stadtnahen Siedlungen unter teils unwürdigen Bedingungen. Laut Statistik sind das zurzeit rund 995 000 Menschen in 380 Siedlungen verteilt im ganzen Land. Die letzte Landkonferenz (s. S. 273) erteilte darum den Städten die Anweisung, deutlich mehr Grundstücke und Flächen zu erschließen, auf denen Niedrigverdiener einfache Häuser bauen können. Wichtig auch – so ein Beschluss der Landkonferenz, dass Ausländer künftig keine privaten Wohnimmobilien mehr besitzen dürfen und dass der Verkauf von Bauland an professionelle Baufirmen, die mit dem Bau kleiner Eigenheime hohe Profite erzielen wollen, stark eingeschränkt und reguliert werden soll.

12 km südöstl. von Ondangwa, T 065 24 56 68, www.namibweb.com/olukonda.htm, Mo–Fr 8–13, 14–17, Sa, So 12–17 Uhr, 5 N$, Führung 25 N$

Oshakati ⚲ G 2

Oshakati ist Sitz der Regionalverwaltung von Oshana. Es gibt Hotels, Banken, große Läden und einen riesigen Markt. Noch mehr als im größeren Ondangwa sieht man hier, vor welchen fast unüberwindlich scheinenden Herausforderungen das Land steht. Vor allem die Wohnungsnot der in die Stadt strömenden Menschen ist ein großes Problem (s. Kasten links). Es gibt einige Prestigeprojekte für Landflüchtige: Siedlungshäuser mit Wasser- und Stromanschluss. Schlimmer sieht es in den wild wuchernden Siedlungen aus, die ohne jede Infrastruktur am Rande der Stadt wie Pilze aus dem Boden geschossen sind. Trinkwasser, Strom und Toiletten fehlen und so herrschen teils unhaltbare Zustände. Dennoch wurde die Infrastruktur in den letzten Jahren verbessert. Es gibt mehrere Grund- und weiterführende Schulen sowie ein Krankenhaus, 2014 wurde ein Study and Resource Center mit einer großen Bibliothek eröffnet. Seitdem Oshakati in der Regenzeit mehrfach überschwemmt wurde, baut die Gemeinde den Hochwasserschutz aus. Ein 23 km langer Deich um die nördlichen Viertel wurde schon fertiggestellt.

Schlafen

Guter Standard

Oshakati Country Lodge: 50 komfortable Zimmer mit Bad, Fernseher und Klimaanlage. Schöner Außenpool.
T 065 22 23 80, www.namibweb.com/oshakatihotel.htm, DZ 1 100 N$

Zugabe
Unter dem Kreuz des Südens

Im Bann der Sterne

Der Südhimmel hat es in sich – besonders, wenn man ihn in einer klaren Sternennacht fast 2000 m über dem Meeresspiegel fernab jeder künstlichen Lichtquelle genießen kann. Die Höhenlage und die geringe Luftverschmutzung sorgen für den perfekten Sternenzauber. Die Milchstraße scheint zum Greifen nah. Bereits das bloße Auge reicht, um selbst kleinste Sterne gut erkennen zu können. Der Sternenhimmel über Namibia ist nicht nur beeindruckend, er unterscheidet sich auch von jenem daheim. Auf der Südhalbkugel sind es natürlich andere Sternbilder, die den Nachthimmel dominieren. Am bekanntesten ist das ›Kreuz des Südens‹. So richtig aufregend wird es aber, wenn man seinen Blick in den eigentlich vertrauten Norden richtet. Selbst erfahrene Sterngucker müssen verdutzt feststellen, dass der ›Löwe‹ plötzlich auf dem Rücken liegt und der ›Große Wagen‹ umgekippt über dem Nordhorizont ›gestrandet‹ ist. Schon allein das Auffinden dieser bekannten Sternbilder wird damit zum Problem. Es ist die Nähe Namibias zum Äquator, die dafür sorgt, dass man hier neben dem Südhimmel auch fast den ganzen Nordhimmel vor sich hat. ∎

Waterberg-Region

Namibias Tafelberg — 45 km lang und bis zu 15 km breit ist der Waterberg, also eigentlich mehr ein Hochplateau als ein Berg. Schon von Weitem sichtbar erhebt er sich rund 200 m über die Umgebung.

Seite 167

Okahandja

Um den 26. August gedenken die Herero ihrer Stammesführer, die im Befreiungskampf gegen die Deutschen (1904–08) fielen. Der Besuch der Gräber bei der Friedenskirche von Okahandja ist ein Höhepunkt.

Seite 171

Woodcarver's Market

Auf dem Markt in Okahandja ist die Auswahl an Holzschnitzkunst besonders groß. Hier lohnt es sich, ein namibiatypisches Souvenir zu erstehen, das aber natürlich in den Koffer passen sollte.

Ein Bad im Thermalwasser von Gross Barmen tut gut.

Eintauchen

Seite 171

Otjiwarongo

Verkehrsgünstig an der B 1 gelegen, ist die Kreisstadt das Zentrum für das von großen Farmen geprägte Umland.

Seite 172

Kameldorn Garten

Ein Top-Stopp auf dem Weg nach Norden mit leckerer afrikanischer wie deutscher Küche.

Seite 173

Waterberg

Im Morgen- und Abendlicht scheinen die Sandsteinklippen des Waterbergs lichterloh zu brennen.

Seite 174

Erlebniswelt am Tafelberg

Augen auf bei Wanderungen: Manche Pflanze und manches Tier lassen sich nur am Waterberg beobachten.

Seite 180

Waterberg Camp

Bei einer Wanderung zur Abbruchkante hinauf überwältigt der grandiose Ausblick. Zurück im Camp kann man den Tag bei einem Sundowner ausklingen lassen.

Seite 180

Waterberg Guestfarm

Die Grundidee überzeugt: ein paar komfortable Buschbungalows inmitten einer atemberaubenden Landschaft, eine hervorragende Küche sowie eine begrenzte Zahl an Gästen, um die familiäre Note zu erhalten.

Seite 181

Es war einmal in Gondwana

Seitdem auf der Farm Otjihaenamaparero Fußabdrücke von Dinosauriern gefunden wurden, steht fest, dass die Urzeitreptilien auch in diesem Gebiet der Erde lebten.

Bei einer Tour mit Waterberg Wilderness kommt man Nashörnern ganz nah.

Otjiwarongo   Waterberg
Kameldorn Garten   Waterberg Wilderness
Waterberg Guestfarm   Lodge
Waterberg Camp
Otjihaenamaparero

Okahandja
Gross Barmen Resort

Windhoek

0   100 km

Die historischen Ereignisse machen den Waterberg für Besucher interessant, allerdings geht es dabei um ein erschütterndes Kapitel deutsch-kolonialer Geschichte.

erleben

Zwischen Felsen und dramatischer Geschichte

N

Namibia ohne seine wildromantischen Felsenwelten – unvorstellbar! Nicht zuletzt deshalb gehört die Region rund um den Waterberg zu den touristisch erschlossensten des Landes. Kaum ein Reiseveranstalter wird dieses Ziel in seiner Routenplanung außen vor lassen, besonders wenn es sich um sogenannte ›Einsteiger-Reisen‹ handelt, die einen ersten Eindruck von der Vielfalt namibischer Natur vermitteln sollen. Nicht anders ergeht es Individualreisenden: Ein Zwischenstopp am landschaftlich reizvollen und zugleich geschichtsträchtigen Waterberg ist ein Muss. Am Waterberg nahm die Erhebung der Herero gegen die Expansionspolitik der Deutschen im damaligen Deutsch-Südwestafrika ihren Anfang. Das deutsche Reich beantwortete diesen Freiheitskampf mit einem unverhüllten Völkermord-Feldzug.

Laut Forschern war Namibia vor 200 Mio. Jahren von einer 300 m hohen Dünensandschicht bedeckt, die über die Jahrmillionen zu Sandstein zusammengepresst wurde. Der weiche Stein verwandelte sich später durch Erosion wieder zu Sand, aus dem vereinzelt ›Sandsteinhaufen und -tafeln‹ wie der Waterberg herausragen. Eine Besonder-

ORIENTIERUNG ⓞ

Anfahrt: Der Waterberg ist über die B 1, weiter auf der C 22 c und dann auf der D 2512 gut zu erreichen. Wer den Waterberg von Nordosten kommend anfährt, dem sei die Route über die kleine D 2512 empfohlen, die die B 8 ca. 30 km westlich von Grootfontein verlässt. Eine landschaftlich sehr reizvolle Strecke.

heit des markanten Tafelbergs sind die zahlreichen Quellen, die nicht nur für eine abwechslungsreiche Flora sorgen, sondern auch günstige Voraussetzungen für Siedler boten und bieten.

Doch in der Region gibt es auch einige Städtchen, die durchaus einen Abstecher wert sind. So zum Beispiel Okakarara, das sich trotz seiner Nähe zum Touristen-Hotspot Waterberg seine Authentizität erhalten hat. Ganz anders sieht es dagegen in Otjiwarongo und Okahandja aus. Beide Orte liegen direkt an der Hauptverbindungsstraße B 1, die das Land von Süd nach Nord durchzieht. Damit sind sie für viele Touristen in der Regel nur ideale Zwischenstoppziele auf dem Weg in Richtung Etosha National Park oder gar bis hinauf in den hohen Norden. Entsprechend bieten sie Supermärkte, Hotels und Pensionen.

Okahandja   📍H/J8

Die heißen Quellen von Gross Barmen, die Traditionen der Herero, deren Führer in Okahandja ihre letzte Ruhestätte fanden, und seine verkehrsgünstige Lage machen das Handelsstädtchen Okahandja, nur 70 km nördlich von Windhoek, für Reisende interessant. Rund 20 000 Einwohner leben in Okahandja. Somit gehört der Ort bereits zu den größeren Städten im Land. Am Schnittpunkt der beiden wichtigsten Fernverkehrsstraßen Namibias, der B1 in Richtung Norden und der B2 nach Swakopmund, haben sich einige kleinere Unternehmen niedergelassen, so z. B. eine Fleischwarenfabrik, die Biltong produziert, das gut gewürzte Trockenfleisch (s. S. 294). Der Name Okahandja bedeutet so viel wie ›große, sandige Ebene‹ – und so präsentiert sich die Natur in diesem Landstrich auch.

Krieg zwischen Nama und Herero

Bereits um das Jahr 1800 besiedelten die von Norden kommenden Herero das Gebiet. Doch auf die Dauer fanden sich die Nama, die vorher hier gelebt hatten, nicht mit dem Verlust ihres Landes ab und so gab es immer wieder blutige Zusammenstöße zwischen ihnen und den Herero. Am 23. August 1850 kam es zum schwersten Massaker: Unter Führung von Jan Jonker Afrikaner überfielen die Nama die Herero am Hügel Moordkoppie und töteten 700 von ihnen.

1872 gründete die Rheinische Missionsgesellschaft an der Stelle des heutigen Okahandja an einem Nebenfluss des Swakop eine Missionsstation. Zur Stadt wurde diese erst 1894, als die Deutschen hier einen militärischen Stützpunkt, ein Fort, bauten. Einen weiteren Aufschwung brachte 1901 die Anbindung an das Schmalspurbahnnetz.

Als Anfang 1904 in Okahandja der Herero-Aufstand begann, suchten die

Ein guter Grund für einen Stopp ist der Handwerkermarkt in Okahandja, unter anderem mit einer Riesenauswahl an Schnitzereien.

weißen Einwohner Schutz im Fort (s. S. 173).

Im Zentrum

Zu den ältesten Gebäuden der Stadt gehört die **Kirche der Rheinischen Missionsgesellschaft** von 1872, heute ein Nationaldenkmal. Ihr Flachdach ist mit Zinnen versehen, was ihr ein wehrhaftes Aussehen verleiht – nicht gerade typisch für Kirchenbauten in Afrika. Seit 1952 finden hier keine Gottesdienste mehr statt. Auf dem nahen **Friedhof** sind neben den Herero-Häuptlingen Traugott und Willem Maharero auch

HELDEN DES BEFREI- **H** UNGSKAMPFES

Für die Herero ist Okahandja ein wichtiger Ort der Erinnerung, da auf den Friedhöfen die Häuptlinge und Märtyrer ihres Volkes begraben liegen. Bei den Feierlichkeiten am **Herero-Gedenktag** – an einem Wochenende um den 26. August – werden die im Befreiungskampf gegen die Deutschen von 1904 bis 1908 (s. S. 173, 270) gefallenen Stammesmitglieder geehrt. Bei der Zeremonie treten Männer in Fantasieuniformen auf, gefolgt von ›Truppen in Uniform‹, die Herero-Frauen tragen ihre an viktorianischen Vorbildern orientierten Trachten mit der charakteristischen Kopfbedeckung. Der Zug schreitet an den Gräbern der Gefallenen vorbei und bei Reden wird an die Geschehnisse erinnert. Hier lässt sich spüren, dass die Herero ein lebendiges Stammes- und Geschichtsbewusstsein verbinden.

Soldaten der deutschen Schutztruppen begraben. Oft schmücken Blumen die Häuptlingsgräber.

Nicht weit entfernt, gegenüber der alten Kirche, steht die im Jahr 1952 als Ersatz für diese errichtete **Friedenskirche** mit dem neuen Missionshaus. Hier wohnte mit dem Missionar Dr. Heinrich Vedder (1876–1972) einer der wichtigsten Forscher für afrikanische Sprachen. Auf dem Gelände der Friedenskirche liegen die Gräber des Nama-(Orlaam-) Häuptlings Jan Jonker Afrikaner, der 1861 starb, sowie der Herero-Häuptlinge Hosea Kutako (1872–1970) und Clemens Kapuuo (1923–78). Die Beisetzung Kutakos direkt neben einem der erbittertsten Feinde seines Volkes, Jonker Afrikaner, sollte ein Zeichen der Versöhnung sein. So hatte es Kutako gewollt. Weiter nördlich liegen die **Grabstätten** der wichtigsten Herero-Führer der Maharero-Dynastie, Tjamuaha (1898–1989), Kamahero (gest. 1890) und Samuel (1854–1923). Das **Alte Fort** wird heute als Polizeistation genutzt (Polizeistationen – Achtung: Auch solche in historischen Gebäuden dürfen in Namibia nicht fotografiert werden!). Nordwestlich folgt der **Bahnhof**.

Von Bach Dam　📍 J8

Südöstlich von Okahandja liegt der Von Bach Dam, der den Swakop anstaut und damit ganz nebenbei dafür sorgt, dass noch seltener Wasser in das Trockenflussbett Richtung Swakopmund fließt. Das Speichervolumen des Sees beträgt stattliche 54 Mio. m³. Der 1970 fertiggestellte Damm ist ein wichtiger Bestandteil der Trinkwasserversorgung der Hauptstadt. Außerdem hat sich der malerisch zwischen hohen Bergen gelegene See zu einem beliebten Ausflugsziel gemausert. Im Von Bach Dam Resort werden Wassersportarten wie Angeln,

Surfen und Motorbootfahren angeboten. Es gibt auch einen Campingplatz.

Thermalanlage Gross Barmen ⚲ H8

Attraktion von Gross Barmen – 24 km südwestlich von Okahandja an der D 1972 – sind die Thermalanlagen, die sich um einen kleinen Stausee gruppieren. Sie zählen zu den bekanntesten *hot springs* im südlichen Afrika (s. Lieblingsort S. 170). Nahe Gross Barmen war 1844 eine der ersten Missionsstationen errichtet worden. Heute können hier noch einige Mauerreste besichtigt werden.

Schlafen, Essen

Vogel Strauß und andere Tiere
Ombo Rest Camp: Wer mehr sucht als einfach einen guten Platz zum Übernachten, wird im Ombo Rest Camp fündig. An der Wasserstelle des Camps kann man nicht nur Springböcke, Wasserböcke und Giraffen beobachten, sondern auch die beiden campeigenen Warzenschweine. Bei Führungen auf dem Gelände bekommt man auch Krokodile zu sehen, die wichtigsten ›Mitbewohner‹ im Camp sind aber die Strauße, über die man viel Interessantes erfährt. Die ›Vogel-Strauß-Politik‹ setzt sich auch auf der Speisekarte des Restaurants fort, so gibt es Gerichte mit Straußenfleisch oder Straußenei. 5 Bungalows, Backpacker-Zimmer, Zeltplätze.
Ca. 10 km nördl. von Okahandja, T 062 50 20 03, www.ombo-rest-camp.com, Chalet 2 Pers. 1500 N$

Wasser in der Wüste
Gross Barmen Resort: Das staatliche Resort offeriert ein breites Spektrum an Übernachtungsmöglichkeiten. Das beginnt beim Zeltplatz und endet bei den großzügigen Premier Chalets. Die Nutzung der Thermalanlagen (s. Lieblingsort S. 170) ist inklusive.
T 061 28 57 200, www.nwrnamibia.com/gross-barmen.html, Chalet ab 2200 N$

Für Jäger
Khan River Lodge: Kleine, feine, im afrikanischen Stil gestaltete Lodge, beliebt wegen ihrer Jagdsafaris. Für die Wildbeobachtung steht ein eigenes Wasserloch zur Verfügung. Küche mit dem Schwerpunkt Wildgerichte.
80 km nordwestl. von Okahandja, T 062 50 38 83, www.khanriverlodge.com, DZ 700 US-$

Gut betreut
The Elegant Farmstead: Geschmackvolles Interieur, traditionelle afrikanische Speisen; Wanderungen, Mountainbiking, Ausritte, Geländewagenfahrten.
32 km nordöstl. von Okahandja, T 061 30 19 34, www.the-elegant-farmstead. com, DZ 2100 N$

Stadtoase
Okahandja Country Hotel: Der perfekte Ort, um sich bei einem Zwischenstopp in Okahandja zu erholen. Pool, Restaurant, Bar, Biergarten, 23 sehr komfortable Doppel- und zwei Familienzimmer.
Off B1 Rd., T 062 50 42 99, www.okahandjahotel.com, DZ 1800 N$

Rustikal
The Rock Lodge: 16 komfortable Zimmer, von heimischen Hölzern und Steinen geprägtes Ambiente, namibische Landküche, Pool, *game drives* mit Zebras, Giraffen, Gnus, Birdwatching.
12 km nördl. von Okahandja, nahe B 2, T 062 50 60 01, www.rocklodge.com.na, DZ 1450 N$

Selbstversorger
Sylvanette Guesthouse: Direkt in der Stadt gelegenes, komfortables Gästehaus

Lieblingsort

Planschen unter Palmen

Braucht es in der Hitze Namibias heiße Quellen? Ja, unbedingt! Erstens ist es im Südwinter durchaus nicht immer heiß und zweitens danken es die Muskeln nach Hunderten von Kilometern Safarifahrt auf rauen Pisten. So kann das **Gross Barmen Resort** 📍 **H8** zu einem Highlight der Reise werden. Der Erholungsort firmiert seit 1975 als Thermalbad. Nachdem das schon in die Jahre gekommene Resort ein umfassendes Facelifting verpasst bekam, macht der Stopp wieder doppelt Spaß. Aus einer Tiefe von 2500 m Tiefe wird das 65 °C heiße Mineralwasser an die Oberfläche gefördert. Aber keine Angst vor Verbrennungen, bevor es in die Innen- und Außenpools gepumpt wird, erhält es einen ›Kälteschock‹ und wird auf angenehme 40 °C heruntergekühlt (s. S. 169, www.nwrnamibia.com/gross-barmen.htm).

mit sieben Doppelzimmern. Afrikanisches Ambiente, mit komplett ausgestatteter Küche für Selbstversorger, Pool.
311 Hoogenhout St., Okahandja, T 062 50 12 13, www.sylvanette.com, DZ 1240 N$

Einkaufen

Woodcarver's Market: Okahandja ist für seine beiden Kunsthandwerkermärkte bekannt. An der nördlichen und südlichen Ortsausfahrt bieten Schnitzer u. a. aus Okavango sowie den nördlichen Nachbarländern ihre Waren an (s. auch Kasten rechts).

Infos

- www.okahandja.net: Private Website mit allgemeinen Informationen zum Ort.
- **Bahn:** T 062 50 33 15, www.transnamib. com.na/starline.html. Züge nach Windhoek, Swakopmund, Walvis Bay, Tsumeb; Starline Passenger Service in Okahandja.
- **Bus:** www.intercape.co.za. Intercape-Mainliner-Busse Richtung Windhoek, Otjiwarongo, Tsumeb.
- **Herero-Gedenktage:** Wochenende vor oder nach dem 26. Aug. Zur Erinnerung an den Herero-Aufstand und dessen grausame Niederschlagung (s. S. 173, Kasten S. 168).

Otjiwarongo ♀ H6

Fast jeder Namibia-Besucher kommt auf seiner Rundreise durch das Land einmal nach Otjiwarongo (ca. 20 000 Einw.), denn es ist eine wichtige Station an der B 1 in Richtung Norden. Für die Bewohner der umliegenden Farmen und Dörfer ist Otjiwarongo vor allem Einkaufsstadt und die Kinder und Jugendlichen ge-

hen hier zur Schule. Die für namibische Verhältnisse sehr fruchtbare Region ist bis jetzt noch fast ausschließlich in der Hand weißer Farmer (s. auch S. 273).

In und um Otjiwarongo findet man eine Reihe von Hotels und Gästefarmen, die gern für einen Zwischenstopp auf dem Weg zum Etosha National Park oder ins Kaokoveld und ganz nach Norden an den Kunene oder den Okavango genutzt werden. Wie anderen Ortschaften brachte der Anschluss an das namibische Eisenbahnnetz auch Otjiwarongo einen wichtigen Entwicklungsimpuls.

Ein Zeugnis der namibischen Eisenbahngeschichte, die in Otjiwarongo 1906 mit der Ankunft des ersten Zuges begann, ist heute noch vor dem Bahnhof zu bewundern: eine in Kassel gebaute **Schmalspurlokomotive,** die zwischen 1912 und 1960 auf der Strecke Swakopmund–Tsumeb im Einsatz war.

KUNSTHANDWERK BEIM KÜNSTLER KAUFEN **K**

Die Kunsthandwerkermärkte in Okahandja sind legendär. Oft sind es die Künstler selbst, die hinter den Ständen schon an neuen Produkten arbeiten, während ihre Frauen den Verkauf abwickeln. Kleinere geschnitzte Tiere sowie Masken sind wegen ihrer Handlichkeit besonders beliebt. Die Schnitzereien reichen aber bis hin zu mannsgroßen Figuren, z. B. eleganten Giraffen. Sprengt das Lieblingsstück die Möglichkeiten der Airline, bleibt nur eine Verschiffung. Dann empfiehlt es sich aber, die Kunsthandwerkszentren in Windhoek oder Swakopmund anzusteuern. Hier wie dort wird gehandelt (aber bitte nicht übertreiben!), sodass man oft schöne Stücke günstig erwerben kann.

Crocodile Ranch ⚲ H 6

Die Attraktion von Otjiwarongo ist die Krokodilfarm am Campingplatz Acacia Park am östlichen Ortsrand. Hier leben mehr als 6000 Zuchtkrokodile. Ehe aus ihnen eine Handtasche, Schuhe oder ein saftiges Stück Fleisch auf dem Teller wird, werden die Tiere zwei bis drei Jahre großgezogen. Das ist nicht viel im Vergleich zur Lebenserwartung ihrer frei lebenden Kollegen, die weit über 100 Jahre beträgt. Die Produkte, die im Shop zu kaufen sind, sind allerdings nicht billig, da das Krokodilleder doch teuer ist und die Verarbeitungskosten natürlich noch dazukommen. Im Restaurant gibt's Krokodilsteaks.

Henk Willems St., T 067 30 21 21, Mo–Fr 9–16 Uhr

Dinospuren ⚲ H 7

Auf der C 33 kommt man nach rund 70 km in das Örtchen Kalkfeld. Von dort sind es noch etwa 30 km auf der D 2414 bis zur Farm Otjihaenamaparero. Auf dem Farmgelände wurden etwa 150 Mio. Jahre alte Dinosaurierspuren entdeckt, die auf einer Länge von 25 m gut sichtbar sind. Man nimmt an, dass der ›Spurenverursacher‹ einem überdimensionalen Känguru ähnelte (s. Zugabe S. 181).

www.dinosaurstracks-guestfarm.com, www. steinkern.de/ablage/The_Dinosaur_Tracks_of_ Otjihaenamaparero.pdf

Schlafen

Zentral

Hotel C'est si bon: Komfortables Stadthotel in zentraler Lage mit 26 klimatisierten Zimmern, nettes Restaurant mit lokaler Küche.

Swembad Rd., Otjiwarongo, T 067 30 12 40, www.cestsibonhotel.com, DZ 1150 N$

Zuhause

Bush Pillow Guesthouse: Otjiwarongo ist sicher nicht unbedingt ein Ort, um lange zu bleiben, doch bietet Bush Pillow ein warmes Zuhause, das durchaus zu einer Nacht mehr verführen kann.

Son Rd., T 067 38 38 85. www.bushpillow. co.za, DZ ab 960 N$

Top-Preis

Out of Africa Town Lodge: Komfortable, preisgünstige Lodge in der Stadt. Zehn Zimmer mit Klimaanlage, TV. Bewachter Parkplatz, Restaurant, Bistro, Pool.

Long St., Otjiwarongo, T 067 30 22 30, www. ooafrica.com, DZ 880 N$

Essen

Energie tanken

Kameldorn Garten: Wer auf dem langen Weg nach Süden oder Norden einen Rastplatz sucht, ist hier richtig. Sehr gute afrikanische und deutsche Küche, gutes Preis-Leistungs-Verhältnis.

17 Hindenburg St., T 081 244 59 67, Di geschl., Hauptgericht um 150 N$

Feiern

- **Karneval (OtjiKa):** im Juli, Facebook, Stichwort ›Karnevals Gesellschaft Frohsinn und Humor Otjiwarongo‹. Büttenreden, Bälle, Umzüge und alles, was sonst noch zum Karneval dazugehört.

Infos

- **Bahn:** T 067 30 52 50/21, www.transnamib.com.na. U. a. von/nach Tsumeb.
- **Bus:** www.intercape.co.za. U. a. von/nach Okahandja.

Waterberg 📍 J 6

Die Tierwelt am Waterberg ist ebenso überwältigend wie das Farbenspiel der Abendsonne auf den rotbraunen Felsen des Tafelbergs. Kaum vorstellbar, dass dieses Gebiet vor weniger als hundert Jahren vom Blut der Gefallenen in der Schlacht am Waterberg getränkt war. Noch immer findet man auf Wanderungen Patronenhülsen. Man ist gut beraten, für den Waterberg mehr als nur einen eintägigen Transit-Stopp zwischen Windhoek und dem Norden einzuplanen.

Funde lassen darauf schließen, dass die erste Begegnung von Menschen mit dem Tafelberg einige tausend Jahre zurückliegt. In der zweiten Hälfte des 19. Jh. existierte am Waterberg eine Missionsstation, die jedoch 1907 aufgegeben wurde. Das Land ging an Farmer, die das Plateau als Weidefläche nutzten. Damit war 1972 Schluss, als der Waterberg Plateau Park gegründet und das Plateau unter strengen Naturschutz gestellt wurde.

Schicksalsberg der Herero

Reisende werden am Waterberg aber vor allem mit einem der schrecklichsten Kapitel der deutschen Kolonialgeschichte konfrontiert: Eingebrannt in die Geschichte der deutsch-namibischen Beziehung hat sich der Berg im Sommer 1904 (s. Magazin S. 270). Die Herero hatten ab Januar 1904 mit Angriffen auf koloniale Einrichtungen begonnen, um sich gegen die Unterdrückung durch die deutschen Kolonialherren zu wehren. Sie belagerten Militärstationen, blockierten Bahnlinien, überfielen Handelsniederlassungen – 123 deutsche Siedler wurden dabei getötet. Im Zuge der kämpferischen Auseinandersetzungen zogen sich Zehntausende Herero mit Frauen

Wenn die Abendsonne den Waterberg ins Visier nimmt, leuchtet die Abbruchkante in Farbabstufungen von ockergelb bis rostrot.

TOUR
Erlebniswelt am Tafelberg der Kalahari

Naturerkundung auf dem Waterberg

Der Waterberg ist nicht nur ein Ort von besonderer historischer Bedeutung. Auch seine Flora und Fauna verdienen Beachtung. Manche Pflanze und manches Tier lassen sich ausschließlich am Waterberg beobachten. Ein scharfer Blick ist also gefragt, will man die Besonderheiten des ›Wasserberges‹ entdecken.

Dem Berg aufs Dach steigen
Wer das schönste Licht erwischen und nicht zu sehr der namibischen Hitze ausgesetzt sein will, der steht zeitig auf. Von der **Waterberg Plateau Lodge** bis zur **Rezeption** ist es nur ein kurzer Fußmarsch bergab. Doch der Weg geht noch weiter – auf steinigem Untergrund, weshalb es gut ist, vorab auf die Wahl des richtigen Schuhwerks zu achten. Verschiedene gut ausgeschilderte Wege führen hinauf aufs Plateau.

Infos

Start: Rezeption von Waterberg Wilderness, s. S. 177
📍 J 6

Dauer: ca. 4 Std.

Hinweis: Die Tour unternimmt man am besten in Begleitung eines Guides, den man bei der Waterberg Plateau Lodge buchen kann. Feste Schuhe anziehen und ausreichend Wasser mitnehmen!

Vom Farmland zum Naturpark

Traditionell gehörte der Waterberg zum Siedlungsgebiet der Herero. Nach Beendigung der kriegerischen Auseinandersetzungen zwischen den Herero und den deutschen Schutztruppen (s. S. 270) kamen viele neue Siedler aus Deutschland in die Region, unter ihnen Friedrich von Flotow, der Enkel des bekannten Komponisten. Er erwarb 1911 die Farm Otjosongombe, die später von seinem Sohn Adolf übernommen wurde. Nachdem dieser 1971 kinderlos gestorben war, wechselte die Farm sechsmal den Besitzer und verfiel immer mehr. 1999 erwarb Joachim Rust die Farm, ein Nachkomme von Friedrich von Flotow. Er gestaltete das 3500 ha große Terrain in einen Naturpark um. Die inneren Weidezäune wurden entfernt und große Flächen vom dichten Busch befreit, der Beherbergungsbetrieb auf- und behutsam ausgebaut. Die Waterberg Wilderness Lodge im Tal und die Waterberg Plateau Lodge auf dem Berg werden mit Solarenergie betrieben, denn bei allen Aktivitäten von Waterberg Wilderness hat der Naturschutz höchste Priorität – nicht nur auf dem Plateau, wo er gesetzlich vorgeschrieben ist.

›Gefiederte Freunde‹

Während der Blick nach links und rechts schweift, folgt man dem schmalen **Dassie Trail** langsam bergauf. So früh am Morgen hört man viele Vertreter der rund 200 Vogelarten zwitschern, die am und auf dem Berg heimisch sind. Weich klingen die Rufe der Rüppellpapageien. Die 20–25 cm langen Vögel sind anthrazitfarben, besitzen gelbe Unterflügel. Eine Kopfhaube und sehr lange Schwanzfedern kennzeichnen den Weißrücken-Mausvogel, der außer in Namibia u. a. in Südafrika und Botswana anzutreffen ist. Auch die in Namibia endemischen Damara-Felsenspringer und Hartlaub-Frankoline findet man am Waterberg. Nicht zu übersehen sind am Wegesrand die kunstvoll gebauten Hängenester der Webervögel. Zu den interessantesten Tieren am Waterberg gehören die seltenen Kapgeier, die sonst nirgendwo in Namibia zu finden sind. Man geht davon aus, dass mittlerweile rund 20 Kapgeier auf dem Waterberg-Plateau zu Hause sind. Mit etwas Glück kann man sie über dem Berg kreisen sehen. Nach einiger Zeit wird der Pfad steiler und steiniger. Nun gilt es, über so manchen kleinen Felsen zu klettern. Nach vielen

Der Waterberg macht seinem Namen alle Ehre, denn an seinem Fuß sprudeln zahlreiche Quellen, die üppiges Grün im direkten Umland des Berges gedeihen lassen. Der Wasserreichtum ist einer Tonschicht zu verdanken, auf der sich das auf dem Plateau versickerte Wasser ansammelt, um schließlich an den Hängen wieder auszutreten.

Der Korallenbaum blüht im September. Während der Blütezeit trägt der Baum keine Blätter, sodass man die leuchtend roten Blüten schon von Weitem sieht.

Klein, aber zackig: Dik-Diks entkommen ihren Feinden wie Leoparden, Geparden und Adlern, aber auch Schlangen durch ihre Wachsamkeit und hohe Fluchtgeschwindigkeit von über 40 km/h.

Stopps und im gemütlichen Tempo erreicht man nach einer guten Stunde das **Plateau.** Selbst auf dem Plateau gedeihen noch Büsche und kleine Bäume. Hauptgrund dafür ist die Fähigkeit des Sandsteins, Niederschläge lange zu speichern. In den Sandsteinplatten oben auf dem Plateau haben sich kleine Tümpel gebildet. Hier wachsen in der Regenzeit sogar mitten im trockenen Afrika Wasserpflanzen und vereinzelt tummeln sich Wasserschildkröten.

Afrikanische Flora komprimiert

Am Waterberg kann man auf engstem Raum völlig unterschiedliche Eindrücke von der afrikanischen Flora sammeln. Während das Plateau zwischen den mächtigen Felsen von Baum- und Buschsavannen bedeckt ist, findet man am Fuße des Berges, dort, wo sich das Wasser vermehrt sammelt und in üppigen Quellen ans Tageslicht sprudelt, eine fast tropische Vegetation. Man trifft auf riesige wilde Feigenbäume, Akazien, Farne und immer wieder auf Feuerlilien und Korallenbäume mit ihren scharlachroten Blüten.

Tierspuren im Wald

Nicht zu Gesicht bekommt man dagegen Spitz- und Breitmaulnashörner, Streifengnus, Pferdeantilopen oder Dik-Diks (eine Zwergantilope, kaum größer als ein Hase), die hier angesiedelt wurden. Dafür ist ihr Rückzugsgebiet in dem 400 km² großen Nationalpark zu weiträumig. Doch hier und da stößt man auf die Losung von Antilopen und an feuchten Tümpeln sind frische Nashornspuren zu sehen. Ganz im Verborgenen bleiben auch die am Waterberg lebenden Pythonschlangen, Schwarzen Mambas und Puffottern.

Ganz obenauf

Schon bald erreicht man die Abbruchkante des Berges, wo sich der Ausblick über eine riesige Ebene öffnet. Unten liegt das fruchtbare Tal von Waterberg Wilderness, dahinter das aride Sandveld. Der Weg zurück führt nun auf dem **Fountain Trail** vorbei an der Quelle, der die Lodge das gute Trinkwasser verdankt. Dort, unter weit ausladenden Feigenbäumen, ist der optimale Platz für eine Rast. Auf dem gut begehbaren **Andersson Trail** kehrt man anschließend in einer halben Stunde zur **Rezeption** zurück.

und Kindern auf den Waterberg zurück. Hier standen sie schließlich auf einer 40 km langen Frontlinie den deutschen Schutztruppen mit 1600 gut bewaffneten Soldaten und Offizieren gegenüber. So kam es am 10. August 1904 zur entscheidenden Schlacht, der Waterberg wurde für die Herero zum Schicksalsberg: Die in die Enge getriebenen Herero flohen in die Omaheke-Wüste, aus der es für sie durch den von den Deutschen gebildeten 250 km langen Absperrgürtel schließlich kein Entrinnen gab. Nur wenige von ihnen konnten die Absperrung durchbrechen, ca. 45 000 Herero – Kinder, Frauen und Männer – verdursteten in der Wüste. Diejenigen, die überlebt hatten, wurden in Konzentrationslagern interniert und zur Zwangsarbeit gezwungen (s. S. 74). Heute gedenken an einem Sonntag im August Herero und Deutsche gemeinsam zum **Military Cemetery** in Otjozondjupa am Fuße des Berges und gedenken der Opfer.

Lebende Boten aus der Urzeit – Nashörnern kommt man am Waterberg nur bei einer organisierten Tour näher.

Waterberg Plateau Park ♀ J6

Es gibt wenige Landschaften in Namibia, die eine solche Vielzahl von Eindrücken bereithalten wie der Waterberg. Besucher erwartet ein immerhin an die 50 km langer, bis zu 16 km breiter und rund 200 m hoher Tafelberg mit schroffen Felswänden und einer dank des Wasserreichtums unglaublich artenreichen Tier- und Pflanzenwelt. Das Nashorn z. B. ist wohl dasjenige Mitglied im ›Klub der Big Five‹, das man in Namibia am seltensten zu Gesicht bekommt. Kein Problem ist das jedoch am Waterberg. Joachim Rust, Chef von Waterberg Wilderness (s. rechts), nimmt die Gäste seiner Lodges gern mit auf Safari zu seinen beiden mächtigen Nashörnern, die er, obwohl das Farmgelände groß ist, eigentlich immer findet.

Der Waterberg ist ein wahres Paradies für Wanderer. Verschiedene, teils wildromantische Wege starten an der Rezeption der Waterberg Wilderness Lodge (s. Tour S. 174) und beim staatlichen Waterberg Camp (s. Tour S. 178), auf denen man jeweils mit Guide oder auch auf eigene Faust wandern kann.

Nur wenige Kilometer südöstlich des Plateau-Parks liegt die kleine Siedlung **Okakarara,** in der das besuchenswerte Entwicklungshilfeprojekt Steps for Childrens, beheimatet ist (s. S. 298).

Schlafen

Im Tal

Waterberg Wilderness Lodge: Die Doppelzimmer sind komfortabel, es gibt einen Pool und die Schweizerin Caroline

TOUR
Hinauf zur Abbruchkante

Individuelle und geführte Wanderungen ab dem Waterberg Camp

Der Herero-Stammesführer Kambazembi (1843–1903) war Gegner der Landverkäufe an die Europäer und weigerte sich europäische Kleidung zu tragen.

Der Waterberg ist bei Wanderern sehr beliebt. Ab dem staatlichen Resort Waterberg Camp (früher Bernabé de la Bat Restcamp) wurden Wanderwege unterschiedlicher Länge und Schwierigkeitsgrade angelegt.

Kurz und interessant
Auch wer nicht so lange zu Fuß unterwegs sein möchte, kann einen Eindruck von der Flora und Fauna des Waterberg Plateaus gewinnen. Es gibt neun kürzere Wege, von denen der **Mountain View Walk** (hin und zurück

Waterberg Plateau

Mountain View Walk

Fig Tree Walk

Bungalows

Bungalows

Forest Walk

Anthill Way

Kambazembi Walk

Aloe Circle

Bungalows

Restaurant

Frankolin Walk

Rasthaus Way

Ruinen der ehemaligen Mission

Mission Way

Camping

Shop

Rezeption

--- --- Markierte Wanderwege

0   200   400 m

↘ Onjoka Gate D2512

ca. 1 Std.) durch eine enge Schlucht hinauf aufs Plateau der beliebteste ist. Rund 200 Höhenmeter, ein steiniger Pfad und eine Klettertour über Felsen – der Weg ist anstrengend, die afrikanische Sonne spielt auch mit, das Ziel aber überwältigend: Nicht der Platz auf dem steinigen Untergrund macht die Faszination aus, nein, der Blick ist es, der hier oben vom Plateau des Waterberges bis weit zum Horizont schweifen kann. Gibt es am Fuße des Berges noch Quellen, die Pflanzen und Bäumen eine Lebensgrundlage bieten, folgt im flachen Land eine Trockensteppe, so weit das Auge reicht. Und über allem liegt eine flirrende Hitze und eine tiefe Ruhe. Kaum vorstellbar, dass hier vor über einem Jahrhundert eine blutige Schlacht für Kriegslärm sorgte und die so ruhig vor uns liegende Steppe durch die gnadenlos brennende Sonne zum Massengrab tausender Herero wurde (s. S. 173). Interessant sind auch der **Mission Way** an der ersten Missionsstation vorbei zum Soldatenfriedhof sowie der **Kambazembi Walk,** der sich am Fuße des Steilhangs entlangschlängelt und nach einem Herero-Stammesführer des 19. Jh. benannt ist.

Mehrere Tage unterwegs

Wer viel Zeit hat, kann in Begleitung eines Rangers dem 50 km langen **Guided Wilderness Trail** folgen. Die 4-Tages-Touren finden von April bis November an jedem 2., 3. und 4. Donnerstag im Monat statt und beginnen am Onjoka Gate. Schlafsack und Verpflegung müssen die Teilnehmer selbst mitbringen. Eine frühzeitige Buchung bei Namibia Wildlife Resorts ist ratsam. Auf eigene Faust kann man den 42 km langen **Waterberg Unguided Hiking Trail** ebenfalls von April bis November begehen. Die Tour, die an der Rezeption angemeldet werden muss, dauert je nach Kondition 3 bis 4 Tage, Start ist immer mittwochs, die Rückkehr muss bis spätestens Sonntag erfolgen. Übernachtet wird in Hütten, wo Wasser und Toiletten vorhanden sind, Verpflegung und Ausrüstung müssen mitgebracht werden. Bei der Wahl der Lebensmittel muss man bedenken, dass man im Park kein Feuer entzünden darf.

Infos

Start:
Rezeption des Waterberg Camp (s. S. 180) oder Onjoka Gate
📍 J6

Guided Wilderness Trail: Buchung im Voraus bei Namibia Wildlife Resorts, T 061 28 57 200, www.nwr.com, 300 N$ pro Pers.

Waterberg Unguided Hiking Trail: Buchung an der Camp-Rezeption, mind. 3, max. 10 Pers., 150 N$ pro Pers.

HInweis: Festes Schuhwerk, etwas Schützendes auf den Kopf und reichlich Wasser sind Pflicht.

Rust zaubert in der Küche Leckeres für hungrige Wanderer. Safaris zu den Breitmaulnashörnern.

Waterberg Wilderness Private Nature Reserve, T 067 68 70 18, www.water berg-wilderness.com, Chalet 3300 N$

Weitblick

Waterberg Plateau Lodge: Die zweite Lodge der Familie Rust auf ihrer Farm Otjosongombe. 7 komfortable Chalets mit eigenen Tauchbecken auf einer Hochterrasse am Hang des Waterbergs. Schöner Blick über die Buschsavanne der Kalahari.

Adresse s. Waterberg Wilderness Lodge S. 177, Chalet 4000 N$

Staatlich

Waterberg Camp: (früher Bernabé de la Bat Restcamp) Eines der schönsten

---

SPRACHENVIELFALT **S**

In Namibia gibt es drei große Sprachgruppen mit Unterformen, 12 Sprachen mit bis zu ca. 20 000 und ca. 7 sehr kleine Sprachen mit nur wenigen 100 bis 1000 Sprechern. Die Regierung fördert die Pflege der einzelnen Sprachen. So muss jedes Kind mindestens zwei Sprachen lernen, die eigene Stammessprache und Englisch. Englisch löste 1990 Afrikaans als Amtssprache ab. Allerdings müssen Gesetze und Verordnungen auch in den regionalen Sprachen veröffentlicht werden. Afrikaans ist weiterhin sehr verbreitet. Buren, Baster und Farbige beherrschen es ebenso wie die meisten anderssprachigen Weißen. Deutsch ist 100 Jahre nach dem Ende der Kolonialherrschaft noch immer zu hören. Eine Besonderheit ist Khoisan, die Sprache der San, mit ihren Klick- und Schnalzlauten.

Rastlager von Namibia Wildlife Resorts; ansprechende Bungalows am Berg mit herrlichem Ausblick, schattiger Campingplatz, Restaurant, Laden, Tankstelle und Pool. 68 Zimmer und 40 Stellplätze.

Plateau National Park, T 061 285 72 00, www.nwr.com.na, DZ 1820 N$

Am Fuße des kleinen Waterbergs

Waterberg Guestfarm: Die rund 42 000 ha große Gästefarm liegt am Fuße des kleinen Waterberg-Plateaus. Auf ihrem Gelände beherbergt sie eine schier endlose Zahl frei lebender Tiere. Die Zimmer und Bungalows liegen in atemberaubender Landschaft.

149 Farm Okosongomingo, Otjiwarongo, T 081 17 51 48 66, www.waterbergnamibia. eu, DZ 3700 N$

Nachtlager für Jäger

Wildfarm Otjikaru: 7500 ha große Wildfarm. Als Meisterjagdführer ist Clemens ein äußerst kompetenter Begleiter seiner Gäste. Der große und der kleine Waterberg bilden die Kulisse der Farm.

149 Farm Okosongomingo, Otjiwarongo, T 061 23 72 94, www.waterbergnamibia.eu, DZ 2100 N$

Infos

• **Waterberg Plateau Park:** Das Parktor ist ganzjährig von 6 bis 21 Uhr geöffnet, dort ist der Eintritt von 80 N$ pro Person (Kinder unter 16 Jahren frei) und 10 N$ pro Auto zu entrichten. Tagesbesucher werden nur bis 18 Uhr eingelassen. Nach Regenfällen kann die Straße nur schwer befahrbar sein. Da das Gelände sehr weichsandig ist, darf man es aber sowieso nicht mit dem eigenen Wagen befahren. Die Parkverwaltung (T 067 30 50 01) bietet Touren mit dem offenen Geländewangen an, meist am frühen Morgen oder am späten Nachmittag (ca. 700 N$).

Zugabe
Es war einmal in Gondwana

Die Dinospuren von Otjihaenamaparero

Bei den Therapoden endeten die drei nach vorne gerichteten Laufzehen in großen spitzen Krallen aus Horn.

Was rät man Touristen immer gern? Man solle doch in der Natur nur Fußstapfen hinterlassen. Ob die ersten Bewohner Namibias daran dachten, ist zu bezweifeln. Dass man ihre Fußstapfen heute noch finden kann, unterstreicht, dass sie wohl recht nachdrücklich gewesen sein müssen. Das Alter – 200 Mio. Jahre – sagt es: Es kann sich nur um Saurierspuren handeln. Spuren, die beweisen, dass diese urzeitlichen Riesen auch im Südwesten Afrikas unterwegs waren. Obwohl Afrika nicht so ganz stimmt, denn zu deren Lebzeiten waren Afrika, Südamerika, Indien, Australien und die Antarktis noch in einer riesigen Landmasse verschmolzen und somit nach heutiger Lesart der Großkontinent Gondwana. Die Dinosaurierspuren, die bei der Farm Otjihaenamaparero gefunden wurden, bestehen aus zwei sich kreuzenden Fährten mit mehr als 30 Abdrücken von dreizehigen Klauen (s. S. 172). Knochen wurden über Jahrzehnte in der Gegend nicht gefunden und nur der Vergleich mit anderen Funden ließ die Wissenschaftler darauf schließen, dass hier Spuren von Therapoden zu sehen sind – Fleischfresser mit durchaus stattlichen Ausmaßen. Darum kam es einer Sensation gleich, als die Geologen Franz Holzförster und Harald Stollhofen aus Würzburg Ende der 1990er-Jahre im Waterberg

> **... Fleischfresser mit durchaus stattlichen Ausmaßen.**

Plateau Park den Abdruck eines Dinosaurierskeletts fanden. Einmal mehr konnte damit nachgewiesen werden, dass die Dinos wirklich vor Ort gewesen waren. Im Gegensatz zu den Fußspuren wurde das Skelett einem Massospondylus zugeordnet, einer zur damaligen Zeit im Süden Afrikas weit verbreiteten Spezies. Ein nicht ganz so großer, aber immerhin bis zu 8 m langer Pflanzenfresser – so hatten die großen Fleischfresser wohl einen gut gedeckten Tisch ... ∎

Etosha National Park  und Otavi-Dreieck

Must-see — eine Reise nach Namibia ohne den Besuch des Etosha National Park ist unvorstellbar.

Seite 185
Etosha National Park

Neben dem Krüger-Nationalpark in Südafrika ist der Etosha National Park das bekannteste Ziel für Freunde der afrikanischen Tierwelt. Besonders im trockenen Südwinter kommen die Tiere an die über 40 Wasserstellen.

Im Etosha ist das ultimative Safarierlebnis garantiert.

Seite 188
Olifantsbad

Der Faszination der großen Elefantenherden erliegt wohl jeder Tierfan. An der Wasserstelle Olifantsbad im Etosha kann man – mit Zeit, Muße und etwas Glück – große Elefantenherden beim Bad beobachten.

Seite 189
Goas

Eines der besten Wasserlöcher des Etosha: Zebras, Gnus, Pferdeantilopen und Schwarzgesicht-Impalas u. a. kommen regelmäßig.

Seite 189
Etosha Lookout

Soweit das Auge reicht, nur der helle, salzverkrustete Schlamm und flirrende Hitze.

Seite 191
Namutoni Camp

Bei einer Übernachtung im Camp kann man von der Mauer des alten Forts den Sonnenuntergang genießen.

Eintauchen

Seite 193

The Fort

Luxus zu genießen und wilde Tiere zu erleben, das muss sich nicht ausschließen. Die perfekte Kombination bietet die Safari-Lodge in der Onguma Private Reserve.

Seite 197

Tsumeb Museum

Das kleine Stadtmuseum von Tsumeb dokumentiert den regionalen Bergbau und die Zeit, in der deutsche Kolonialherren in der Gegend das Sagen hatten.

Seite 199

Hoba-Meteorit

Vor etwa 80 000 Jahren fiel der ca. 50 t schwere Eisen-Nickel-Klumpen bei Grootfontein auf die Erde. Seitdem liegt er da und verbindet uns mit den Weiten des Weltalls. Sein Material ist übrigens deutlich älter: Man schätzt ca. 190 bis 410 Mio. Jahre.

Seite 200

Auf Pirsch

Das, was wohl jeder Namibia-Besucher im Land gern sehen möchte, sind die Big Five, die ›Großen Fünf‹: Elefant, Nashorn, Büffel, Löwe und Leopard. Bei Safari-Pirschfahrten zu den Wasserstellen im Etosha National Park hat man gute Chancen, vier davon zu beobachten. Büffel gibt es im Etosha nicht.

Fernglas und Sonnenhut nicht vergessen!

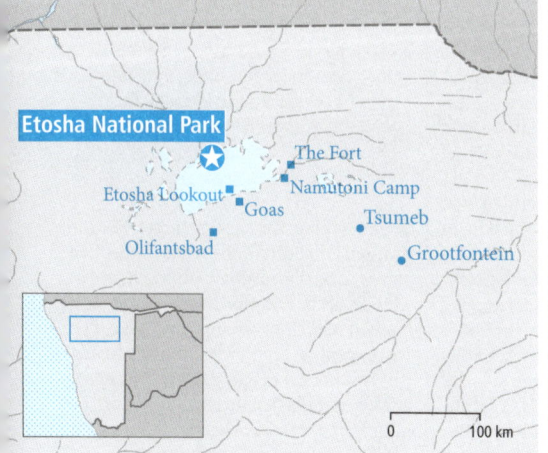

Etosha National Park

Etosha Lookout · The Fort · Namutoni Camp · Goas · Tsumeb · Olifantsbad · Grootfontein

0   100 km

Die Regenzeit im Etosha dauert von November bis März, dann erblüht der Park in sattem Grün. In der Trockenzeit sieht man allerdings mehr Tiere an den Wasserlöchern.

erleben

Die Big Four in der Welt der wilden Tiere

D

Die Big Five – ob Elefant, Löwe, Leopard, Nashorn oder Büffel – sind wohl das, was jeder Afrika-Tourist vor die Fotolinse bekommen möchte. Doch im Etosha National Park muss man sich beschneiden, wenn auch der Tierreichtum legendär und das Spektrum wilder Tiere grandios ist, bleiben hier als Fotoobjekte ›nur‹ die Big Four übrig. Elefanten findet man reichlich im 22 000 km² großen Reservat und auch an Löwen, Leoparden und Nashörnern mangelt es nicht, doch Büffel sucht man vergebens. Sie fehlen. Aber das dürfte kaum einen der Tausenden von Touristen stören, die es Jahr für Jahr in dieses Tierparadies Namibias zieht.

Bei aller verständlichen und durchaus nachvollziehbaren Begeisterung für den Etosha National Park sollte man aber auch das Otavi-Dreieck nicht ganz aus den Augen verlieren oder gar aus der Reiseplanung streichen. Die Verbindungsstraßen zwischen Tsumeb, Otavi und Grootfontein bilden besagtes Dreieck und umschließen eine Landschaft, die nicht so ganz typisch ist für den Rest des Landes. Das ist wahrlich nicht zu übersehen. Im Gegensatz zum sonst allgegenwärtigen steinig-trockenen Anblick sorgt hier reichhaltigerer

ORIENTIERUNG ⭘

www.etoshanationalpark.co.za, www.etosha-namibia.com, www.etoshanationalpark.org/de: Websites mit praktischen Informationen zu Unterkünften in und um den Park, aber auch zu Eintrittsgebühren, Öffnungszeiten der Tore usw.
Anfahrt und Weiterfahrt: Den Etosha erreicht man über bestens asphaltierte Straßen, vom Süden über das Anderson Gate, von Tsumeb über das Von Lindequist Gate. Verkehrsdrehpunkt für die Region ist Otjiwarongo.

Niederschlag für fast perfekte Bedingungen für die Landwirtschaft. Die sanfte Hügellandschaft überrascht mit Maisfeldern, was der Region auch den Namen Maisdreieck eingebracht hat. Die Farmer haben über viele Jahre Erfahrung im Trockenackerbau gesammelt, denn auch hier fällt der Regen nur saisonabhängig. In der Trockenzeit muss also bewässert werden. Das trifft nicht nur für den Mais zu, sondern auch für die anderen Pflanzen, die man hier anbaut: Paprika, Zitrusfrüchte und Weizen. Für Tsumeb mit seinem Museum und den Hoba-Meteoriten sollte man ebenfalls etwas Zeit einplanen.

Etosha National Park ⭐ 📍 E–J 3/4

Traumziel im Traumland

Dem Höhepunkt der Namibia-Reise steht hier nichts mehr im Wege. Etosha ist ein altes, aus der Sprache der San überliefertes Wort, das etwa ›eine große weiße Fläche‹ bedeutet. Die Bezeichnung bezieht sich offenbar ganz konkret auf das Herzstück des Nationalparks, die Etosha Pan (Etosha-Pfanne). Wer einmal vor dieser verkrusteten Salzpfanne gestanden hat und das weiß leuchtende Land mit dem Blau des Himmels am Horizont verschmelzen sah, wird diesen Eindruck nie vergessen. Die Etosha-Pfanne allein ist über 100 km lang. Nur nach ganz regenreichen Jahren sammelt sich hier Wasser und bildet einen großen, sehr flachen See, der meist schnell verdunstet. Ehe es so weit ist, zieht er Tausende Flamingos zum Brüten an. Doch zum Etosha National Park gehört viel mehr. Nicht umsonst zählt das über 22 000 km² große Reservat zu den attraktivsten, weil wildreichsten Naturschutzgebieten Afrikas. Kaum irgendwo sonst trifft man auf so große Tierherden wie hier. Safarifahrten durch den Etosha National Park gehören daher zu den einprägsamsten Erlebnissen auf einer Namibia-Reise.

In der Ost-West-Ausdehnung erreicht der Nationalpark gut 300 km und in der Nord-Süd-Ausdehnung immerhin noch 110 km. Damit ist er ziemlich genauso groß wie Mecklenburg-Vorpommern. Im Ostteil ist der Park flach. Im Westteil, der für Besucher nur sehr eingeschränkt zugänglich ist, gibt es Hügel und Berge. Seine durchschnittliche Höhe über dem Meeresspiegel beträgt, was Besucher im Allgemeinen nicht bemerken, rund 1100 m. Das entspricht der Höhe

An den Wasserlöchern im Park ist immer etwas los. Besonders wenn die Dickhäuter mit ihrem Nachwuchs kommen, ist Lustiges garantiert.

CLEVER ÜBERNACHTEN C

Für den Besuch des Etosha National Park sollte man zwei bis drei Übernachtungen einplanen, möglichst in unterschiedlichen Camps. Auf diese Weise kann man mehrere Wasserlöcher mit ihrer jeweiligen Tierwelt ohne allzu lange Anfahrten kennenlernen. In jedem Camp gibt es eine Wasserstelle, an der man am Abend, wenn die Parktore verschlossen sind, den Tag ›tierisch‹ ausklingen lassen kann. Während die natürlichen Wasserstellen in trockenen Jahren häufig versiegen, sprudelt aus den künstlich angelegten ständig das erfrischende Nass und lockt Tiere an. Wer in einem Camp außerhalb des Parks übernachtet, sollte pünktlich zur Öffnungszeit mit dem Wagen am campeigenen Tor zum Park stehen – es ist um jede Minute schade, die man verschenkt.

von Deutschlands höchstgelegener Stadt, Oberwiesenthal.

Keine erfrischende Brise streift über die weite Landschaft. Glühend heiß brennt die Sonne und selbst jeder Luftzug gleicht einem Föhn. Natürlich variiert das Wetter jahreszeitlich, doch ganzjährig kann es im Nationalpark richtig warm werden.

Flächenmäßige Verkleinerung

Im Jahr 1851 erkundeten zwei Forscher, der Engländer Francis Galton und der Schwede Charles Andersson, die Etosha-Pfanne. Bereits kurze Zeit später hatte sich der große Wildreichtum der Region unter Großwildjägern herumgesprochen und schon bald war der Bestand an Tieren deutlich dezimiert. Doch damit nicht genug. Die große Rinderseuche, die

Afrika in den 1890er-Jahren heimsuchte, übertrug sich auch auf die Paarhufer in der Etosha-Pfanne – mit verheerenden Folgen. Aus diesem Grund nahmen bereits 1897 drei tierärztliche Kontrollposten ihre Arbeit auf, in Namutoni, Rietfontein und Okaukuejo. Nur zehn Jahre später erklärte Gouverneur Friedrich von Lindequist das Gebiet im Norden der deutschen Kolonie zum Wildreservat. Zu diesem Zeitpunkt hatte es eine Größe von annähernd 100 000 km².

1964 kam mit dem sogenannten Odendaal-Plan für den Wildpark ein erheblicher Einschnitt. In dem Plan, der die ›Rassentrennung‹ in Namibia umsetzen sollte, wurde verfügt, dass fast 80 % der Parkfläche für die zu errichtenden Homelands der Damara und Herero verwendet werden sollten. Zwar hatte der Park seit dem Jahr 1958 den Status eines Nationalparks, doch das half nicht. Seitdem existiert der Etosha in seiner heutigen, deutlich kleineren Ausdehnung. Gleichwohl hat er sich zu einem Eldorado für Tierfreunde aus der ganzen Welt entwickelt.

Der Wildbestand des Parks kann sich ohne Weiteres mit dem des Krüger-Nationalparks in Südafrika messen. Doch während sich dort Jahr für Jahr über eine Million Besucher ›drängeln‹, geht es im Etosha noch relativ ruhig zu; hier erreichen die Besucherzahlen nur einen Bruchteil derer des bekannteren Nachbarn. Man kann also noch ›fast allein‹ auf Safari gehen.

Paradies für Tiere

Was es alles zu sehen gibt, sollen einige wenige Zahlen unterstreichen, wobei diese ständigen Veränderungen unterliegen (s. auch S. 200). Letzte Zählungen per Flugzeug kamen zu folgendem Resultat: Allein von den zierlichen Springböcken leben rund 20 000 im Park, Steppenzebras gibt es rund 6000, Gnus 4000. Hinzu kommen u. a. über 2000

Giraffen, 800 Oryxantilopen, rund 300 Nashörner, 2000 Elefanten und knapp 300 Löwen. Außerdem bevölkern weitere rund 100 Säugetierarten den Park, 340 Vogelarten und über 100 verschiedene Reptilien. Natürlich sind im National-park auch Hyänen, Schakale, Geparden und Leoparden zu Hause. Verlässliche Zahlen lassen sich für diese Tierarten aber schwer ermitteln.

Durch das permanente Wasseran-gebot der künstlich angelegten Was-serstellen hat sich der Tierbestand so stark erhöht, dass es zu großflächigen Überweidungen kommt. Also müssen die Parkranger je nach aktueller Lage eingreifen. Das geschieht durch gezielten Abschuss oder auch durch die › Anti-Ba-by-Pille‹. Ein Beispiel für deren Wirkung liefert die Entwicklung der Löwenpo-pulation. Anfang der 1990er-Jahre war diese durch das große und beständige Nahrungsangebot auf über 500 Exem-plare angestiegen – deutlich zu viel für die Größe des Parks. Nach dem Einsatz der › Pille‹ für Löwen verringerte sich der Bestand auf die Hälfte. Einige Zeit später wurde die › Pille‹ abgesetzt und der Be-stand pendelte sich auf die heutigen rund 300 Exemplare ein – ein gesundes Maß. Das Beispiel beweist: Hat der Mensch einmal den natürlichen Lebensraum der Tiere nachhaltig verändert, geht es auch in den großen Nationalparks nicht mehr ohne die lenkende Hand der Ranger. So ist der Park z. B. auch von einem rund 1640 km langen Zaun umgeben, der trotz der Größe des Territoriums viele natürliche Wildwanderwege abschnei-det. Dennoch ist das Gebiet ein Paradies für Tiere geblieben.

Lustige Artgenossen

Wer allerdings nur die › Big Five‹ im Blick hat, verpasst sehr viel. Den Artenreich-tum machen die anderen Tierarten aus, z. B. die zahlreichen Antilopen, unter ihnen die schmucken Springböcke und die stolzen Kudus. Ein tolles Erlebnis für die ganze Familie ist eine Beobach-tungsstunde in einer Wohnkolonie der Erdmännchen. Gerade im Etosha-Park kann es passieren, dass man bei einer Rast im Auto plötzlich ringsum von putzigen kleinen Männchen beobachtet wird. Mit etwas Geduld kann man den Spieß umdrehen und selbst zum Beob-achter werden. Ähnliches passiert, wenn man unweit eines Baums anhält, in dem eine Pavianfamilie wohnt. Manches, was man da beobachten kann, kommt einem vielleicht sogar bekannt vor.

Unterwegs im Etosha

Rendezvous mit großen Tieren

Festgelegte Routenpläne für den Besuch des Nationalparks gibt es nicht. Sie wä-ren auch sinnlos, da niemand im Voraus sagen kann, wo an welchem Tag welche Tiere zu sehen sind. Die Parkranger

---

AUTOFAHREN IM ETOSHA

Im allgemein zugänglichen Teil des Nationalparks stehen insgesamt 1000 km Straßen und Pisten für Pirschfahrten zur Verfügung. Alle nicht gesperrten Wege können benutzt werden. Die Straßen sind zwar nicht geteert, doch überwie-gend in gutem Zustand. Sie können alle problemlos mit einem normalen Pkw befahren werden. Folgen-de Regeln sollte man beachten:
1. Das Fahrzeug nicht verlassen.
2. Tiere haben immer › Vorfahrt‹.
3. Nie schneller als 60 km/h fahren – schon bei 50 km/h übersieht man viele Tiere (auf Pirschfahrten im eigenen Interesse nicht schneller als 30 km/h fahren).

können aber gute Tipps geben. Auch den Besucherbüchern der Camps lassen sich interessante Hinweise entnehmen – oft kristallisiert sich heraus, dass die eine oder andere Wasserstelle gerade von den Tieren bevorzugt wird. Die Anzahl der Wasserstellen im Etosha National Park ist so groß, dass hier nur einige herausgehoben werden können. Startpunkt der vorgeschlagenen Route ist das Okaukuejo Camp im Südwesten des Parks.

Wasserstellen im Zentrum

Fährt man vom **Okaukuejo Camp** aus Richtung Westen, kommt man zum **Märchenwald** (Sprookieswoud), einer Ansammlung von Moringa-Bäumen, die durch Umwelteinflüsse teils recht eigenartig verwachsen sind – ein untypisches Fleckchen Nationalpark. Nördlich des Camps, ca. 20 km entlang der Etosha-Pfanne, stößt man auf die Wasserstelle **Okondeka.** Die Wahrscheinlichkeit, hier auf große Tierherden zu treffen, ist zwar nicht sehr groß, doch der Landschaftseindruck gleicht das aus. Die beiden Wasserstellen **Gemsbokvlakte** und **Olifantsbad** östlich des Okaukuejo Camp garantieren dagegen in der Regel ausgezeichnete Tierfotos. Die Mopanebäume in der Umgebung sind Delikatessen für Elefanten. Mit etwas Glück kann man große Elefantenherden von bis zu 100 Tieren beim Bad beobachten. Hinzu kommen Vertreter verschiedener Antilopenarten, Zebras und Giraffen. Nicht selten trifft man auf Löwen – kein Wunder bei dem ›Futter-Angebot‹.

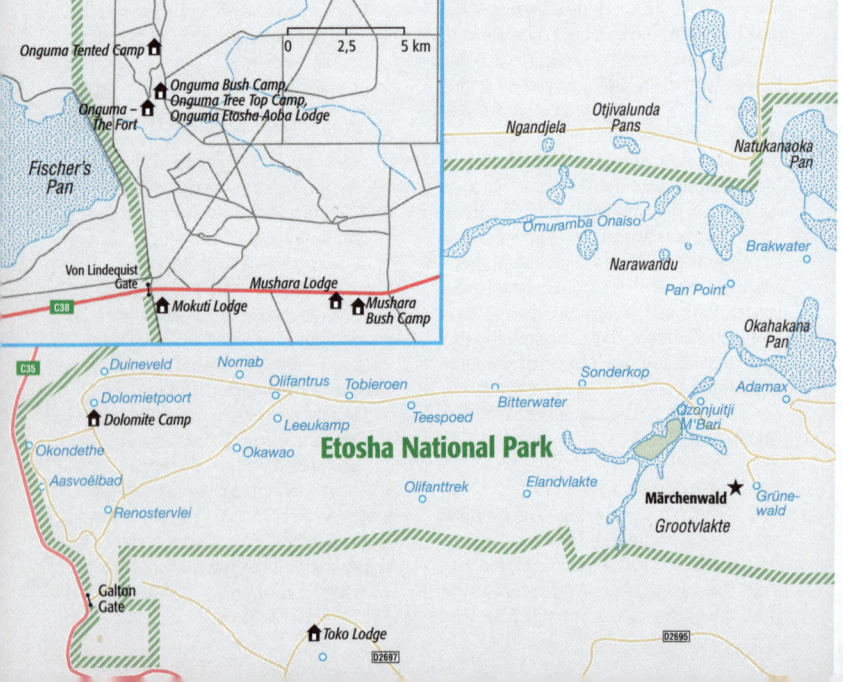

Wasserstellen östlich des Zentrums

Für die Weiterfahrt Richtung Osten empfiehlt sich die Route über **Homob, Sueda** und **Salvadora.** Entlang der Etosha-Pfanne ist die Chance, auf größere Elefantenherden zu treffen, zwar geringer, doch die Oryxantilopen vor der weiten Etosha-Pfanne sind traumhafte Motive. Unweit des **Camps Halali** lockt die Wasserstelle **Goas** zu einer morgendlichen Safari. Neben Elefanten stillen hier Streifengnus, Zebras und Schwarznasenimpalas ihren Durst. Goas gehört zu den attraktivsten Plätzen im Park. Nicht so sehr wegen der möglichen Tierbeobachtungen, sondern wegen der beeindruckenden Landschaft steuert man den **Etosha Lookout** an. Er ist die einzige Stelle im Park, die dem Besucher gestattet, ca. 1,5 km in die Pfanne hineinzufahren und die fast tischtuchflache Fläche als Rundumerlebnis zu begreifen. Soweit das Auge reicht, nur der helle, salzverkrustete Schlamm, der am Horizont im flimmernden Licht der Hitze verschwimmt. Dieses Bild ändert sich nur, wenn einer der seltenen Regenschauer über das Land zieht, den Schlamm aufweicht und farbigen Moosen für kurze Zeit neues Leben einhaucht. In der Regenzeit ist der Besuch des Lookout nur mit Allradwagen zu empfehlen.

Wasserstellen im Osten

Vom östlichsten Camp aus, Fort Namutoni, gilt **Kalkheuwel** als beste

ELEFANTEN BEGEGNEN

Trifft man im Park auf eine Elefantenherde, sollte man, auch wenn noch so tolle Fotos locken, immer einen Sicherheitsabstand wahren und sich nie in die Zugrichtung der Herde stellen. Besonders wenn Elefantenbabys zur Herde gehören, was fast immer der Fall ist, verstehen die Muttertiere keinen Spaß. Ein offener Rückzugsweg spart im Notfall viele Nerven.

Wasserstelle. An wenigen Stellen im Nationalpark kommt man den Tieren so nah wie hier. Selbst ohne extreme Brennweiten kann man tolle Tierfotos schießen. Hat man Glück und in **Fisher's Pan** in der Nähe des Von Lindequist Gate steht Wasser, finden sich dort Pelikane, Marabus, Flamingos und viele andere Wasservögel ein. Nur in **Andoni** kommt man ans nördliche Ende des Parks. Von Namutoni sind es ca. 50 km bis zu dieser Wasserstelle. Das künstlich angelegte Wasserloch ist vor allem bei Elefanten beliebt.

Fort Namutoni ♀ H3

Fort Namutoni muss man besuchen, egal ob man dort übernachten möchte oder nicht. Das alte deutsche Fort wurde um die Jahrhundertwende errichtet und beherbergt heute neben einem kleinen Museum luxuriöse Zimmer (s. S. 191). Mit der Renovierung des Forts vor ein paar Jahren hat sich ein Hauch Exklusivität eingestellt. Die Wasserstelle in Namutoni wird auch am Tag gern von Elefanten besucht und vom Dach des Forts genießt man einen weiten Blick über den Nationalpark.

Schlafen

Info: Innerhalb des Nationalparks darf ausschließlich in den staatlichen Restcamps Namutoni, Halali und Okaukuejo sowie den beiden neueren Camps Dolomite und Onkoshi übernachtet werden. Alle fünf verfügen über gut sortierte Läden sowie Tankstellen. Die Camps sind über **Namibia Wildlife Resorts** (s. u.) zu buchen. Auch für die Campingplätze ist unbedingt eine Reservierung erforderlich. Zum Übernachtungspreis kommt der Eintrittspreis für den Park hinzu. Am Rand des Nationalparks sind zahlreiche moderne, teils sehr luxuriöse Lodges und Camps entstanden, die zwar zum Teil deutlich teurer sind als die Unterkünfte im Park, dafür aber einen besseren Service bieten. Einen guten Überblick über die Übernachtungsmöglichkeiten im und außerhalb des Parks bieten verschiedene Websites (s. S. 184).
T 061 285 72 00, www.nwr.com.na

Exklusiv

Onkoshi Camp: Diese semi-permanente Lodge liegt nur 43 km von Namutoni entfernt. Von dort werden die Gäste mit Fahrzeugen von Namibia Wildlife Resorts abgeholt. Die überschaubare Größe und die komfortable Ausstattung der Zimmer (u. a. Außen- und Innendusche, Steinbadewanne) verleihen der Lodge Exklusivität.
Buchung über Namibia Wildlife Resorts, s. o., DZ 5080 N$

Im Westen

Dolomite Camp: Einziges Camp in der ehemals komplett geschlossenen Zone des Parks im äußersten Westen. Die Region bietet ruhige Wildbeobachtungsmöglichkeiten, da die Hauptströme der Etosha-Touristen in weiter Ferne vorbeiziehen.
Buchung über Namibia Wildlife Resorts, s. o., DZ ab 5080 N$

Klassiker

Okaukuejo: Das bereits 1957 eröffnete und somit älteste Camp im Park bietet Bungalows unterschiedlicher Preiskategorien. Pluspunkte sind das große Schwimmbad, das allen Parkbesuchern offensteht, der Wasserturm für herrliche Sonnenuntergangsfotos und die beleuchtete Wasserstelle mit nächtlichem Tierszenario. Besonders beliebt sind die Bungalows Nummer 3, 5, 7, 11, 13, 19 und 20. Kenner wissen: Hat man einen dieser Bungalows ergattert, kann man das Wasserloch von der eigenen Terrasse aus im Blick behalten. Da hilft jedoch nur langfristiges Buchen. Ein Museum erzählt von Vergangenheit und Gegenwart des Wildreservats.

Buchung über Namibia Wildlife Resorts, s. S. 190 DZ 3200 N$

Transit

Camp Halali: Das Camp liegt etwa auf halbem Weg zwischen den Camps Okaukuejo und Namutoni. In seiner Umgebung kann man einige der schönsten Wasserlöcher des Parks besuchen. Es warten 93 Bungalows mit zwei bis vier Betten. Fast wie in einem Theater kann man von einem Felsen aus das nächtliche Tierleben am campeigenen Wasserloch beobachten.

Buchung über Namibia Wildlife Resorts, s. S. 190, DZ 2400 N$

Altes Fort

Fort Namutoni Camp: Das alte deutsche Fort (s. S. 190) beherbergt heute ein kleines Museum und reichlich Übernachtungsmöglichkeiten für müde Safaritouristen. Die Spanne reicht von Chalets über Doppelzimmer bis zu einem Zeltplatz. Von der Mauer des Forts lassen sich Tiere rund um das King-Nehale-Wasserloch beobachten, ohne das Camp verlassen zu müssen. Außerdem ist die Mauer ein traumhafter Ort, um einen erlebnisreichen

Nicht nur die Tierwelt im Etosha National Park, auch die topfebene große Salzpfanne hinterlässt unvergessliche Eindrücke.

FOTOGRAFIEREN IM PARK

Einige Ranger vertreten die Ansicht, gerade in den Morgenstunden könne man die schönsten Wildbeobachtungen machen. Das lässt sich jedoch nicht durchweg bestätigen. Ganz abgesehen davon, dass das Licht zur frühen Morgenstunde für das Fotografieren ungünstig ist, sind die größten Herden oft erst am späteren Vormittag und am frühen Nachmittag an den Wasserlöchern anzutreffen. Nicht geeignet für die Fotopirsch sind die Stunden, in denen die Sonne im Zenit steht. Doch zu dieser Tageszeit ist es sowieso meist so heiß, dass die Safarifahrt wenig Vergnügen bereitet.

Tag in der Natur mit einem wunderschönen Sonnenuntergang ausklingen zu lassen. Zwei Restaurants und zwei Bars sorgen für das leibliche Wohl.
Buchung über Namibia Wildlife Resorts s. S. 190, Chalet für 2 Pers. ab 3500 N$, DZ ab 3000 N$

Infos

● **Etosha National Park:** Der Park ist durch vier Tore erreichbar – das Anderson Gate am südlichen Ende des Parks (von der C38 über Outjo), das Lindequist Gate im Osten (über B1), das Galton Gate am südwestlichen Ende des Parks und das King Nehale Lya Mpingana Gate am nördlichen Ende. Der Eintritt von 80 N$ pro Person und Tag (Kinder unter 16 Jahren gratis) sowie 10 N$ pro Auto ist in den Informationsbüros der Parklodges zu bezahlen. Die Bestätigung der Zahlung muss man vorweisen, wenn man den Park wieder verlässt. Egal welches Tor man benutzt, geöffnet wird pünktlich zum Sonnenauf- und geschlossen zum Sonnenuntergang. Da gibt es kein Pardon und keine Ausnahme. An allen Toren, auch an denen aus den Camps in den Park, stehen große Uhren, an denen man exakt ablesen kann, wann sich die Tore öffnen und schließen. Wer zu spät kommt, den bestraft in diesem Fall nicht das Leben, sondern die Parkverwaltung. Das kann teuer werden. Wer den Park auf eigene Faust erkundet und trotzdem nicht auf eine sachkundige Führung verzichten möchte, dem seien die Rangertouren empfohlen, die von Namibia Wildlife Resorts in den Lodges im Park angeboten werden. Ein Highlight eines Parkbesuchs kann die Teilnahme an einer Nachtsafari sein.

Außerhalb des Etosha

Onguma Private Game Reserve ⚲ J3

Etosha im Kleinformat
Nur wenige Meter hinter dem Von Lindequist Gate erreicht man die Abfahrt zum Onguma-Privatreservat. So vielfältig wie der Tierbestand im Reservat – vier der Big Five ›stehen bereit‹ – sind auch die angebotenen Aktivitäten, von Pirschfahrten im Etosha National Park und in der Onguma Game Reserve über geführte Buschwanderungen bis hin zur Fotopirsch vom getarnten Sitzplatz aus und einer entspannenden Massagetherapie. Ein besonders intensives Naturerlebnis sind die Wanderungen in den frühen Morgenstunden, bei denen man – geleitet von einem erfahrenen und bewaffneten Ranger – die Geräusche und Gerüche des Buschs kennenlernt.
T 061 23 70 55, www.onguma.com

Schlafen

Parknah

Onguma Etosha Aoba Lodge: Mehrfach ausgezeichnete Lodge mit 10 sehr komfortablen, strohgedeckten Bungalows, vier davon sind ganz frei stehend und Pool. Zu jedem Bungalow gehört eine bestuhlte Privatterrasse, Dusche/WC und Minibar sowie eine Kaffeemaschine. T 067 23 70 55, www.onguma.com/onguma-etosha-aoba, Bungalow 2 Pers. ab 3980 N$

Rund um die Festung

Onguma – The Fort: Im Mittelpunkt der Lodge steht ein Fort genanntes Gebäude im afro-marokkanischen Design mit einem Aussichtsturm, von dem man in die Etosha-Pfanne blickt. Im Innenhof sorgt ein Wasserbecken für eine orientalische Atmosphäre. Die 11 Bush Suites und 1 Honeymoon Suite stehen alle frei und sind mindestens 50 m voneinander entfernt – nichts stört das intime Buscherlebnis. Alle Bungalows mit Terrasse und Air Condition. T 067 22 91 17, www.onguma.com/onguma-the-fort, Bungalow 2 Pers. ab 8600 N$

Elegant eingerichtet

Mushara Lodge: 8 km vom Osteingang des Etosha National Park entfernt und an der C 28 gegenüber der Onguma Private Game Reserve. Zehn komfortable Bungalows mit Klimaanlage, Minibar, Telefon und Moskitonetzen. Naturwanderungen im Lodge-Gebiet und *game drives* im Etosha National Park. T 061 74 18 80, www.mushara-lodge.com, Bungalow ab 3905 N$

Besuch bei den Himba

Toko Lodge & Safari: Lodge 52 km östlich des Galton Gate, des Westeingangs des Etosha National Park (s. S. 157). Bei Kamanjab, T 067 33 02 40, www.toko lodgesafaris.com, DZ 1900 N$

Ongava Game Reserve G4

Hochklassig

Das 30 000 ha große private Wildreservat am Rand des Etosha-Nationalparks, nicht weit entfernt vom Andersson Gate, gehört zu den schönsten privaten Schutzgebieten Namibias und bietet den Gästen seiner vier Lodges wunderbare Safarierlebnisse. Bei den Pirschfahrten im Reservat hört man das Brüllen der Löwen und kann Nashörner hautnah beobachten. Bei Pirschwanderungen begegnet man einigen Tierarten, die besonders bedroht und damit sonst selten zu sehen sind. Das eigene Forschungszentrum, das **Ongava Research Center,** trägt dabei maßgeblich zum Erfolg des Schutzgebietes bei. Die von privaten Spendengeldern finanzierte Einrichtung widmet sich der wissenschaftlichen Erforschung des Ökosystems Ongavas und legt sein Augenmerk besonders auf drei Aspekte: Schutz der Nashörner, der Löwen und Aufbau einer Datenbank, in der alle Informationen über das lokale Ökosystem gebündelt werden: die Geologie, die Wasserquellen, das Wanderungsverhalten der verschiedenen Tierpopulationen und sogar das Wetter. Zu diesem Zweck sind die Wissenschaftler der Forschungseinrichtung ständig mit der Kartierung und Überwachung, der Vermessung und Probenentnahme, dem Tracking und Trapping beschäftigt.

Das private Reservat ist ein gutes Beispiel für gelungenen Ökotourismus: In den vier Lodges – Ongava Lodge, Little Ongava, Ongava Tented Camp und Andersson's – bleiben keine Wünsche offen und dennoch steht das besonders naturnahe Erlebnis im Vordergrund. Zweifellos ein tolles Schutzgebiet mit erstklassigem Lodge-Service – ob das den kräftigen Preisunterschied zu so manchem Mitbewerber rechtfertigt, sei aber dahingestellt. T 083 330 39 02, www.ongava.com

Schlafen

Schön zelten

Etosha Safari Camp & Campsite: Das Camp und der benachbarte Zeltplatz sind die perfekten Ausgangspunkte für Safaris im Park. Bis zum Andersson-Tor sind es nur 10 km. Die 50 Zweibett-Bungalows, zu deren Ausstattung Klimaanlage und Moskitonetze gehören, schmiegen sich unter mächtige Mopanebäume. Auf dem Zeltplatz wohnt man günstig und kann sich auf tierreiche Tage im Etosha freuen. Gegenüber Ongava Game Reserve, T 06142 72 00, www.gondwana-collection.com, DZ 2500 N$, Zeltplatz 215 N$ pro Pers.

LANDSCHAFT MIT LÖCHERN **L**

Eine Landschaft, die von Wasser geformt wurde und wird, mitten im staubtrockenen Namibia? Rund um Tsumeb fallen größere Regenmengen als im Landesdurchschnitt, sie liegen bei 500–600 mm/m² im Jahr, Windhoek kommt kaum auf 100 mm. Dieser stete Fluss von Wasser hat den weichen dolomitischen Kalkstein in der Otavi-Region ausgewaschen und tiefe Rillen (Karren), Trichter (Dolinen) und Höhlen wie die Gaub Caves hinterlassen. Typisch für eine Karstlandschaft sind auch Karstseen wie der Otjikoto, die vom Grundwasser gespeist werden. Wie es am Otjikoto zu sehen ist, hat sich in den letzten Jahrzehnten der Grundwasserspiegel abgesenkt, das ist zum einen der großen Grundwasserentnahme durch die Landwirtschaft geschuldet, aber auch dem Klimawandel, durch den die Niederschlagsmengen immer stärker schwanken.

Aussichtsreich

Etosha Safari Lodge: Die Aussicht ist fantastisch und die Lage unweit des Andersson Gate am Rande der Ongava Game Reserve ist perfekt. Die Lodge, die wie das benachbarte Etosha Safari Camp zur Gondwana Collection gehört, liegt auf einem Bergrücken und bietet mit ihren 65 Chalets komfortable Unterkünfte. Sie ist gut geeignet als Ausgangspunkt für Ausflüge in den Etosha National Park. T 061 42 72 00, www.gondwana-collection. com, DZ 3460 N$

Tsumeb ♀K4

Tsumeb ist die wichtigste und interessanteste Stadt im Otavi-Dreieck. Sie ist auch Eingangstor zu den Otavi-Bergen, die hier ein 2500 km² großes Dreieck zwischen den Städten Tsumeb im Norden, Otavi im Osten und Grootfontein im Westen bilden. Das Bergland ist Fundort eines 13 Mio. Jahre alten Unterkieferfragments der ausgestorbenen Menschenaffengattung Otavipithecus namibiensis.

Alte Minenstadt

Das Zentrum des 18 000-Einwohner-Ortes wird auch als ›Gartenstadt‹ bezeichnet. Besonders in der Regenzeit verwandeln die Blüten von Jakaranda und Bougainvillea die Straßen und Parks in ein rotes und violettes Blumenmeer. Der Name der Stadt wurde vermutlich von *tsomsoub* abgeleitet, was in der Sprache der San so viel wie ›ein Loch graben‹ bedeutet. Schon bevor Europäer in dieser Gegend eintrafen, förderten die San Kupfererz im Tagebau und setzten es als Tauschmittel im Handel mit den Ovambo ein, die daraus Schmuck herstellten.

Die hübsche kleine, römisch-katholische Kirche in Tsumeb ist der Heiligen Barbara gewidmet, der Schutzheiligen der Bergleute. Die Kupfermine ist allerdings zurzeit geschlossen.

Auch später stellte der Abbau von Erzen die wirtschaftliche Basis der Stadt dar. Tsumeb besitzt eine vulkanische Röhre, die rund 1700 m in die Tiefe reicht und nicht nur voll Kupfer ist, sondern auch durchsetzt mit besonders wertvollen und schönen Mineralien. Bereits 1893 führte der Ingenieur Matthew Rogers im Auftrag der South West African Company Studien über die Erzvorkommen und deren Abbaumöglichkeiten durch. 1900 begann die in Berlin gegründete Otavi Minen- und Eisenbahn-Gesellschaft mit dem Abbau des Erzes und trieb den Bau einer Eisenbahnstrecke in den Süden voran. Ab 1906 konnte das Erz dann statt mit Ochsenwagen mit der Schmalspurbahn nach Swakopmund gebracht werden, wo es auf Schiffe der Woermann-Linie verladen und anschließend nach Deutschland

transportiert wurde. Einen Teil der Erze verhüttete man auch direkt in Tsumeb.

1947 wurde die Mine von der Tsumeb Mining Corporation übernommen, die sie modernisierte. Sie trieb den Abbau des Erzes bis in eine Tiefe von 1500 m voran. Nach dem drastischen Verfall des Kupferpreises auf dem Weltmarkt wurde die Mine 1996 stillgelegt. Angesichts gestiegener Weltmarktpreise gibt es immer mal wieder Überlegungen, die Grube mittelfristig wieder in Betrieb zu nehmen. Die Fördertürme auf dem Minengelände stehen noch.

Im Zentrum

Die liebevoll gepflegte, der Schutzpatronin der Minenarbeiter geweihte

Barbarakirche (Main St./Ecke Sam Nujoma Dr.) von 1913 wirkt mit ihrem eigenwilligen Turm eher wie ein Verwaltungsgebäude. Dagegen könnte man das 1907 errichtete **OMEG-Minenbüro**, das heute als Schule dient, von Weitem durchaus für eine Kirche halten. Um das historische Flair des alten **Minen Hotel** (s. S. 197) in der Post Street zu erleben, muss man nicht unbedingt dort wohnen, auch bei einem Essen im Restaurant oder schattigen Biergarten gewinnt man schon einen guten Eindruck von dem Haus. Die bedeutendste Sehenswürdigkeit der Stadt ist das **Tsumeb Museum** (s. S. 197).

Im **Tsumeb Arts and Crafts Centre** kann man Kunsthandwerkern über die Schulter schauen und ihre Kreationen in einer Ausstellung bewundern. Auch das eine oder andere Souvenir lässt sich erwerben, z. B. Holzschnitzarbeiten, Keramiken oder handgewebte Textilien. Die gemeinnützige Stiftung unterstützt lokale Künstler und Kunsthandwerker durch Fortbildungsangebote in ihrer Arbeit.

Tsumeb Arts and Crafts Centre: 18 Main St., T 067 22 04 47, Mo–Fr 8.30–18, 14.30–17.30, Sa 8.30–13 Uhr

Tsumeb Cultural Village

📍 K4

Community-Projekt

Das Freilichtmuseum Tsumeb Cultural Village – ein Community-Projekt (s. S. 269) – an der südlichen Ortsausfahrt gibt Einblick in das traditionelle Leben verschiedener afrikanischer Völker. Zu sehen sind Exponate u. a. zur Kultur und Geschichte der San und Ovambo, darunter Nachbauten von Hütten sowie kunsthandwerkliche Erzeugnisse.

An der B 1 Richtung Süden, T 067 22 07 87, tgl. 8–18 Uhr, 10 N\$

Lake Otjikoto

📍 J4

Ziel von Schatzsuchern

Der 20 km nordwestlich von Tsumeb gelegene Lake Otjikoto entstand durch den Einsturz riesiger Hohlräume im Dolomitgestein. Vor Jahren war er an die 55 m tief, heute sind es durch stetes Abpumpen nur noch 36 m. Kurz vor Ende des Ersten Weltkrieges besetzte die südafrikanische Armee Namibia, woraufhin die deutschen Truppen zahlreiche Kanonen und andere Ausrüstungsgegenstände im See versenkten. Einen Teil bargen die Südafrikaner bald darauf. Einige der Stücke sind im Tsumeb Museum zu sehen, das meiste liegt aber noch auf dem Grund des Sees, u. a. ein sagenumwobener Tresor, über dessen Inhalt viel spekuliert wird. Da der See nicht von Zuflüssen gespeist wird, konnten sich einzigartige Fischarten entwickeln, so die Brassenart Otjikoto cichlid (Pseudocrenilabus philander). In den letzten Jahren ist am See ein kleiner Tierpark entstanden; auch ein Kiosk und sanitäre Einrichtungen sind vorhanden.

Tgl. 8–18, im Winter bis 17 Uhr, 25 N\$

Ghaub Caves

📍 K4

Nur für Sportliche

Wer die Ghaub Caves besichtigen möchte, sollte über eine gute Fitness verfügen. In der mit ca. 2,5 km Länge drittgrößten Höhle Namibias herrschen unabhängig von der Außentemperatur konstant 29 °C und eine hohe Luftfeuchtigkeit. Zudem gilt es Felshindernisse zu überwinden. Die Höhle zählt nicht zu den spektakulärsten, ist aber dennoch sehenswert.

Besichtigung nur im Rahmen einer Führung (2 Std.) durch Mitarbeiter der Guestfarm Ghaub (s. S. 197), 160 N\$

Museum

Hobbymineralogen hereinspaziert

Tsumeb Museum: Mit viel Liebe und Engagement baute und leitete Ilse Schatz (1929–2017) das Museum. 1929 im damaligen Südwestafrika geboren, arbeitete sie als Hebamme, Ärztin und Lehrerin für Familien der Hai//om San, wurde eine der besten Kennerinnen ihrer Traditionen und Riten. Das Museum ist eine wahre Wunderkammer – zum einen aufgrund seiner interessanten Exponate zur Geschichte der Stadt und der Minengesellschaft, zum anderen wegen seiner hervorragenden Sammlung von Mineralien, zum größten Teil aus der Otavi Mine, sie lassen das Herz jedes Hobbymineralogen höher schlagen.

Main St., T 067 22 04 47, Mo–Fr 9–12, 14–17, Sa 9–12 Uhr, 30 N$

Schlafen

Farmbetrieb

Guestfarm Ghaub: Ein Besuch auf der südlich von Tsumeb gelegenen Farm verspricht besondere Urlaubseindrücke, denn dort läuft neben der Gästebetreuung noch der ganz normale Farmbetrieb.

56 km südl. von Tsumeb, T 067 24 01 88, www.ghaub.com, DZ 1870 N$

Stadthotel

Makalani Hotel: Stadthotel in zentraler Lage, Restaurant, schöner Biergarten, einfache, aber zweckmäßige Zimmer, Pool.

Ndilimani Cultural Troupe St., T 067 22 10 15, www.makalanihotel. com, DZ 1280 N$

Traditionshotel

Minen Hotel: Hotel am Stadtpark, bodenständiges Restaurant mit herzlicher Bewirtung, Biergarten; Pools, Zimmer mit Klimaanlage.

7 Omeg St., T 067 22 10 71, www.minen-hotel.com, DZ 1390 N$

Familiär

Pension OMEG Allee: Angenehme Lage etwas außerhalb des Zentrums in einem Wohngebiet. Großzügige Zimmer mit Klimaanlage, Bad, Kühlschrank und Fernseher. Sicherer Parkplatz.

3 Sam Nujoma Dr., T 067 22 06 31, DZ 760 N$

Für ›Womos‹

Tsumeb Municipal Camp/Kupferquelle Resort: Herrliche grüne, sehr saubere Anlage im Südwesten des Ortes (am Tsumeb-Welcome-Torbogen). Der große Swimmingpool lädt zum Bahnenziehen ein. 15 Luxuschalets mit Selbstversorgung, 25 DZ-Chalets, 25 Campingplätze auf Rasen. Waschraum mit Waschmaschinen und Lebensmittelgeschäft auf dem Gelände.

www.kupferquelle.com, an B 1, T 067 22 01 39, DZ 1700 N$, Zeltplatz 180 N$ pro Pers.

In Namibia ist Schuluniform Pflicht; die Mädchen tragen dabei einen Rock, die Jungs Hosen – ob das so bleiben wird?

Besuch aus dem All: Der Hoba ist der größte auf der Erde gefundene Meteorit. Seine Entdeckung geschah zufällig, als ein Farmer sein Feld mit einem Ochsen pflügte, hörte er ein metallisch kratzendes Geräusch.

Essen

Deutsche Kost
Minen Hotel: Restaurant der Hotelanlage, preiswerte, sehr schmackhafte deutsche Hausmannskost in reichlichen Portionen, Frühstücksbuffet, auch Tische im Garten.
Adresse s. S. 197, tgl. 7–9, 12.30–14, 19–21.30 Uhr, Hauptgericht um 110 N$

Leichtes
Etosha Café & Biergarten: Beliebtes Restaurant im üppig grünen Innenhof. Frühstück, leichte Gerichte, Kuchen, Sandwiches.
21 Main St., Tsumeb, T 067 22 12 07, Mo–Fr 7–17, Sa 8–13 Uhr, Hauptgericht um 100 N$

Infos

- **www.tsumeb.com/en:** Informationen über den Bergbau und die Geologie.
- **North Tourism Services:** 1551 Sam Nujoma Drive, Tsumeb, T 067 22 07 28, www.travelnorthguesthouse.com. Service für Touristen, z. B. Mietwagen-/Unterkunftsbuchung; vermietet selbst Zimmer.
- **Tsumeb Copper Festival:** drei Tage im Okt., United Nations Park. Infostände lokaler Unternehmen, Musik, Tanz etc.
- **Bahn:** www.tranonamib.com.na. Vom Bahnhof nördlich der Stadt Züge von/nach Windhoek, Swakopmund, Walvis Bay.
- **Bus:** www.intercape.co.za. Bushaltestelle am Travel North Namibia, 1551 Sam Nujoma Drive. Intercape-Mainliner-Busse

Mi und So nach Windhoek und Di und Sa nach Victoria Falls.

Otavi und Khorab ♀ J5

Denkwürdige Orte

Wegen seines Wasserreichtums war **Otavi** (ca. 5000 Einw.) über Jahrzehnte heftig umkämpft. San und Herero wollten gleichermaßen hier leben. Ab 1896 unterhielten die Deutschen hier einen Außenposten ihrer Kolonialarmee. 2018 wurden Pläne konkretisiert, ein Stahlwerk in Otavi zu errichten, in dem Stahlschrott aus Namibia, Angola und Sambia eingeschmolzen und zu Baustahl verarbeitet werden soll. Das Werk würde ca. 600 Arbeitsplätze schaffen.

Am 9. Juli 1915 wurde 3 km nördlich von Otavi in **Khorab** das Ende der deutschen Kolonialzeit besiegelt und der Waffenstillstand zwischen den Schutztruppen und der südafrikanischen Armee unterzeichnet. Ein 1920 errichtetes Denkmal erinnert an dieses Ereignis.

Grootfontein ♀ K4

Schon der Name des 25 000-Einwohner-Ortes, ›große Quelle‹, verweist darauf, dass in dieser Region reichlich Wasser und damit beste Voraussetzungen für Tierfarmen vorhanden sind. Außer Tankstelle, Supermarkt und dem deutschen Fort mit seinem rund 3000 Exponate zählenden Museum – das sich allerdings nicht mit jenem in Tsumeb messen kann – gibt es wenig, was den Reisenden hier lockt. Doch ein Zwischenstopp in Grootfontein kann erfrischend sein: Es gibt ein großes

Schwimmbad. Die alte ›Deutsche Feste‹ ist ein Nationaldenkmal und Heimstatt des Museums **Old German Fort Museum.** Es zeigt eine historische Wagenmacherwerkstatt mit Schmiede und erzählt viel über die Geschichte der Region.

Museum: Dr. Nicky Lyambo St., T 067 24 24 56, Mo–Fr 9–12.30, 14–16 Uhr

Hoba-Meteorit ♀ K4/5

Der Hoba-Meteorit ist der größte bekannte Meteorit der Welt. Gefunden wurde er in den 1920er-Jahren. Er besteht zu 84 % aus Eisen und zu 16 % aus Nickel, enthält zudem Spuren von Kobalt und wiegt über 50 t. Dass der Meteorit da liegt, ist nicht selbstverständlich. Beim Eintritt in die Erdatmosphäre haben die Gesteinsbrocken eine Geschwindigkeit von ca. 90 000 km/h, sodass ihre Oberfläche infolge der Reibung zu schmelzen und zu verdunsten beginnt. Die meisten Meteorite lösen sich deshalb kurz nach dem Eintritt in die Erdatmosphäre auf.

Der Hoba-Meteorit wurde 1955 zum nationalen Denkmal erklärt. Er kann auf der Farm Hoba West besichtigt werden – eine seltene Gelegenheit, ein Relikt aus dem All zu berühren. Es gibt ein Besucherzentrum mit kleinem Kiosk und sanitären Einrichtungen. Kleinere Meteoritenbrocken haben Sie evtl. schon in der Post Street Mall in Windhoek gesehen: Im Meteoritenbrunnen wurden sie dekorativ arrangiert (s. S. 24).

19 km westl., Pad 2860, tgl. von Sonnenauf- bis Sonnenuntergang, 20 N$

Infos

● **www.grootfonteinmun.com.na:** Webauftritt der Gemeinde Grootfontein.
● **Bus:** www.intercape.co.za. Von/nach Windhoek und Victoria Falls.

Zugabe
Auf Pirsch

Die ›Großen Fünf‹ im Visier

D as, was wohl jeder Namibia-Besucher im Land gern sehen möchte, sind die Big Five, die ›Großen Fünf‹: Elefant, Nashorn, Büffel, Löwe und Leopard gelten als die Könige der Wüsten, Steppen und Savannen. Waren es früher fast ausschließlich Großwildjäger, die den prächtigen Tieren folgten, so sind es heute zumeist Touristen in Allradfahrzeugen. Statt eines Gewehrs tragen sie eine Digitalkamera oder einen Camcorder bei sich. ›Fototrophäen‹ der Big Five, eigenhändig geschossen, geben den Erinnerungen an erlebnisreiche Tage erst die richtige Würze. Bejagt werden die Großen Fünf allerdings auch heute noch – streng reglementiert. Der Wildbestand in manchen Regionen ist so stark angewachsen, dass das durchaus sinnvoll ist. Die Abschussgebühren sind sehr hoch, was die Jagd mit dem Gewehr zu einem teuren Vergnügen macht. Der optimale Ort, um der Tierwelt näher zu kommen, ist der Etosha National Park. Mit etwas Glück sammelt man schon auf wenigen Pirschfahrten *(game drives)* Eindrücke von zumindest vier der Big Five, sieht, wie große Herden zu den Wasserstellen ziehen, Löwenfamilien im Schatten unter Schirmakazien liegen, sich ein Nashorn vor dem Horizont abzeichnet – und vielleicht kreuzt, kurz bevor die Dämmerung einsetzt, sogar ein Leopard den Weg. Nur Büffel leben nicht im Etosha. ∎

Kavango, Sambesi und Nachbarländer

Namibias nasse Seite — das, was im Land an Niederschlägen fehlt, kommt hier mehr als reichlich vom Himmel.

Seite 206
Khaudum National Park

Der Zustand des rund 300 km langen Wegenetzes im Park könnte kaum schlechter sein. Doch wer die Herausforderung annimmt, hat die Chance, Wüstenelefanten, Giraffen, Löwen, Leoparden und Wildhunden zu begegnen.

Seite 211
Sambesi-Region ⭐

Rund 460 km reicht der am grünen Tisch entstandene Landzipfel in die Nachbarländer hinein. Dank der Flüsse Okavango und Kwando erwartet Sie hier eine üppig blühende Natur.

Machen Sie sich vor der Fahrt mit dem Wagenheber vertraut.

Eintauchen

Seite 213
Lizauli Traditional Village

Besuchern des Community-Projekts wird Einblick in die Lebensweise eines traditionellen Dorfes gewährt.

Seite 214
Lianshulu Lodge

Nach einem erlebnisreichen Tag trifft man sich hier auf einen Plausch zu einem Glas Wein.

Seite 217
Chobe National Park

Im botswanischen Nationalpark ist man manchmal ganz alleine unterwegs.

Seite 220

Okavango-Delta

Fast lautlos gleitet der Einbaum durch die schmalen Kanäle und Flüsse des Deltas vorbei an Schilf und zahlreichen Tieren am Ufer.

Seite 219

Victoria Falls ⭐

Ist man einmal in der Grenzregion, sollte man auf jeden Fall einen Abstecher ins Nachbarland Sambia einplanen. Die Wasserfälle zählen zu den spektakulärsten der Welt: Über 60 m tief stürzt sich die Wasserwand in die enge Batoka-Schlucht.

Seite 223

Bungee Jumping

Wer den besonderen Blick auf die Victoriafälle sucht, sollte dafür die Eisenbahnbrücke zwischen Sambia und Zimbabwe wählen. Ca. 111 m geht es von dort kopfüber in die Tiefe.

Seite 224

Rafting auf dem Sambesi

Diese Fahrt ist nichts für Weicheier: Direkt unterhalb der Victoriafälle beginnt eine der härtesten für Amateure zugänglichen Rafting-Touren der Welt. Nasse Klamotten und jede Menge Adrenalin sind garantiert.

Teppiche von Seerosen blühen im Okavango-Delta.

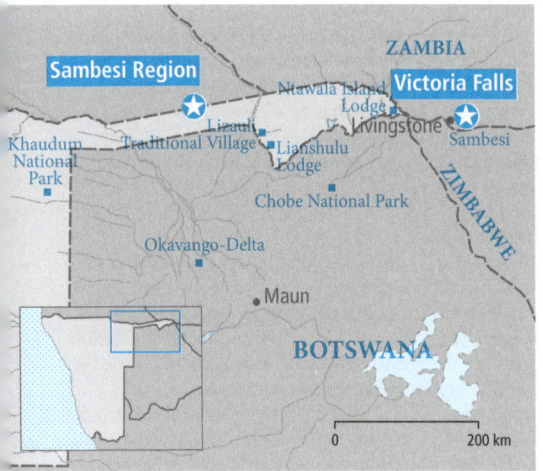

Der Sambesi-Streifen ist mehr als ein Appendix im Nordosten. Er zeigt sich als perfekte Ergänzung afrikanischen Feelings. Entstanden ist er durch den Helgoland-Sansibar-Vertrag.

erleben

Feuchtes Paradies für Tiere und Pflanzen

Kavango und Sambesi sind die am weitesten von der Hauptstadt Windhoek entfernten Regionen des heutigen Namibia. Wie ein ausgestreckter Finger reichen sie nach Osten umschlossen von Angola im Norden, Sambia und Zimbabwe im Osten und Botswana im Süden. Sambesi ist der einzige Landesteil, der fast ganz in den Tropen liegt. Die Region besteht aus flachem Sumpfland, das von mehreren ganzjährig wasserführenden Flüssen wie dem Okavango, dem Cuando und dem Sambesi mit Nebenarmen entwässert wird. Das Wasser, das in weiten Teilen Namibias fehlt, gibt es hier im Übermaß und so entfalten sich in den Fluss- und Sumpfgebieten die farbenfrohe Vielfalt und Fülle tropischer Natur. Allerdings ist auch am Okavango, nicht zuletzt durch die von den Wasserflächen angezogenen Insekten, das permanente Leben, Arbeiten und Wohnen nicht problemlos. Gleichwohl gehört die Region zu den reizvollsten Safaridestinationen für Tierjäger mit Digitalkamera oder Camcorder, denn gerade das feuchtheiße Klima zieht große Tierherden an. Elefantenherden z. B. ziehen durch die Nationalparks Khaudum, Bwabwata, Mudumu und Nkasa Rupara. So erlebt man in Sambesi einen üppigen

ORIENTIERUNG 0

Anfahrt und Herumkommen: Je nach Ziel können es von Windhoek über 1000 km Anreise sein. Auch wenn diese auf asphaltierten Straßen – durch die Regionen führt die B 8 (Walvis Bay-Ndola-Lubumbashi Development Road) – möglich ist, so sind doch Flüge von Windhoek nach Rundu oder Katima Mulilo lohnende Alternativen. Eine anspruchsvolle Offroad-Strecke führt durch den Khaudum National Park.
Malaria: In der Sambesi-Region ist ganzjährig eine Malaria-Prophylaxe empfohlen, s. S. 236.

tropischen Garten, der das Namibia-Reiseerlebnis erst so richtig komplett macht.

Die B 8 durchschneidet Kavango und Sambesi als schwarzes Band. Bis Rundu erstrecken sich beiderseits der Straße fast menschenleere Savannen. Interessant sind die zahllosen kleinen Dörfer, die ab Rundu entlang der Strecke zu sehen sind. Hier ist Afrika noch sehr afrikanisch. Ochsenkarren suchen abseits der Asphaltpiste ihren Weg. Kleine Eselgespanne (Kalahari Ferrari) bringen Waren zu den Dorfmärkten oder am Sonntag festlich gekleidete Menschen zu den Kirchen. Katima Mulilo ist die einzige größere Stadt ganz im Osten.

An der C 44 nach Tsumkwe ⚲ L4–O5

Wer vom Süden über Tsumkwe in den Khaudum National Park fahren möchte, muss ca. 50 km östlich von Grootfontein die B 8 verlassen. Auf der C 44, einer recht gut ausgebauten Piste, geht es vorbei an den kleinen Siedlungen **Maroelaboom, Kanovlei** und **Luhebu** nach **Tsumkwe.**

In den Siedlungen an der Pad sind zahlreiche San sesshaft geworden, die sich noch mehr oder weniger streng an frühere Sitten und Gebräuche halten. Es gibt nicht mehr viele San, die wie einst in kleinen Gruppen durch die Savannen streifen – wenn überhaupt, hat man vielleicht im Khaudum National Park das Glück, auf sie zu treffen. Östlich von Grootfontein und nördlich von Tsumkwe kann man aber in zwei Lebenden Museen Angehörigen der San begegnen. Errichtet wurden die Museen mit Unterstützung der Living Culture Foundation Namibia, einer 2007 gegründeten gemeinnützigen deutsch-namibischen Organisation (s. S. 276). Die Lebenden Museen bieten Touristen Gelegenheit, Einblick in den Alltag der San zu bekommen und sich mit ihrer Kultur zu beschäftigen, den San die Möglichkeit, etwas Geld zu verdienen. Die Museen sind in der Regel nur tagsüber ›bewohnt‹, abends kehren die Mitarbeiter in ihre Dörfer zurück.

The Living Museum of the Ju/'Hoansi-SanCa ⚲ M4

In dem aus einigen Hütten bestehenden Museumsdorf erfährt man viel darüber, wie das Leben der San früher war. San-Männer führen u. a. das Bogenschießen vor, man kann sich sogar selbst

San auf der Jagd? Weit gefehlt: Die zwei Mitarbeiter des Living Museum of the Ju/'Hoansi-SanCa posen für das Fotoshooting mit Touristen.

Ein Wildwechsel-Warnschild der anderen Art. Wer bei einer Kollision der Stärkere wäre, ist eindeutig.

nicht zu verfehlen. Es informiert über das Leben der Ju/'Hoansi-San. Besucher können sogar mit den Ju/'Hoansi auf die Jagd gehen – ein unvergessliches Erlebnis! Die perfekten Fährtenleser sind mit Pfeil und Bogen unterwegs, mit Giftpfeilen erlegen sie Antilopen, Springhasen und Stachelschweine graben sie aus ihrem Bau, Perlhühnern geht es mit Schlingen an den Kragen. Wer für die Begleitung auf der Jagd nicht genug Zeit mitbringt, erfährt im Museumsbereich Interessantes über den Alltag und die Geschichte der San in dieser menschenfeindlichen Region. Natürlich gibt es einen Kunsthandwerksladen (Craftshop) und auf der Elephant Song Campsite (Übernachtung 50 N$ pro Pers.) kann man Kraft tanken für die Weiterfahrt am nächsten Tag.

Rund 25 km nördl. von Tsumkwe an der D 3315, www.lcfn.info, tgl. Sonnenauf- bis Sonnenuntergang geöffnet, diverse Vorführungen etc., Preise s. Website

einmal darin versuchen. Ein englischsprachiger Museumsführer ermöglicht die Verständigung zwischen den Museumsmitarbeitern und den Besuchern. Zum Museum gehört ein Craftshop mit Schmuck, Werkzeug und Alltagsgegenständen der San. Man kann auf einem kleinen, recht einfachen, aber schön gelegenen Campingplatz übernachten (50 N$ pro Person).

Ca. 70 km auf der C 44 Richtung Tsumkwe, www.lcfn.info, tgl. Sonnenauf- bis Sonnenuntergang geöffnet, diverse Vorführungen etc., Preise s. Website

Hunter's Museum ♀ 04

Fährt man in Richtung Sikereti/ Khaudum, ist das Hunter's Museum

Khaudum National Park ♀ 03/4

Das 3842 km² große Gebiet des Khaudum National Park wurde erst 1989 als Wildreservat ausgewiesen, seit 2007 hat es den Status eines Nationalparks. Es ist nicht eingezäunt, damit das Wild seine alten Wanderrouten beibehalten kann, sodass sich der aktuelle Wildbestand und die Chancen zur Wildbeobachtung ständig ändern. Der Park ist Teil des Kalahari-Sandveld. Durch das Gelände ziehen sich breite Dünenkämme, nur an Flussbetten haben anspruchsvollere Pflanzen eine echte Chance zu gedeihen, ansonsten findet man Trockenwald, Buschsavanne – und Sand, immer wieder tiefen Sand. Wirkt die Landschaft auf den ersten Blick auch ausgestorben, so kann man doch – mit einem Quäntchen Glück und Ausdauer – zahlreiche Tiere beobachten. Am eindrucksvollsten sind sicher die Wüstenelefanten, doch auch Giraffen, verschiedene Antilopenarten und Warzenschweine fühlen sich im Park heimisch. Wo es so gutes ›Futter‹ gibt, sind dann auch Löwen, Leoparden und die afrikanischen Wildhunde nicht weit.

Eine Durchquerung des Khaudum National Park ist nur etwas für Hartgesottene, da die schlechten Straßen und Pads den Fahrer vor große Herausforderungen stellen (s. Tour S. 208).

Infos

• **Khaudum National Park:** Die einsamen Strecken durch den Park von Tsumkwe bis Sikereti und von dort weiter zum Khaudum Camp sowie anschließend die Strecke zur B 8 an der angolanischen Grenze dürfen nur im Konvoi, also mit mindestens zwei Autos, gefahren werden. Übernachtet werden darf ausschließlich in den beiden **Bushcamps** Sikereti und Khaudum. Das Sikereti Camp liegt im Süden des Parks ca. 7 km von der Parkgrenze entfernt, das Khaudum Camp im Norden ebenfalls nur wenige Kilometer vor der Parkgrenze. Beide Plätze sind sehr einfach, Wasser ist aber vorhanden. Die **Permits** für die Durchfahrt erhält man an der Ranger-Station im Park.

Rundu   ♀ N 2

Für alle, die nicht den Weg über den Khaudum National Park genommen haben, beginnt das Sambesi-Abenteuer in Rundu. Doch wer den Ort links liegen lässt, verpasst nichts. Nach Rundu, Verwaltungssitz und wirtschaftliches Zen-

trum der Region Kavango, zieht es immer mehr Landflüchtige aus der Grenzregion, sodass die Stadt mit mittlerweile über 80 000 Einwohnern die zweitgrößte Namibias nach Windhoek ist. Das schnelle Stadtwachstum erforderte Investitionen in die Infrastruktur, die neben dem Staat und der Stadt auch von vielen Hilfsorganisationen finanziert wurden. Im Jahr 2011 eröffnete der Flughafen. Für das Wirtschaftsleben Rundus ist die Lage an der Walvis Bay-Ndola-Lubumbashi Development Road (B 8, bis 2004 Trans Caprivi Highway), die den Tiefseehafen Walvis Bay an der namibischen Atlantikküste mit Lubumbashi in der Demokratischen Republik Kongo verbindet, von großer Bedeutung. Dennoch zählt die Stadt zu den ärmsten des Landes, was auch im Ortsbild offensichtlich ist. Für Touristen ist Rundu als Tank- und Übernachtungsplatz auf dem Weg in Richtung Sambesi-Region interessant. Beachtung verdienen außerdem die Holzschnitzereien aus der Region, die an zahlreichen Straßenständen angeboten werden.

Von Rundu geht es auf der B 8 nach Osten. Eine Fahrt, die – solange man nicht vorhat, nach links oder rechts abzubiegen – heute mit jedem Auto absolviert werden kann. Die komplette Strecke bis nach Katima Mulilo ist asphaltiert. Doch schon die Fahrt zu einer der in der Regel luxuriösen Lodges kann ohne Allrad unmöglich werden.

Schlafen

Strohgedeckt
Hakusembe River Lodge: Romantik am breiten Strom ist inklusive (s. Lieblingsort S. 210). 22 mit Stroh gedeckte Bungalows. Flusssafaris und Sonnenuntergangsfahrten, Wasserski, Angeln auf Tigerfische.
T 061 42 72 00, www.gondwana-collection. com, DZ 3460 N$

TOUR
Fordert Fahrer und Wagen Höchstleistungen ab

Fahrt durch den Khaudum National Park

Infos

Start: Sikereti
📍 ○4

Hinweis: Es müssen immer zwei Allradfahrzeuge zusammen fahren.

Der Khaudum National Park ist etwas für Hartgesottene. Der Zustand des rund 300 km langen Wegenetzes im Park könnte kaum schlechter sein. Der tiefe Sand und das trockene Buschgras zwischen den Rädern erschweren das Vorankommen. Die gesamte Allradstrecke inklusive Anreise über Tsumkwe und Weiterfahrt von Khaudum (Kaudom) nach Katere beträgt 500 km, davon ist mindestens ein Viertel mit Untersetzung zu fahren. Das heißt, der Spritverbrauch steigt in schwindelerregende Höhen und ein großer Treibstoffvorrat kann überlebensnotwendig werden. Theoretisch kann man in Tsumkwe tanken, doch mancher, der sich darauf verlassen hat, war dann auch verlassen. Der Park darf nur von zwei ›richtigen‹ Allradfahrzeugen gemeinsam befahren werden. SUV wie der Renault Duster sind nicht geeignet. Da auf der Fahrt Grassamen schnell die Lamellen des Kühlers verstopfen können, sollte man bereits vor dem Start eine Gaze als Schutz anbringen.

Das Abenteuer beginnt
Die Strecke ab **Sikereti** verlangt den Fahrern alles ab. Über lange Zeit muss die Untersetzung eingelegt bleiben und man hat vor lauter Sand kaum die Möglichkeit, einen Blick nach links oder

Wer keine Reifenpanne erlebt hat, war nie so richtig in Namibia. Radwechsel in unwegsamem Gelände gehören einfach dazu. Ein guter Grund, mindestens zwei Ersatzräder an Bord zu haben. In einer solchen Situation ist wohl jeder froh, wenn er mit Guide unterwegs ist.

rechts zu werfen. Also regelmäßige Verschnaufpausen einlegen und dabei unter dem Auto kontrollieren, ob sich trockenes Gras um den Auspuff gewickelt hat – wer will seinen Mietwagen schon abfackeln? Zwischen Sikereti und Khaudum gibt es seit einigen Jahren eine alternative Sandpiste über **Dussi** nach **Tsau.** Darüber, ob diese Strecke wirklich günstiger ist als die östlichere, streiten sich die Geister. Fakt ist: Die **Leeupan** (›Löwenpfanne‹) erreicht man über die alte Route. Dort besteht die größte Wahrscheinlichkeit, den ›König der Tiere‹ zu beobachten. Das **Khaudum Camp** liegt auf einem Sandhügel. Nach 6- oder 7-stündiger Pistentortur fordert dessen Auffahrt noch einmal die letzten Kraftreserven. Wer dann am abendlichen Grillfeuer im Camp denkt, er habe das Schlimmste nun hinter sich, irrt.

Schwierige letzte Kilometer
Die letzten 50 km bis zum **Trans Caprivi Highway** (B 8) sind erneut eine Strecke für niedrigen Reifendruck, Allrad und Vorgelege. Unter fünf Stunden geht da kaum etwas. Manche Fahrer sollen für dieses kurze Teilstück einen Verbrauch von mehr als 25 Litern Benzin gemessen haben. In **Katere** kommt die dann wohl heiß ersehnte Teerstraße. Bis zur ersten Tankstelle (bei Popa Falls) sind es aber nochmals 80 km in Richtung Osten.

Achtung: In der Trockenzeit ist der Park nur mit größter Mühe zu bezwingen, selbstmörderisch wäre sein Besuch in der Regenzeit. Dann gibt es kein Durchkommen: Riviere führen plötzlich Wasser und Pads sind überflutet.

Lieblingsort

Wenn die rote Sonne …

Der Weg in die Sambesi-Region ist weit, sehr weit. Ein Zwischenstopp in Rundu wird also für die meisten Reisenden die richtige Wahl sein. Ein Zwischenstopp, den man an einem tollen Lieblingsort einlegen kann. Sonnenuntergänge gehören in Namibia zum abendlichen Ritual. Wenn der glutrote Feuerball aber im Okavango versinkt und die Bungalowwelt der **Hakusembe River Lodge** 📍 N 2 in ein magisches Licht taucht, ist das doch etwas ganz Besonderes. Die richtige Zeit zum Träumen (Adresse s. S. 207).

Stadtlodge
Kavango River Lodge: In Rundu am Ufer des Kavango gelegen, 14 Zimmer mit Klimaanlage, Fernseher und Kühlschrank. Restaurant mit Blick auf den Fluss.
T 066 25 52 44, www.natron.net/kavango-river-lodge, DZ 1600 N$

Trocken
Tambuti Lodge ›At Rundu Beach‹: Kleine, komfortable Lodge im Ort, am Ufer des Kavango. Dank ihrer Lage ist sie sogar in der Regenzeit geöffnet und über eine Schotterstraße erreichbar. Familiär geführt. Gutes Preis-Leistungs-Verhältnis.
T 066 25 57 11, www.tambuti.com.na, DZ 1200 N$

Sambesi-Region

⭐ 📍 P–R 2, Karte 3, R–V 1–3

Für den Tourismus in Namibia hat die Sambesi-Region (bis Aug. 2013 Caprivi Strip) eine große, stetig wachsende Bedeutung. Anders als im übrigen Land ist die wasserreiche Region von einer üppig blühenden Flora geprägt. Die ganzjährig wasserführenden Flüsse Okavango und Kwando sorgen mit ihrem Geflecht von Nebenflüssen dafür, dass entlang ihrer Ufer dichte Flusswälder gedeihen. Die Sambesi-Region reicht rund 460 km in ›fremdes‹ Territorium hinein. Im Westen ist sie kaum 30 km breit, im Osten immerhin 90 km. Ein Blick auf die Landkarte zeigt, dass es sich um einen künstlich angesetzten Appendix handeln muss (s. Kasten rechts).

Das größte Problem für den Besuch der Sambesi-Region stellt die lange Anreise von Windhoek dar. Allein bis Rundu sind es 900 km. Daher nutzen viele Touristen die Möglichkeit, mit dem Flugzeug von Windhoek aus nach Katima Mulilo zu fliegen. Aber auch die Anreise per Auto hat ihren Reiz. Besonders die zahlreichen Möglichkeiten für Abstecher verlocken immer mehr Reisende zur Tour auf der B 8 mit dem Mietwagen. Dabei gilt es, Folgendes zu beachten: Unbedingt meiden sollten Selbstfahrer in der Grenzregion Querfeldeinwege. Noch immer liegen Tausende Landminen versteckt im Boden, Überbleibsel der jahrzehntelangen Buschkämpfe zwischen Südafrika und der SWAPO/Angola (sog. Südafrikanischer Grenzkrieg 1966–1989).

WIE NAMIBIA ZU SEINEM ZIPFEL KAM **Z**

Mit der Umbenennung des Caprivi Strip oder Caprivi-Zipfels in Sambesi (Region) 2013 hat Namibia wieder ein Stück deutscher Kolonialvergangenheit abgelegt. Tatsächlich war dieser ›Zipfel‹ am grünen Tisch der deutschen Kolonialverwaltung entstanden. Im Helgoland-Sansibar-Vertrag tauschten Deutschland und Großbritannien Ende des 19. Jh. verschiedene Territorien. Großbritannien erhielt von Deutschland die Gewürzinsel Sansibar und Teile des heutigen Botswana. Im Gegenzug bekam Deutschland Helgoland und als direkten Zugang zum damals strategisch wichtigen Sambesi-Fluss den Caprivi-Zipfel. Reichskanzler – und Namensgeber des neuen Landstrichs – Georg Leo Graf von Caprivi wollte damit die Voraussetzung für eine durchgängige Landbrücke zu den anderen deutschen Gebieten in Ostafrika schaffen. Die kuriose Geschichte ist ein gutes Zeugnis dafür, wie skrupellos die Europäer einst Afrika unter sich aufteilten.

Popa Falls   📍 P 2

Mit 25 ha hat der Popa Game Park für einen Wildpark eine winzige Fläche. Letztlich ist der kleinste Game Park Namibias nicht mehr als ein Schutzgebiet rund um die sehenswerten Popa-Fälle und das dazugehörige Restcamp. Hier sollte man sich weder auf das Auto noch das Boot verlassen, sondern zu Fuß eine kleine Wanderung entlang der Stromschnellen am Okavango River unternehmen. Mit etwas Glück bietet das Spiel aus Licht und Wasser hervorragende Fotomotive. Auch die Vogelwelt ist bemerkenswert: Rund 400 verschiedene Arten, darunter Eulen und Papageien, wurden rund um die Popa Falls registriert.

Von Sonnenauf- bis Sonnenuntergang geöffnet, 40 N$ pro Pers., Fahrzeug 10 N$

Schlafen

Am rauschenden Fluss
Popa Falls Camp: Holzchalets in einfach ausgestattetem Camp. Idyllische Umgebung, Gemeinschaftsküche. Zeltplatz, 2 River Cabins, 4 River-Chalets.
www.nwrnamibia.com/popa-falls.htm, River-Chalet 1250 N$ pro Pers., Zeltplatz 140 N$ pro Pers.

Bwabwata National Park
📍 P–R 2, Karte 3, R/S 2

Der größte Teil des Parks wird von Savanne mit einem dichten Baumbestand bedeckt. Von besonderer Bedeutung ist der Flussuferwald entlang des Okavango im Parkwesten, in dem auch einige mächtige Baobab-Bäume stehen. Im Parkosten, im Überschwemmungsgebiet des Kwando, sind Marschen und Schilfrohrinseln dominierend. Mit etwas Glück sieht man Flusspferde, Elefanten und Krokodile. Außerdem leben hier die sonst seltenen Pferde- und Rappenantilopen. Besonders beliebt ist der Park zur Vogelbeobachtung.

Parkgründung mit großen Zielen
Im Jahr 2007 entstand der Bwabwata National Park aus dem Zusammenschluss des Caprivi- mit dem Mahango-Nationalpark. Auch das Kwando Triangle, das westlich vom Kwando River und nördlich der Straße B 8 liegt, wurde dem Nationalpark zugeschlagen. Im Gegenzug gliederte man ein Gebiet von ca. 600 km² aus dem neuen Park aus, um Weidegründe für das Vieh der lokalen Bevölkerung zu schaffen. Damit hat der Bwabwata National Park eine Größe von 5244 km².

2011 begann ein neues Kapitel für die tierischen Bewohner des Parks. Namibia, Sambia, Botswana und Angola verständigten sich über einen gemeinsamen Naturschutz in ihrer Grenzregion und schufen dafür die Kavango/Zambezi Transfrontier Conservation Area, zu der der Bwabwata National Park gehört und in der u. a. alle Zäune abgebaut werden sollen. Das bedeutet, dass die Elefantenherden wie auch alle anderen Tiere frei zwischen den Ländern umherziehen können.

Infos

• **Bwabwata National Park:** Die B 8 (ehem. Trans-Caprivi-Highway) durchzieht den Park der Länge nach (180 km). Um sie zu befahren, bedarf es eines **Permit,** das man an den jeweiligen Parkeingangstoren erhält. Drei Gemeindezeltplätze liegen innerhalb des Parks: Die **Camps** Bumhill and Nambwa liegen am Kwando River im Parkosten, das N//goabacha Camp am Kavango River im Parkwesten. In allen Camps kann man nur vor Ort einchecken, weitere Infos unter: www.namibian.org/travel/

Im Living Museum lassen die Mafwe ihre uralten Tänze wieder aufleben. Dabei trägt so mancher Tänzer eine Shorts unter dem traditionellen Rock aus Schilfrohr.

community/index.html, Stichwort Caprivi & Kavango.

The Living Museum of the Mafwe   📍 Karte 3, S 2

Sehr authentisch vermittelt das wenige Kilometer nördlich von Kongola an der D 3502 liegende Lebende Museum der Mafwe ein Bild von der traditionellen Kultur dieser Bevölkerungsgruppe. Die Initiatoren der Living Culture Foundation legen viel Wert darauf, die Lebensweise der Einheimischen so zu zeigen, wie sie vor der Beeinflussung durch die Europäer ausgesehen hat (s. S. 276). Ein einfacher Campingplatz komplettiert das Museum. www.lcfn.info, tgl. Sonnenauf- bis Sonnenuntergang, diverse Vorführungen etc.

Schlafen

Außergewöhnlich

Nambwa Tented Lodge: Luxuriöse Safari-Lodge auf Holzplattformen in den Baumkronen. Von allen Zimmern aus tolle Aussicht, super Safariangebot. 20 km südwestl. von Kongola, T 081 12 52 122, www.africanmonarchlodges.com/nambwa-luxury-tented-lodge, DZ ab 5200 N$

Lizauli Traditional Village   📍 Karte 3, S 2

Früher war Lizauli ein kleines Dorf, heute ist es ein Lebendes Museum und ein gelungenes Beispiel für den Community

Based Tourism in der Sambesi-Region. Die Besucher des Dorfes können in Alltag, Lebensweise und Traditionen der Einheimischen eintauchen, ohne als gaffende Zaungäste in fremde Häuser schielen zu müssen. Es wird getanzt, Schmuck gefertigt, gekocht und auch sonst alles getan, was zum normalen Leben in einem afrikanischen Dorf gehört. Das Projekt entstand unter großem Engagement der einheimischen Bevölkerung, die auch direkt von den Einnahmen profitiert.

28 km südl. von Kongola, am nördl. Eingang des Mudumu National Park

Mudumu National Park
📍 Karte 3, S 2/3

Der Mudumu National Park wurde 1990 eröffnet. Auf seinen gut 1000 km² Fläche

Die bunten Vögel wie dieser Paradies-Fliegenschnäpper faszinieren sogar jene, die sonst mehr auf die Big Five stehen.

findet sich eine artenreiche Tierwelt: Neben einer Vielzahl seltener Vogelarten, zu deren Schutz das Reservat eigentlich gedacht war, gibt es Elefantenherden ebenso wie Flusspferde, Krokodile, verschiedene Antilopen, Hyänen und Löwen. Der Park ist nur mit Allradfahrzeugen zu befahren, und selbst damit wird man nicht selten an Grenzen stoßen. Am besten kann man ihn mit einem Boot vom Kwando her erkunden. Der Fluss mit seinen vielen Nebenarmen schlängelt sich ruhig und behäbig durch die Sambesi-Region. Nicht ganz einfach für Reisende sind die ›Namensspiele‹ des Kwando. Mal heißt er Mashi, dann Linyanti, später Itenge, ehe er letztlich zum Chobe mutiert – unter dieser Bezeichnung ist er wohl am bekanntesten.

Schlafen, Essen

Flussblick inklusive
Lianshulu Lodge & Lianshulu Bush Lodge: Malerisch liegt im Mudumu National Park am Ufer eines Seitenarms des Kwando die luxuriöse Lianshulu Lodge. Man erreicht sie über die D 3511 sogar im normalen Pkw. Die Hauptlodge besitzt elf Chalets, die Bush Lodge acht. Für die Gäste werden eine Reihe von Aktivitäten angeboten, beispielsweise Nachtexkursionen, Tierbeobachtungstouren mit dem Boot oder per Geländewagen und zu Fuß. T 061 25 43 17, www.lianshulu.com, Chalet 5200 N$

Infos

● **Mudumu National Park: Permits** sind im Park, und zwar im Büro des Ministry of Environment and Tourism (MET) in Nakatwa, zu erwerben. In Nakawata gibt es auch ein einfaches **Camp.** Der gesamte Proviant (Trinkwasser!) und Benzin müssen mitgebracht werden.

Nkasa Rupara National Park 📍 Karte 3, S/T 3

Der nur 320 km² große Nkasa Rupara National Park (bis 2013 Mamili National Park) liegt südlich von Mudumu, dort, wo sich die Grenze als Dreieck ins botswanische Territorium schiebt. Als geschütztes Sumpfgebiet ist der Park mit dem Geländewagen nur in der Trockenzeit befahrbar. Selbst dann gibt es relativ wenige Möglichkeiten, *game drives* im eigentlichen Sinne zu erleben. Bis zur Proklamierung zum Nationalpark war die Region ein Paradies für Wilderer. Heute hat sich der Tierbestand erholt. In der Trockenzeit sind die beiden Inseln Nkasa und Lupala zu erreichen, wahre Paradiese für Ornithologen. Die beste Zeit für die Vogelbeobachtung sind aber die Monate November bis März, dann bleibt nur die Möglichkeit, sich mit dem Boot auf den Wasserwegen fortzubewegen.

Infos

• **Nkasa Rupara National Park: Permits** müssen im Voraus bei den Büros des Ministry of Environment and Tourism (MET) in Katima Mulilo oder Windhoek erworben werden. Rustikale **Campsites** in Nzalu und Lyadura bieten Übernachtungsmöglichkeiten.

Schlafen

Im Sumpf

Rupara Restcamp: Campingplatz mit Hütten und schattenspendenden Bäumen. Warme Duschen.
3 km nördl. des Nkasa Rupara NP beim Dorf Sangwali, T 066 68 61 01, www.rupara.com, Hütte 940 N$, Zeltplatz 190 N$ pro Pers.

Katima Mulilo 📍 Karte 3, T 1

Die Stadt am Ende des Trans-Caprivi-Highway (B 8) teilt das Los anderer Orte im Norden: Interessant ist sie nur als Station auf dem Weg in die Naturparks und Nachbarländer. 2004 wurde die Katima-Mulilo-Brücke mit einem Grenzübergang in das auf der anderen Flussseite gelegene Sesheke in Sambia eröffnet. Bis 1989 war Katima Mulilo ein wichtiger Stützpunkt der südafrikanischen Armee im Kampf gegen die SWAPO-Befreiungskämpfer, die von Angola und Sambia aus operierten. Gleichzeitig wurde die Region in den angolanischen Bürgerkrieg (1975–2002) miteinbezogen. Heute wirkt die Stadt heruntergekommen. Auf dem Gelände des **Caprivi Art Centre** (Hage Geingob Drive), in dem Kunsthandwerk verkauft wird, gibt es eine Ausstellung zur Geschichte sowie dem Kunsthandwerk der Sambesi-Region.

Schlafen, Essen

Flussblick

Zambezi Lodge: 26 Zimmer mit Klimaanlage und Blick auf den Strom, tropischer Garten, Terrassenrestaurant, Bar, Pool.
Am Ortsrand direkt am Sambesi, T 066 25 31 49, www.proteahotels.com, DZ 2000 N$

Infos

• **Internet:** www.kmtc.org.na
• **Tutwa Tourism & Travel:** Hage Geingob Dr., T 064 40 40 99, www.tutwatourism.com. Infos, Shuttle Service von Lodge zu Lodge, Buchung von Ausflügen.
• **Flugzeug:** Mpacha Airport, 18 km südwestl. des Stadtzentrums, T 066 25 02 11. Flüge von/nach Windhoek (Eros).
• **Bus:** www.intercape.co.za. Mehrmals wöchtl. von/nach Windhoek, Victoria Falls.

Ausflüge in die Nachbarländer

Viele Besucher der Sambesi-Region verbinden ihren Aufenthalt im Nordosten Namibias mit Abstechern in die Nachbarländer. Die Tierparadiese in Sambia, Zimbabwe und Botswana verführen geradezu dazu, zum Grenzgänger zu werden. Viele Reiseveranstalter zollen dem Tribut und planen in ihre Touren, besonders wenn sie länger als zwei Wochen dauern, solche ›Ausreißer‹ in die Nachbarländer ein. Dazu gehört natürlich ganz zuvorderst der Chobe National Park in Botswana. Die Elefantenpopulation dort ist legendär, das Anfahren vieler Lodges auch. Oft braucht es dazu Allrad unterm Wagen und einen Könner am Steuer oder sie sind generell nur mit dem Boot erreichbar. Das sorgt dafür, dass im Chobe noch Safaris möglich sind, ohne ständig auf die ›Konkurrenz‹ aus anderen Lodges zu stoßen. Ähnliche Erwartungen kann man auch an Ausflüge nach Sambia und Zimbabwe knüpfen.

Einen besonderen Erinnerungswert hat die Hauptattraktion der Region, die Victoria-Fälle. Wenn sich überwältigende Wassermassen auf 1,7 km Breite über 100 m in die Tiefe stürzen, bleibt kaum ein Auge trocken, und nicht nur das. Je

ORIENTIERUNG

https://namibia.de/viktoriafaelle, https://botswana.eu/national parks/chobe-nationalpark: Websites der DIAMIR Erlebnisreisen GmbH mit informativem Überblick.
Anreise und Herumkommen: Die Anreise auf der B 8 durch die Sambesi-Region gestaltet sich recht bequem. Nicht außer Acht lassen sollte man jedoch die großen Entfernungen. Die Grenzübertritte können etwas mehr Zeit in Anspruch nehmen. Visa erhalten EU-Bürger und Schweizer für alle Länder direkt an der Grenze. Die Kosten, 50–100 US-$, können variieren. Seit 2017 gibt es das KAZA Visum, das für Zimbabwe und Sambia gleichermaßen gültig ist.

nach Beobachtungsstandort wird man gleich von Kopf bis Fuß eingeweicht. Da helfen auch die Regencapes wenig, die von geschäftstüchtigen Händlern angeboten werden. Sie halten zwar die Nässe von außen ab, doch bei 30 °C wird es unter den Planen dann trotzdem feucht. Beobachten kann man die Fälle von Sambia und von Zimbabwe gleichermaßen, doch Besucher sind sich einig: Die spektakularsten Bilder gibt es von Zimbabwe aus.

Botswana

Chobe National Park

📍 Karte 3, T–V 2–4

Der 11 000 km² große Chobe-Nationalpark in Botswana gehört zu den faszinierendsten Tierreservaten Afrikas. Grandiose Landschaften mit wilden Tieren kann man kaum anderswo so intensiv erleben wie hier. Während sich in den großen Wildparks wie dem Etosha-Nationalpark oder dem Krügerpark an den Wasserstellen nicht nur Tiere, sondern auch immer mehr Menschen einfinden, genießt man im Chobe-Nationalpark noch die Einsamkeit unerforschter Wildnis. Fahrten am Ufer des Chobe entlang oder im Gebiet der Savuti-Sümpfe werden zu bleibenden Erinnerungen. Große Herden von Elefanten – insgesamt bis zu 30 000 – sowie Büffel und Zebras ziehen durch das grüne Reich. Mit schöner Regelmäßigkeit trifft man Löwen, Hyänen und sogar die seltenen Wildhunde.

Infos

● **Chobe National Park:** An den Parkeingängen wird ein **Permit** fällig, 10 € pro Pers., 5 € pro Auto. **Anreise via Kasane** – in den Nationalpark gelangt man auf der berühmt-berüchtigten Chobe Road von Kasane aus. Ngoma Bridge ist die Grenzstation. Von dort führt die Fahrt über Kavimbu und Kachikau nach Savute. Ein Allradfahrzeug, entsprechende Erfahrung und gute Karten sind unverzichtbar. Man

Paviane leben in Namibia wie Botswana frei. Besonders auf Campingplätzen ist mit ihnen nicht gut Kirschen essen.

Safaris mit dem Mokoro, dem Einbaumboot ob aus Holz oder Metall, sind besonders entschleunigend. Langsam und lautlos gleitet man dahin – nichts lenkt ab bei der Beobachtung der Tiere im Wasser und am Ufer.

muss aber nicht zwangsläufig per Allrader anreisen. Die Lodges im Nationalpark holen ihre Gäste meist am Flughafen in Kasane ab – dann beginnt das Safarierlebnis bereits auf der Fahrt zur Unterkunft. Es gibt zahlreiche Lodges, meist mit gehobenem Standard und Preisgefüge, aber auch Stellplätze für Camper. **Anreise via Shakawe:** Eine Alternative ist die Fahrt von Shakawe aus ins Okavango-Delta mit seinen zahlreichen Camps und Lodges in teils privaten Wildreservaten. Die Preisskala ist dort nach oben offen. Dafür finden die Tierbeobachtungstouren abseits der sonst geltenden strengen Regeln des Nationalparks statt. Die Anreise zu vielen der Unterkünfte ist per Geländewagen nur sehr erfahrenen, fahrtechnisch perfekten Allradfahrern zu empfehlen und sollte möglichst in die Trockenzeit fallen. Sobald der Okavango richtig Wasser führt,

können nur Amphibienfahrzeuge weiterhelfen. Zu einer Reihe von Unterkünften kann man nur per Kleinflugzeug anreisen.

Schlafen, Essen

Luxus unter Palmen

Ntwala Island Lodge: Absolute Luxus-Lodge, nicht nur in puncto Preis. Palmen, weiße Sandstrände auf einer Insel (Impalila Island) im Sambesi. Umfangreiches Safariprogramm. Vier luxuriöse Chalets mit privaten Pools.
T 027 217 12 52 94, www.sunsafaris.com, DZ/VP/Aktivitäten ab 960 US-$

Buschtouren

Savuti Bush Camp: Traditionsreiches Luxus-Camp in der Linyanti Concession, einem privaten Wildreservat. Klein und mit sehr persönlichem Service. Neben Safarifahrten gehören Wanderungen auf den Spuren der Wildtiere zu den Spezialitäten des Camps.

T 0027 21 70 12 52 84, www.camsavuti.com, DZ/VP/Aktivitäten ab 990 US-$

Infos

• **Botswana Tourism:** Karl-Marx-Allee 91A, 10243 Berlin, T 030 42 02 84 64, www.botswanatourism.de.

Moremi Game Reserve

♀ Karte 3, R/S 4

Im Süden des Chobe National Park schließt sich nahtlos die Moremi Game Reserve an. Das 4872 km² große Naturschutzgebiet ist Teil des Okavango-Deltas und macht etwa ein Drittel seiner Fläche aus. Wer den Weg bis hierher gefunden hat, sollte sich eine Fahrt mit dem Mokoro durch den Sumpf nicht entgehen lassen (s. Tour S. 220).

Große Flüsse gibt es zwar auch in anderen Wüsten des Globus, man denke nur an den Nil, der Okavango aber ist einzigartig. Der wasserreiche Fluss fächert sich in ein weites Delta auf, bevor sein Wasser schlicht verdunstet und im Sand versickert. In der trockenen Umgebung lockt das Nass jede Menge Tiere an.

Infos

• **Moremi Game Reserve:** Das **Permit** und evtl. ein **Campingplatz** in der Reserve müssen im Voraus beim Parks and Reserves Reservations Office in Maun bezahlt und reserviert werden (T 002 67 686 12 65). Die Büros sind täglich 7.30–16.30 Uhr geöffnet, Mittagspause Mo–Sa 12.30–13.45 Uhr, So ab 12 Uhr

geschlossen. Buchungen können bis zu 12 Monate im Voraus vorgenommen werden.

Zimbabwe/ Sambia

Victoria Falls ♀ Karte 3, W 2

Donnerndes Wasser, so die Eingeborenen. Die Viktoria-Fälle zählen zu den eindrucksvollsten Wasserfällen der Welt und den meistbesuchten Naturwundern Afrikas. Auf einer Breite von 1700 m stürzt sich der Sambesi 119 m tief in eine Felsenschlucht. Während der Regenzeit fallen in jeder Sekunde bis zu 10 000 m³ Wasser in die brodelnde Tiefe. Von den Fällen steigt eine hohe Gischt- und Nebelwolke in den Himmel, sodass man sie bereits aus weiter Ferne lokalisieren kann. Den Ruhm der Viktoria-Fälle begründete 1855 der schottische Missionar und Afrikaforscher David Livingstone. Er war nicht der erste Europäer, der die

GRENZPASSAGEN

Unerlässlich für den Grenzübertritt ist die schriftliche Erlaubnis des Autovermieters, dass man sein Fahrzeug auch in Sambia bzw. Botswana benutzen darf. Die Grenzformalitäten zwischen Namibia und Sambia bzw. Botswana verlaufen in der Regel ohne Probleme. Informationen zur Öffnung der Grenzübergänge, den Zollvorschriften u. Ä. finden Sie unter: www.namibia-info.net/namibia-reiseplanung/einreise/grenzen-formalitaeten.html

TOUR
Fluss-Safari durch ein einmaliges Biotop

Mit dem Einbaum durch das Okavango-Delta

Wer den weiten Weg ins Okavango-Delta auf sich genommen hat, sollte sich auf keinen Fall eine Fahrt im Mokoro, dem traditionellen Einbaum, entgehen lassen. Es ist ein eindrucksvolles Erlebnis, fast lautlos durch die Kanäle und Flüsse des Deltas zu gleiten und die Tierwelt vom Wasser aus zu beobachten.

Rund 4 m lang und mit großer Meisterschaft aus einem einzigen Baumstamm gehauen – die Mokoros leisten den Kavango seit Jahrhunderten treue Dienste.

Motorboote verdrängen Mokoros

Der Ausflug in einem Mokoro kann zum Höhepunkt eines Abstechers nach Botswana werden. Allerdings ist es nicht mehr selbstverständlich, dass man in den Genuss einer solchen Tour kommt, denn mittlerweile bevorzugen die meisten Luxuslodges im Delta kleine Motorboote für ihre Safaris. Die rund 4 m langen Einbäume, von den hier ansässigen Kavango seit Jahrhunderten benutzt, geraten immer mehr ins Abseits. Dabei kommt die faszinierende Landschaft des Deltas gerade beim motorlosen Dahingleiten besonders gut zur Geltung. Anbieter von Mokoro-Touren ist die **Mboma Boat Station** rund 20 km westlich des **South Gate** zur Moremi Game Reserve. Wer in der **Mankwe Bush Lodge** übernachtet, muss früh aufbrechen. Bis zur Boat Station sind es zwar ›nur‹ etwa 75 km, doch je nach Jahreszeit und Pistenzustand gibt es Abschnitte, die recht schwierig zu befahren sind. An der Boat Station

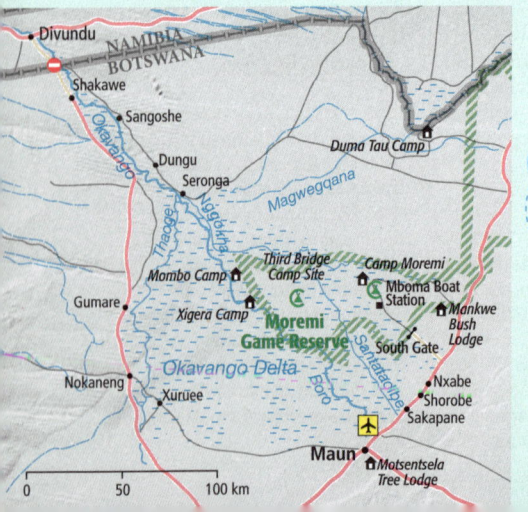

Infos

Start: Mboma
Boat Station
📍 Karte 3, S 4

Dauer: 2 Std. für die
Bootstour
zuzüglich An- und
Abfahrt

Buchung: über
Mankwe Bush
Lodge,
T 0027 217 12 52
84, www.mankwe-
bush-lodge.com,
ca. 35 € pro Pers.

warten professionelle Bootsführer mit den Mokoros, die für jeweils zwei Personen ausgelegt sind.

Fiberglas und Stahl statt Holz

Vor dem Start gibt es eine kleine Enttäuschung: Die Boote bestehen nicht aus Holz, sondern aus Fiberglas. Jahrhundertelang wurden Mokoros mit Äxten aus mächtigen Baumstämmen gehauen. Diese Bauweise hatte u. a. den Nachteil, dass die Einbäume kaum länger als ein Jahr dicht blieben. Neben Fiberglas wird heute auch Stahlblech verwendet. Die Boote aus beiden Materialien sind nahezu unverwüstlich.

Lautlos dahingleiten

Mit viel Geschick bringt der Bootsführer das kleine Boot mit einer 3,50 m langen Stange in Fahrt. Fast lautlos gleitet es durch die Wasserwelt des **Okavango-Deltas,** während aus dem Schilfdickicht ein vielstimmiges Konzert erklingt. Die Vogelwelt des Deltas ist beeindruckend: Schwarz-weiß marmorierte Graufischer sitzen auf kleinen Ästen und warten auf Beute. In elegantem Schwarz-Weiß präsentiert sich auch der Waffenkiebitz, während der Zwerghaubenfischer mit seinem blauen Federkleid Farbe ins Bild bringt. Rosarote und weiß-gelbe Seerosen säumen die Ränder der schmalen Wasserarme. Auf Sandbänken liegen mächtige Nilkrokodile. Früher wurden sie gejagt, heute wird das lukrative Krokodilleder-Geschäft von spezialisierten Farmen betrieben. Hin und wieder ziehen Bienenfresser mit ihrem farbenfrohen Federkleid die Aufmerksamkeit auf sich oder Seeschreiadler ziehen am Himmel majestätisch ihre Kreise.

Zu den schwimmenden Riesen

Akustisch machen sich auch größere Tiere bemerkbar: Laut bellend brechen Buschböcke aus dem Schilf, Vertreter der für die Region typischen Antilopenart, und schon von Weitem hört man das Brüllen der Flusspferde. Wegen ihrer durchdringenden Revierschreie werden sie auch gerne ›Stimme Afrikas‹ genannt. Oft haben es sich ganze Nilpferdgroßfamilien, nicht selten 20–30 Tiere, in den großen Seitenarmen des Deltas gemütlich gemacht. Zu nah sollte man den Tieren aber nicht kommen, das könnte gefährlich werden. Schließlich wendet der Bootsführer das Mokoro. Durch andere, ebenfalls verschlungene Wasserarme stakt er zurück zur **Bootsanlegestelle.**

Das lautlose Dahingleiten des Mokoro lässt ganz besondere Tierbeobachtungen zu.

Der Spaziergang entlang der rauschenden Wasserwände der Victoria Falls – ein tolles, aber recht feuchtes Erlebnis. Wechselkleidung und eine wasserdichte Tasche für Kamera oder Handy sind ratsam.

Fälle sah, doch er war der Erste, der sie in lebhaften Farben beschrieb und damit auch in Europa bekannt machte. Bereits 1906 entstand unweit der Fälle im heutigen Zimbabwe das legendäre **Victoria Falls Hotel.** Um die Jahrhundertwende hatte man mit dem Bau der transafrikanischen Eisenbahnlinie von Kapstadt nach Kairo begonnen. Ihre Fertigstellung blieb ein Traum, doch an den Fällen steht noch die Eisenbahnbrücke über den Sambesi, die **Victoria Falls Bridge,** ein mächtiges Stahlviadukt hoch über der Schlucht.

Zwei Standorte

War über Jahrzehnte der kleine Ort **Victoria Falls** auf simbabwischer Seite das bevorzugte Ziel der Touristen, hat sich der Besucherstrom inzwischen nach Livingstone in Sambia verlagert. Bei Be-

suchen in Zimbabwe sollte man bedenken, dass die ausgesprochen schwierige politische, wirtschaftliche und soziale Lage der Bevölkerung zu einem Anstieg der Kriminalität geführt hat, verstärkt kommt es zu Taschendiebstählen. An den Fällen und in den großen Nationalparks des Landes herrscht aber das allgemeine touristische Leben. Kenner beteuern gern, dass die Wasserfälle von Zimbabwe aus noch deutlich beeindruckender seien – da sollten Sie sich selbst ein Bild davon machen (und ihnen wahrscheinlich recht geben).

Von Katima Mulilo nach **Livingstone** sind es rund 220 km. Die Straße ist geteert, hat aber reichlich Schlaglöcher. In den letzten Jahren wurde die touristische Infrastruktur im Ort den Ansprüchen des internationalen Tourismus angepasst. So kann man heute unter zahlreichen Hotels und Lodges wählen. Auch das Aktivitätsangebot ist vielfältig und reicht von Fahrten auf dem Sambesi über Elefantenreiten bis hin zu *game drives* im Busch. Selbst halsbrecherische Rafting-Abenteuer gehören zum Standardangebot (s. Tour S. 224).

Schlafen

Kolonialstil
The Royal Livingstone: Gebäudekomplex im Kolonialstil am Sambesi. Das 5-Sterne-Haus mit insgesamt 175 Zimmern gehört zu den Sun International Resorts.
Mosi-oa-tunya Rd., www.anantara.com, DZ 700 US-$

Ausblick
Stanley Safari Lodge: Zehn luxuriöse Cottages auf einem Hügel mit Blick auf die Gischt der Fälle. Umfangreiches Aktivitätsangebot.
Box 30722, Lilongwe, Malawi, T 00265 993 50 46 00, www.robinpopesafaris.net, DZ 665 US-$

Flussromantik
Tongabezi Lodge: Romantik pur am Sambesi. Luxuriöse Safari-Lodge direkt am Fluss, nur rund 30 Min. vom Flughafen entfernt. Stilvoll eingerichtete afrikanische Chalets. Neben der Hauptlodge gibt es noch weitere Unterkunftsmöglichkeiten.
Private Bag 31, Livingstone, T 00260 213 32 74 68, www.tongabezi.com, Chalets mit VP und Aktivitäten ab 1000 US-$

Nah dran
The Zambezi Sun: Für den normalen Geldbeutel gerade noch erschwingliches, freundliches 3-Sterne-Haus im Adobe-Stil, bis zu den Fällen sind es nur 5 Min. zu Fuß.
Mosi-oa-tunya Rd., T 00260 213 32 11 22, www.suninternational.com, DZ ab 280 US-$

Bewegen

Bungee Jumping
Kiwi Extreme: Ca. 111 m über den Fluten des Sambesi ist der Startpunkt für die zweithöchsten Tandemsprünge der Welt. Kiwis haben den ›Sport‹ erfunden und eine neuseeländische Firma hat die Eisenbahnbrücke zwischen Sambia und Zimbabwe dafür entdeckt.
T 00260 332 42 53, Sprung ab 100 US-$

Jet Boat
Jet Extreme: Ein bisschen verrückt muss man schon sein, wenn man sich den wagemutigen Bootsführern anvertraut. Jet-Boat-Touren auf den Sambesi-Stromschnellen.
P.B. 61043., Livingstone, www.jetextremezam bia.com, T 00260 213 32 13 75, ab 80 US-$

Mit dem Hubschrauber
United Air Charter: Faszination verspricht ein Helikopterflug über die Fälle. Die Kurzversion dauert ca. 15 Min. Man kann auch deutlich längere Touren, sogar inklusive Sektfrühstück, buchen.
T 00260 213 32 30 95, www.uaczam.com, ab 80 US-$

Infos

- **Victoria Falls:** Während der Regenzeit (Jan.–April) sind die Fälle am gewaltigsten, verdeckt aber Sprühnebel zum Teil die Sicht auf die Fälle. Von Mai bis Aug. wird die Wassermenge von Monat zu Monat weniger, von Sept.–Dez. fließt am wenigsten Wasser, wodurch die Fallstufe besser sichtbar wird, teilweise aber trockenliegt.
- **Livingstone Tourism Association:** T 00260 213 32 23 65, www.livingstone tourism.com.
- **Zambia Tourism Board:** Great East Rd., Lusaka, T 00260 211 22 90 87/90, www.zambiatourism.com.

TOUR
Teufelsritt auf tosender Gischt

Rafting auf dem Sambesi

Rund dreißig, zumindest nach außen hin recht wagemutige Abenteurer wollen Rafting auf dem Sambesi wagen – und ich mittendrin. Schon die Einweisung unterhalb des Victoria Falls Hotel an der **Victoria Falls Bridge** in Zimbabwe macht uns mit all den Gefahren, die auf uns warten, vertraut. So kommen nicht nur die größten Stromschnellen der Welt auf uns zu, sondern auch ›niedliche‹ Krokodile an den Flussufern, um gestrandete Rafter freundlich zu empfangen … was mag wohl die heimische Versicherung dazu sagen?

Von leichten Wellen bewegt, liegen die Schlauchboote fest am Ufer vertäut. Noch wäre ein Rückzug möglich, könnte man seine 150 Dollar und den sonnigen Tag anders nutzen. Unsere Bootsführer erwarten uns und langsam gehen die vier Boote auf die Reise. Von Stromschnelle 5 bis 18 geht unsere Tagestour. Dabei gibt es Schwierigkeiten von 3–5 zu meistern. Insgesamt werden Stromschnellen in die Schwierigkeitsgrade 1–6 eingeteilt. Wobei die 6 mit dem Schlauchboot, dem Raft, nicht zu befahren ist. Allmählich wird das Tosen der Wassermassen lauter – dann ist sie da, unsere erste Stromschnelle, alias **»Stairway to Heaven«**. Schon zieht es das Boot mit brachialer Gewalt in die Wasserwelt. Wellenwände schlagen über uns zusammen. Schreie, die Kommandos, des Bootsführers sind nur zu erahnen – instinktiv werfen wir uns in den richtigen Augenblicken gegen die Wassermassen. Geschafft. Auch die anderen Boote sind gut durchgekommen. Alle Mann an Bord.

Helm und Schwimmweste stellt der Veranstalter ebenso wie die von versierten Fahrern gesteuerten Kajaks, die die Rafts zur Absicherung begleiten.

Weitere Stromschnellen folgen. Langsam sind wir eingespielt. Doch bei Nr. 8, genannt **»Midnight Diner«** überschlagen sich erst die Ereignisse und dann unser

Stromschnellen
5. Stairway to Heaven
6. Devils Toilet Bowl
7. Gullivers Travels
8. Midnight Diner
9. Commercial Suicide
10. Gnashing Jaws of Death
11. Overland Truck Eater
12. The Three ugly Sisters
13. The Mother
14. Surprise Surprise
15. The Washing Machine
16. The Terminator
17. Double Trouble
18. Oblivion

Victoria Falls
Victoria Falls (Mosi-oa-Tunya)
SAMBIA
SIMBABWE
Zambesi River
A8
T1

0   4   8 km

Infos

Start: Victoria Falls Bridge bzw. Hotelabholung
📍 Karte 3, W 2

Dauer: ca. 6 Std.

Buchung: u. a. bei Bundu Adventures (www.bunduad ventures.com) oder Shearwater (www. shearwatervictoria falls.com)

Preis: 150– 200 US-$

Hinweis: Die Tour erfordert nicht nur einen guten Fitnesszustand, sondern auch gute Nerven. Kaum ein Boot kommt ohne einmaliges oder gar mehrmaliges Kentern durch die weiße Gischt unterhalb der Fälle.

Boot. Mit letzter Kraft werfen wir uns nach links, wo uns eine Wasserwand entgegenbrüllt, doch nur Bruchteile einer Sekunde später folgt ein wohl 3 oder 4 m hoher Brecher mit riesiger Gewalt von der anderen Seite. Wie ein Tennisball wird unser zentnerschweres Boot durch die Luft gewirbelt und wir mit ihm. Unser Gefährt landet auf dem Kopf und wir schwimmen inmitten der weißen Gischt. Und am Ufer die Krokodile? Da werden ungeahnte Kräfte frei. Bis auf einen australischen ›Wassermann‹ schaffen wir alle irgendwie den Weg zurück zum Floß. (Der Australier kehrt später, begleitet von einem der Kajaks, die die Tour absichern, zu uns zurück.) Gemeinsam gelingt es uns im noch immer recht flotten Strom, das Boot zu wenden. Das Tragen um **Stromschnelle 9** ist zwar eine Abwechslung, aber kein Vergnügen. Das Gewicht des Bootes zerrt an den Armen und die schon recht weichen Knie schaffen nur mühsam den Weg über die teils meterhohen Felsbrocken am Ufer.

Weiter geht es auf dem Wasserweg. Mit Bravour meistern wir die **Stromschnellen 10–17**. Dieses Mal sind es andere Boote, die der Wildheit des Sambesi Tribut zollen müssen. Nun wartet **»Oblivion«**, unsere letzte Stromschnelle. Dachten wir, es gibt keine Steigerung zu Nr. 8, weit gefehlt! Schnell werden wir vom Gegenteil überzeugt. Von allen Seiten fallen Wasserwände auf uns herab. Ein fast unbeschreibliches Toben der Elemente. Doch dann plötzlich gehorcht unser Boot nicht mehr. Auf einem hohen Wellenkamm hängen wir fest und surfen: Sind es 5 oder 50 Sek.? Die Zeit erscheint uns wie eine Ewigkeit. Der von Wellenreitern so erwünschte Surfeffekt kann für ein Schlauboot unserer Größe zum Desaster werden. Dann endlich. Die Strömung gibt uns frei. Das große Aufatmen setzt ein. Glücklich und zufrieden geben wir uns die Hände. Minuten später stehen unsere Füße wieder auf festem Grund. Das vielleicht größte Abenteuer unseres Lebens ist vorbei.

Glücklich im Kopf, doch körperlich erschöpft, liegt ein weiterer anstrengender Teil des Tages noch vor uns. Auf einem steilen, fast schattenlosen und unbefestigten Pfad geht es rund 300 m hinauf an den Rand der Schlucht. Nur die Hoffnung auf die dort zur Belohnung wartenden eisgekühlten Getränke lässt uns einen Fuß vor den anderen setzen …

Zugabe
Namibia auf Schienen

Mit dem African Explorer quer durchs Land

D a sage noch einer, Namibia und Bahnreisen würde nicht zusammenpassen. Für mich fühlt sich das gerade anders an. Zwar langsam, die Gleise sind nicht die neuesten, aber stetig rollt mein Hotel auf Rädern Richtung Norden. Es ist gerade ein paar Stunden her, dass ich, gemeinsam mit 80 anderen Passagieren, in Windhoeks Bahnhof an Bord gegangen bin. Klar, ein Linienzug ist er nicht, unser Shongololo – und auch diesen Namen trägt er nicht mehr. Heute firmiert er als African Explorer und ist als ›Juwel der Wüste‹ unterwegs. Wobei, so ganz falsch war seine ursprüngliche Bezeichnung, Shongololo heißt Tausendfüßler, eigentlich nicht. Auf tausend Räder bringt er es zwar nicht, aber immerhin sind es gut 20 historische Waggons, die sich seit Windhoek durch die karge Landschaft schlängeln. Das Abenteuer Afrika ist es, das die Passagiere aus Europa in den Südwesten des schwarzen Kontinents gelockt hat, und natürlich auch, das sei nicht verschwiegen, der Wunsch, das Erlebnis Wildnis mit einem Schuss Luxus zu kombinieren. Während im Speisewagen afrikanisches Wildbret die Tafel ziert, zwingt der erste afrikanische Sonnenuntergang den Blick hinaus aus dem Waggonfenster. Afrika empfängt seine Gäste mit einem dunkelroten Farbenspiel. Das soll aber nicht das letzte gewesen sein. Namibia ist bekannt für seine Sonnenuntergänge. Da bleiben also zehn weitere Versuche, denn zehn Tage geht es nun auf Schienen quer durch Namibia zu all den Höhepunkten, die ganz einfach dazugehören, bevor der Zug dann zum Schluss seine letzten Kilometer auf südafrikanischen Schienen in Richtung Kapstadt zurücklegen wird. Trotz Luxus im Zug erwarten uns einige Abstecher in Lodges. Das wird dann gleich morgen mit dem Abstecher zum Etosha National Park seinen Anfang nehmen. Da heißt es für eine Nacht den Zug mit der Etosha Safari Lodge zu tauschen, Safarifahrten in Namibias größtem und eindrucksvollstem Nationalpark eingeschlossen.

Vorerst können wir es uns in den Zugabteilen gemütlich machen – ob in der Kategorie Elefant oder im noch exklusiveren Leopard. Es fehlt an nichts. So dauert es nicht lange und schon schaukelt mich der Zug in sanfte Träume. Träume, in denen schon die nächsten Stationen eine Rolle spielen. Immerhin kenne ich mein Traumland von meinen

> Vorerst können wir es uns in den Zugabteilen gemütlich machen – ob in der Kategorie Elefant oder im noch exklusiveren Leopard.

Rechercherreisen fast so gut wie meine Westentasche. Nach den Tieren wartet eine Welt aus Stein und Sand. Ob Namib, Spitzkoppe oder Fish River Canyon, zumeist spielt die Natur die Hauptrolle. Besonders die höchsten Dünen der Welt im Sossusvlei versprechen Abenteuerliches. Nicht zu vergessen die Menschen, denen wir begegnen werden. Besonders in Swakopmund werden wir dazu reichlich Gelegenheit haben. Die deutscheste aller Städte in Namibia darf im Fahrplan des African Explorer nicht fehlen. Auch nicht Lüderitz, dort wo die neuere Geschichte der Region ihren Anfang nahm. Dort wo ein anderer Traum viele Glücksritter anzog, dort wo bis heute die reinsten Diamanten der Welt gefunden werden. Ein Überbleibsel wilder Jahre ist die Geisterstadt Kolmanskop – ein weiteres Highlight. bevor der Zug in Richtung Südafrika verschwinden wird. Schön zu wissen, diese zehn Tage halten einen, wenn auch kleinen, Überblick über Namibia für uns bereit. Im Zug erwarten uns Vorträge zu Land und Leuten und reichlich Zeit, die Landschaft zu genießen. Besonders von der offenen Plattform am letzten Waggon aus, die ich gleich heute noch in Beschlag genommen habe.

Langsam zieht Ruhe ein im fahrenden Hotel. Der Tag war lang. Man hat sich eingerichtet und kann sich nun ohne das ständige Ein- und Auspacken auf die kommenden Urlaubstage freuen. Mich hat eine eigenwillige Schienenweiche aus meinen Träumen gerissen. Was nun? Soll ich jetzt Schäfchen zählen? Quatsch, in diesem Fall natürlich Springböcke … Die Sonderzugreise des African Explorer als Juwel der Wüste dauert 10 Tage, die gesamte Zugtour von Windhoek nach Kapstadt bzw. Pretoria 16 Tage. Informationen erteilt Lernidee Erlebnisreisen (www.lernidee.de). ∎

Ähnlich einem Tausendfüßler (Shongololo) schlängelt sich der African Explorer durch die Wildnis Namibias.

Das Kleingedruckte

Giraffen sind neugierig, aber scheu. Auf Abstand hält sie ihr langer Hals, liebend gerne beugen sie sich aber herunter.

Anreise

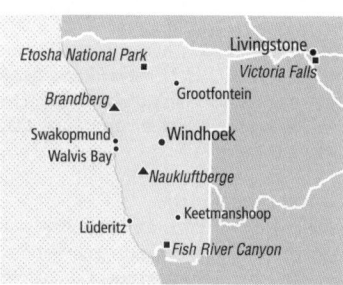

... mit dem Flugzeug

Für die meisten Besucher beginnt die Namibia-Reise auf dem Hosea Kutako International Airport (www.airports. com.na/airports/hosea-kutako-inter national-airport/12/). Er liegt ca. 45 km östlich von Windhoek, das über eine bestens ausgebaute Teerstraße in einer guten halben Stunde erreichbar ist. Vor dem Flughafengebäude fahren Busse Richtung City ab und Taxis stehen bereit. Einige Mietwagenfirmen sind am Flughafen präsent, andere holen ihre Gäste mit Transferfahrzeugen ab. Das trifft vor allem auf die Vermieter von Allradcampern und Wohnmobilen zu.

Eine Nonstop-Verbindung Deutschland–Namibia betreibt Air Namibia. Sechsmal wöchentlich fliegt der nationale Carrier in rund zehn Stunden von Frankfurt nach Windhoek. Seit Winter 2014/2015 hat die Fluggesellschaft Condor Windhoek wieder als Ziel in den Flugplan aufgenommen (wöchentlich zwei Flüge ab Frankfurt). Condor bietet neben der Eco auch eine Premium Class und eine Business Class an. Im Gegensatz zu anderen Fluglinien sind die Aufpreise dafür bei Condor durchaus erschwinglich. Der Komfortgewinn lohnt sich. Für jene, die ihre Namibia-Reise mit einem Südafrika-Besuch verbinden möchten, bietet South African Airways u. U. die optimale Alternative zum Direktflug nach Windhoek. SAA fliegt täglich mit den modernen Langstreckenjets Airbus 340 nach Johannesburg (min. 10 Std.). Von dort gibt es Anschlussflüge nach Windhoek (ca. 2 Std.).

Hosea Kutako Int. Airport: www.airports. com.na/airports/hosea-kutako-international-airport/12
Air Namibia: www.airnamibia.com
Condor: www.condor.com
South African Airways: www.flysaa.com

STECKBRIEF **S**

Lage: Zwischen dem 18. und 30. Grad südlicher Breite sowie dem 12. und 25. Grad östlicher Länge und damit auf gleicher Breite wie Australien.
Größe: 824 292 km^2
Einwohner: 2,6 Mio. (Stand 2018)
Hauptstadt: Windhoek, ca. 420 000 Einwohner (2018), weitere größere Stadt sind Swakopmund (50 000 Einw.), Walvis Bay (80 000 Einw.) und Lüderitz (25 000 Einw.).
Sprachen: Die Amtssprache in Namibia ist Englisch. Daneben gibt es 8 Nationalsprachen, nämlich Afrikaans, Deutsch, Khoekhoegowab, OshiKwanyama, Oshindonga, Otjiherero, RuKwangali und Silozi.
Staat und Politik: Am 21. März 1990 proklamierte Namibia seine Unabhängigkeit. Die Gesetzgebung liegt in den Händen des Parlaments, ein Rat der traditionellen Führer berät den Präsidenten.
Religion: Ca. 80 % der Bevölkerung sind Christen, davon 62 % Protestanten und 20 % Katholiken. Caprivaner, San, Himba und Tjumba sind Anhänger traditioneller afrikanischer Religionen.
Landesvorwahl: 00264
Zeitzone: MEZ bzw. MESZ −1 Std.

... mit dem Schiff

Es existieren zwar keine festen Schifffahrtslinien, doch ist Namibia für zahlreiche Kreuzfahrtschiffe ein beliebtes Ziel. Die Schiffe legen im Hafen von Walvis Bay oder von Lüderitz an.

... mit dem Auto

Nicht wenige Touristen besuchen das südliche Afrika im Rahmen einer großen Rundtour per Mietwagen oder Campmobil durch verschiedene Länder der Region und kommen somit im Auto nach Namibia. Es gibt zahlreiche Straßengrenzübergänge von Südafrika und Botswana. Über die Sambesi-Region (ehem. Caprivi Strip) kann der Autofahrer auch direkt aus Sambia bzw. auf einem kleinen Transitweg aus Zimbabwe einreisen. Diese Grenzübergänge sind im Normalfall nicht rund um die Uhr geöffnet. Die Betriebszeiten können sich kurzfristig ändern (s. Website).

www.namibian.org/travel/namibia/borders.htm

Bewegen und Entschleunigen

Namibia ist kein klassisches Sport-Urlaubsziel, es sei denn für Jäger – sofern man gewillt ist, Jagen als Sport anzusehen. Trotzdem gibt es verschiedene Möglichkeiten, den Urlaub durch sportliche Aktivitäten zu ergänzen, u. a. Erlebnisse zu Pferd oder auf dem Wasser – oder per Ski auf Sand.

Angeln

An den Stauseen im Landesinneren und den Flüssen im Norden, besonders in der Sambesi-Region, sowie am Meer, z. B. bei Terrace Bay (s. S. 153), gibt es für Angler Möglichkeiten, ihrem Hobby nachzugehen.
Angelscheine: Für die Binnengewässer gibt es Permits u. a. beim Ai-Ais-Erholungsgebiet, am Hardap Dam, am Von Bach Dam und beim Reservierungsbüro von Namibia Wildlife Resorts. Von Wal-

vis Bay, Swakopmund und Lüderitz aus werden Angelfahrten auf hoher See angeboten. Auskünfte, auch zu den aktuell notwendigen Angelscheinen am Atlantik, erteilen die örtlichen Infobüros.

Birdwatching

Namibia ist ein wahres Paradies für Ornithologen. Oft trifft man im Land auf Reisegruppen von Vogelliebhabern, leicht zu erkennen an teuren Spektiven und Objektiven mit langen Brennweiten. Im Land gibt es rund 650 verschiedene Vogelarten. Besonders auch im feuchten Nordosten ziehen die gefiederten Bewohner das Interesse der Touristen auf sich. Der Namibia Bird Club kümmert sich seit 1962 um die Vögel des Landes. Er betreibt eine interessante und sehr informative Website rund um die namibische Vogelwelt.

www.namibiabirdclub.org

Fallschirmspringen und Ballonfahren

Ein Absprung über der Wüste ist für Skydiver oder klassische Fallschirmspringer ein besonderes Erlebnis. Auch Tandemsprünge sind möglich. Ein teures, jedoch grandioses Vergnügen sind Ballonfahrten, z. B. von der Desert Homestead Lodge aus (s. S. 116).

http://skydiveswakop.com
http://ballooning-namibia.com
www.hotairballooning-safari.com
http://balloon-safaris.com

Höhlenbegehung

Speläologisch gesehen ist Namibia ein sehr interessantes Land. Der weit verbreitete Untergrund aus Kalkstein bietet beste Voraussetzungen für die Entstehung von Höhlen. Im Otavi-Bergland befindet sich die bislang am besten erkundete Höhlenregion. So ist die Harasib-Höhle die tiefste bisher erkundete Höhle Namibias. Allerdings sind nur zwei Höhlen für Besucher geöffnet. Die Arnhem Cave liegt in der Nähe von Windhoek (s. S. 40). Früher wurde in ihr Fledermausguano gewonnen. Bis heute ist sie berühmt für ihre Fledermäuse. Die Gaub Cave im Otavi-Bergland darf ebenso nur mit Führer betreten werden (s. S. 196). Touren dauern rund 2 Stunden und verlangen schon etwas Kondition. Auch in ihr sind natürlich Fledermäuse mit von der Partie. Führungen organisiert die Ghaub Farm.

www.namibian.org/travel/lodging/private/
arnhem.htm
www.ghaub-namibia.com

Jagen

Für Jäger ist Namibia ein Paradies. Jagdfarmen liegen im Trend, denn sie bieten Farmern oft die einzige Möglichkeit, wirtschaftlich zu überleben. Die Palette der jagdbaren Wildtiere ist sehr groß und lockt Jäger aus der ganzen Welt an. Umfassende Informationen erteilt:

Namibian Professional Hunters Association
(NAPHA), T 061 23 44 55,
www.napha-namibia.com

Kanufahren und Rafting

Auf den Grenzflüssen im Norden und Süden des Landes offerieren verschiedene Anbieter ein- und mehrtägige Kanutouren sowie Ausflüge im Raft, unter ihnen der südafrikanische Veranstalter:

Felix Unite River Adventures, T 0027 87 354
05 78, www.felixunite.com

Paragliding und Paramotor

Die Landschaft aus schroffen Gebirgen und weiten Wüsten ist für Paraglider recht verführerisch. Gleichzeitig stellt die spezielle Thermik und der oft scharfe Wind große Anforderungen an die Piloten – für viele eine besonders reizvolle Kombination. So lädt der Sky Club Österreich auf seinen Reisen zu einem intensiven Training im Groundhandling und Dünensoaring ein. Im Dünenbereich des Dorob-Nationalparks kommt jeder auf seine Kosten. Weitere Gleitschirm-

reisen nach Namibias organisiert unter anderem die Flugschule Oase aus Obermeiselstein. Mit dem Paramotor, einem mit Motor ausgerüsteten Gleitschirm, ist man vom Wind unabhängig. Mit Wild Air Safaris geht es im Doppelsitzer motorisiert in die Luft (s. S. 116).

www.skyclub-austria.at
www.oase-paragliding.com

Quadbiking

Qudadbikingtouren werden von verschiedenen Veranstaltern angeboten. Durch ihre breiten, mit relativ geringem Reifendruck versehenen Räder sind sie prädestiniert für Dünenspaß und hinterlassen dabei kaum Spuren. Erfahrene Veranstalter wie Desert Explorers in Swakopmund und Kuiseb Delta Adventures in Walvis Bay garantieren gute Fahrzeuge und spannende Ausflugsrouten.

www.namibiadesertexplorers.com
www.kuisebonline.com

Reiten

Mehr und mehr Gästefarmen und Lodges nehmen Ausritte zu Pferd in ihr Programm auf. Ein- und mehrtägige Reitausflüge organisiert u. a. Okakambe Trails in Swakopmund. Weitere Anbieter sind die Farmen BüllsPort und Ababis sowie die Desert Homestead Lodge am Naukluftgebirge (s. S. 116, 121).

www.okakambe.iway.na

Safaris

Geht es ums Bewegen und Entschleunigen, müssten die Safaris eigentlich ganz oben und besonders dick gedruckt erwähnt werden. Denn natürlich sind sie, ob nun im Allrader oder auch zu Fuß, für fast alle Besucher der Hauptgrund, ins Land zu kommen. Und so, wie man bei einer Fußsafari in Bewegung kommt, so gut kann man sich, im Geländewagen unterwegs, von einem Guide geführt, stets auf der Suche nach den Tieren der Wildnis, entschleunigen. Der Kopf wird

Nicht jede Düne dürfen Sandboarder befahren, die Pisten sind ausgewiesen.

Sternenbeobachtung

Für Sterngucker herrschen in Namibia paradiesische Zustände. Mehrere Farmen haben sich ganz auf die Bedürfnisse von (Hobby-)Astronomen eingestellt und bieten Instrumente für die Sternbeobachtung oder sogar richtige Sternwarten sowie sachkundige Unterstützung, eine Bibliothek mit astronomischer Literatur u. v. m. So können Urlauber ausgiebig ihrer Leidenschaft frönen. Der »skyscout süd« (Erlangen 2010) ist das perfekte Sternenwerkzeug für alle, die ins südliche Afrika reisen. Mit zehn Karten ermöglicht er ein schnelles Kennenlernen des südlichen Sternenhimmels. Zu den spezialisierten Farmen gehören:

Tivoli Southern Sky Guest Farm: Windhoek, T 062 58 14 05, www.tivoli-astrofarm.de

Kiripotib Astrofarm: Private Bag 13036, Windhoek, T 062 58 14 19, www.astro-namibia.com

Hakos Guest Farm: Windhoek, T 062 57 21 11, www.hakos-astrofarm.com

Wandern

Schon die riesigen Unterschiede in der Landschaft lassen erahnen, wie spannend es ist, zumindest einen Teil des Landes zu Fuß zu erkunden.

Langstreckenwanderungen: Für viele Langstreckenwanderer ein Muss ist eine Tour durch den Fish River Canyon (s. S. 58). Für die Tour ist ein Permit erforderlich, das nach Vorlage eines Gesundheitszeugnisses ausgehändigt wird. Der Weg ist nur Mai bis September geöffnet. Eine noch größere Herausforderung ist der Naukluft Hiking Trail durch die wilde Bergwelt (s. S. 123). Er ist rund 120 km lang und wird in vier bzw. acht Tagesetappen absolviert. Übernachtet wird in alten Farmhäusern und Hütten. In allen gibt es Wasser. Schlafsack und Verpflegung müssen mitgenommen werden. Die Permits für den Weg gibt es nur von März bis Oktober. Für die Tour sollte ein lokaler Guide engagiert werden.

Kürzere Wanderungen: In den Naukluftbergen sind auch kürzere Wanderwege

frei von Alltagssorgen und -problemen. So manch guter Fotoschuss verlangt im Vorspiel Geduld und Ruhe. Aufzuzählen, wer alles Safaris organisiert und anbietet, würde zu weit führen. Das gehört wohl bei jedem Veranstalter zum Grundprogramm und auch die Gästefarmen und Lodges sorgen regelmäßig mit Sundownersafaris für stimmungsvolle Tagesausklänge.

Sandskifahren, Sandboarding

Kleine Veranstalter organisieren von Walvis Bay und Swakopmund aus Surfausflüge auf die großen Dünen der Namib. Noch exotischer ist die Möglichkeit, mit Abfahrtsskiern die Dünen hinabzuschießen oder auf den schmalen Langlaufskiern durch den Wüstensand zu gleiten. Der Thüringer Henrik May hat vor über fünfzehn Jahren den ›Wintersport‹ Skifahren nach Namibia gebracht und bietet eine breite Palette von Aktivitäten in diesem Bereich an.

www.ski-namibia.com

markiert (s. S. 122). Von der Gästefarm BüllsPort aus kann man viele Tages- und Halbtageswanderungen unternehmen. Auch zahlreiche weitere Gästefarmen haben Wanderwege auf ihrem Farmland erschlossen.

Wellness

Eines sei vorweggestellt: Ein typisches Wellnessurlaubsziel ist Namibia nicht. Eigentlich ist die traumhafte Natur Wellness genug. Dennoch bieten natürlich besonders die hochpreisigen Unterkünfte durchaus spezielle Wellnesspakete für ihre Gäste, die die Natur mit Wellness verbinden wollen. Ein Beispiel dafür ist das GocheGanas Wellness Village – der Name sagt schon alles über diese Unterkunft (DZ ca. 7000 N$, www.gocheganas. com/de). Andere Adressen sind, um nur einige Bespiele zu nennen, das Kalahari Sands Hotel in Windhoek (s. S. 31) oder die Eagle Tended Lodge & Spa unweit des Etosha National Park (www. eagletentedlodge.com).

Einkaufen

In den größeren Städten wie Windhoek, Swakopmund oder Lüderitz präsentieren die Supermärkte ein ähnlich breites Warensortiment wie in Europa. Selbst in den kleinen, meist sehr einfachen Geschäften in den Dörfern erhält man alles zum Leben Notwendige. Trotzdem empfiehlt es sich, umfangreichere Einkäufe vor der Reise in dünn besiedelte Gebiete zu erledigen. So kann man z. B. vor der Fahrt in die Namib-Naukluft in Rehoboth, vor der Fahrt in den tiefen Süden in Keetmanshoop oder vor der Fahrt in Richtung Sambesi-Region (Caprivi Strip) in Rundu einkaufen.

Landestypische Souvenirs gibt es in großer Vielfalt. Beliebt sind handbedruckte Stoffe, die häufig in Selbsthilfeprojekten angefertigt werden. Besonders zu empfehlen ist in Windhoek ein Besuch von Penduka im Stadtteil Katutura. Dort finden Sie garantiert etwas und unterstützen dabei das Projekt der Frauen. Die meisterhaften Holzschnitzereien der Kavango aus dem Norden des Landes werden auf allen Märkten angeboten. Ein besonders großes Angebot halten die Märkte in Windhoek, Swakopmund und Okahandja bereit sowie das Namibia Craft Centre in der Hauptstadt. Toll ist auch die Auswahl an den Straßenständen entlang der Fernstraße in Richtung Rundu. Namibia ist ein Paradies für Steinesammler. Besonders rund um Spitzkoppe und Brandberg gibt es viele Straßenstände, an denen Einheimische Mineralien anbieten. Die Ein- und Ausfuhr exotischer Tiere und Pflanzen sowie von Produkten aus Elfenbein oder Schlangenhaut ist untersagt. Vor der Reise kann man sich beim Zoll informieren (www.zoll.de).

Elektrizität

Die Spannung beträgt 220/240 Volt Wechselstrom. Die Stecker sind jedoch dreipolig. Entsprechende Adapter erhält man am besten vor Ort im Fachhandel. Hotels und Gästefarmen stellen meist Adapter leihweise zur Verfügung. Vorsicht: Nicht alle in Europa angebotenen Reiseadapter lassen sich in Namibia nutzen.

Einreisebestimmungen

Urlauber aus Deutschland, Österreich und der Schweiz benötigen für Aufenthalte bis maximal 90 Tage kein Visum. Unverzichtbar ist jedoch der Reisepass, der mindestens sechs Monate über das Reiseende hinaus gültig sein muss. Für Kinder ist ein eigener Reisepass mit Lichtbild erforderlich.

Zollbestimmungen

Pro Person können zollfrei eingeführt werden: Gegenstände des persönlichen Bedarfs, darunter Wein (nicht mehr als 2 Liter), Spirituosen (nicht mehr als 1 Liter), 250 g Zigaretten oder Pfeifentabak, nicht mehr als 200 Zigaretten oder 20 Zigarren, 50 ml Parfüm, 250 ml Eau de Toilette sowie andere neue oder gebrauchte Waren bis zu einem Wert von 80 €. Zusätzliche Waren oder Güter mit einem Gesamtwert zwischen 330 € und 1300 € pro Person sind mit einer einheitlichen Rate von 20 % zollpflichtig. Güter im Wert von über 655 € sind nach den allgemeinen Tarifen zollpflichtig. Für die Einfuhr von Waffen, Hunden und Katzen gelten besondere Bestimmungen. Anträge hierfür sind in der Botschaft von Namibia erhältlich. Nagetiere und Vögel dürfen generell nicht eingeführt werden. Es gelten zusätzlich die Bestimmungen der jeweiligen Airline.

Botschaft der Republik Namibia
Reichsstr. 17, 14052 Berlin
T 030 254 09 50
www.namibia-botschaft.de

Feiertage

1. Januar: Neujahrstag
Karfreitag, Ostermontag: variabel
21. März: Tag der Unabhängigkeit
1. Mai: Tag der Arbeit
4. Mai: Cassinga-Tag zum Gedenken an die Unabhängigkeitskämpfe
Christi Himmelfahrt: variabel
25. Mai: Afrika-Tag
26. August: Heldengedenktag
10. Dezember: Tag der Menschenrechte
25./26. Dezember: Weihnachten

Feste und Events

Herero-Gedenktage: Das bedeutendste Fest der Herero (s. S. 168) findet im August in Okahandja statt. Obwohl es an die grausame Niederschlagung des Herero-Aufstands im Jahr 1904 (s. S. 271) erinnert, ist es ein farbenfrohes Ereignis, das von Samstag 7 Uhr bis zum späten Sonntagabend dauert. In Fantasieuniformen ziehen die Nachkommen von Samuel Maharero durch den Ort, um ihre toten Führer, aber auch ihre toten Feinde zu ehren. Zuerst besuchen sie die Gräber der deutschen Schutztruppler und dann gedenken sie ihrer Verstorbenen. Noch prächtiger als die Uniformen der Männer, die an die der deutschen Schutztruppe erinnern, wirken die viktorianischen Trachten der Herero-Frauen mit den riesigen Kopfbedeckungen. Bis zu 12 m Stoff werden für die Herstellung eines Kleides benötigt. Begleitet wird die Prozession von Blasmusik.

Karneval: Später als in Deutschland, nämlich jedes Jahr ab Ende März/April und in den Monaten danach, sind die Jecken los. Dann ist Karneval im Südwesten Afrikas. Den Auftakt macht die Hauptstadt. In deutscher Tradition halten Karnevalsprinzessin und -prinz auf der Independence Avenue Hof. In Swakopmund beginnt das närrische Treiben erst Ende Juni. Büttenreden werden in Englisch, Deutsch und Afrikaans gehalten und mit dem Schlachtruf »Küska« (Küstenkarneval) wird für die nötige Stimmung gesorgt. Den Abschluss der einwöchigen Sause bildet ein Umzug durch Swakopmund mit anschließendem Zapfenstreich bei Blasmusik (s. Facebook, Stichwort Küska – Swakopmunder Karneval).

Oktoberfest: Im ›richtigen‹ Monat, also im Oktober, finden in Windhoek und Swakopmund stimmungsvolle Bierfeste statt. In Swakopmund werden sogar Bierkönig und -königin gekürt – mit gutem Recht, denn die örtliche Brauerei braut immerhin das beste Bier Afrikas.

Festivals: Seit einiger Zeit engagiert sich die Bank Windhoek in der Kulturszene der Stadt. Das von ihr finanzierte Bank Windhoek Arts Festival (Juli–Sept. monatlich, www.bankwindhoekarts.com.na) ist eine Plattform für unterschiedliche kulturelle Aktivitäten. Das reicht von Kunstausstellungen über Filmevents bis zu Auftritten von Musikern und Kulturgruppen. Mit einem speziellen ›Kids Programme‹ will die Bank auch Kinder und Jugendliche für Kunst und Kultur begeistern. Zu den wichtigsten und traditionsreichsten Musikevents gehört die Swakopmunder Musikwoche (www.musikwoche.com). Bei den Workshops treffen sich Musiker und Musikerinnen aus dem ganzen Land und ein abwechslungsreiches Konzertangebot lockt Klassikbegeisterte an. Das renommierte Windhoek Jazz Festival findet an vier Tagen im November an verschiedenen Spielorten statt, zum Beispiel im Independence Stadium und im Rugby Stadium. Im Mittelpunkt stehen heimische Musiker, die durch Radio 99fm gesucht werden (www.windhoekjazzfestival.com.na).

Das Porträt des Nama-Führers und Nationalhelden Hendrik Witbooi ist auf den 50-, 100- und 200-N$-Geldscheinen abgebildet (s. S. 131).

Geld

Landeswährung ist der namibische Dollar (N$). Er ist an den südafrikanischen Rand gekoppelt, der in Namibia als offizielle Zweitwährung (1:1) akzeptiert wird. 1 € = 16,85 N$, 1 CHF = 15,04 N$ (Stand Aug. 2019). Am besten tauscht man sofort nach Ankunft am Flughafen Geld. Der Wechselkurs ist in Namibia erheblich günstiger als in Deutschland. In größeren Städten kann man mit der EC-/Maestro-Karte oder der Kreditkarte an Automaten Geld abheben. Geschäfte in größeren Städten und zahlreiche Hotels, Lodges und Gästefarmen akzeptieren ebenfalls Kreditkarten. **Wichtig:** Tankstellen akzeptieren bisher nur in seltenen Fällen Kreditkarten. Hier benötigt man unbedingt Bargeld. Für die Reisekasse empfiehlt sich ein Mix aus Bargeld und Kreditkarte. Waren des täglichen Bedarfs bewegen sich etwa auf deutschem Niveau. Dennoch ist

Namibia beim derzeitigen Wechselkurs ein günstiges Reiseland. Mietwagengebühren und Spritpreise sind deutlich niedriger als in Deutschland. Das trifft teilweise auch auf die Übernachtungspreise in Hotels, Gästefarmen oder Lodges zu, sieht man einmal von den besonders luxuriösen ab. Erheblich günstiger sind die Kosten für Restaurantbesuche. Sparen kann man, wenn man vor der Reise die Unterkunftspreise vergleicht. Oft findet man in der Zielregion Unterkünfte sehr unterschiedlicher Preiskategorien, wobei die preisgünstigeren – oft Gästefarmen – nicht unbedingt schlechter sind.

Gesundheit

Ärztliche Versorgung auf europäischem Niveau findet man aufgrund der dünnen

Besiedlung des Landes und der großen Entfernungen nur in Windhoek und Swakopmund. Schnelle Hilfe, auch per Hubschrauber, bieten MedRescue Namibia sowie International SOS. Krankenversicherungskarten aus dem Heimatland gelten in Namibia nicht. Der Abschluss einer Auslandskrankenversicherung ist daher unbedingt ratsam.

MedRescue Namibia: T 61 41 16 01, Notruf 081-924, www.emed.com.na
International SOS: Johannisburg, Südafrika T 0027 115 41 13 00, www.internationalsos. com/locations/africa/namibia

Malaria-Prophylaxe

Zwar sind große Teile des Landes malariafrei, nicht aber die Sambesi-Region. In dem Tropenparadies herrschen ganzjährig hohe Temperaturen und hohe Luftfeuchtigkeit. Darum ist auch das Risiko, sich mit Malaria anzustecken, hier besonders hoch. Eine Malaria-Prophylaxe wird daher empfohlen. Malaria wird durch den Biss der weiblichen Anopheles-Mücke übertragen, die zuvor eine Person gebissen hat, die an Malaria erkrankt ist. Infos dazu gibt es auch beim Hausarzt oder Apotheker. Da es im Normalfall reicht, die Malaria-Prophylaxe erst vor Ort zu beginnen, kann man sich auch in einer Apotheke in Windhoek beraten lassen. Man bekommt die Malaria-Mittel (z. B. Lariam, Malarone) rezeptfrei, und das mehr als 50 % günstiger als in Deutschland. Apotheken (chemists) findet man nur in den größeren Städten. Besonders zu empfehlen ist die Adler Apotheke in Swakopmund (Sam Nujoma Ave.). Hier wird man bestens beraten, und das auf Deutsch. Ebenso wichtig wie Tabletten ist jedoch die richtige Bekleidung. Dazu gehören, besonders in der Dämmerung und am Abend, lange Hosen und langärmlige Hemden. Anzuraten ist auch die Verwendung eines Anti-Mücken-Sprays. Wasser aus der Leitung sollte man auch in größeren Städten nicht trinken. Es gibt in jedem Supermarkt und an jedem kleinen Stand auf dem Land preisgünstiges Trinkwasser auch in 5-Liter-Behältern.

... im Internet
www.crm.de: Informative Seiten zur Reisemedizin mit zahlreichen Tipps zur Gesundheitsvorsorge und zum Verhalten vor Ort.

Karten und Pläne

Wer seine Reise auf festen Pfaden plant, ist meist schon mit dem Kartenmaterial in diesem Reiseführer gut bedient. Eine Ausnahme bilden Reisen ins Kaokoveld und in die anderen Grenzregionen zu Angola. Hierfür sind, sofern man nicht mit einem regionalen Guide unterwegs ist, genauere Karten unabdingbar sowie nach Möglichkeit ein GPS-Sender. Die beste Auswahl an Karten bietet das Internationale Landkartenhaus/GeoCenter (www.geocenter.de). Einen guten Überblick über Namibia und die Nachbarländer Südafrika und Botswana gibt die gleichnamige Karte aus dem Marco Polo Verlag (Maßstab 1 : 2 000 000).

Informationsquellen

... in Deutschland
Namibia Tourism Board (NTB)
Schillerstr. 42–44
60313 Frankfurt/M.
T 069 13 37 36-0
www.namibia-tourism.com
Für alle deutschsprachigen Länder zuständig; versendet auf Anfrage ein Gratisinformationspaket.

... in Namibia
Namibia Tourism Board
c/o Haddy & Sam Nujoma Drive
Private Bag 13244, Windhoek
T 061 290 60 00

www.namibiatourism.com.na
Infos zu allen touristischen Themen.

Namibia Wildlife Resorts (NWR)
181 Gathemann Building
Independence Ave.
Private Bag 13196, Windhoek
T 061 285 72 00
www.nwr.com.na
Zentrale Reservierungsstelle für die staatlichen Hotels und Restcamps sowie die
Wildparks (Anfragen für Campingplatz-
und Resortreservierungen sowie das Aus-
füllen der Formulare müssen auf Englisch
erfolgen).

… im Internet
www.namibia-tourism.com: Offizielle
Internetseite des Namibia Tourism Board
(auf Deutsch), gut strukturiert, mit vielfältigen Infos für Vorbereitung und Aufenthalt
(u. a. Anreise, Unterkünfte, Aktivitäten).
www.namibiafocus.com: Ein buntes Mo-
saik an aktuellen Informationen rund um
Tourismus, Umwelt, Wirtschaft und Politik.
www.namibia.de: Die deutschsprachigen
Topseiten für den Namibia-Reisenden.
Riesiges Informationsangebot, sehr über-
sichtlich strukturiert und aktuell, streng ge-
ordnet nach regionalen Gesichtspunkten;
für die private Reiseplanung eine große
Hilfe.
www.namibia-forum.ch: Deutschspra-
chiges Forum, in dem ein sehr aktiver
Austausch über alles rund um das Reisen
in Namibia stattfindet.

SONNENSCHUTZ

Wichtig: Die Sonne in Namibia
kann unerbittlich brennen – nicht
nur im Südsommer. Sonnenschutz
auf der Haut, Hut auf dem Kopf und
ein ausreichender Wasservorrat im
Rucksack sind bei allen Aktivitäten
unverzichtbar.

www.lcfn.info/de: Internetseite von The
Living Culture Foundation Namibia, einer
Organisation, die hilft, in verschiedenen
Landesteilen Lebende Museen (›bewohn-
te‹ Freilichtmuseen) zu errichten.

Internetzugang

Das Internet ist auch in Namibia zum In-
formationsmittel Nummer eins geworden.
In jeder Kleinstadt findet man ein Internetcafé und auch die Hotels, Lodges sowie Gästefarmen sind, soweit technisch
möglich, mit Internet ausgerüstet. Aus
technischen Gründen ändern sich die
E-Mail- und Internetadressen allerdings
z. T. recht häufig.

Kinder

Für ältere Kinder ist Namibia mit seinen
Möglichkeiten, Tiere in der Wildnis zu
erleben und eine besondere Landschaft
zu entdecken, ein Urlaubsparadies. Sie
interessieren sich meist auch sehr dafür,
wie ihre Altersgefährten in Afrika leben.
Natürlich ist es mit Kindern doppelt
wichtig, auf langen Autofahrten, die sich
in Namibia nicht ganz vermeiden lassen,
für Abwechslung zu sorgen.

Klima und Reisezeit

Mit über 300 Sonnentagen ist Namibia ein
Reiseland für das ganze Jahr. Es herrscht
ein subtropisches, überwiegend trockenes
Klima. Da das Land auf der Südhalbkugel
liegt, sind die Jahreszeiten den mitteleuro-
päischen entgegengesetzt, unterscheiden
sich in ihrem Charakter aber z. T. deutlich
von diesen. Der Südsommer (Dez.–März)
ist von hohen Temperaturen gekennzeichnet, oft über 30 °C. In diesen Monaten,
besonders von Januar bis März, fallen die
meisten Niederschläge. Doch selbst in der

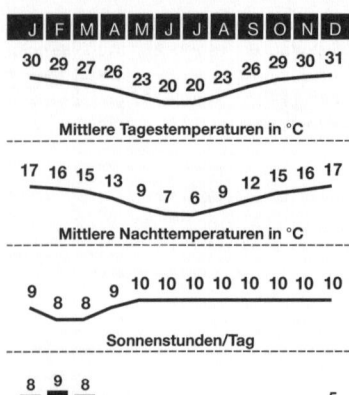

J F M A M J J A S O N D

30 29 27 26 23 20 20 23 26 29 30 31

Mittlere Tagestemperaturen in °C

17 16 15 13 9 7 6 9 12 15 16 17

Mittlere Nachttemperaturen in °C

9 8 8 9 10 10 10 10 10 10 10 10

Sonnenstunden/Tag

8 9 8 4 1 0 0 0 0 2 4 5

Regentage/Monat

So ist das Wetter in Windhoek.

Regenzeit ist das Wetter meist freundlich. Die Niederschlagstendenz steigt nach Norden stark an. Zum Leidwesen der Namibier enden die Sommerregen meist ebenso schnell, wie sie begonnen haben. Belohnt wird man wenige Tage später mit blühenden Wüsten und frischem Grün auf den vorher scheinbar verdorrten Bäumen. Besonders für Touren in den trockenen Süden und an die Küste sind diese Monate ideal. Ab und an kann es passieren, dass sich durch starke Regengüsse die Läufe der Trockenflussbetten (Riviere) mit Wasser füllen und man warten muss, bis es abgeflossen ist, oder dass Pads (Schotterpisten) durch Wasserschäden für einige Zeit unpassierbar werden. Der Südwinter (Juni–Sept.) ist trocken und angenehm warm (ca. 25 °C), selbst im Hochland. In den Bergen und in der Wüste können Nachtfröste auftreten. Alle paar Jahrzehnte fällt in den Bergen Schnee. Der Südwinter bietet sich besonders für Pirschfahrten im Etosha-Nationalpark an. Noch ist das Gras niedrig und die

Tiere zieht es durch die Trockenheit an die Wasserstellen. Südherbst (April/Mai) und Südfrühling (Okt./Nov.) sind ebenfalls relativ niederschlagsfrei und durch die ausgeglichenen Temperaturen recht angenehm. Während im Herbst durch die vorangegangene Regenzeit oft noch viel Grün die Natur schmückt, präsentiert sich die Vegetation im Frühling meist dürr und verbrannt, für Tierbeobachtungen ist dies eine exzellente Zeit. Für die Urlaubsplanung sollte man die Hauptferienzeiten der Namibier beachten: Anfang Dezember bis Mitte Januar und Ende April bis Mitte Mai.
www.wetteronline.de/Namibia.htm

Kleidung und Ausrüstung

Mitnehmen sollte man ausreichend Sonnencreme, eine Kopfbedeckung und leichte, lockere Baumwollhemden bzw. -blusen. Ebenso wichtig sind feste Wanderschuhe und mindestens ein warmer Pulli für den Abend. Achten Sie darauf, dass der Mietwagen mit ausreichend Benzinkanistern ausgerüstet ist. Zusätzliche Wasserkanister bekommt man oft ebenfalls beim Autovermieter.

Lesetipps

Kind Nr. 95. Meine deutsch-afrikanische Odyssee, Lucia Engombe: Berlin 2004. Im Dezember 1979 kommt die siebenjährige Lucia aus dem fernen Namibia in ein Kinderheim in der DDR. Gemeinsam mit anderen namibischen Kindern soll sie im sozialistischen Deutschland zur ›neuen Elite‹ des unabhängigen Namibia erzogen und ausgebildet werden, doch es kommt anders: Im August 1990 wird die nun 18-Jährige zurückgeflogen – in ein fremdes Land, zu einer fremden Mutter, in eine fremde Kultur.
Vom Schutzgebiet bis Namibia 2000, Klaus A. Hess/Klaus J. Becker (Hrsg.):

Über 60 Beiträge kompetenter Autoren zu den verschiedensten Aspekten der Geschichte und Gegenwart Namibias. Der Leser erhält profunde Informationen, die über den Rahmen eines Reiseführers hinausgehen.

Keine Chance. Der Erste Weltkrieg in Namibia, Gordon McGregor, Manfred Goldbeck (erhältlich u. a. in den Gondwana Lodges): Das Buch erinnert an den Ausbruch des Ersten Weltkriegs, der auch das ferne Namibia nachhaltig mitgeprägt hat. Die Autoren beschreiben Aspekte, die in den gängigen Geschichtsbüchern nicht zu finden sind.

Namibia. Abenteuerliche Begegnung mit Menschen, Carmen Rohrbach: Wie immer auf ihren Reisen ist die Autorin nah dran am Alltagsleben der Menschen und lässt Land und Leute vor den Augen des Lesers lebendig werden. Immer wieder begibt sie sich auf die Suche nach Geschichte und Geschichten, nach Zusammenhängen und Hintergründen.

Kleine Missis Toni, Antonia Thiede (über den Buchhandel vor Ort, s. S. 95): Ein bewegender Bericht über die Mädchen- und Frauenjahre der Antonia Thiede in Deutsch-Südwestafrika von 1903 bis 1908. Ihre Enkelin Heide Pfläglin begab sich 2003 auf die Spuren ihrer Großmutter mit deren handgeschriebenem Manuskript im Gepäck.

Namibia – Zauber der Wüste, Fabian von Poser/Tom Schulze: Bizarre Felsen, tiefe Schluchten, weite Wüsten, und das Ganze im Farbenspiel der afrikanischen Sonne – dieser Bildband hat Verführungspotenzial.

Reisen mit Handicap

In Namibia gibt es Hotels und speziell auch Gästefarmen, in denen man Behinderten mit großer Hilfsbereitschaft den Aufenthalt möglich macht. Doch sind Reisen nach Namibia Behinderten nur zu empfehlen, wenn sie bereit und körperlich in der Lage sind, auf viele der technischen und baulichen Voraussetzungen und Hilfsmittel zu verzichten, die in Europa Stück für Stück zur Selbstverständlichkeit werden. Informationen bieten u. a. folgende Websites: www.wato.de, www.elangeni.de/barriere freie-safari-die-weiten-namibias

Reiseplanung

Namibia in 10 Tagen

Wer einen ersten Eindruck vom Land gewinnen will, kann das sogar in nur 10 Tagen schaffen. Zu empfehlen ist folgende Rundreise: Nach einem Schnuppertag in der Hauptstadt Windhoek geht es mit dem Mietwagen nach Swakopmund und von dort weiter nach Norden über Hen-

PERMITS FÜR DIE NATIONALPARKS

Permits sind kostenpflichtige Eintrittskarten bzw. Erlaubnisscheine, die zum Betreten und Befahren aller Nationalparks und staatlichen Wildschutzgebiete in Namibia erforderlich sind. Sie sind aber keine Unterkunftsreservierungen, wie oft angenommen. Bis auf wenige Ausnahmen werden alle Permits nur in Namibia ausgestellt, und zwar direkt an den Eingangstoren zu den jeweiligen Gebieten. Ausnahmen von dieser Regel sind in den Reisekapiteln aufgeführt (s. www.met. gov.na/frequently-asked-questions/ what-are-the-entry-permit-requi rements-for-the-various-parks-in-namibia-/136). Bei Namibia Wildlife Resorts (NWR) können die Campingplätze und Resorts in den Nationalparks gebucht werden (www.nwr.com.na).

Jan	Feb	Mär	Apr	Mai	Jun	Jul	Aug	Sep	Okt	Nov	Dez

ganzjährig Saison

heiß und häufiger Regen

angenehm warm, Niederschläge möglich

angenehm warm und trocken, z. T. Nachtfröste

angenehm warm, Niederschläge möglich

heiß

Schulferien

Schulferien

Schulferien

Schulferien

Owela Theater Festival, Windhoek

Bank Windhoek Arts Festival

Kino Namibia Film Festival, Windhoek

Windhoek Industrial and Agricultural Show

Windhoek International Dance Festival

Ende März/Anfang April O
Karnevalsbeginn in Windhoek

04.05. O
Cassinga-Tag zum Gedenken an die Unabhängigkeitskämpfe

26.08. O
Herero-Gedenktage, an mehreren Tagen um dieses Datum in Okahandja

◖──◗ **Ende Juni** Eine Woche Küstenkarneval in Swakopmund

◖──◗ vier Tage Windhoek Jazz Festival

Dezember O
Swakopmunder Musikwoche

November O

◖──◗ **Oktober** Oktoberfeste in Windhoek und Swakopmund

10.10. O
Zeraoua-Fest, am Wochenende vor diesem Datum in Omaruru

ties Bay in Richtung Twyfelfontein zu den Felsgravuren der San. Nächste Station sollte der Etosha National Park sein. Von dort geht es in die Minenstadt Tsumeb mit ihrem sehenswerten Museum. Die Route führt am Hoba-Meteoriten vorbei weiter nach Otjiwarongo und über Okahandja mit dem größten Holzkunstmarkt des Landes zurück nach Windhoek.

Vier Wüsten auf einen Streich

Natürlich ist es besser und bei der langen Anreise sicher auch effektiver, zwei bis drei Wochen einzuplanen. So kann man in einem Ritt gleich vier Wüsten erkunden. Wer diese Tour auf eigene Faust per Mietwagen unternehmen möchte, stützt sich bei der Planung am besten auf die Angebote von Gondwana Collection Namibia (www.gondwana-collection.com), eines Veranstalters, der sich intensiv um den Schutz der Natur und die Einbeziehung farbiger Namibier in den Tourismus bemüht. Die vier Naturparks von Gondwana schließen die vier Wüsten ein. Starten sollte man von der Kalahari Anib Lodge in den sanften Dünen der Kalahari, die besonders im Abendlicht glutrot strahlen. Mit einem Stopp in Keetmanshoop und einem Abstecher in Namibias beeindruckendsten Köcherbaumwald führt die Route in die Wüste Nama Karoo. Hier bieten sich die Canyon Lodge oder das Canyon Village für Ausflüge an den Fish River Canyon an. Am Rand der Sukkulenten-Karoo liegt der Gondwana Sperrgebiet Rand Park. Ob im Desert Horse Inn oder in der Eagle's Nest Lodge, die Faszination Wüste wartet hier wie dort. Fast in Sichtweite haben die wilden Pferde der Karoo ihre Heimat.

Pauschal oder individuell, das ist die große Frage

In besonderer Weise wird man Namibia gerecht, wenn man das Land individuell erkundet. Spezialreiseveranstalter helfen gern bei der Vorbereitung und geben Tipps, welche Routen allein und welche

Bevor man losfährt, sollte man klären, wo sich die nächste Tankstelle befindet.

Gebiete besser mit zumindest zwei Fahrzeugen bereist werden sollten. Natürlich hilft das Internet weiter, besonders zum Buchen der Unterkünfte. Auch die Nationalparks sind individuell zu bereisen. Tipps zur Tierbeobachtung erhält man oft in den Lodges der Parks. Praktisch und zumeist preisgünstiger ist es, das Mietfahrzeug und den Flug als Bundle bei einem Veranstalter in Deutschland zu buchen.

Tipps für Touren abseits der Hauptrouten

Vom Sossusvlei und vom Etosha National Park mal abgesehen muss man nirgends vor Touristenströmen flüchten. Dennoch lohnt es sich natürlich, gut vorbereitet und ausgerüstet, die touristischen Standardwege zu verlassen. Völlig unabhängig ist man mit einem Allradcamper unterwegs. In Namibia gehört zwar fast jedes Stückchen Land einem Farmer, doch wenn man vorher fragt, erhält man in der Regel die Erlaubnis, seinen Camper aufzustellen.

Auf dem Weg zum Sossusvlei muss man nicht unbedingt die Hauptrouten C 14, C 24, C 27 wählen. Lohnend ist es, auf kleinere Straßen und Pässe auszuweichen, z. B. von Rehoboth über den Spreetshoogte-Pass oder über Maltahöhe auf der C 19 zu fahren. Tief im Süden kann man die Route entlang des Orange River zwischen Noordoewer und Sendelingsdrift gut allein unter die Räder nehmen, vorausgesetzt, die Brücken sind gerade befahrbar. Spannend für individuelle Fahrten ist auch das Kaokoveld im Nordwesten. Doch Touren sollte man dort prinzipiell nur in Begleitung eines weiteren Fahrzeugs unternehmen. Auch ein einheimischer Guide kann von großem Nutzen sein.

Sicherheit und Notfälle

Namibia kann, und das nicht nur für afrikanische Verhältnisse, als sicheres Reiseland betrachtet werden. In den größeren Städten, dort wo Armut und Reichtum besonders aufeinanderprallen, kommt es jedoch verstärkt zu Taschendiebstählen und Autoaufbrüchen. Man sollte also seinen Mietwagen, mit oder ohne Gepäck, nicht ohne Aufsicht abstellen. An den Parkflächen in den Städten stehen zumeist lizenzierte Wächter, die für einige Namibia-Dollar auf das Fahrzeug achten. Wie überall gibt es in den Städten Stadtteile und Straßen, die man besonders in der Dunkelheit besser meiden sollte. Über die aktuelle Situation kann man sich in seiner Unterkunft informieren. Wo ein Safe vorhanden ist, sollte man ihn nutzen. Außerdem empfiehlt es sich, wertvolle Gegenstände wie teure Uhren und Schmuck im Hotel oder besser gleich zu Hause zu lassen. Im Allgemeinen sind die Polizisten in Namibia freundlich und hilfsbereit. Illegale Abzocke durch Beamte bei Straßenkontrollen oder ähnlichen Gelegenheiten sind nicht bekannt. Bei Autodiebstählen oder Überfällen ist es sehr wichtig, von den Beamten entsprechende Berichte oder Protokolle zu erhalten. Das gestaltet sich manchmal schwierig. Außerdem kann man nicht damit rechnen, auf Beamte mit guten Fremdsprachenkenntnissen zu treffen.

Notrufnummer: ganz Namibia, T 10111
Flugrettung: MRI, T 061 23 05 05
Sperrnotruf: für Handy, Bank- und Kreditkarten, T 0049 116 116 (24 h).

Botschaften

Deutsche Botschaft
Sanlam Centre, 6. Etage
145 Independence Ave.
P. O. Box 231, Windhoek
T 061 27 31 00 (Mo–Fr 8.30–9, Mo–Do 14.30–15 Uhr)
www.windhuk.diplo.de

Österreichisches Honorarkonsulat
Schefer Str. 5, Klein Windhoek
P.O.Box 11848, Windhoek
T 061 22 21 59
www.botschaft-konsulat.com/at

Regionales Konsularcenter Südliches Afrika c/o Schweizerische Botschaft
225 Veale Street, Parc Nouveau
New Muckleneuk 0181, Südafrika
T 0027 12 452 06 60
www.eda.admin.ch

Telefonieren

Namibia hat in den letzten Jahren große Geldsummen in die Modernisierung seines Fernsprechnetzes gesteckt. Die sogenannten Farmlinien, bei denen mehrere Farmen an einem Telefonanschluss hingen und die Gespräche über Handvermittlung verbunden wurden, sind komplett verschwunden. Von fast allen öffentlichen Fernsprechern sind Direktwahlgespräche nach Europa möglich. Dazu benötigt man 10-, 20- und 50-N$-Münzen oder eine Telefoncard. Letztere ist die bessere Wahl, denn die internationalen Gespräche sind nicht billig. Telefoncards gibt es bei der Post und in Teleshops.

Mobil telefonieren: In den Zentren des Landes sowie größtenteils auch entlang der Hauptverbindungsrouten hat man Mobilfunkverbindung, sodass man auch per Handy bzw. Smartphone die Verbindung in die Heimat suchen kann, was aber sehr teuer ist. Für Telefonate innerhalb Namibias und für mobiles Internet ist eine namibische SIM-Karte die günstigste und häufig komfortabelste Variante. In Namibia erhalten Sie SIM-Karten von MTC mit etwas Wartezeit am Flughafen und in den Mobilfunk-Läden der größeren Städte.

Telefonauskunft: national/international, T 1023.

Internationale Vorwahlen: Namibia 00264, Deutschland 0049, Schweiz 0041, Österreich 0043. Die nachfolgende Null der Ortsvorwahl entfällt.

Übernachten

Die Zahl der Unterkünfte in Namibia ist in den letzten Jahren stetig gestiegen. Auch die Qualität wurde weiter angehoben. So gibt es ein ausreichendes Angebot an guten Übernachtungsmöglichkeiten, die sich naturgemäß in Städten und größeren Ortschaften konzentrieren. Der Standard lässt sich mit vergleichbaren Kategorien in Mitteleuropa messen.

Buchung: Veranstaltern werden meist deutlich günstigere Konditionen eingeräumt als Privatpersonen. Wer seine Reiseroute im Voraus durchgeplant hat und sich neben Mietwagen und Flug auch die Unterkünfte von einem Veranstalter buchen lässt, kann deutlich billiger unterwegs sein. Wer sich aber seine Flexibilität vor Ort erhalten oder die Organisation der Reise ganz einfach selbst in den Händen behalten will, kann fast alle Anbieter direkt über das Internet kontaktieren und auch buchen.

Hotels

Hotels der Luxusklasse gibt es nicht. Zu den besten Hotels des Landes zählen das Kalahari Sands, das Safari Court und das Heinitz in Windhoek sowie The Swakopmund Hotel & Entertainment Centre in Swakopmund.

Bed & Breakfast, Pensionen

Bed & Breakfast spielt bisher in Namibia kaum eine Rolle. Kleine Pensionen findet man nur in den größeren Städten.

Restcamps

Bei einem Restcamp (Rastlager) handelt es sich im Normalfall um eine unter staatlicher Kontrolle stehende Unterkunft. Restcamps sind meist gut ausgestattet, können aber im Normalfall nicht mit dem Komfort konkurrieren, den private Farmen und Lodges bieten. Dafür befinden sie sich immer in schöner Lage in oder in der Nähe eines Nationalparks oder Naturschutzgebiets.

Lodges

Viele Lodges sind aus Farmen hervorgegangen. Sie liegen meist innerhalb großer Privatländereien, die zahlreiche Möglichkeiten für Pirschfahrten und Wanderungen bieten. Sie sind oft recht luxuriös ausgestattet und die Verpflegung ist fast immer von hoher Qualität. Anders als auf Gästefarmen gibt es hier keinen kommerziellen Farmbetrieb mehr. Die Vermietung an Touristen ist zur einzigen Erwerbsquelle geworden.

Gästefarmen

Einen besseren Einblick in das Alltagsleben auf namibischen Farmen bieten die Gästefarmen, die überall im Land wie Pilze aus dem Boden schießen. Individuelle Betreuung und persönlicher Service sind

Der Luxus vieler Bush Camps und Lodges besteht in ihrer Lage mitten in der Natur.

ebenso garantiert wie Blicke hinter die Kulissen – Familienanschluss inbegriffen. So wird der Aufenthalt auf einer Gästefarm zu einem besonderen Erlebnis, das sich kein Namibia-Reisender entgehen lassen sollte. In den letzten Jahren haben sich allerdings einige Gästefarmen vollständig vom eigentlichen Farmbetrieb verabschiedet und werden erheblich luxuriöser geführt; sie fungieren eher als Lodge oder auch Jagdfarm. Diese Veränderungen gehen zwar mit erhöhtem Komfort einher, doch das angenehme Flair ursprünglicher Gästefarmen mit sehr individueller Betreuung und Familienanschluss bleibt dabei meist auf der Strecke. (Von den steigenden Preisen ganz zu schweigen.) Also bei der Planung aufgepasst: Ein, zwei ursprüngliche Gästefarmen sollten schon dabei sein. Die Auswahl ist groß und verteilt sich übers ganze Land.

Der Aufenthalt auf Gästefarmen ist auch ein Urlaub mit Tieren, und das in dreierlei Hinsicht. Zum einen gibt es kaum eine Farm, die nicht rund ums Farmhaus mit reichlich Haustieren ›bestückt‹ ist. Hunde gehören dazu, Katzen und manch Exotisches. Zum anderen ist ein Farmbetrieb ohne Nutzvieh nicht vorstellbar – Kühe, Schafe und eine oft recht bunt zusammengewürfelte Ziegenherde sind Standard. Doch damit noch lange nicht genug. Auf der obligatorischen Farmrundfahrt mit dem Chef selbst werden dem Besucher nicht ohne Stolz möglichst viele der Wildtiere gezeigt, die auf namibischen Farmen zu finden sind. Verschiedene Antilopenarten und Warzenschweine sieht man fast immer, oft ergänzt durch Zebras und Giraffen, und manchmal gehören sogar Löwen, Leoparden oder Nashörner zum Bestand.

Camping

Camping- und Caravanparks findet man in vielen Städten des Landes. Darüber hinaus warten in den Nationalparks und Naturschutzgebieten Zeltplätze und Standplätze für Wohnmobile auf Gäste. Dabei ist der Standard der Plätze recht unterschiedlich. Nahezu immer stehen aber relativ ordentliche Sanitäranlagen zur Verfügung. Eine Ausnahme bilden einige der Plätze des Community Based Tourism (s. S. 269). Diese liegen meist abseits der Zivilisation an landschaftlich reizvollen Plätzen, z. B. im Kaokoland, sind aber in vielen Fällen sehr einfach ausgestattet. Besonders in den Schulferien reichen die Plätze auf zentral gelegenen Campingplätzen oft nicht aus, daher ist es wichtig, sich seinen Stellplatz frühzeitig bei Namibia Wildlife Resorts zu reservieren.
www.nwr.com.na

Campen in der Natur

Es sollte aber nicht verschwiegen werden, dass freies Campen in Namibia laut

Gesetz nicht gestattet ist. Allein die gro-Ben Entfernungen können jedoch Grund genug für ein Bushcamp sein. Achtung: Selbst Landstriche, die keinen Besitzer zu haben scheinen, gehören fast immer zu einer Farm! Wenn irgend möglich, im Farmhaus um Erlaubnis fragen. Häufig wird das nicht möglich sein, da man als Ortsunkundiger den Weg dorthin nicht kennt. Dann heißt es, wie immer, sich zivilisiert zu benehmen und den Stellplatz so zu verlassen, wie man ihn vorgefunden hat. Auf jeden Fall sollte man beim freien Campen darauf achten, dass man seine Zelte möglichst weit entfernt von Siedlungen aufschlägt. Wenn plötzlich unzählige Kinder neugierig am Übernachtungsplatz auftauchen, ist es mit der Ruhe vorbei. Zelt und Auto sollten immer richtig verschlossen werden. Wer will schon früh mit einer Schlange im Bett erwachen, die sich ein warmes Plätzchen zum Schlafen gesucht hat? Freies Campen verbietet sich ohne Wenn und Aber in den Wild- und Nationalparks des Landes sowie natürlich dort, wo es durch Schilder ausdrücklich untersagt wird. Außerdem gibt es in den schönsten Nationalparks und Naturschutzgebieten meist herrlich gelegene offizielle Standplätze. Auch die Städte verfügen über Wohnmobilparks. Immer mehr Lodges und Gästefarmen schaffen gut ausgestattete Übernachtungsplätze.

Unterwegs mit dem Allradcamper

Per Allradcamper mit Dachzelten durchs Land zu reisen ist vielleicht die schönste Art, Namibia kennenzulernen. Diese Form des Reisens wird zugleich den natürlichen Gegebenheiten des Landes am besten gerecht. Als Fahrzeug dient in der Regel ein allradgetriebener Pickup aus dem Hause Nissan oder Toyota, hinter dessen vier Sitzen – im Kofferaufbau – sich alles zum Leben Notwendige befindet. Oben auf dem Dach, in Glasfaserkästen und unter dicken Planen staubdicht verpackt, warten die ›Zimmer‹ für die Nacht. Mit we-

nigen Handgriffen werden diese Zelte in Minutenschnelle aufgestellt.

Mit einem Allradcamper zu reisen hat mehrere Vorteile: Das Fahrzeug ist fast so wendig wie ein normaler Allradwagen. Somit steht Offroadfahrten, wo angebracht und nötig, nichts im Weg. Dank der Ausstattung ist man zudem weitgehend autark. Campingstühle und -tische, Geschirr, Kocher und ein Kühlschrank sind ebenso ›an Bord‹ wie zwei Reservereifen und ein Spaten. Die Ersatzkanister sind griffbereit außen am Fahrzeug angebracht. Bricht plötzlich die Nacht herein, kann man im Notfall in der Wildnis übernachten und auf diese Weise Orte und Stimmungen

WILDNISKODEX FÜR CAMPER

Der Wildniskodex ist überall in Namibia zu beherzigen:

1. Niemals in einem trockenen Rivier übernachten. In der Regenzeit kann der Fluss binnen weniger Augenblicke zu einem reißenden Strom werden.

2. Niemals dort campieren, wo erkennbar ein Wildpfad verläuft. Eine Herde Elefanten geht ihren angestammten Pfad und nimmt keine Rücksicht auf das, was im Weg steht.

3. Niemals an Wasserstellen oder Wasserläufen campieren. Mindestens 1 km Abstand halten, sonst trauen sich die Tiere nicht ans Wasser und müssen im schlimmsten Fall elend verdursten. Das Wasser nie zum Waschen verwenden, dazu ist es zu kostbar.

4. Nur abgestorbenes Holz für Lagerfeuer sammeln. Es dauert im Wüstenklima Jahrzehnte, bis ein Baum oder Busch herangewachsen ist.

VERMIETER VON ALLRAD-CAMPERN **V**

Es gibt in Namibia zahlreiche Vermieter von Allradcampern. Sehr gute Erfahrungen macht der Autor seit vielen Jahren mit Asco Car Hire (www.ascocarhire.com). Das Angebot des größten Vermieters für Allrad-Pkws in Namibia reicht vom kleinen Suzuki Jimny bis zum Landrover: ob als ›normale‹ Mietwagen oder ausgerüstet mit allem, was zum Camping gehört – vom Dachzelt bis zum Kochgeschirr. Der Service ist deutschsprachig und der Fahrzeugpark wird in der eigenen Werkstatt bestens gepflegt. Ähnlich wie beim normalen Mietwagen ist es aber auch beim Mieten eines Allradcampers meist günstiger, Flug und Camper als Paket bei einem deutschen Veranstalter zu buchen (z. B. DER Touristik).

genießen, von denen man sonst nur träumen könnte, z. B. einen Sonnenuntergang am Spreetshoogte-Pass mit anschließender Vollmondnacht hoch über der Namib-Naukluft.

Umgangsformen

Namibia ist ein recht tolerantes Land. Es gibt keine besonderen Umgangsregeln und auch in Gaststätten und Restaurants geht es relativ leger zu. Problematisch gestalten können sich unter Umständen politische Diskussionen, besonders auch über das Verhältnis zwischen Schwarz und Weiß. Da sollte man sich als Gast möglichst aufs Zuhören beschränken. Die Menschen sind meist freundlich und lassen sich, wenn man vorher fragt, gern fotografieren. Manchmal erwarten sie ei-

nen kleinen Obolus dafür. Bei allen Aufnahmen von Menschen sollte man deren Würde respektieren.

In Restaurants sind rund 10 % Trinkgeld üblich. Gepäckträger erhalten 5 N$. Auf Gästefarmen und in Lodges gibt es oft eine gemeinschaftliche Trinkgeldkasse, deren Inhalt zu gleichen Teilen an das Personal verteilt wird. Bei besonders gutem Service ist auch in Werkstätten, an Tankstellen oder im Taxi ein Trinkgeld angebracht.

Umweltfreundlich unterwegs

Namibia ist das erste Land der Welt, in dem die Erhaltung der Natur und die schonende Nutzung der Umwelt sowie des Wildbestandes in der Verfassung verankert sind. Etwa 17 % der Landesfläche stehen unter Naturschutz. In weitläufigen Parks und Reservaten werden seltene, vom Aussterben bedrohte Tier- und Pflanzenarten für kommende Generationen geschützt und erhalten. Welche Bedeutung die intakte Natur für den Tourismus hat, ist den Betreibern von Gastbetrieben klar. Darum werden mittlerweile viele Lodges und Unterkünfte nachhaltig betrieben (s. S. 267).

Verkehrsmittel

Flugzeug

Nicht zuletzt wegen der relativ großen Entfernungen ist das Flugzeug in Namibia ein beliebtes Verkehrsmittel. Wichtigster nationaler Flughafen ist Windhoek-Eros 5 km südlich des Zentrums. Air Namibia fliegt von hier nach Katima Mulilo (Sambesi), Lüderitz, Oranjemund, Ondangwa, Rundu und Walvis Bay. Außerdem gibt es Verbindungen zwischen Oranjemund und Lüderitz sowie zwischen Rundu und Katima Mulilo. Im doppelten Sinne im Aufwind sind die kleinen privaten Fluggesellschaften, die mit ihren Kleinflugzeugen Flugsafaris anbieten. Beispielsweise gibt es Flüge in die Sambesi-Region, ins Kaokoveld, an den Kunene-Fluss und zu den Epupa-Fällen, entlang der Skelettküste, über die Sanddünen der Namibwüste und hinunter in den tiefen Süden zum Fish River Canyon. Alle Naturparks und zahlreiche Lodges besitzen eigene Landeplätze. Die Entfernungen in Namibia sind größer, als mancher erwartet. Bei begrenztem Zeitbudget sind Fly-in-Safaris eine gute, wenn auch teure Alternative zum ›Kilometerfressen‹.

www.airnamibia.com
Fly-in-Safaris: www.AFRI-Reisen.de, www.wolkenlos-fliegen.de

Bahn

Das über 2500 km lange Bahnnetz Namibias ist für die touristische Nutzung kaum geeignet. Es existieren zwar Verbindungen von Windhoek über Keetmanshoop nach De Aar in Südafrika, nach Walvis Bay über Swakopmund, nach Gobabis, Tsumeb, Grootfontein und Outjo, doch das Schienennetz ist größtenteils veraltet und lässt nur geringe Geschwindigkeiten zu. So benötigt der Zug von Windhoek ins rund 360 km entfernte Swakopmund gut neun Stunden. Daher und wegen des begrenzten Angebots kommen reguläre Züge als Verkehrsmittel also weniger in Betracht.

Sonderzüge: Eine Fahrt mit einem Sonderzug ist nicht nur für Eisenbahnfans ein Erlebnis. Einige Male je Saison ist der luxuriöse Desert Express (www.namibweb.com/desertexpress.html) zwischen Swakopmund und Windhoek unterwegs. Inklusive mehrerer Zwischenstopps benötigt er für die Strecke rund 22 Stunden. Viele Veranstalter kombinieren verschiedene Streckenabschnitte mit Ausflügen ins Land. Eine 15-tägige Reise mit dem restaurierten historischen Zug African Explorer organisiert z. B. Lernidee Erlebnisreisen (www.lernidee.de, s. S. 226). Unter dem Namen ›Juwel der Wüste‹ fährt er mehrmals jährlich von Kapstadt

aus u. a. über Lüderitz und Swakopmund nach Windhoek und zurück, immer wieder unterbrochen von tollen Ausflügen.

Bus

Ausschließlich auf den Hauptstrecken kann man auf den Bus als Verkehrsmittel zurückgreifen. Verbindungen bestehen z. B. von Windhoek nach Kapstadt, nach Tsumeb, nach Swakopmund und Otjiwarongo. Die Busse von Windhoek nach Swakopmund verkehren täglich, die übrigen Strecken werden in größeren Intervallen bedient. Town Hoppers verbindet mit Kleinbussen Walvis Bay/ Swakopmund und Windhoek.

Intercape Mainliner: www.intercape.co.za
Town Hoppers: www.namibiashuttle.com

Taxis

Taxis gibt es nur in den großen Städten, z. B. an den Flughäfen in Windhoek, Swakopmund und Walvis Bay. Sie sind mit Taxametern versehen, doch gelten im Land unterschiedliche Tarife.

Mietwagen

Von der gesamten Infrastruktur her bietet sich Namibia förmlich für individuelle Touren im Mietwagen an. Je nach Reiseroute reicht ein ganz normaler Pkw. Allradfahrzeuge sind nur für Fahrten ins Kaokoveld, in den Khaudum Game Park und in die Nationalparks in der Sambesi-Region unverzichtbar. In der Regenzeit, wenn sich die Trockenflussbetten mit Wasser füllen, kann ein Pkw allerdings auch auf sonst problemlosen Strecken schneller an seine Grenzen kommen als der Allrader. Dann hilft es nur zu warten, bis das Wasser zurückgeht – meist reichen einige Stunden. Alle großen Vermietfirmen sind in Namibia vertreten (u. a. Avis, Hertz, Budget). Besonders zu empfehlen ist eine Buchung im Voraus von Deutschland aus. Mietvoraussetzungen: längerer Besitz des Führerscheins (bei Avis z. B. drei Jahre), Internationaler Führerschein, evtl. Mindestalter (in der Regel 25 Jahre). Für die Übernahme des Fahrzeugs muss man genug Zeit einplanen. Besonders achten sollte man auf Steinschlagschäden an der Karosserie und auf den Zustand der Bereifung. Wichtig ist es, die besonderen Straßenverhältnisse in Namibia schon vor Abfahrt im Blick zu ha-

SICHER DURCH NAMIBIA

Ob mit Allrad oder Pkw, die Schotterstraßen *(pads)* verlangen von jedem Fahrer höhere Aufmerksamkeit und einen defensiveren Fahrstil als im Heimatland. Auf Pads sollte man nie schneller fahren als 80 km/h. Ihr auf den ersten Blick sehr guter Zustand verführt zwar dazu, die erlaubten 100 km/h auszuschöpfen, doch ist der Untergrund lose und bietet damit weniger Bodenhaftung als gewohnt. Man sollte sich nicht von Einheimischen zum Rasen verleiten lassen. Sie haben jahrzehntelange Erfahrung auf diesen Pisten. Warnschilder, z. B. Kurve oder Kuppe, nicht ignorieren. Die Kombination aus Kurve, Gefälle zur Außenseite und Schotter war schon für manchen Fahrer tödlich. Also Fuß vom Gas und Hände fest am Steuer! Überholmanöver bergen oft unkalkulierbare Risiken. Man sollte auf den Pisten nie nachts fahren. Unbeleuchtete Eselkarren können plötzlich wie aus dem Nichts auftauchen, Straßenschäden sind kaum erkennbar und noch häufiger als am Tag muss man mit Tieren auf der Fahrbahn rechnen. Man sollte möglichst jede Tankgelegenheit zum Tanken nutzen. Manchmal ist gerade die Tankstelle, die man ursprünglich eingeplant hatte, geschlossen oder ihr ist der Sprit ausgegangen.

ben. Eine Panne in weiter Ferne von der nächsten Stadt kann sehr ärgerlich sein. Also unbedingt auf Vollständigkeit des Bordwerkzeugs inklusive des Wagenhebers achten. Wichtige Verschleißteile, auf jeden Fall Keilriemen, sollten dabeiliegen. Nur so kann man die nächste Werkstatt oder Farm schnell weiterhelfen. Auch wenn es aufpreispflichtig sein sollte und Platz wegnimmt, ein zweites Ersatzrad muss an Bord.

Straßen: Namibia kann auf ein für afrikanische Verhältnisse hervorragend ausgebautes Straßennetz verweisen. Doch sind 90 % der Straßen Schotterpisten *(pads)*. Diese werden regelmäßig mithilfe imposanter Straßenhobel gepflegt. Obwohl sie daher in der Regel in gutem Zustand sind, verlangen sie vom Fahrer höchste Aufmerksamkeit (s. links).

Verkehrs- und Fahrregeln: In Namibia herrscht Linksverkehr, somit ist das Steuer immer rechts. Auf den geteerten Fernstraßen gilt eine Geschwindigkeitsbegrenzung von 120 km/h und auf den Schotterstraßen von 80 km/h. Innerhalb geschlossener Ortschaften sind 60 km/h erlaubt. Vorsicht: Auch in Afrika stehen Radarfallen oft dort, wo man sie nicht erwartet. Die Promillegrenze liegt bei 0,5. In der Staubwolke des Vordermanns, im Gegenverkehr und in der Dämmerung unbedingt Lichter einschalten, damit man vom Gegenverkehr erkannt wird. Beim Überholen und durch Gegenverkehr kann es zu Steinschlag kommen. Ist man darauf gefasst, kann einen das nicht aus der Bahn bringen. Bei jedem Tankstopp den Reifendruck laut Herstellerangabe kontrollieren und bei jedem Stopp die Reifen begutachten. Scharfe Steine zerschneiden auch die besten Reifen, und ein geplatzter Reifen ist eine häufige Unfallursache. Die Gatter auf den Straßen werden grundsätzlich so verlassen, wie man sie angetroffen hat: Ein verschlossenes Tor wird nach der Durchfahrt wieder verschlossen, ein offenes Tor bleibt offen.

Im Falle einer Panne: Auch mit dem besten Fahrzeug ist eine Panne nicht auszuschließen. Deshalb sollte immer genügend Trinkwasser für mehrere Tage mitgeführt werden. Kann mit dem defekten Fahrzeug nicht mehr weitergefahren werden, bittet man Vorbeifahrende, beim Verleiher anzurufen und Hilfe zu holen. Lieber nimmt man ein paar Stunden Wartezeit in Kauf, als stundenlang in der Hitze umherzuirren. Besonders in abgelegenen Gebieten sollte man nie einfach draufloslaufen.

Offroad-Fahren: ... will gelernt sein. Uwe Schulze-Neuhoff und seine Frau bieten auf ihrer Farm seit vielen Jahren Fahrtrainings für Namibia-Neulinge an (www.ababis-gaestefarm.de, s. S. 121). Egal ob nun ein normales Fahrsicherheitstraining oder die hohe Schule des Allradfahrens, vor dem praktischen Start steht eine Runde Theorie auf dem Programm. Manch wichtige theoretische Grundlage des Fahrens auf *gravelroads* und im Gelände wird anschaulich erläutert. Für Gäste aus Europa, die zum ersten Mal mit den Schotterstraßen konfrontiert werden, gibt es viel zu lernen, doch auch ›Wiederholungstäter‹ werden mit manch neuem Tipp versorgt. Es ist Schulungsleiter Schulze-Neuhoff wichtig, dass die Kursteilnehmer verstehen, wie groß der Unterschied zwischen deutschen Straßen und namibischen Pisten ist. Die Reaktion des Fahrzeugs ist eine völlig andere. Außerdem mieten sich viele Gäste Allrad-Pickups, die von Hause aus schon eine völlig andere Fahrlage haben. Mit ihrem Allradantrieb verleihen sie Neulingen ein trügerisches Stück Sicherheit. Ihr Schwerpunkt liegt jedoch viel höher als beim normalen Pkw, womit sich das Kurven- und Bremsverhalten deutlich ändert.

Die Farm der Schulze-Neuhoffs bietet genügend Fläche zum Üben. Außerdem ist die Naukluft selbst das perfekte Übungsgelände, wenn es um

Die vor sich hin rostenden Autowracks in Solitaire verbreiten Wildweststimmung.

Allradfahrten abseits befestigter Pisten geht. Böschungs- und Rampenwinkel sorgen anfangs für schweißnasse Hände, relativ schnell merkt man aber, dass das Auto viel mehr Schräglage verträgt als gedacht.

Offroadfahren hat nichts mit Geschwindigkeit zu tun. Im schweren Gelände zählen vielmehr Sicherheit und das Ziel, möglichst nicht stecken zu bleiben. Dazu gehören Umsicht, Weitsicht und letztendlich Erfahrung. In welchem Winkel fährt man eine Böschung am besten an? Was tue ich, wenn die Räder im Sand wühlen? Fragen, auf die Uwe Schulze-Neuhoff praktische Antworten gibt. Und noch ein Tipp, auf den man sicher zurückgreifen wird: Wenn man ›Riviere‹, Trockenflussbetten, als Fahrbahn wählt, kommt man auch abseits der Zivilisation meist ganz gut ans Ziel.

Sprachführer Englisch

ALLGEMEINES

In Namibia werden 25 afrikanische Sprachen und Dialekte gesprochen. Oshivambo wird von der Bevölkerungsmehrheit der Ovambo gesprochen, weitere Sprachen sind Herero, Nama/Damara, Tswana, Lozi, Kwangali und diverse San-Sprachen. In den meisten Landesteilen wird Englisch gesprochen und verstanden, nur in ländlichen Regionen dominieren Afrikaans und Deutsch, das Muttersprache von rund 20 000 Menschen ist und auch von vielen Hotelbetreibern gesprochen wird. Das namibische Englisch sowie das Südwester-Deutsch weisen einige Besonderheiten auf.

Allgemeines

Guten Morgen!	Good morning!
Guten Abend!	Good evening!
Gute Nacht!	Good night!
Auf Wiedersehen!	Cheers!/Goodbye!
Entschuldigen Sie!	Excuse me!
Tut mir leid.	I am sorry.
Gern geschehen!	You're welcome!
Wie bitte?	Pardon?
Wirklich?	Is it? (ausgesprochen: Izit?)
Ich verstehe nicht.	I don't understand.
Ich spreche kein Englisch.	I don't speak English.
Sprechen Sie Deutsch?	Do you speak German?
Wie heißen Sie?	What is your name?
Ich heiße …	My name is …
Wie geht's?	How is it? (ausgesprochen: Howzit?)
(universelle Begrüßung)	
Bis später	Check you now.

bitte/danke	please/thank you
ja/nein	yes/no

Unterwegs

Ich will nach …	I want to go to …
Wo kann man … kaufen/bekommen?	Where can I buy/get …?
Wo ist …?	Where is …?
Welcher Bus/Zug geht nach …?	Which bus/train goes to …?
Abfahrt/Abflug	departure
Flughafen	airport
(Bus-)Bahnhof	(bus) station
Haltestelle	stop
Kleinbus	minivan
Geländewagen	four-wheel drive
Wohnmobil	camper/RV
Tankstelle	petrol station
Benzin	petrol, fuel
Erlaubnisschein	permit
geradeaus	straight on
links/rechts	left/right
Hauptstraße	main road
Furt	drift
Laden, der Alkohol verkaufen darf	bottle store

Zeit

Stunde/Tag	hour/day
Woche/Monat	week/month
Jahr	year
heute/gestern	today/yesterday
morgen	tomorrow
morgens	in the morning
mittags	midday, at noon
abends	in the evening
früh/spät	early/late
Montag	Monday
Dienstag	Tuesday
Mittwoch	Wednesday
Donnerstag	Thursday
Freitag	Friday
Samstag	Saturday
Sonntag	Sunday

Notfall

Hilfe!	Help!
Ich brauche	I need a doctor!
einen Arzt!	
Allgemeinmediziner	general practitioner
Zahnarzt	dentist
Apotheke	pharmacy
Fieber	fever, temperature
Krankenhaus	hospital
Krankenwagen	ambulance
Notfall	emergency
Polizei	police
Unfall	accident
Schmerz	pain/ache

Unterkunft

Haben Sie freie	Do you have
Zimmer?	vacancies?
Ich habe ein	I have booked a
Zimmer reserviert.	room.
Doppelzimmer	double room
Einzelzimmer	single room
… mit eigenem Bad	… with private bath
Dusche	shower
Toilette	toilet
Klimaanlage	air condition
Rechnung	bill

Zahlen

1	one	14	fourteen
2	two	15	fifteen
3	three	20	twenty
4	four	21	twenty-one
5	five	30	thirty
6	six	40	fourty
7	seven	50	fifty
8	eight	60	sixty
9	nine	70	seventy
10	ten	80	eighty
11	eleven	90	ninety
12	twelve	100	one hundred
13	thirteen	1000	a thousand

AFRIKAANS – DEUTSCH

Sätze und Grußformeln

Heita!	Hallo!
Morro!	Guten Tag!
Totsiens!	Auf Wiedersehen!
Hamba kahle!	Mach's gut!
Baie dankie!	Vielen Dank!
Gute pad!	Gute Fahrt!
Wag 'n bietjie.	Wart' einen Moment.

Allgemeines

apteek	Apotheke
bakkie	Kleinlieferwagen
baster	Mischling
braai	Grillfeier
buschveld	Wildnis
fanagalo	Mix aus Englisch, Afrikaans und Zulu
fontein	Quelle, Brunnen
gemsbok	Oryxantilope
hoofweg	Hauptstraße
induna	Häuptling
klippe	Stein, Felsen
koppie	Hügel (auch: Tasse)
kraal	einheimisches Dorf
lekker	gut, prima, hübsch
oukie	Südwester-Deutscher
pad	Piste, Straße, Weg
pan	Senke, die nach heftigen Regenfällen geflutet ist
rivier	Trockenfluss
sandveld	Sandwüste
teerpad	Teerstraße
veld	Region, Landschaft
vlakte	Ebene
vlei	Senke mit Wasser
werft	Hütten schwarzer Farmarbeiter
winkel	Geschäft, Laden

Kulinarisches Lexikon

Allgemeines

breakfast	Frühstück
dessert	Nachspeise
dinner	Abendessen
lunch	Mittagessen
main course	Hauptgericht
meal of the day	Tagesgericht
pepper	Pfeffer
salt	Salz
side dishes	Beilagen
soup	Suppe
starter	Vorspeise
sugar	Zucker
sweetener	Süßstoff
wine list	Weinkarte

Fleisch und Wurst

biltong	Trockenfleisch, das u. a. von Rind, Springbock oder Strauß stammt
bobotie	Hackfleisch-Curry, meist mit einem Eier-Pudding darüber, auf Gelbwurz-Reis serviert
boerewors	sehr würzige, spiralförmig aufgewickelte (Bauern-)Bratwürste
braaivleis	Grillfleisch
frikkadel	Frikadelle
ostrich	Strauß
pofadde	Würste aus Innereien vom Wild
sosatie	mariniertes Lammfleisch mit getrockneten Früchten, auf Holzspießen gegrillt
venison	Wildfleisch

Fisch und Meeresfrüchte

crayfish	Kap-Languste
hake	Stockfisch
kingklip	Lengfisch aus der Familie der Dorsche
kob	Kabeljau
kreef	Felshummer
oysters	Austern
perlemon	Abalone oder Meerohren
snoek	Barrakuda
yellowtale	gelbflossiger Fisch

Gemüse, Salate und Obst

brinjal	Aubergine
Cape gooseberry	nach Tomate und Erdbeere schmeckende gelbe Stachelbeere
grenadilla	Passionsfrucht
mealie	Maiskolben
slaphakskeentjes	gegarte Zwiebeln in einer sauren Soße aus Zucker, Essig, Senf und Sahne
sousboontjes	rote Bohnen in Sherry-Senf-Vinaigrette
waterblommetjie	eine Art Seerose, Zutat für Suppen oder Bredies

Eintöpfe und Teigtaschen

bredie	langsam gegartes Eintopfgericht mit Hammelfleisch, Kartoffeln, Zwiebeln und Gemüse
breyani	Gericht mit Fisch, Fleisch, Geflügel, Reis sowie Linsen

pie	Eintopfgericht, mit Teig bedeckt, in feuerfester Form im Ofen gebacken
samoosas	dreieckige, frittierte Teigtaschen, vegetarisch oder mit Fleisch gefüllt

Beilagen, Soßen und Gewürze

atjar	malaiische Variante des Chutney mit Fruchtstücken, zu Fleischgerichten
blatjang	fruchtig-scharfe Soße mit Fruchtstückchen, Knoblauch und Chili, zu Fleischgerichten
chakalaka	scharf-würzige Soße zu mealie pap
chips	Pommes frites, recht fettig
chutney	Gemüse/Früchte-Mischung zum ›Entschärfen‹ von Currys
garam masala	indische Gewürz-mischung, meist mit Fenchelsamen, Kümmel, Koriander und Kardamom
geelrys	Reis mit Rosinen, Beilage zu verschiedenen Gerichten
ingera	afrikanisches Fladenbrot
mealie bread	Maisbrot
mealie pap	Maisbrei, Grund-nahrungsmittel der schwarzen Bevölkerung des Landes
peri-peri	Piri-Piri; rote Chilischoten, gemahlen und in Olivenöl konserviert, sehr scharf!

pickles	in Essig eingelegtes Gemüse
sambal	zerkleinertes Obst oder Gemüse, eingelegt mit Essig und scharfen Gewürzen, zu Kapmalaiischen Gerichten gereicht
welbebloontjes	Stockbrot; über dem Braai-Grill gegart als Beilage oder mit Honig oder Zucker als Nachspeise

Süßes

koeksisters	klebrig-süßes, sehr beliebtes Kringel-Gebäck
melktart	burischer Käsekuchen in Blätterteig, mit Zimt
rusk	granithartes Gebäck, nur gut eingeweicht essen, wird oft zum Frühstück gereicht
vetkoek	Traditionsgericht der Afrikaaner: in heißem Öl ausgebackener Teig, entweder süß mit Honig/Sirup gefüllt oder salzig mit Hackfleisch

Getränke

beer (on tap/draught)	Bier (vom Fass)
coffee (decaffeinated)	Kaffee (entkoffeiniert)
juice	Saft
lemonade	Limonade
liquor	Spirituosen
mineral water	Mineralwasser
red/white wine	Rot-/Weißwein
sparkling wine	Sekt
tea	Tee

Das

Magazin

Natürlich auch im Supermarkt nicht zu übersehen: Namibia ist bunt.

Mehr als Sanduhrensand

Sand und Steine — rund ein Fünftel der Erde wird von Wüsten bedeckt. Auch Namibia hat einen großen Anteil daran. Wüste ist aber nicht gleich Wüste …

Kaum ein Reiseveranstalter, der für seine Namibia-Reise nicht mit Bildern von bis zum Horizont reichenden mächtigen Sanddünen wirbt. Weltweit verbreiteter und typischer sind aber eigentlich Steinwüsten. Beide Arten von Wüsten findet man in Namibia.

Fast immer trocken

Von einer Wüste spricht man, wenn in einem Gebiet – egal ob es felsig oder sandig ist – in der Regel nicht mehr als 150 mml Niederschlag pro Quadratmeter im Jahr fallen. Doch wie das bei Regeln so ist, gibt es Ausnahmen: So kann es vorkommen, dass über Jahre in der Namibwüste kein Tropfen Regen fällt und in anderen Jahren die Regenzeit so üppig ausfällt, dass die ganze Wüste unter Wasser steht. Dann wird aus dem kargen Sand- und Steinmeer ein einziger Blumenozean. Die Samenkörner, die sich über die Jahre im Boden angesammelt haben, keimen und blühen in herrlichen Farben. Ein einmaliges Schauspiel!

Landschaft mit vielen Gesichtern: die Namib

Die Namibwüste, der Namibia seinen Namen verdankt, dominiert das Land und gehört mit ihrer Süd-Nord-Ausdehnung von rund 2000 km – sie reicht vom südafrikanischen Port Nolloth bis weit ins angolanische Territorium hinein – nicht nur zu den größten, sondern auch zu den trockensten Wüsten der Welt. Oft regnet es über Jahre in weiten Landstrichen überhaupt nicht.

Inmitten ziegelroter, steil aufragender Sandwände stellt man seinen Wagen ab, bevor es auf die Dünenriesen des Sossusvlei hinaufgeht. Von der Sonne scheinbar verkohlte Kameldornbäume recken ihre Äste in den Himmel.

Die Namibwüste zeigt sehr unterschiedliche Gesichter. Zwischen Oranjemund und Lüderitz gefällt sie sich als sandbedeckte Ebene mit felsigem Grund. So richtig ›wüstig‹ wird sie erst nördlicher. Zwischen Lüderitz und dem Kuiseb River sowie östlich von Swakopmund ist die Namib so, wie man sich eine Wüste landläufig vorstellt: Riesige Dünenformationen haben sich gebildet und verändern, vom Wind getrieben, regelmäßig ihr Aussehen. Die mächtigen Dünen im Sossusvlei gehören zu den höchsten der Welt. Nicht ohne Grund hat sich das Tal des Tsauchab-Trockenflusses, das ins Sossusvlei hineinführt, zu einem der größten Touristenmagneten des Landes entwickelt.

Zwischen Kuiseb und Gogab gleicht die Wüste einer unwirtlichen Marslandschaft, bedeckt von grauschwarzen Schotterebenen. Nördlich vom Ugab wird sie zu einem endlosen Sandmeer – in diesem Abschnitt zeigt die Namib ihr lebensfeindlichstes Antlitz, was der Küste wohl hier den Namen Skeleton Coast eingebracht hat.

Rote Dünen: die Kalahari

Im Landesosten liegt das zweite große Trockengebiet Namibias: die Kalahari. Der überwiegende Teil des rund 1,2 Mio. km² großen Kalahari-Hochbeckens erstreckt sich zwar in Botswana, Angola, Zimbabwe und Sambia, doch in Namibia reicht es immerhin bis zu 400 km tief ins Land. Es liegt im Durchschnitt 800–1200 m über dem Meeresspiegel.

Die Kalahari ist eine relativ flache Wüsten-, Steppen- und Savannenlandschaft, die vor allem durch ihren roten Sand und die roten Dünen charakterisiert wird. Zwischen den Dünenkämmen haben sich zahlreiche Pfannen gebildet, in denen sich während der seltenen Regenfälle Wasser sammelt. Wenn es verdunstet, bleiben weißliche Salz-Lehm-Krusten zurück. Zwischen der Kalahari im Osten und der Namib im Westen liegt das durchschnittlich 1700 m hohe, um die Hauptstadt Windhoek herum auch die 2000-m-Marke überschreitende Binnenhochland.

Kalte Nebelmaschine in Gefahr

Seit vielen Millionen Jahren ist die Namib-Wüste ein stabiles Ökosystem – eines, das durch große Wassermassen entsteht: den Benguelastrom. Diese kalte Meeresströmung, die sich aus arktischen Gewässern speist und an der südwestafrikanischen Küste entlang nordwärts fließt, ist für das trockene Klima Namibias mit äußerst niedrigen Niederschlägen verantwortlich. Zum einen kühlen durch die kalte Strömung die wassernahen Luftschichten vor

---

OFFROADFAHREN MUSS MAN LERNEN　⚫

Es reicht in Namibia nicht, sich einen Allrader zu leihen und einfach drauflos zu fahren. Mann muss sich schon im Klaren sein, dass dieses Fahrzeug und die Schotter- und Sandpisten sehr hohe Ansprüche an den Fahrer stellen. Aus diesem Grund lohnend ist ein Blitzkurs im Allradfahren. Egal ob ein Fahrsicherheitstraining auf Schotter oder die hohe Schule des Allradfahrens im Tiefsand, Schulungsleiter Uwe Schulze-Neuhaus, kann auf seiner Farm Ababis damit dienen. Hier kann jeder ein Stück Sicherheit ›tanken‹ (www.ababis-gaestefarm. de, s. S. 121).

Wenn sich der Nebel vom Atlantik her übers Land schiebt, legt sich ein fast mystischer Schleier über die Sanddünen der Namib. Erst wenn die Tagestemperaturen steigen, löst sich der zarte Zauber auf.

der Küste ab, bis sie kühler sind als die restlichen warmen Luftmassen, die darüber liegen. Man nennt das Inversion. Zwischen den beiden Luftmassen findet kein Austausch statt, denn die leichtere Warmluft schwimmt sozusagen auf der schwereren Kaltluft. Das bedeutet gleichzeitig, dass nur sehr wenig Meerwasser verdampft, was zur Folge hat, dass sich keine Regenwolken bilden. Zum anderen entsteht bei diesen Prozessen eine ablandige Windströmung. Beides bedeutet: kein Regen an Land. Doch das ist nur die halbe Wahrheit, denn der Benguelastrom sorgt auch – zumindest an 125 Tagen im Jahr – für ein lebenspendendes Phänomen: Nebel.

Die Inversion verhindert zwar den Regen, hält dafür aber die landeinwärts ziehenden kalten Luftmassen am warmen Wüstenboden fest, bis die Feuchtigkeit der Kaltluft zu Nebel auskondensiert. Die Folge ist eine nachts bzw. morgens bis zu 50 km ins Land hineinreichende Nebelbank, die sich erst mit der Sonneneinstrahlung am Vormittag wieder auflöst. Bis dahin hat sich mancher kleine Wassertropfen labend auf eine Pflanze gelegt (s. auch Zugabe S. 132) oder kleinste Wüstenbewohner belebt.

Doch: Wie lange wird das mit dem Nebel noch weitergehen? Mehrere Modelle zum Klimawandel prognostizieren, dass die Erderwärmung auch den Benguelastrom beeinflussen wird. Der Nebel, befürchten Klimaforscher, könnte abnehmen oder sogar ganz ausbleiben. Das wäre das Ende – von der Wüste, die lebt. ■

Verbotenes Terrain

Diamantenabbau — Tief im Südwesten liegt hinter Stacheldraht eine geheimnisumwitterte Welt: das Diamanten-Sperrgebiet. Glücksritter buddelten hier einst, teils mit bloßen Händen, eimerweise Edelsteine aus dem Sand.

Gegen 9 Uhr steht der Geländewagen vor der Lodge. Sie kann beginnen, die Fahrt in eine verbotene Welt. Sperren sind zu passieren und Genehmigungen werden kontrolliert. Die Einfahrt ins Diamanten-Sperrgebiet ist nur lizenzierten Reiseveranstaltern erlaubt (s. S. 77).

Wunder der Natur

Weiter geht die Fahrt auf einer gut geteerten Straße in Richtung Süden. Nicht lange, dann wechselt der Wagen auf eine

OFF-SHORE-DIAMANTEN 🅞

Namibische Diamanten gehören zu den reinsten weltweit und das Land zählt zu den zehn größten Diamantenproduzenten der Welt. Mittlerweile müssen allerdings rund 100 t Erde bewegt werden, um ein Karat zu gewinnen, darum wird das Off-Shore-Mining ausgebaut. 2017 wurden 1,38 Mio. Karat aus dem Meeresboden und nur noch 0,43 Mio. Karat an Land gewonnen. Die Diamantenbestände im Meeresgrund reichen noch für etwa 20 Jahre.

holprige Piste. Da die kleinen, erst später glitzernden Steinchen hier auch an der Erdoberfläche auftauchen können, wird das Gebiet zwischen Lüderitz und Oranjemund streng bewacht. Ca. 100 km breit und 300 km lang ist das Diamanten-Sperrgebiet, das seit Jahrzehnten einen Staat im Staat bildet. Der weltweit operierende Diamanten-Monopolist De Beers aus Südafrika und der namibische Staat betreiben gemeinsam das Unternehmen NAMDEB und teilen sich den Gewinn aus der Diamantenförderung im Sperrgebiet. Dieser trägt einen wesentlichen Anteil zum Bruttosozialprodukt des Landes und zur hohen Exportquote bei – bezogen auf den Gesamtbergbau bis zu 50 %. 2008 wurde das Gebiet zum Sperrgebiet National Park erklärt. 2012 wurde der Name in Tsau//Khaeb National Park geändert.

Neuer Versuch

Riesige Planierraupen und Staubsaugerähnliche Maschinen lassen nahe Elisabeth Bay erkennen, dass man in dieser Region erneut nach Steinen sucht. Der Sand wird aus dem Meer gepumpt und durchsiebt. Heute geht die Förderung an Land überall, auch

Wenn es um Profit geht, schirmt man sich gern ab. So wurde sofort nach den ersten Diamantenfunden das riesige Diamanten-Sperrgebiet abgeriegelt. Daran hat sich wenig geändert, auch wenn Oranjemund wieder zugänglich ist.

rund um Oranjemund, deutlich zurück. Der Anteil der Off-Shore-Förderung hingegen, d.h. der Diamantensuche am Meeresboden vor der Küste, steigt kontinuierlich (s. Kasten links). Auch in der Mündung des Orange wird noch manches Karat vermutet. Die Zeit, in der man die wertvollen Steine ganz einfach aus dem Wüstensand sieben konnte, sind lange vorbei. Unweit der neuen Förderstätte Elisabeth Bay liegt die Geisterstadt Elizabeth Bay. Viel haben das Seeklima und der Sand von der einst blühenden Diamantenstadt nicht übrig gelassen. Reste des Haupthauses und einiger Wohnhäuser sind alles. Dabei war ›Elisabethbucht‹ in seiner Glanzzeit größer als Kolmanskop. Zwar begann die Diamantensuche hier etwas später, doch schon bald zeigten sich große Erträge (s. Zugabe S. 80).

Märchenhaftes

Dutzende Meilen weiter südlich – die Piste hätte sicher eine Renovierung nötig – liegen zwei weitere deutsche Geisterstädte im Dornröschenschlaf. Pomona war einst ein für die Region überlebenswichtiger Ort. Geologen hatten hier Wasser gefunden – fast so wertvoll wie Diamanten. Die Überreste des Wasserwerks sind noch zu sehen und einmal mehr skelettartige Mauerstümpfe ehemaliger Gebäude. Als die Stadt aufgegeben wurde, ließ man alles Unwichtige einfach zurück. Nicht uninteressant ist der kleine Friedhof des Städtchens, auf dem manches Holzkreuz davon zeugt, dass das Leben hier auch für die deutschen Kolonisten kein Zuckerschlecken war. Wie ein Märchental sieht der nächste ›Ort‹ wirklich nicht aus.

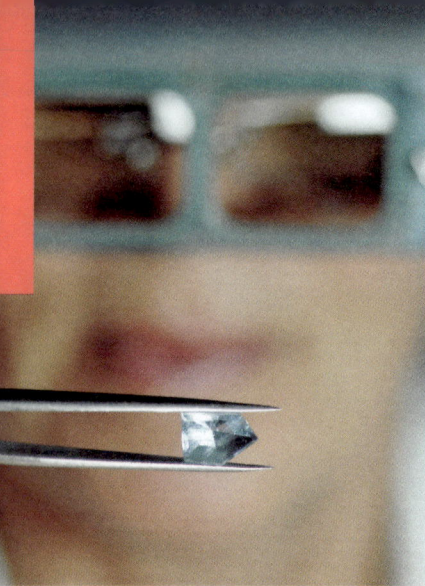

Die namibischen Diamanten gehören zu den reinsten und damit wertvollsten Steinen der Welt.

Doch der befremdliche Name hat seinen Grund: In den ersten Monaten nach Beginn der Diamantenära konnte man die Diamantensteine in diesem Gebiet einfach vom Boden auflesen. Zwei Dutzend schwarze Arbeiter waren wochenlang beschäftigt. Auf allen Vieren krochen sie über den glühend heißen Wüstenboden und sammelten den Reichtum für die weißen Minenbesitzer ein. Allein bis zum Ersten Weltkrieg wurden rund eine Tonne, sprich 5 Mio. Karat, gefördert. Die Verarbeitung der Rohdiamanten zu den glitzernden Schmuckstücken lag über Jahrzehnte ausschließlich in ausländischen Händen. Erst Ende des 20. Jh. entstanden im Land eigene Schleif- und Polierwerkstätten.

Steinernes Wahrzeichen

In der Geisterstadt Bogenfels ist nur ein einziges Gebäude erhalten geblieben. Ab und an dient es Geologen als Heimstatt auf Zeit. Letztes Ziel im Sperrgebiet ist ein Naturphänomen, das mit Diamanten nichts zu tun hat, sich aber ebenfalls nur im Rahmen einer geführten Tour besuchen lässt: Bogenfels, ein natürliches Felsentor, das Wind und Wasser am Atlantik in die Felsen gefräst haben. Ihm verdankte die einstige Stadt ihren Namen. Das rund 60 m aus dem Wasser ragende Naturdenkmal zählt zu den bekanntesten Motiven, mit denen in Prospekten, Büchern und Zeitschriften für Namibia geworben oder darüber berichtet wird. Wer richtig nah ran will, muss gut zu Fuß sein, die Wege sind erst sandig, dann glitschig – der Bogenfels steht im Wasser und wird von der mehr oder minder kräftigen Brandung umspült.

Strahlendes Geschäft

Neben den Diamanten ist das Uranerz der wichtigste Rohstoff des Landes und bedeutendes Exportgut. Die Uranlagerstätte im Damaraland ca. 80 km östlich von Swakopmund wurde 1910 entdeckt. Die Erschließung des Vorkommens begann jedoch erst in den 1960er-Jahren. Seit 1976 wird das Uranerz durch die Rössing Uranium Ltd. abgebaut. Im mächtigen Tagebauloch arbeiten über 800 Bergleute. Der Produktionsumfang war und ist stark abhängig von den Rohstoffpreisen am Weltmarkt und schwankte über die Jahre deutlich. In dem riesigen Loch, bis zu 300 m tief, werden rund 2,5 % der jährlichen Weltproduktion an Uran gefördert. Während die Rössing Mine ursprünglich nur für 20 Jahre geplant war, wurde unweit des alten Tagebaus das wahrscheinlich größte Uranvorkommen der Welt entdeckt und seit 2016 mit dessen Förderung im Tagebau Husab begonnen (s. S. 99). Die Rössing Mine kann in Gruppen besucht werden, Informationen dazu im Swakopmund Museum (s. S. 90). ∎

Die ›roten Frauen‹ der Wüste

Besuch bei den Himba — landeskundige Führer, die schon lange gute Kontakte zu einem Himba-Kral pflegen und die Sprache der Himba beherrschen, nehmen Interessierte mit auf eine spannende Tour zu dem Nomadenvolk, das seiner uralten Lebensweise am konsequentesten treu geblieben ist.

Es ist nicht ganz einfach, die Himba genau dort zu treffen, wo sie bis heute relativ ›unbehelligt‹ von der Zivilisation ihr traditionelles Leben leben. Ohne einheimische Führer ist das kaum möglich. Warum sich also nicht schon von Deutschland aus das Ganze organisieren lassen? So getan, steht unserem Ausflug, beginnend in der Grootberg Lodge (s. S. 153), nichts mehr im Wege.

Wasser als Mitbringsel
Früh am Morgen startet der Allrader Richtung Kamajab nach Osten. Nach einer halben Stunde auf der C 40 erreichen wir das kleine Dorf Erwee. Ein paar Häuschen, ein paar Hütten, mehr nicht. Der Mann am Steuer kennt den Weg und biegt auf eine Pad Richtung Nordwesten ab. Das Fahren wird ungemütlicher, doch die Landschaft dagegen schöner. Durch ein Tal erreichen wir die Veterinär-Grenze, die den Norden vom Süden trennt und ein Übergreifen der Maul- und Klauenseuche verhindern soll. Eine palmenumsäumte Flussüberquerung lädt zu einer ersten Rast ein. Knochen zurechtrütteln, Beine vertreten – eine Gelegenheit für unseren Führer, etwas mehr über das Leben der Himba zu erzählen. Sicher, wir haben schon viel darüber gelesen, doch aus berufenem Munde hören wir doch manch Neues. So wussten wir bisher noch nicht, dass eine bestimmte Anzahl der Kinder eine staatliche Schule besuchen muss – wie jedes andere namibische Kind. Der andere Teil der Kinder bleibt bei den Eltern und erlernt die traditionelle Kultur und Lebensweise der Himba. Aber ob das mit den Schulkindern in der Praxis wirklich so funktioniert? Wir haben unsere Zweifel. Dann endlich, sind wir am Ziel. Wir erblicken den Holzzaun und die kleinen Hütten des Krals. Der Führer meldet den Besuch an: vor dem Tor stehend, mit lauter Stimme. Handys gibt es nicht. Kurz darauf kommen die Frauen herbei. Nun heißt es aufpassen: Bei der Begrüßung kann einem der erste Fehler unterlaufen. Ein fester Handschlag wäre fehl am Platz. Das hieße, man wolle zeigen, dass man der Stärkere ist. Bei den Himba berührt man die Handflächen nur leicht. Im Vorfeld haben wir einige Gastgeschenke gekauft: u. a. 40 Liter kristallklares Wasser – etwas Besonderes, da den Himba oft nur schlammige Quellen

zur Verfügung stehen – und Maismehl, außerdem Vaseline. Diese ersetzt das früher benutzte Rinderfett in der roten Farbe, die die Himbafrauen auftragen.

Viele der Führer ins Himbaland achten darauf, dass abgesehen von ein paar Süßigkeiten für die Kinder (die natürlich auch nicht fehlen sollten) Nützliches, zum Teil Lebenswichtiges in den Kral mitgebracht wird. Die Himba sind – von unserem Blickpunkt aus – bitterarm, doch konnten sie, bisher zumindest, ihre sozialen Beziehungen erhalten. In Kleinstädten wie Opuwo sieht man an den Straßenrändern, was passiert, wenn diese Strukturen zerstört sind. Arbeitslose, oft dem Alkohol verfallene Männer jeden Alters lungern herum. Sie haben keine Perspektive.

Auf der Suche nach Viehfutter

Es ist drückend heiß. Hierher in den Norden, wo kein Missionar jemals seinen Fuß hingesetzt hat und selbst die deutschen Kolonialherren außen vor blieben, haben sich die Himba Mitte des 19. Jh. vor den ständigen Angriffen der Nama zurückgezogen. In ihren Kralen im Kaokoveld und am Ufer des Kunene blieben sie fast bis in die Gegenwart von den Einflüssen der westlichen Zivilisation verschont. So mancher Kral zeugt davon, dass zumindest die Frauen sesshaft geworden sind. Die Män-

ner ziehen noch immer mit ihren riesigen Rinder- und Ziegenherden durchs Land, auf der Suche nach Weideplätzen. Eine Suche, die immer längere Wege erfordert, denn dort, wo die Rinder vor Jahrzehnten noch reichlich Futter fanden, steht kaum noch ein Grashalm. Das Kaokoveld ist in weiten Teilen völlig überweidet. Die Herden werden immer größer und oft sind die Männer viele Monate fern von ihren Familien unterwegs.

Das Leben der Frauen und Kinder

Auch wenn die Frauen jetzt mit der großen Kinderschar im Kral bleiben, sind sie fest in den alten Traditionen verwurzelt. An der Bauweise der Krale hat sich seit Jahrhunderten nichts geändert und noch immer tragen die Frauen außer dem Lendenschurz nur üppigen Schmuck. Verheiratete Frauen erkennt man daran, dass sie ihre Haare mit den Haaren ihrer jüngeren Brüder verlängern. Das wichtigste Merkmal der Himbafrauen ist jedoch ihre rötliche Hautfärbung. Aus einem Gemisch von Roteisenstein, Fett und Kräutern bereiten sie eine Creme, mit der sie regelmäßig ihren gesamten Körper einreiben. Eine tolle Mixtur, die gegen die sengende Sonne und zu großen Flüssigkeitsverlust sowie gegen die Kälte der Nacht schützt. Für Europäer besonders angesichts der Hitze unvorstellbar: Waschen ist bei den Himba tabu, was seinen Grund im Wassermangel hat.

Mit Begeisterung bestaunen die Kinder und Frauen auf den Displays unserer Kameras die Fotos, die wir gerade geschossen haben. Jeder will die Kameras einmal haben. Mit viel Spaß sind alle dabei. Als ›Andenken‹ bleibt uns die rote Farbe, die jetzt die Gehäuse ziert.

Ein Tanz zum Abschied

Das heilige Feuer im Kral darf nie erlöschen – nicht zuletzt, weil es als Verbindung zu den Ahnen gilt. Ethnologen äußern sich immer wieder besorgt über

BEI DEN HIMBA WOHNEN **H**

Auch ein Besuch im Living Museum der Ovahimba ist lohnenswert (s. auch S. 157). Dem Museum ist ein Campingplatz angeschlossen, sodass man mehrere Tage bei den Himba verbringen kann. Museum und Camp liegen zwischen Opuwo und Epupa Falls am Kunene River (www.lcfn.info/de/ovahimba, Campsite Omungunda, contact@lcfn.info, T 081 838 25 56).

Die Himba-Frauen bleiben mit den kleinen Kindern im Kral, während die Männer den Viehherden folgen.

Voller Stolz tragen die verheirateten Himba-Frauen ihre aufwendigen Frisuren, bei denen die eigenen Haare mit denen der jüngeren Brüder verlängert werden. Alles natürlich komplett in Rotbraun.

die Zukunft der Himba. In den Jahren des Krieges zwischen Angola und Südafrika wurden sie erstmals aus ihrer Isolation gerissen – und die Einflüsse der südafrikanischen Armee waren nicht die besten. Seit in der Grenzregion Ruhe eingekehrt ist, suchen immer mehr Touristen – so wie wir –, begleitet von schwarzen oder weißen Führern, die Himba-Krale auf. Auch das birgt die Gefahr, dass die Himbatraditionen verwässert werden könnten. Andererseits können die Touristen den Himba auch helfen, den täglichen Überlebenskampf zu bestehen. Dass sich die Himbafrauen am Ende eines solchen Besuchs mit einem Tanz bei den Gästen bedanken, dürfte den Verfall der Himbakultur ebenso wenig beschleunigen wie das gemeinsame Lachen beim Zusammensein im Kral. Doch schon drängt der Führer zur Eile, wir wollen, noch bevor die Nacht anbricht, zurück in der Lodge sein. ∎

Das heilige Feuer im Kral darf nie erlöschen – nicht zuletzt, weil es als Verbindung zu den Ahnen gilt.

Und alle profitieren

Mit vollem Einsatz: Die Natur schützen und bewahren kann nur, wer sie versteht. Dafür knien sich die Guides im Namib Naukluft National Park schon mal in den heißen Sand.

Nachhaltigkeit — das aktuelle Schlagwort in der Touristik hat in Namibia eine enorme Bedeutung, lebt der Tourismus hier doch, mehr als anderswo, von der Natur – von einer intakten Pflanzen- und Tierwelt – und von der Kultur – von den uralten Lebensweisen seiner Bewohner.

Die grandiose, größtenteils naturbelassene Landschaft, der Artenreichtum von Flora und Fauna sowie die Aussicht auf grenzenlose Weite und Freiheit vor dem Hintergrund exotischer einheimischer Lebenswelten locken immer mehr Gäste aus der ganzen Welt nach Namibia. Ständig steigende Touristenzahlen belegen diesen Trend: Namibia hat sich zu einem beliebten Touristenziel gemausert und der Tourismus zu einem der wichtigsten Wirtschaftszweige und Devisenbringer des Landes (ca. 3 % des BIP).

Lokale Energieerzeugung

Eine Gefahr für das ökologische Gleichgewicht stellt die wachsende Zahl an Lodges in unberührter Natur dar: Der hohe Wasser- und Energieverbrauch, das Einfliegen von Lebensmitteln und der anwachsende Müllberg belasten die Umwelt. Ganz im eigenen Interesse nutzen Gästefarmen, Lodges und Hotels deshalb immer häufiger die Kraft der Sonne zur Energieerzeugung, Sonnenkollektoren und Photovoltaik-Anlagen sind vielerorts zu sehen. Einer der Pioniere in diesem Bereich ist zweifellos die Gondwana Collection. Die zum Unternehmen gehörende Namib Desert Lodge (s. S. 112) beispielsweise produziert seit 2014 50 % ihres Energiebedarfs mit hauseignen Sonnenkollektoren – größter Energiefresser bei den Lodges sind die Klimaanlagen.

Neue Ideen sind gefragt

Aber nicht nur die alternative Energiegewinnung hat dazu geführt, dass die Gondwana Collection zum wiederholten Mal von der Umweltinitiative Eco Award Namibia mit fünf Wüstenblumen ausgezeichnet wurde, sondern auch die Tatsache, dass das Abwasser der Lodges für die Bewässerung der Grünanlagen aufbereitet und der Müll vorbildlich getrennt und entsorgt wird. Gondwana Collection experimentiert auch mit Biogas. Idealer Standort dafür ist das Gondwana Self-Sufficiency Centre (SSC), ein Farmbetrieb, der die Lodges der Collection zu 70 % mit Gemüse, Obst, Geflügel, Molkereiprodukten, Rindfleisch und Wurstwaren versorgt (s. S. 57). Die Rinderhaltung bietet beste Voraussetzung für Biogas.

Der schonende Umgang mit Ressourcen hat in der 2018 eröffneten Lodge The Desert Grace (s. S. 112) von Gondwana Collection schließlich eine noch größere Dimension erreicht. Sack für Sack wurde der feine rote Wüstensand als Baumaterial angeschleppt. Und Sack für Sack entstanden daraus die luxuriösen Villen der Lodge. Für die Wege wurde eine Mischung aus Zement und gemahlenem Altglas entwickelt. Das Glasmehl stammte aus den unternehmenseigenen Glasabfällen und wurde in eigenen Glasmühlen zermahlen. Durch diese Glasverarbeitung konnten alle Plastikflaschen aus dem Hotel- und Restaurantbetrieb verbannt werden.

Gleichgewicht als Ziel

Nachhaltigkeit liegt auch dem Lodgebetreiber Wolwedans am Herzen (s. S. 128). Der Strom für die Lodges

Der Community Tourism stellt sicher, dass auch die einheimische Bevölkerung … profitiert.

in der Namib Rand Reserve wird bereits bis zu 80 % aus Solarenergie gewonnen und das Wasser zum Duschen komplett durch die Sonne aufgeheizt. So konnte die Laufzeit der Generatoren von 12 bis 14 auf 2 bis 4 Stunden täglich reduziert werden. Nicht ohne Grund wurde die Arbeit von Wolwedans von der Zeitz Foundation mit dem Titel »Long Run Destination« ausgezeichnet. »Mit dem Gleichgewicht aus qualifizierter Leitung, wirtschaftlichem Erfolg, sozialer Verantwortung und dem Schutz unserer Umwelt haben wir uns zur Nachhaltigkeit verpflichtet«, so ein Leitsatz von Wolwedans. Nach ähnlichen Grundsätzen richten immer mehr touristische Betriebe in Namibia ihre unternehmerischen Strategien aus, egal ob es sich um eine Gästefarm mit nur zehn Betten handelt oder um eine Lodge mit Dutzenden Zimmern.

Ausbau touristischer Infrastruktur

Im Tourismus treten zudem die ethnisch-sozialen Probleme Namibias deutlich zutage: Lodges, Gästefarmen oder Safariveranstalter gehören in der Regel

Weißen, der farbigen Bevölkerungsmehrheit begegnet der Reisende hier fast nur in Gestalt von Servicepersonal oder Hilfskräften. Namibias Antwort auf diesen Missstand heißt Community Tourism. Er stellt sicher, dass auch die einheimische Bevölkerung von dem Tourismustrend profitiert. Zu seinen Grundsätzen gehört, dass sich die lokalen Gemeinden jeweils mit ihren Möglichkeiten und Ressourcen in das touristische Angebot einbringen. Im Gegenzug erhalten die Urlauber einen authentischen und intensiven Zugang zu den unterschiedlichen Kulturen und Traditionen im Land.

Ländliche Gemeinden als Unternehmer

Es war der Verdienst von NACOBTA (Namibia Community Based Tourism Association), eines Mitte der 1990er-Jahre gegründeten Vereins, dass einige Dutzend Gemeinden eigene Tourismusprojekte entwickeln konnten. NACOBTA gibt es zwar, wenn überhaupt, nur noch auf dem Papier, doch die Idee des Community Tourism lebt fort. Immer mehr Gemeinden gründen eigene Betriebe oder kooperieren mit Privatunternehmen wie seit Kurzem ein Himba-Dorf mit der To-ko-Lodge (s. S. 157). Einen Schwerpunkt des Community Tourism bilden gemein-deeigene Campingplätze und Restcamps, die meist dort eingerichtet wurden, wo es bisher keine Übernachtungsmöglichkeiten gab. Durch ihre naturnahe und recht einfache Ausstattung sind sie gleichzeitig Beispiele für Nachhaltigkeit im Umgang mit der Umwelt.

Dorfalltag und Kunsthandwerk

Das dritte Standbein des Community Tourism sind Kulturzentren bzw. Lebende Museen, die einen noch intensiveren Einblick in die Traditionen der Völker Namibias geben (s. S. 276). Die Projekte sichern den Bewohnern ganzer Dörfer ein Einkommen. Dabei spielt die Förderung traditioneller Handwerkskunst und der Verkauf kunsthandwerklicher Erzeugnisse eine besondere Rolle. Bei einem Besuch von Penduka, einem Kunsthandwerkszentrum im Township Katutura, gewinnt man einen guten Einblick in diese Art von Projekten. Frauen haben hier die Gelegenheit, Taschen, Kissen, Lederschmuck etc. herzustellen, die im zugehörigen Laden und an anderen Orten fair verkauft werden (s. S. 34). Ähnliche Zentren für traditionelle Handwerkskunst findet man in ganzen Land. Im Daureb Craft Centre (s. S. 146) in Uis entstehen Kunstwerke, die fest verwurzelt sind in der Damara-Kultur. ∎

TOURISMUS FÖRDERT NATURSCHUTZ **T**

Die meisten Touristen kommen wegen der Tiere und der Landschaft nach Namibia – und das haben die Politiker verstanden! Namibia war das erste Land der Welt, das den Naturschutz in seiner Verfassung verankerte. Dass Namibia viel tut, um diesen Vorsatz auch in die Tat umzusetzen, zeigen die Anstrengungen zum Ausbau der zahlreichen Wildparks und Naturschutzgebiete und zur Beendigung der besonders in den Kriegsjahren dramatisch gestiegenen Wilderei. Rund 15 % des Landes sind Natur- und Wildreservate oder geschützte Erholungsgebiete. Der Erfolg der Bemühungen ist nicht zu übersehen. Der Tierbestand hat wieder zugenommen – im Etosha National Park sogar so sehr, dass über gezielte Abschüsse nicht mehr nur nachgedacht wird.

Worauf warten wir?

Deutsche Kolonialgeschichte — Versöhnung haben Namibier und Deutsche dringend nötig. Die Verhandlungen zwischen beiden Regierungen über die Anerkennung des Völkermords in der Ex-Kolonie stecken aber fest.

Manches dunkle Kapitel der namibischen Geschichte wurde von den Deutschen geschrieben. Dazu zählt insbesondere die äußerst brutale Niederschlagung des Herero-Aufstandes, aber auch der Landraub durch koloniale Siedler und die damit verbundene Vertreibung der indigenen Gemeinschaften (s. auch S. 273). Die Aufarbeitung dieser Kapitel ist bis heute, also über 110 Jahre später, nicht abgeschlossen.

Erfolglose Verhandlungen

Das historische Gedächtnis reicht bei vielen Deutschen meist nur von den Völkermorden in Ruanda und Jugoslawien bis zum Holocaust zurück. Koloniales deutsches Unrecht hingegen ist in der deutschen Öffentlichkeit nicht präsent. Und das, obwohl seit 2015 Verhandlungen zwischen der deutschen und der namibischen Regierung stattfinden, die über mögliche Wiedergutmachungszahlungen für die begangenen Verbrechen entscheiden sollen. Doch noch immer wurde keine für beide Parteien vertretbare Lösung gefunden und ist auch keine vorbehaltlose deutsche Entschuldigung in Sicht. Woran liegt das?

Es geht um Geld

Die Nachfahren der damaligen Opfer fordern nicht nur eine Entschuldigung, sondern auch Reparationszahlungen. Aber genau davor schreckt die Bundesregierung zurück, da sie bis heute die Ansprüche vieler nicht entschädigter Opfergruppen aus der Nazizeit fürchtet. So bat die damalige Entwicklungsministerin Heidemarie Wieczorek-Zeul (SPD) im August 2004 bei einer Gedenkfeier zur Schlacht am Waterberg zwar um Vergebung, vermied aber sonstige ›entschädigungsrelevante Äußerungen‹. Und in den deutsch-namibischen Verhandlungen spricht der deutsche Verhandlungsführer (CDU) auch ausdrücklich nur von einem »historischen Völkermord«. Damit vertritt die Bundesregierung die Ansicht, dass zur Beurteilung der damaligen Geschehnisse das Völkerrecht zugrunde gelegt werden müsse, das zum Tatzeitpunkt galt. Das Problem: Das Völkerrecht zu Beginn des 20. Jh. war noch vom europäischen Imperialismus geprägt und sprach den ›zivilisierten‹ Gesellschaften das Recht zur Ausbeutung der ›unzivilisierten‹ zu. Damit hätten die Deutschen also kein Recht gebrochen, als sie Herero und Nama niedermetzelten. Gerechtigkeit – das liegt auf der Hand – wird es mit dieser Denkweise nicht geben. Ganz im Gegenteil: Deutschland muss endlich die volle Verantwortung für die kolonialen Verbrechen übernehmen, und zwar juristisch, moralisch und finanziell. Aber bilden Sie sich selbst eine Meinung, die Fakten sind folgende …

Die Katastrophe nimmt ihren Lauf

1883 hisste Heinrich Vogelsang im heutigen Lüderitz die deutsche Flagge – der

Erinnerung an deutsche Grausamkeiten: Das Genozid-Denkmal in Windhoek geht schonungslos mit der Vergangenheit um.

Beginn der kolonialen Ära der Deutschen in Südwestafrika. 1888 schlossen die stolzen Herero mit den Deutschen einen Schutz- und Freundschaftsvertrag. Erst nach und nach realisierten sie, wie viel Freiheit sie damit verloren hatten. Zwar fühlten sie sich nun vor den Angriffen der Nama sicher, mit denen sie sich jahrzehntelang Fehden geliefert hatten, doch es störte sie, dass es auch zwischen diesen und den Deutschen einen Schutzvertrag gab. Der Konflikt spitzte sich zu, als Samuel Maharero, von den Deutschen unterstützt, zum Häuptling der Herero gewählt wurde. Er galt als korrumpiert und nicht alle Stämme erkannten ihn als Führer an. Nach und nach verloren die Herero immer mehr Land und Vieh an die Deutschen. Morde von Weißen an Schwarzen blieben ungesühnt und der Erwerb von Feuerwaffen war nicht mehr frei, sondern wurde durch das Gouvernement geregelt. Eine Zäsur im Leben der Herero war das Jahr 1897: Die Rinderpest raffte fast ihren gesamten Tierbestand dahin – 250 000 Tiere. Um überhaupt überleben zu können, verkauften sie ihr Land und die letzten Rinder an die deutschen Siedler. So gab die ›Katastrophe der Herero‹ der kolonialen Entwicklung einen Schub. Den meisten Herero blieb nur, sich als Farmarbeiter bei den deutschen Siedlern zu verdingen. Diese gingen mit den Einheimischen teils mehr als unmenschlich um. Prügelstrafe war an der Tagesordnung und Hererofrauen galten als ›Freiwild‹.

Aufstand der Unterdrückten

Das Verhalten der Deutschen sollte sich bitter rächen: 1904 kam es zu einem Aufstand der Herero. Anlass war der Beschluss der Kolonialverwaltung, alle Herero in ein Reservat am Waterberg abzuschieben. Die dort bereits lebenden Herero begannen den Aufstand und ermordeten alle deutschen Männer, die am Waterberg lebten. Die Wochen danach brachten für Hunderte Deutsche den

VÖLKERMORD – WAS IST DAS?

Nach Artikel II der UN-Völkermordkonvention versteht man unter dem Begriff Völkermord folgende an einer nationalen, ethnischen oder religiösen Gruppe begangenen Handlungen: Tötung, Verursachung von schwerem körperlichem oder seelischem Schaden, Auferlegung von Lebensbedingungen, die zum Tod führen, Maßnahmen zur Geburtenverhinderung und gewaltsame Entreißung von Kindern. Diese Handlungen müssen in der Absicht begangen werden, die Gruppe als solche ganz oder teilweise zu zerstören. Oder anders: Entscheidend für die Einordnung von genannten Handlungen als Völkermord ist die konkret nachgewiesene Absicht, eine gezielte Ausrottung zu verüben.

Tod, nur Frauen, Kinder und Missionare ließ man am Leben. Wilhelm II. ließ daraufhin seinen Gouverneur Theodor Leutwein ablösen. Der Offizier, der immer den Ausgleich gesucht hatte, war dem Kaiser zu nachsichtig. Ersetzt wurde er durch General Lothar von Trotha, der sich durch Rücksichtslosigkeit und Grausamkeit ›auszeichnete‹.

Es begann ein blutiger Feldzug gegen die Herero. Diese flüchteten zum Waterberg Plateau. Damit waren sie in eine Falle geraten. Am 10. August 1904 formierten sich die Deutschen zum Generalangriff. Ein fürchterliches Gemetzel begann. Während in der eigentlichen Schlacht ›nur‹ einige Tausend Herero fielen – rund 800 Deutsche wurden verwundet oder getötet, begann das wirkliche Drama auf der Flucht der rund 60 000 Herero nach Osten. Unbarmherzig trieben die Deutschen die Fliehenden in die wasserlose Omaheke-Wüste. Nur wenige schafften den Weg nach Britisch-Betschuanaland (heute Botswana).

Vorsätzliche Ausrottung

Aber auch der Rückweg war den Fliehenden abgeschnitten, denn die Deutschen riegelten das ›Sandland‹ über Monate systematisch ab. Wer versuchte, die Absperrung zu durchbrechen, wurde gnadenlos erschossen. Historiker sind sich nicht einig, wie viele Herero in der Wüste eines schrecklichen Todes starben. Besonders Frauen und Kinder hatten in der menschenfeindlichen Umgebung keine Chance. Nur 15 000 sollen die Flucht überlebt haben, unter ihnen Häuptling Samuel Maharero, der sich mit einem Teil der Überlebenden nach Britisch-Betschuanaland retten konnte. Die deutschen Truppen unter dem Kommando von Generalleutnant Lothar von Trotha hatten die völlige Vernichtung der Herero gezielt in Kauf genommen. Trothas Direktive für die Entscheidungsschlacht am Waterberg lautete entsprechend: »Angreifen, um den Feind zu vernichten.« Am 2. Oktober 1904 präzisierte Trotha seinen Vernichtungswillen im sogenannten Schießbefehl: »Innerhalb der deutschen Grenze wird jeder Herero mit oder ohne Gewehr, mit oder ohne Vieh erschossen, ich nehme keine Weiber und Kinder mehr auf, treibe sie zu ihrem Volk zurück oder lasse auf sie schießen.« Sein Vorgehen begründete er ideologisch und meldete am 4. Oktober an den Generalstab: Weil sich »der Neger keinem Vertrag, sondern nur der rohen Gewalt beugt«, halte er es »für richtiger, dass die Nation in sich untergeht. (…) Sie müssen jetzt im Sandfeld untergehen oder über die Betschuanagrenze zu gehen trachten. Dieser Aufstand ist und bleibt der Anfang eines Rassenkampfes.« Der deutsche Vernichtungsfeldzug gegen die Herero gilt heute unter Historikern mehrheitlich als erster Völkermord des 20. Jh. ∎

Wem soll welches Land gehören?

Bodenreform — Zu den größten Herausforderungen des unabhängigen Namibia gehörte und gehört die Bodenreform. Es geht um eine gerechtere Aufteilung des Agrarlandes.

Noch immer gehören in Namibia rund 70 % des Farmlandes Weißen (5 % der Bevölkerung) und noch immer besitzen schwarze Namibier nur 6,4 Mio. der 39,7 Mio. Hektar, bis 2020 sollen es 15 Mio. sein. Den Hintergrund der Landfrage bildet der bis heute nicht geklärte Landverlust der Herero, Nama, Damara und San in der Zeit des Kolonialismus. Um die soziale Ungleichheit und das Unrecht aus der Kolonialzeit zu berichtigen, gibt es also noch viel zu tun.

Zweiter Versuch

Eine erste große Landkonferenz fand ein Jahr nach der Unabhängigkeit 1991 statt. Danach sollten weiße Farmer dem Staat Land freiwillig verkaufen. Doch dieses Prinzip funktionierte nicht. Darüber hinaus wurden kritische Stimmen laut, dass nur eine neue schwarze Elite bisher von der Landumverteilung profitiert habe. So trafen sich im Oktober 2018, also mehr als 25 Jahre später, 800 Delegierte zur zweiten nationalen Landkonferenz, um im Rahmen der bestehenden Gesetze Beschlüsse zu fassen, die der Landreform mehr Tempo verleihen sollten. Fünf Tage lang berieten Vertreter der Regierung, des Privatsektors, von Zivilgesellschaften, der Kirchen und traditionelle Stammesführer und erarbeiteten einen Maßnahmenkatalog.

Neue Hoffnung

Die Kunst war es, die neuen Umverteilungsmaßnahmen so zu gestalten, dass alles weiter so friedlich abläuft wie in den ersten fast 30 Jahren der Unabhängigkeit. So soll zum Beispiel die Größe der Farmen reguliert werden. Eine Kommission soll Anspruch auf vorväterliches Land prüfen. Das Prinzip, dass eine Familie nur eine Farm besitzen darf, soll durchgesetzt werden und ausländische Staatsbürger sollen keinen Landbesitz erwerben dürfen. Farmen abwesender ausländischer und namibischer Farmbesitzer sollen gegen Entschädigung enteignet werden. Sicher, ob die Ziele damit erreicht werden, muss überprüft werden. Eine dritte Landkonferenz wird aber diesmal nicht wieder 25 Jahre auf sich warten lassen. ∎

WEISSE WILLKOMMEN

Bei allem Reformwillen betonte Präsident Hage Geingob immer nachdrücklich, dass alle weißen namibischen Staatsbürger willkommen seien. Den Fehler den Zimbabwe im Jahr 2000 beging, als die Regierung 4000 weiße Farmer, enteignete, will Namibia nicht begehen. Danach lag in Zimbabwe viel Agrarland brach.

Eine Nation, viele Ethnien

Mit einem Lächeln durch die Straßen schlendern: Windhoek ist eine moderne, junge Stadt.

Bevölkerung — Seine besondere Anziehungskraft, sein Flair, schöpft Namibia nicht zuletzt aus dem speziellen Zusammenspiel der verschiedenen Völker: Ethnische und kulturelle Vielfalt sind herausragende Merkmale des Landes.

Namibia ist ein typischer Vielvölkerstaat. Er wurde ohne Rücksicht auf die ehemaligen Stammesgebiete der afrikanischen Völker in der Region geschaffen. Zehn größere Bevölkerungsgruppen leben auf dem Territorium des heutigen Namibia. Die verschiedenen ›Stämme‹, so die offizielle Bezeichnung, haben sich in den letzten Jahrzehnten zwar zum Teil vermischt, doch erleichtert ein Blick in ihre jeweilige Geschichte das Verständnis für die namibische Gesellschaft und Kultur.

Die Ureinwohner

Die älteste Bevölkerungsgruppe Namibias sind die San. Die veraltet als Buschmänner bezeichneten Afrikaner sind sehr klein, meist um 1,50 m groß, und haben eine gelbliche Hautfarbe. Sie sind eng verwandt mit den Khoikhoi (s. Nama, S. 277). Als Nomaden bewohnten sie früher das gesamte Küstengebiet Namibias bis hinunter zum südafrikanischen East London. Anführer, Häuptlinge oder gar Könige kennen die San nicht. Da die San ein friedfertiges Volk sind, zogen sie sich vor den weißen und schwarzen Zuwanderern immer weiter in entlegene Gebiete zurück. Besonders in der Kalahari-Wüste findet man noch heute San-Familien, die ihren ursprünglichen Lebensrhythmus

beibehalten haben. Die meisten der gut 30 000 San arbeiten jedoch als Hilfskräfte auf Farmen. Während der kriegerischen Auseinandersetzung zwischen SWAPO und südafrikanischer Armee war die Fähigkeit der San zum Fährtenlesen sehr gefragt.

Auch die Damara gelten als Ureinwohner im Südwesten Afrikas. Anders als die San waren sie jedoch immer sesshaft und verdienten ihren Lebensunterhalt mit Jagd, Sammeln und später Gartenbau und Viehzucht. Die meisten Damara, heute ca. 7 % der Bevölkerung, leben unter ärmlichen Bedingungen in ihren Großfamilien in den Bergen des mittleren Nordwestens zwischen dem Kaokoveld und dem Erongo. Wie bei den San ist die Großfamilie ihre größte soziale und politische Einheit.

Bantu-Völker

Mehr als 80 % der Bevölkerung stellen die Bantu-Völker, d. h. Völker, die Bantu-Sprachen sprechen. Dazu gehören die Ovambo und die Kavango. Die Ovambo sind mit Abstand die größte Volksgruppe Namibias. Sie stellen über die Hälfte der Bevölkerung. Ovambo trifft man besonders im Norden, nördlich des Etosha-Nationalparks zwischen dem Kaokoveld im Westen und der Kalahari. Erst im 16. und 17. Jh. eingewandert, gehören sie fast noch zu den ›Neusiedlern‹. Die Ovambo sind ein matrilineales Volk, d. h. das Erbrecht geht über die mütterliche Linie und ist für europäische Vorstellungen recht kompliziert. Ein Teil der Ovambo auf dem Land lebt noch in den von Pfählen umschlossenen Kralen und betreibt Feldbau und Viehzucht. Die harte Arbeit auf dem Feld ist traditionell Sache der Frauen, während sich die Männer um die Herden kümmern. Diese Lebensform entspricht am ehesten dem Klischee, das europäische Besucher vom schwarzen Kontinent haben.

Die Kavango wanderten wahrscheinlich aus Ostafrika in die Region des heutigen Namibia ein. Sie leben in ihren mit Palisaden umfriedeten Einzelgehöften fast ausschließlich im regenreichen Nordosten des Landes an den Ufern des Okavango. Der Fluss gibt ihnen Nahrung – neben dem Ackerbau dominiert der Fischfang. Viehzucht spielt keine große Rolle. Das Siedlungsgebiet der Kavango erstreckt sich bis nach Angola hinein.

Auch die Herero zählen zu den Bantu-Völkern. Besonders die Herero-Frauen sind nicht zu übersehen. Noch heute tragen sie die weiten Gewänder und den mächtigen Kopfschmuck, den sie in viktorianischer Zeit von den Missionsfrauen übernommen haben.

Im 16. Jh. kamen die ersten Herero ins heutige Namibia. Als Halbnomaden wanderten sie auf der Suche nach Weiden aus den Savannen Ostafrikas nach Südwesten. Besonders im 19. Jh. führten sie als traditionell kriegerisches Volk mit anderen Völkern blutige Auseinandersetzungen um Weideland und unterdrückten die dort lebenden San und Damara. Neben der Rinderzucht lebten die Herero saisonal von Ackerbau. Tausende Herero kamen 1904 bei der Niederschlagung ihres Aufstandes durch die Deutschen ums Leben (s. S. 271).

Im äußersten Nordosten, an den Grenzen zu Angola, Sambia und Botswana, leben rund 45 000 Caprivianer. Am stärksten vertreten sind unter ihnen die Mafwe und die Masubia, die kleinste Gruppe sind die Tswana. Alle drei gehören auch der Bantu-Sprachfamilie an. Bis heute werden sie von Stammeshäuptlingen regiert. Haupterwerbszweige sind Fischfang und Ackerbau. Viehzucht und zum Teil auch die Jagd ergänzen ihre Lebensgrundlage.

TRADITIONEN LIVE

Die Living Cultural Museums sind aus der touristischen Infrastruktur Namibias nicht mehr wegzudenken. Sie sind ein zentrales Standbein des Community Tourism (s. S. 269), da die Erlöse aus Eintrittsgeldern und Übernachtungen den Gemeinschaften direkt zugute kommen. Zum anderen leisten die Museen einen bedeutenden Beitrag zum Erhalt traditionellen Wissens. Kulturelle Fertigkeiten und Werte sind bei den indigenen Gruppen in Namibia nicht schriftlich fixiert, sondern werden von den Alten an die Jungen weitergegeben. In den Living Museums schulen die Alten die Jungen in den kulturellen Traditionen – gerade weil man den Museumsbesuchern die eigene Kultur zeigen und erklären möchte. So trägt die interkulturelle Begegnung hier zum Erhalt von kultureller Identität bei. Lebende Museen der Mafwe, Ju/'Hoansi, Mbunza, Ovahimba und Damara betreut die Living Culture Foundation (www.lcfn.info, s. S. 152, 157, 205, 213). Sehenswert sind auch die Cultural Villages (s. S. 155, 196, 213).

Himba, Nama, Baster

Die Himba sind das afrikanische Volk, das seine Traditionen und Riten wohl am besten in die Gegenwart gerettet hat. Zwar sind die Frauen dieses ehemals nomadisierenden Hirtenvolks größtenteils in den Kralen im Kaokoveld sesshaft geworden, doch ziehen die Männer mit ihren Herden noch immer durch die Savannen des Nordens.

Die Nama waren Mitte des 19. Jh. die ärgsten Widersacher der Herero im Kampf um die besten Weidegründe in Namibia. Sie kamen, von den holländischen Siedlern vertrieben, aus der Kapregion, während die Herero aus dem Norden in Richtung Zentralnamibia zogen. Die Nama selbst nennen sich Khoikhoi, was mit ›Menschen‹, aber auch ›Männer aller Männer‹ übersetzt wird. Ihrem Aussehen und ihrer Sprache nach sind sie mit den San verwandt (s. S. 275). Typisch für beide sind die Klicklaute.

Die Rehobother Baster sind Afrikaans sprechende Nachkommen aus Ehen zwischen weißen Farmern und Nama-Frauen. Sie haben es über die Jahrzehnte verstanden, sich rund um Rehoboth immer ein kleines Maß an Autonomie zu erhalten (s. S. 47).

Fest in weißer Hand

Nur noch knapp 5 % der Einwohner sind Weiße, davon sind rund 20 000 Personen deutschstämmig, d.h. ihre Familien leben seit drei oder vier Generationen in Namibia. Trotzdem spielen die Weißen bis heute eine bedeutende Rolle in der Wirtschaft des Landes. Noch immer besitzen sie fast alle Farmen und das beste Land (s. S. 273). Handel und Handwerk liegen fest in weißen Händen. Die leitenden Funktionen in Staat und Verwaltung, auch im staatlichen Tourismussektor, wurden dagegen in den letzten Jahren konsequent mit schwarzen Namibiern besetzt.

Die Herero-Frauen tragen ihre Tracht zu festlichen Anlässen (oben). Die meisten Namibier gehören einer christlichen Kirche an (unten).

Einwanderung – nicht nur aus China

Das namibische Ministry of Home Affairs and Immigration schätzt, dass ca. 100 000 Chinesen aktuell in Namibia leben. Sie kommen als Unternehmer, Händler, aber auch mit Besuchervisa, allerdings mit dem Ziel, in Namibia zu bleiben (s. S. 19). Die zweitgrößte Gruppe von Arbeitsmigranten kommt aus Angola, die drittgrößte aus Pakistan. Auch Zimbabwer sind in den letzten Jahren zugewandert. Die meisten Flüchtlinge stammen aus dem Kongo. ∎

Das zählt

Zahlen sind schnell überlesen — aber sie können die Augen öffnen. Nehmen Sie sich Zeit für ein paar überraschende Einblicke. Und lesen Sie, was in Namibia zählt.

1

internationaler Flughafen 50 km außerhalb der Hauptstadt Windhoek ist das Einfallstor für den überwiegenden Teil der aus Europa kommenden Touristen. Direktverbindungen gibt es u. a. nach Frankfurt a. M., München und auch nach Johannesburg (Südafrika).

26

Sprachen gibt es in Namibia neben der offiziellen Landessprache Englisch. Die meisten von ihnen werden von den unterschiedlichen Stämmen gesprochen. Neben dem südafrikanischen Afrikaans und Portugiesisch spielt auch Deutsch eine Rolle.

2.573

Meter hoch ist der höchste Berg des Landes, der Königstein. Er liegt in der Erongo-Region und gehört zum Brandbergmassiv.

10

Ethnien zählt Namibia: Damara, Herero, Himba, Kavango, Nama, Caprivianer, Ovambo, Rehobother Baster, Tswana, San. Neben diesen schwarzen Bevölkerungsgruppen gibt es eine Reihe kleinerer, darunter weißer Gruppen, zu denen auch die Deutschnamibier gehören.

16

Namib-Dollar erhält man in den Wechselstuben für einen Euro (2018). Dafür erhält man im Supermarkt eine 1,5-Liter-Flasche Wasser oder eine Flasche Bier.

1.500.000

Touristen zieht es jährlich in den Südwesten des schwarzen Kontinents. Sie bescherten Namibia 2017 Einnahmen von 347.880.000 €, was 3 % des Bruttoinlandsproduktes entspricht. Seit 1995 hat sich damit die Zahl der Touristen verfünffacht. Die Einnahmen aus dem Tourismussektor stiegen allerdings nur um das 1,7-fache.

87

Prozent der Einwohner gelten als Christen. 20 % davon sind Katholiken. Doch auch historische afrikanische Religionen werden, besonders im ländlichen Raum, noch praktiziert.

4.800

Quadratkilometer groß ist die riesige Salzpfanne im Etosha National Park. Das entspricht in etwa einem Viertel der Gesamtfläche des Nationalparks. In regenreichen Jahren kann sie sich mit einer bis zu 10 cm hohen Wasserschicht zeigen und dann Tausende Flamingos anziehen.

2,8

Einwohner je km² unterstreichen, wie dünn besiedelt Namibia ist. Im Vergleich dazu leben in Deutschland rund 230 Einwohner pro km².

2.400.000

Einwohner leben im Land. Wobei diese Zahl, wie manche andere, letztlich nur auf Schätzungen beruht.

104

Sitze hat die namibische Nationalversammlung, der Nationalrat setzt sich aus 42 Sitzen zusammen. Im Vergleich: Im aktuellen deutschen Bundestag sitzen 709 Abgeordnete, im Bundesrat 69.

25

Prozent beträgt die offizielle Arbeitslosigkeit. Real liegt sie jedoch zwischen 40 und 50 %.

7.400

Namibier haben sich laut UN-Angaben 2017 mit HIV neu infiziert, 2700 waren es in Deutschland.

629

Millimeter Regen im Jahr fallen durchschnittlich in Rundu, damit liegt die Region, was die Niederschlagsmengen angeht, in Namibia ganz vorne. In den übrigen Regionen fällt weniger Regen: im Norden 586, in Zentralnamibia 369 und im Süden nur noch 153 mml. Absoluter Spitzenreiter in Sachen Trockenheit ist aber die Skeleton Coast, wo jährlich nur 13 mml Regen niedergehen. Zum Vergleich: 2018, im für Deutschland trockensten Jahr seit Beginn der Wetteraufzeichnung, regnete es zwischen 286 mml in Demker/Sachsen-Anhalt und 1400 mml in Oberstdorf/Allgäu.

45.000

Menschen im Jahr kommen in Namibia durch Geburt zur Bevölkerungszahl dazu. Damit liegt das jährliche Bevölkerungswachstum seit 2003 ungefähr bei 2 % (Deutschland: 0,4 %).

Kleine ganz groß

Safari einmal anders — Es müssen nicht immer Elefanten, Giraffen oder Löwen sein: Besonders die kleinen Tiere Namibias haben enormen Unterhaltungswert.

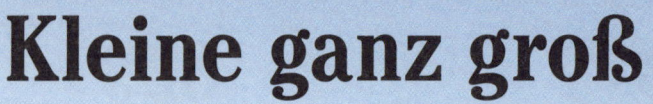

*Alle Mann aufgepasst! Bei den Erdmännchen
lautet das Motto: »Gemeinsam sind wir stark«.*

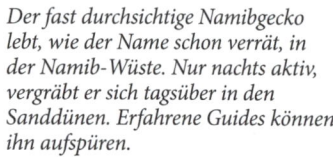

Der fast durchsichtige Namibgecko lebt, wie der Name schon verrät, in der Namib-Wüste. Nur nachts aktiv, vergräbt er sich tagsüber in den Sanddünen. Erfahrene Guides können ihn aufspüren.

Die wenigsten Spinnen in Namibia sind giftig, dafür aber oft handtellergroß. Die Seitenwinder-Schlange (unten) gleitet durch s-förmige Körperbewegungen seitlich über den Sand.

Wer genau hinsieht, wird überrascht sein, wie lebendig die scheinbar tote Wüste in Wirklichkeit ist.

Das Namaqua-Chamäleon (oben) ändert seine Farbe von Schwarz am Morgen und Abend in Weiß während der brennenden Mittagshitze. Die Weißling-Schmetterlinge (unten) saugen am Morgen den Tau von der Sandoberfläche ab.

Das andere Swakopmund

Mondesa-Tour — In der namibischen Touristikbranche sind Firmen mit schwarzen Inhabern noch selten. Heinrich Hafeni ist einer, der es geschafft hat. Seine Firma Cultural Tours & Travel führt durch den schwarzen Alltag in Swakopmund.

Das Leben in Mondesa, dem ehemaligen Township von Swakopmund, gleicht heute einem Schmelztiegel der verschiedenen Ethnien und spiegelt die bunte Vielfalt der namibischen Kulturen wider. Heinrich Hafeni gehört mit seiner Firma Cultural Tours & Travel zu den Tourenanbietern, die sich ganz besonders dieses Stadtteils angenommen haben (s. S. 96). Kein Wunder, kommt der junge Mann ja selbst aus Mondesa, kennt das Leben vor Ort also ganz genau.

Heinrich Hafeni hat allen Grund, stolz auf seine erfolgreiche Firma zu sein.

Back to the roots

Bevor sich Hafeni mit der eigenen Firma selbstständig machte, war er viele Jahre als Tourguide für verschiedene Unternehmen tätig, aber der Wunsch, seine eigenen Ideen umsetzen zu können, war schon lange da. 2011 begann er erste Gruppen dorthin zu bringen, wo er aufgewachsen ist, und schon 2014 wurde das Haus seiner Großmutter mitten in Mondesa zum African Restaurant. Heute hat sich die Firma des Oshiwambo auf dem touristischen Markt in Swakopmund etabliert und, was nicht unwichtig ist, Arbeitsplätze für junge Leute aus Mondesa geschaffen. Das Tourangebot ist stetig gewachsen. Besonders am Herzen liegt Heinrich aber die Mondesa Township Tour, mit der alles begann.

Exotischer Marktbummel

Als Kenner und ›Einheimischer‹ begnügt sich Heinrich nicht damit, die Gäste einfach nur durch den Stadtteil zu fahren. Nein, mit ihm kann man, wenn auch freilich nur ein kleines Stückchen, in das Alltagsleben von Mondesa eintauchen. Das beginnt bereits am Mondesa Open Market, einem der Zentren, wo sich die Menschen treffen, wo immer Betrieb ist und wo sie all das kaufen können, was sie zum Leben brauchen. Dass dabei gerade rund ums Essen so manch Exotisches dabei ist, verführt zum Fotografieren, aber nicht immer unbedingt zum Kosten. Bei der Kavango-Melone, die Heinrich seinen Gästen anbietet, greift noch jeder zu, doch beim großen Kessel über dem Feuer, in dem die Reste eines Kuhkopfes vor sich hin köcheln, überwiegt die Skepsis.

Kindergärten für die Kleinsten

Einige Straßen weiter, vorbei an den typischen kleinen Häusern und Baracken, warten schon die Mitarbeiterinnen des Herero Lady Day Centre auf Heinrich Hafeni und seine Gäste. Rund 25 000 Menschen, so schätzt man, leben in Mondesa, viele davon in menschenunwürdigen Verhältnissen. Besonders für die Kleinen, die es eigentlich später einmal besser haben sollen, ist es kein leichtes Schicksal, auf der ›falschen Straßenseite‹ geboren worden zu sein. Deshalb kümmern sich zahlreiche Hilfsprojekte gerade um diese Schwächsten. So auch die stolzen, groß gewachsenen Herero-Ladys, die hier für die Kinder sorgen und einen kleinen Kindergarten betreiben. Eine Nummer größer geht es im Ngaturihonge Day Care Centre zu. Wieder nur einige Straßen weiter und auch in diesem Fall in einer provisorisch zusammengebauten Hütte, sind wohl zwei Dutzend Kinder mit einigen Müttern und Erzieherinnen bestens beschäftigt. Die einen malen, die anderen basteln – und es wird auch gesungen. Da bleibt Zeit, mit den Kindern zu spielen und immer wieder zu staunen, über welche Kleinigkeiten sich diese Kinder freuen können. Für die Gäste aus dem fernen Deutschland gibt es einen Schnellkurs rund um die Klicklaute der Khoisansprachen, eine lustige ›Unterrichtsstunde‹. In einem Nebenraum werden Souvenirs und Bastelarbeiten angeboten, die die Frauen alle selbst anfertigen. Jeder Dollar zählt und hilft den Frauen und Kindern des Projekts.

Durch die Straßen ins Restaurant

Im Anschluss geht es weiter. Heinrich Hafeni zeigt noch einige Straßenzüge Monde-

UNFREIWILLIGER UMZUG

Der Begriff Township geht auf die Zeit des südafrikanischen Protektorats und dessen Rassentrennungspolitik zurück. Ziel war es, in den Stadtzentren von Swakopmund und Windhoek nur Weiße als Bewohner anzusiedeln und die schwarzen Familien in die Außenbezirke zu verbannen; so entstanden in Windhoek Katutura, in Swakopmund Mondesa. In den 1960er-Jahren erfolgte dann die Zwangsumsiedlung der schwarzen Bevölkerung in die Townships.

sas. Man sieht, auch hier gibt es sichtbare Unterschiede. Während die einen sich bereits ein kleines Haus aus Stein mauern konnten, leben andere in windschiefen Wellblechbaracken. Die Landflucht hält an und spült ständig mehr Menschen in die Städte (s. S. 162). Sie hoffen auf Arbeit und ein besseres Leben. Nur zu oft erfüllen sich beide Wünsche nicht.

Hafeni hat es geschafft und nicht ohne Stolz lädt er die Gäste in sein African Restaurant ein. Mitten in Mondesa hat das etwas Exotisches, doch auch bei ihm sieht es nicht viel anders aus als in der Nachbarschaft. Ist das Restaurant auch sehr einfach eingerichtet, toll ist das Speiseangebot. Hier kann man das kulinarische Afrika endlich so testen, wie viele erhofft haben. So etwas findet man in den Hotels und Lodges natürlich nicht. Zum Beispiel frittierte Mopane-Raupen, eine Delikatesse, Schafsköpfe und -füße, den traditionellen wilden Spinat, Osgali-Bohnensuppe und vieles mehr. Alles authentisch – nur eines passt nicht, das Getränk. Die Cola hat es auch bis hierher geschafft. Sie schlägt eine Brücke zurück ins andere Swakopmund, wo Heinrich seine Gäste am Abend wieder vor den Hotels absetzt. ∎

Die Felszeichnungen der San erzählen von einer lange vergangenen Zeit. Besonders häufig sind Jagdszenen dargestellt.

Reise durch Zeit & Raum

Tiefe Wurzeln — Während in unseren Landen die Geschichte bestenfalls in Jahrtausenden gerechnet wird, liegt der Startschuss der Menschheit in Namibia Millionen Jahre zurück.

Lang, lang ist's her
Vor 10–15 Mio. Jahren

Die Ausgrabung eines Hominiden (Otavipithecus namibiensis) in den Otavi-Bergen im Jahr 1991 beweist, dass Südwestafrika eines der ältesten Siedlungsgebiete der Menschheit war.
Zum Anschauen:
Otavi-Berge, S. 194

Künstler verewigen sich auf Stein
27 000 –5000 v. Chr.

Fragmente kleiner Steinplatten mit Darstellungen von Menschen und Tieren, die im Süden Namibias gefunden wurden, bezeugen die sehr frühe Besiedelung der Region. Diese kleinen Kunstwerke zählen zu den ältesten ihrer Art in Afrika. Die am Brandberg und im Spitzkoppegebiet gefundenen Felsbilder (Petroglyphen) stammen aus der Hochzeit der San.
Zum Anschauen:
White Lady, S. 143; Twyfelfontein, S. 150

Vorboten der Kolonialzeit
15.–17. Jh.

Als erster Europäer setzte 1486 der Portugiese Diego Cão seinen Fuß auf namibisches Land. Er errichtete am heutigen Cap Cross ein Steinkreuz und nahm damit das Land für Portugal in Besitz. Schon zwei Jahre später erkun-dete der berühmte Seefahrer Bartolomeu Diaz im Auftrag des portugiesischen Königs die afrikanische Westküste und errichtete an der heutigen Lüderitzbucht ein weiteres Steinkreuz.
Zum Anschauen:
Diaz-Point, S. 79; Cape Cross, S. 98

Afrikanische Stämme unter sich
Ab Mitte des 18. Jh.

Die Rinderherden der Herero, aber auch die Stammesmitgliederzahl wuchsen, sodass die Herero ihr Siedlungsgebiet nach Süden ausdehnen mussten. Dabei kam es zu ersten heftigen Auseinandersetzungen mit den Nama (Orlaam), die vor den burischen Siedlern am Kapland nach Norden ins heutige Namibia ausweichen mussten. Es folgten blutige Stammesfehden. Erst 1858 gelang es dem Anführer der Nama, Jan Jonker Afrikaner, die namibischen Häuptlinge in Hoachanas zusammenzurufen. Im »Friedensvertrag und Stämmebund Hoachanas« versicherten sich die Häuptlinge ihrer gegenseitigen Loyalität und fixierten erste Regeln zum Umgang mit weißen Siedlern. Doch auch dieser Vertrag konnte weitere kriegerische Auseinandersetzungen zwischen den Herero und den Nama (Orlaam) nicht verhindern. Die weißen Händler und Missionare fühlten sich bedroht und baten Großbritannien und Deutschland um Hilfe.

Zum Anschauen:
Olukonda, S. 161; Okahandja, S. 167

Neuer Stress, die Weißen kommen!
ab 1883

Der Bremer Tabakhändler Adolf Lüderitz ging in der Bucht von Angra Pequeña (später Lüderitzbucht) an Land. Er und sein Begleiter Heinrich Vogelsang kamen mit dem Vorsatz, Südwestafrika zur deutschen Kolonie zu machen. Neue Absatzmärkte, billige Bodenschätze und Land für arbeitslose Deutsche waren ihre Ziele. Durch Betrug nahmen sie große Ländereien rund um Lüderitz in Besitz. Am 30. April wurde die deutsche Koloniegesellschaft für Südwestafrika gegründet. Deutsche Siedler kamen ins Land. Farmland wurde ohne Rücksicht auf die eigentlichen Besitzer vergeben. Die ins Land geholten deutschen Schutztruppen begannen die Stämme Zentral- und Südnamibias zu unterwerfen.

Zum Anschauen:
Lüderitz Museum, S. 74

Tragödie am Waterberg
1904

Zum grausamsten Ereignis deutscher Kolonialzeit in Südwestafrika wurde die Niederschlagung des Herero-Aufstands unter Führung von General von Trotha. Zehntausende Herero wurden ermordet oder vom Waterberg aus in die trockene, tödliche Kalahari-Wüste gejagt (s. S. 270). Bis 1906 dauerten die Auseinandersetzungen, bis sich auch die letzten Stämme ergaben. Die Ergebnisse der Kämpfe waren für die schwarze und farbige Bevölkerung katastrophal. Nicht nur, dass unzählige Menschen den Kämpfen zum Opfer fielen, gleichzeitig zerfielen historisch gewachsene Stammesstrukturen, Stammesgebiete gingen verloren.

Zum Anschauen:
Waterberg, S. 173

Vom Regen in die Traufe
Nach 1915

Im Rahmen des Ersten Weltkriegs marschierten südafrikanische Streitkräfte in Namibia ein. Die deutschen Truppen kapitulierten. Damit war die deutsche Kolonialherrschaft praktisch vorbei. 1919 beendete der Vertrag von Versailles den Ersten Weltkrieg und Deutschland verlor auch formell alle Kolonien. Namibia wurde Mandatsgebiet des Völkerbundes. Mit Südafrika als Mandatsmacht verbesserte sich die Situation der schwarzen Bevölkerung nicht. Im Gegenteil: Die Apartheidpolitik Südafrikas wurde nun auch hier mit all ihren Konsequenzen durchgesetzt. Nach dem Ende des Zweiten Weltkriegs kam es zu einem heftigen Konflikt zwischen Südafrika und der UNO. Das Land am Kap weigerte sich, Namibia wieder unter internationale Hoheit zu stellen.

Zum Anschauen:
Katutura, S. 27; Mondesa, S. 284

Die Schwarzen stehen auf
Ab 1959

Am 10. Dezember fand ein Protestmarsch der Frauen gegen die Zwangsumsiedlung in Ghettos vor den Toren Windhoeks statt. Elf Menschen starben, die Umsiedlung wurde mit Gewalt durchgesetzt. Ein Jahr später wurde in Dar es Salaam die SWAPO (South West Africa People's Organization) gegründet. Präsident wurde Sam Nujoma. Nachdem Südafrika die UNO-Entscheidung des Mandatsentzugs nicht akzeptierte, beschloss die SWAPO ihren 008 friedlichen Widerstand nun auch mit Waffen zu führen. So begann 1966 der fast 24-jährige Krieg zwischen SWAPO und der südafrikanischen Armee, der besonders im Norden des Landes zu schweren Verwüstungen führte. Erste Gespräche über die Unabhängigkeit Namibias zwischen Südafrika und der ›Westlichen Kontaktgruppe‹ (Deutschland, Frankreich, Großbritannien, Kanada und USA) mündeten in der Resolution 435 des UN-Sicherheitsrates – ein erster Friedensplan für Namibia. Manipulierte Scheinwahlen spülten die erzkonservative Demokratische Turnhallenallianz (DTA) an die Macht. Sie wurden von der SWAPO boykottiert und international nicht anerkannt.

Zum Anschauen:
Turnhalle (Windhoek), S. 25

Die Situation eskaliert
1982–88

Die militärischen Auseinandersetzungen zwischen der Südafrikanischen Armee und der SWAPO verschärften sich dramatisch. Als Voraussetzung für einen Waffenstillstand forderten die USA den Abzug der in Angola stationierten kubanischen Truppen. In Angola befanden sich die wichtigsten Basen und Rückzugsgebiete der SWAPO. Verhandlungen zwischen Südafrika, Angola und

Ein richtiges Zeichen, aber nicht genug: Der deutsche Botschafter W. Massing und der Herero-Führer K. Riruako reichen sich 2004 die Hände.

Kuba führten 1988 endlich zum Erfolg. Ein Waffenstillstand trat in Kraft. Ein Zeitplan für den Weg in die Unabhängigkeit wurde festgelegt.

Zum Anschauen:
Hero's Acre Monument, S. 37

Endlich frei!
1989/90

Vom 7. bis 11. November fanden die ersten freien Wahlen in der Geschichte Namibias statt. Die SWAPO wurde stärkste Partei und errang 41 von 72 Parlamentssitzen. Die DTA erreichte 21 Sitze. Am 21. März 1990 wurde die neue Verfassung verabschiedet und Sam Nujoma zum 1. Präsidenten gewählt. In der Folge wurde die Reservatsgliederung der südafrikanischen Apartheidpolitik aufgelöst und das Land in 13 gleichberechtigte, frei zugängliche Regionen aufgeteilt. Der Südafrikanische Rand wurde durch eine eigene Währung, den Namibischen Dollar (N$), ersetzt, blieb aber offizielle Zweitwährung. Der N$ wurde 1:1 an den Rand gekoppelt.

Zum Anschauen: Independence Memorial Museum (Windhoek), S. 19

Schwierige Aufgaben
1990–2018

Mit der Machtübernahme durch die SWAPO wurden umfassende personelle Veränderungen in Staat und Verwaltung durchgeführt. Eine erste Landkonferenz (1991) erstellte Eckpunkte für eine gerechtere Landverteilung, die aber nur in Teilen umgesetzt wurden. Nach einer zweiten Landkonferenz 2018 sollen neue Vorschläge dafür sorgen, dass mehr farbige Farmer ihr eigenes Land erhalten. Die Alleinherrschaft der SWAPO wurde zementiert, trotzdem scheint sich eine Opposition zu bilden, da es bisher nicht gelungen ist, die sozialen Ungerechtigkeiten zu beseitigen.

Zum Anschauen:
Parlamentsgebäude (Windhoek), S. 21

Das neue Namibia

Im Land der SWAPO — Am 21. März 1990 endete nicht nur einer der längsten militärisch ausgetragenen Unabhängigkeits-kämpfe auf dem schwarzen Kontinent, sondern begann für Namibia eine neue Zeitrechnung.

Nachdem Ende 1989 freie Wahlen unterstützt von einer umfangreichen UN-Mission mit einem überwältigenden Sieg der SWAPO (South West African People's Organization) geendet hatten, stand dem Land der Weg in die Unabhängigkeit offen. Im Prozess des Übergangs war die SWAPO Party ein wichtiger Anker für die Stabilität des Landes. Seither stellt die Partei unangefochten die Regierung.

Funktionierende Bürokratie

Nachdem es in den ersten Jahren nach der Unabhängigkeit durch die Umbesetzung im Verwaltungs- und Polizeiapparat durchaus zu gewissen Problemen gekommen war, spielte sich das in den darauffolgenden Jahren augenscheinlich ein. Eine der SWAPO gegenüber loyale Bürokratie sorgte dafür, dass auch in den Amtsstuben wieder Ordnung einzog.

Das Gefühl, sich die demokratische Eigenstaatlichkeit gemeinsam aus eigener Kraft erstritten zu haben, wirkt als starkes integrierendes Moment in der ethnisch heterogenen namibischen Gesellschaft.

EWIG AN DER MACHT   **E**

Fast einem Einparteiensystem gleich, hält die SWAPO seit Erreichung der Unabhängigkeit 1990 die Macht fest in ihren Händen. Sie stellt seither den Präsidenten, seit 2015 Hage Geingob, und hält eine Zweidrittelmehrheit im Parlament. Gegründet wurde die SWAPO am 19. April 1960 als Befreiungsbewegung. Zu den Gründungsvätern gehörte der erste Präsident des freien Namibia Sam Nujoma. Bei den letzten Wahlen 2014 erhielt die Partei 715 026 Stimmen, was 80,01 % der abgegebenen Wählerstimmen entspricht. Die nächste Parlamentswahl findet zusammen mit der Präsidentschaftswahl im Herbst 2019 statt.

Im Gegensatz zu vielen anderen afrikanischen Staaten existieren Staatlichkeitsprobleme in Namibia kaum. Auch aus diesem Grund galt die SWAPO über lange Zeit als Garant für ein stabiles Namibia.

Opposition Fehlanzeige

Offiziell verfolgt die SWAPO eine Politik der nationalen Versöhnung. Wobei im Inneren schwelende Konflikte auch um die Aufarbeitung massiver Menschenrechtsverletzungen während des Befreiungskrieges in den 1980er-Jahren und gewisse Ressentiments zwischen den ethnischen Gruppen, die auch auf die vorgebliche Bevorzugung der ›Owambos‹ abzielen, die die größte Bevölkerungsgruppe stellen, bis heute nicht gelöst werden konnten. Zwar wurden nach der Unabhängigkeit eine Reihe wichtiger Reformen eingeleitet, jedoch führte die neue staatliche Kontrolle über die Wirtschaft und die natürlichen Ressourcen letztlich nur zu einer Umverteilung der Privilegien auf eine schwarze Elite – nicht zuletzt auch mit Blick auf die familiären und stammesabhängigen Besetzungen der Schlüsselpositionen in Wirtschaft und Regierung. Insbesondere die wichtige Landreform hat noch nicht die anvisierten Ziele erreicht (s. S. 273), sodass mittlerweile der Ruf nach einer Opposition lauter geworden ist. Doch danach sieht es nicht aus. Auch bei der letzten Wahl 2014 erhielt die SWAPO über 80 % der Parlamentssitze. Die stärkste Oppositionspartei, die frühere DTA (Demokratische Turnhallenallianz) heute PDM, konnte kaum die 5 % erreichen. Alle anderen Parteien spielen durch die Zersplitterung der Parteienlandschaft gar keine Rolle.

Lebendigere Streitkultur

Durch die Defizite der SWAPO-Regierung vergrößert sich die ökonomische Kluft zwischen der alten weißen sowie der neuen schwarzen Elite einerseits und der kleinen schwarzen Mittelschicht sowie der Landbevölkerung andererseits kontinuierlich. Und auch von den Naturreichtümern, sprich Diamanten und Uranerz, kommt bei der ärmeren Bevölkerung kaum etwas an. Eine weitere Ursache für soziale Spannungen ist die hohe Arbeitslosigkeit bei anhaltend hoher Abwanderung vom Land in die Städte. Seit Ende 2014 fordert in diesem Zusammenhang die aus der Swapo Youth League (SPYL) hervorgegangene Gruppierung Affirmative Repositioning offensiv die Neuverteilung städtischen Baugrunds. Zudem hat sich in den Regionen, wo die Farmwirtschaft nach wie vor weitgehend von weißen Farmern kontrolliert wird, eine Landlosenbewegung formiert. Die Gewerkschaftsszene organisiert sich neu und besser und auch erste Streiks lassen darauf schließen, dass sich Namibia in Richtung einer pluralistischen Demokratie weiterentwickeln wird. ■

Namibia auf dem Teller

Essen und Trinken — Die namibische Küche ist interessant und durch die verschiedenen Einflüsse – koloniale, afrikanische und internationale – vielfältig.

Kultur geht durch den Magen – das gilt auch in Namibia. Wer das Land wirklich kennenlernen möchte, begibt sich auf den Weg durch seine Küchen. In Restaurants wird meist europäisch internationales oder koloniales Essen angeboten. Wer einen zumindest kleinen Eindruck von der traditionellen Kochkunst afrikanischer Völker bekommen möchte, muss sich in die kleinen Lokale z. B. in Mondesa (Swakopmund) oder an die Essensstände in Katutura (Windhoek) begeben. Auch wer sich nicht so weit ins Alltagsleben vorwagt, muss nicht mehr damit rechnen, während des Urlaubs mit Standardkost abgespeist zu werden. Auf kulinarischem Gebiet hat sich viel getan: Die Dominanz der deutschen Küche ist gebrochen und den modernen Köchen im Land mangelt es nicht an Kreativität.

Und alle grillen mit
Fleisch, Fleisch und nochmals Fleisch – so sehen Reisende auf den ersten Blick die namibische Küche. Das stimmt natürlich nicht, doch ist es auf jeden Fall die Lust auf Fleisch, aber insbesondere auch Geselligkeit, die sich im traditionellen Braai zeigt. Diese typische Art des Grillens gehört für die Namibier (und Südafrikaner im Allgemeinen) ganz einfach dazu und wird deshalb allerorten –

an den Essensständen auf Märkten, auf Dorf- und Campingplätzen, genauso wie in Resorts und Lodges – regelmäßig zelebriert. Sicher: Mancher Tourist wird an deutsche Grillabende erinnert. Das mag nicht ganz falsch sein, doch gibt es feine Unterschiede. So wird für das traditionelle Braai niemals Holzkohle verwendet. Mit Vorliebe nimmt man das Holz des Kameldornbaumes. Gegrillt wird auf der Glut des niedergebrannten Holzes. Auf dem Grill landen dann neben Lamm- und Ziegenfleisch Exotisches wie Strauß, Springbock oder Kudu. Eine burische Braaispezialität darf aber auf keinen Fall fehlen: Boerwors (Bauernwurst). Die zu einer großen Schnecke aufgerollte Grill- bzw. Bratwurst besteht aus gehacktem Rind-, Schweine- und Wildfleisch. Gewürzt wird sie mit Pfeffer, Thymian und Muskatnuss. Ein Genuss, den man sich nicht entgehen lassen sollte. Genauso wenig wie eine Einladung zum Braai, denn wo sonst kommt man mit den Namibiern besser ins Gespräch als bei einem leckeren Stück Fleisch auf dem Teller und einem Windhoek Lager in der Hand? Übrigens, bei einer Einladung zum Braai sieht es so aus, dass sich jeder Gast beteiligt, sprich, er bringt mit, was er essen möchte. Das nennen die Namibier Bring & Braai. Der Grillmeister kümmert sich dann um den Rest.

Eine Stadt, zwei kulinarische Welten: Während an einem Straßenstand im Swakopmunder Vorort Mondesa Fleisch gegrillt wird, dominiert im Café Anton in Swakopmund-Zentrum die deutsche Kaffeetradition mit Käsekuchen und Schwarzwälder Kirschtorte.

Abenteuer Afrika

So manche traditionelle Spezialität verlangt nach etwas Mut. Als typische Delikatesse gilt z. B. der gebackene Ziegenkopf – im Ganzen serviert wird er z. B. im African Restaurant in Mondesa (s. S. 285). Bei den immer beliebter werdenden Mopane-Raupen ist noch mehr Courage angesagt. Doch wer es schafft, die fingerdicken Mopane-Raupen, gekocht, gebraten oder frittiert, mit Genuss zu verzehren, könnte durchaus manch anerkennenden Blick der Einheimischen ernten. Inzwischen haben die Raupen sogar manches Edelrestaurant in Europa erreicht.

International mit lokalen Zutaten

Manche Gästefarmen und Lodges sind nicht nur in puncto Wellness, sondern auch auf kulinarischem Gebiet zu richtigen Verwöhntempeln geworden. Neben Rindfleisch kommt das heimische Wild dort immer variantenreicher auf den Tisch. Ob Kudu, Oryx, Springbock oder Strauß, man sollte auf keinen Fall versäumen, zum Dinner ein Wildgericht à la Namibia zu genießen. In den Städten am Atlantik, in Swakopmund, Walvis Bay und Lüderitz, dominieren Fisch und Meeresfrüchte die Speisekarten der gehobenen Restaurants. Ob Kabeljau, Hai,

Lobster oder Austern, da gibt es Leckeres und Gesundes für jeden Geschmack und jeden Geldbeutel. Nicht verschwiegen sei, dass es speziell in Windhoek oder Swakopmund auch italienische und chinesische Restaurants gibt. Die sind halt überall. Aber braucht man die als Tourist in Namibia wirklich?

Verkaufshit deutsche Backwaren

Der Einfluss der deutschen Kolonialzeit hat sich bei den Backwaren erhalten. ›Brötchen‹ sind im ganzen Land bekannt und schmecken auch so wie in der Heimat, Gleiches gilt für Brot. Es werden zwar nur noch wenige Bäckereien von Deutschen geführt, doch auch andere Backbetriebe stützen sich auf deutsche Rezepte. So erhält man richtiges Vollkornbrot, exzellente Schwarzwälder Kirschtorte oder auch ein gutes Stück Pflaumenkuchen beileibe nicht nur in Swakopmund oder Walvis Bay. Wer in der Vorweihnachtszeit in Namibia unterwegs ist, hat sogar die Möglichkeit, vor der Lodge sitzend mit Blick auf die Wüste leckeren Weihnachtsstollen zu genießen.

Weingenuss und Erfrischung

Die Biere, die aus Windhoek kommen, u. a. Hansa Lager, werden nach dem deutschen Reinheitsgebot gebraut und sogar der Hopfen wird aus dem ›Mutterland‹ des Biers importiert. Der Wein stammt meist aus dem Nachbarland Südafrika und ist von buchstäblich ausgezeichneter Qualität. Obwohl auch die kleinen Weinbauern in Namibia es verstehen, gute Tropfen zu keltern. Wer die Möglichkeit hat, Wein aus namibischer Produktion zu probieren, sollte das auf keinen Fall versäumen. Darüber hinaus gibt es die alkoholfreien Getränke der Firma mit dem rot-weißen Etikett und anderer Anbieter sowie Mineralwasser in Flaschen oder Kanistern – in der Variante mit Kohlensäure wird es allerdings nicht überall angeboten. ∎

TRADITIONELLER SNACK **S**

Ein idealer Snack zwischendurch ist Biltong, das berühmte gedörrte, scharf gewürzte Rind- oder Antilopenfleisch, das es überall im Land in kleinen Beuteln zu kaufen gibt. Da Biltong praktisch ewig haltbar ist und auch in der namibischen Hitze nicht schlecht wird, eignet es sich vorzüglich als Proviantergänzung für längere Outdoor-Touren. Ein Genuss ist auch Räuchfleisch von Kudu, Springbock oder Rind.

Augen und Ohren auf!

Musik und Kunst — Bei Namibia denken die meisten an Trommeltanz und Holzschnitzkunst. Bei uns völlig unbekannt ist die moderne namibische Musik- und Kunstszene.

Ein letzter Schimmer des Abendrots verschwindet hinter kleinen Wolken am Himmel, doch an Ruhe ist nicht zu denken. Nicht verwunderlich, denn wir sind in Joe's Beerhouse in der Windhoeker Nelson-Mandela Avenue und es ist Mittwoch nach 18 Uhr. Die Berliner würden sagen, da steppt jetzt der Bär. Doch um Stepptanz geht es nicht, sondern um Trommelwirbel. Pünktlich wie jeden Mittwochabend hat der allwöchentliche Trommel-Workshop angefangen und zahlreiche interessierte Zuhörer warten auf das, was sie über die Kunst des afrikanischen Trommelns auf der Djembe erfahren können. Die Djembe, eine einfellige Bechertrommel, ist das wohl typischste Instrument im westlichen Afrika. Die Gruppe Ongoma, die zur Session einlädt, gibt es seit fast 20 Jahren. Ongoma heißt Trommel auf Oshivambo, und auf der sind die Jungs wahre Meister. Trommeln in Afrika steht nicht nur für Musik, sondern auch für Spiritualität und Gemeinschaft. Trommeln in der Gruppe macht Spaß – und schnell sind alle mit von der Partie. Die dumpfen Klänge der Djembe lassen keinen kalt, die Stimmung steigt und schon ist der Einstieg ins Namibia-Abenteuer geschafft. Beim Workshop geht es nicht nur ums Zuhören – Mitmachen ist gefragt. Wer will, kann am Ende ein Trommel-Solo zum Besten geben.

Neue Stimmen

Gilt Trommeln zwar als Inbegriff afrikanischer Musik, so sind Meistertrommler bei Weitem nicht alles, was das junge Namibia an Musikern zu bieten hat. Eine kleine, feine Szene hat sich in den namibischen Städten entwickelt, die ihre Anregungen aus dem Traditionellen und aus dem Modernen gleichermaßen zieht. Das akustisch Attraktivste, was die Szene aktuell zu bieten hat, ist ohne Zweifel Shishani, eine junge Sängerin, in Namibia geboren, in den Niederlanden aufgewachsen und zwischen diesen beiden Welten unterwegs ist. Ihre soulige Stimme passt perfekt zum Afro-Folk. Ihre Musik trifft ins Herz und in die Seele gleichermaßen. Außerdem, und das ist nicht unwichtig, lässt sie auch politische Themen nicht aus. 2011 gewann sie den Namibian Annual Music Award. Einen Eindruck von ihrer Musik kann man auf ihrer Website www.namibiantales.com gewinnen.

Eher in Deutschland präsent, aber auch nur Insidern bekannt, ist EES, der eigentlich Eric Sell heißt. In Namibia ist er ein Star und vielleicht so ein bisschen das männliche Pendant zu Shishani. Seit Jahren lebt er zumeist in Köln. Seinen musikalischen Stil, eine Mischung aus Kwaito, Afro-Pop, Reggae und Hip-Hop, nennt er Nam Flava Music. Vielleicht gelingt es ihm, die neue namibische Musik dem deutschen Publikum näherzubringen. Mit seiner Single »On the road again« geht er einen weiteren Schritt in diese Richtung (youtube, ›EES On the road again‹).

Seine Musik ist anders, rockiger – doch auch Steffen List sucht seine Chance nicht nur in der Heimat, sondern auch in Deutschland (youtube, ›Tonetic – Undefended ft Shishani Lyric Video‹).

Mit politischem Anspruch

Zu den Klassikern der Szene gehört zweifellos Tate Buti. Ihm ist es wohl zu ver-

Frauenpower in der namibischen Musikszene: oben die Sängerin Shishani, unten die Saxophonistin Suzy Eises, die 2018 den Best Newcomer und den Album of the Year Award gewann. Eises tritt regelmäßig beim Windhoek Jazz Festival auf (www.windhoekjazzfestival.com.nu). Aktuelles auf Facebook, Stichwort Suzy Eises.

danken, dass Shambo, besonders bei den oshiwambosprechenden Jugendlichen auf dem Land, so beliebt wurde. Meist stehen große Themen im Mittelpunkt seiner Texte, da geht es um Krieg und Frieden, um Vergänglichkeit, Liebe und Respekt. Als traditionelle Musik anerkannt, hat Shambo damit durchaus Potenzial im Kampf der jungen Afrikaner um bessere soziale Verhältnisse (youtube, ›Tate Buti Oghula‹).

Oft und gern nutzen auch die namibischen Künstler Englisch für ihre Musik. Elmotho dagegen bedient sich bewusst anderer Sprachen wie zum Beispiel Setswana. Auch er kämpft mit seiner Mischung aus afrikanischen Klängen, Afro Pop und einer klaren politischen Sprache für das Selbstbewusstsein der jungen Afrikaner (youtube, ›Elemotho – Black Man‹).

Kunst, bitte anschauen

Ähnlich den Musikern trifft man auch bei den neuen bildenden Künstlern auf traditionelle Einflüsse. So ist das künstlerische Werk des in Windhoek geborenen Andrew van Wyk sehr stark beeinflusst von der traditionellen Kultur der Damara, Nama und Baster. In der Wahl der Technik folgte er dem erfolgreichen Druckgrafiker John Ndevasia Muafangejo (1943–87). In seinen Werken erzählt van Wyk Geschichten, mit denen er den Betrachter zum Denken und Nachdenken anregen möchte. Dabei spricht er ein breites Spektrum politischer Themen an. Auch Kandjengo Lok spezialisierte sich auf eine für Namibia typische Drucktechnik, den Kartondruck. Seine Arbeiten zeigen Szenen aus dem namibischen Alltagsleben (s. Foto S. 295, »My Dream Car«, www.gunsandrain.com). Die Werke der genannten Grafiker kann man u. a. in der National Gallery (s. S. 30), im Katutura Community Arts Center (7 Leonard Auala Katutura) oder im John Muafangejo Art Centre (JMAC, Shop 18 Namibia Craft Centre), alle drei in Windhoek, sehen.

Nicht weniger eindrucksvoll und emotional sind die Arbeiten von Inatu Indongo. Sie ist bekannt für ihre einzigartigen Collagen, in denen sie verschiedenste Materialien kombiniert. Inatu war die erste schwarze Künstlerin, deren Werke in der National Art Gallery gezeigt wurden. Die gleiche Ehre wurde Nicola Brant zuteil. Die talentierte Fotografin und Multimediakünstlerin konnte sich in der National Gallery sogar in einer Einzelausstellung präsentieren. ∎

MUSIK AUS DEN TOWNSHIPS – KWAITO   **K**

In den 1990er-Jahren in den südafrikanischen Townships (s. S. 285) entstanden, wurde Kwaito schnell auch von namibischen Musikern übernommen. Der Kwaito basiert auf verlangsamten House Beats und darauf gesungenem Sprechgesang, der Einfluss von Hip-Hop ist nicht zu überhören, Rhythm and Blues spielen ebenso eine Rolle. Kwaito kann einerseits aufpeitschend und aggressiv, andererseits aber verhalten und ruhig daherkommen. Sex, Geld und Gewalt dominieren viele Texte. Die Sprache ist so vielfältig wie die Sprachen der namibischen Stämme. Kwaito ist nicht nur eine Musikrichtung, sondern eine eigene Musikszene, was sich auch in typischer Kleidung manifestiert. Wichtig, auch als Abgrenzung vom Hip-Hop, der Spotti Hut (ein weicher Sonnenhut) und sogenannte Allstar-Schuhe. Zu den populärsten Kwaito-Musikern zählen The Dogg (youtube, ›The Dogg Forget‹) und GAZZA (youtube, ›Gazza Kwateni Omnona‹).

Schritte in die Zukunft

Eine Vision wird Realität — Das Hilfsprojekt Steps for Children wurde 2005 von dem Hamburger Unternehmer Michael Hoppe ins Leben gerufen. Hier beginnt für Kinder aus ärmsten Verhältnissen oder AIDS-Waisen eine neue Zukunft.

Flott rollt der Allradwagen über das schwarze Asphaltband. Links und rechts liegt karge, trockene Landschaft. Hin und wieder wirbelt ein Windstoß Staub und Sand durch die Luft. Der Weg führt nach Okakarara. Das Städtchen südöstlich des Waterbergs mit seinen knapp 4000 Einwohnern gilt bis heute als das Zentrum der Herero im ehemaligen Herero-Homeland. Es gibt eine Kirche, ein paar kleine Läden, kaum Touristen – und Steps for Children.

Lernen und Spielen

Kinderlachen schwirrt durch die Luft. Seit der Gründung der gleichnamigen

SCHLAFEND HELFEN

Wer mehr über das Projekt erfahren, die Betreuer und Kinder kennenlernen möchte, kann im Gästehaus in Okakarara direkt im Projekt übernachten. Die Doppelzimmer mit Dusche/WC kosten 450 N$ je Nacht. Außerdem gibt es die Möglichkeit, für 150 N$ eine exklusive Stadttour durch Okakarara zu buchen – ein interessanter Einblick ins Alltagsleben der Stadt abseits touristischer Pfade. Alle Einnahmen daraus fließen direkt ins Projekt zur Versorgung der Kinder z.B. in der Vorschule.

Stiftung 2005 ist eine Menge passiert. Der Spielplatz vor dem neuen Schulgebäude ist ein Eldorado für die Kleinen. Hier wird ein Stück Lebensfreude geschenkt. Doch Sonja Schneider-Waterberg, die das Projekt vor Ort betreut, betont, dass es bei Steps for Children um mehr geht. »Wir wollen Kindern aus armen Familien die Chance geben, aus dem Teufelskreis von Armut und Hoffnungslosigkeit auszubrechen. Viele der Kinder sind Waisen. Auch in Teilen von Namibia hat AIDS tiefe Schneisen in die Bevölkerungsstruktur gerissen. Oft leben verwaiste Kinder bei den Großeltern, die zumeist selbst kaum genug zum Leben haben. Da wollen wir möglichst viele Kinder herausholen«, ergänzt Sonja Schneider-Waterberg, während sie von den Kindern umlagert wird. Es sind die Kleinen, so zwischen 5 und 7 Jahren, die in vier Vorschulklassen von Lehrerinnen betreut und gefördert werden – Lernen und Spielen, zwei Seiten, die viele der Kinder hier erstmals erleben. Zwei Mahlzeiten gibt es außerdem, ein Luxus, der für die meisten von ihnen bisher eher ein Wunschtraum war.

Von klein bis groß

Die Kinder werden in insgesamt fünf Gruppen betreut. Neben der Vorschule und dem Kindergarten gibt es sogar eine Krippe mit Krabbelgruppe für die Jüngs-

Die Zukunft Namibias sind seine Kinder. Wichtig und gut, dass Hilfsorganisationen zumindest für einige von ihnen einen besseren Alltag organisieren.

ten. Auch wenn die größeren Kinder in die örtliche Grundschule wechseln, kümmert sich der Verein um viele von ihnen weiter. Für die »Schutzengelkinder« übernimmt der Verein die Kosten für Schulkleidung und Schulbücher. Eine Patenschaft kostet rund 200 Euro für ein Jahr. Die Nachmittagsbetreuung unterstützt bei den Hausaufgaben und bietet Sport und Spiel sowie Malen und Basteln an. Eine warme Mahlzeit gehört auch dazu. »Dass dies ein sinnvoller Ansatz ist, zeigen die schulischen Leistungen unserer Schützlinge«, erzählt Sonja Schneider-Waterberg nicht ohne Stolz. »Sie gehören fast alle zu den Besten ihrer Altersklasse.«

In die Zukunft gedacht
Initiator Michael Hoppe und seine vielen Mitstreiter in Deutschland wollen erreichen, dass sich das Projekt eines Tages selbst trägt. Deshalb gibt es parallel die »Einkommen erzielenden Steps«, in denen die Menschen vor Ort selbst Geld für den sozialen Teil erarbeiten. So surren in der kleinen Nähstube die Maschinen. Unter den fleißigen Händen der Näherinnen entstehen Beutel, Taschen und andere Souvenirs, die nicht nur in Namibia, sondern auch in Deutschland verkauft werden. Ein kleiner Olivenhain wurde angelegt, der mittlerweile die ersten Früchte trägt.

Gemüse für den Eigenbedarf und für den Markt wird angebaut. Ein paar Dutzend Hühner sorgen für frische Eier. Noch reicht all das freilich nicht – ohne die vielen Unterstützer in Deutschland ginge es nicht. Doch der erste Schritt ist getan und *step by step* kommt man dem Ziel näher. Mittlerweile gibt es weitere Standorte in Gobabis, Otavi, Rehoboth, Okahandja und Windhoek. ∎

DAS KLIMA IM BLICK **A**

Reisen bereichert und verbindet Menschen und Kulturen. Wer reist, erzeugt auch CO_2. Der Flugverkehr trägt mit einem Anteil von bis zu 10 % zur globalen Erwärmung bei. Wer das Klima schützen will, sollte sich für eine schonendere Reiseform (z. B. die Bahn) entscheiden – oder die Projekte von atmosfair unterstützen. Atmosfair ist eine gemeinnützige Klimaschutzorganisation. Die Idee: Flugpassagiere spenden einen kilometerabhängigen Beitrag für die von ihnen verursachten Emissionen und finanzieren damit Projekte in Entwicklungsländern, die dort den Ausstoß von Klimagasen verringern helfen. Dazu berechnet man mit dem Emissionsrechner auf www.atmosfair. de, wie viel CO_2 der Flug produziert und was es kostet, eine vergleichbare Menge Klimagase einzusparen (z. B. Berlin – London – Berlin 13 €). Atmosfair garantiert die sorgfältige Verwendung Ihres Beitrags.

MIX
Papier aus verantwortungsvollen Quellen
FSC
www.fsc.org
FSC® C015559

Der Autor Der Reisejournalist und Bildreporter Axel Scheibe ist seit seiner Geburt im Erzgebirge zu Hause. Recherchereisen führten ihn schon in über 100 Länder. Seine besondere Liebe gehört seit Langem dem südlichen Afrika, insbesondere Namibia. Ob mit dem Allradcamper oder zu Fuß, regelmäßig ist er hier unterwegs, um Neues und Interessantes zu entdecken. Besonders faszinieren ihn – abgesehen von der atemberaubenden Natur – die vielfältigen Traditionen des Landes und seine wechselvolle Geschichte.

Abbildungsnachweis
DuMont Bildarchiv, Ostfildern: S. 256/257 (Clemens Emmler); 6 li., 6 re., 12/13, 14 li., 15 li., 17, 31, 33, 45 re. o., 55, 66, 72, 81, 82 re., 83 M., 115, 134 re., 135 M., 135 re. u., 145, 148, 157, 182 re., 185, 203 re. o., 232, 265 re., 265 li., 293 o., 293 u. (Tom Schulze) **Guns & Rain gallery,** https://gunsandrain.com: S. 295 (Lok Kandjengo) **iStock.com,** Calgary (CA): S. 164 li., 167 (Ben185); 76 (brytta); 283 o. (CarGe); 15 re. o., 38 (Global View); 21 (GroblerduPreez); 98 (fabio lamanna); 164 re. (Mlenny); 91 (mtcurado); 248 (piccaya); 203 re. u. (FernandoQuevedo) **laif,** Köln: S. 120 (Matthieu Colin/hemis.fr); 217, 280/281 (Sylvain Cordier/hemis.fr); 195 (Patrick Escudero/hemis.fr); 197, 277 u. (Paul Hahn); 147, 214 (Christian Heeb); 299 (Benedicte Kurzen/Noor); 135 re. o., 161 (Vincent Lecomte/Gamma-Rapho); 2/3 (Michael Martin); Umschlagklappe vorn, 69 (Rene Mattes/hemis.fr); 47 (Karel Prinsloo/eyevine); 152 (Edwin Remsberg/VWPics/Redux); 227 (Bertrand Rieger/hemis.fr); 203 M., 222 (Xinhua News Agency/eyevine) **Look,** München: S. 274 (Jan Greune); 163 (Jörg Reuther) **Mauritius Images,** Mittenwald: S. 206 (age footstock/Thomas Dressler); 134 li., 138 (age fotostock/Hougaard Malan); 133 (Anka Agency International/Alamy); 241 (Arctic-Images); 14 re., 25 (Greg Balfour Evans/Alamy); 262 (Udo Bernhart); 7 li. o. (Danita Delimont Creative/Alamy); 261 (Jackie Ellis/Alamy); 277 o. (Jorge Fernandez/Alamy); 7 re. (Friedrichsmeier/Alamy); 244 (Bill Gozansky/Alamy; 44 re. (Scott Hurd/Alamy); 10, 61, 83 re. o., 127, 205, 282 re. (imageBroker); 165 M., 173 (Joana Kruse/Alamy); 45 M., 79, 259, 286 (Frans lemmens/Alamy); 177 (Lophius/Alamy); 106 (Adolf Martens); 165 re. o., 181 (Minden Pictures/Michael & Patricia Fogden); 183 M., 198 (MJ Photography/Alamy); 254/255 (nature picture library/Eric Baccega); 271 (Guy Oliver/Alamy); 283 u. (Prisma/Frommenwiler Fredy); 41 (Edwin Remsberg/Alamy); 87 (robertharding/Michael Runkel); 282 li. u. (robertharding/Ann & Steve Toon); 34, 266/267 (Kumar Sriskandan/Alamy); 8 (Ann & Steve Toon/Alamy); 129 (Travel Collection/Gregor Lengler); 282 li. o. (WorldFoto/Alamy); 104, 191 (Zoonar GmbH/Alamy) **picture-alliance,** Frankfurt a. M.: S. 101 (NurPhoto/Oleksandr Rupeta); 289 (dpa/DB Sven-Eric Kanzler); 290 (L.Postl/Helga Lade) **Axel Scheibe,** Annaberg-Buchholz: S. 18, 26, 43, 53, 63, 94, 111, 119, 130, 140, 179, 210, 284, 303 **Paolo Schneider,** Swakopmund (NA): S. 296 o. **Paavo Shooya, Am Photography,** Windhoek (NA): S. 296 u. **plainpicture,** Hamburg: Titelbild (Westend61/Claudia Paulussen) **Shutterstock.com,** Amsterdam (NL): 45 re. u. (Vladimir Dubrovskiy); 82 li., 85 (Alexander Farnsworth); 83 re. u., 170, 182 li. (Grobler du Preez); 228 (jaroslava V); 183 re. u. (Kellis); 202 li., 209 (Rainer Lesniewski); 183 re. o., 200/201 (Janelle Lugge); 218 (m.mendelson); 44 li., 56 (Isabella Pfenninger); 235 (Janusz Pienkowski); 202 re., 213 (Fabian Plock); 15 re. u. (Luke Schmidt); 7 li. u. (Jeff Schultes); 165 re. u. (Johan Swanepoel)

Umschlagfotos
Titelbild: Eine Giraffe im Etosha Nationalpark
Umschlagklappe vorn: Am Strand von Swakopmund

Kartografie
DuMont Reisekartografie, Fürstenfeldbruck
© DuMont Reiseverlag, Ostfildern

Autor: Axel Scheibe **Redaktion/Lektorat:** Henriette Volz **Bildredaktion:** Henriette Volz, Titelbild: Carmen Brunner **Grafisches Konzept und Umschlaggestaltung:** zmyk, Oliver Griep und Jan Spading, Hamburg

Hinweis: Autor und Verlag haben alle Informationen mit größtmöglicher Sorgfalt geprüft. Gleichwohl erfolgen alle Angaben ohne Gewähr. Bitte schreiben Sie uns! Über Ihre Rückmeldung und Ihre Verbesserungsvorschläge freuen wir uns: DuMont Reiseverlag, Postfach 3151, 73751 Ostfildern, info@dumontreise.de, www.dumontreise.de

1. Auflage 2020
© DuMont Reiseverlag, Ostfildern
Alle Rechte vorbehalten
Printed in Poland

Offene Fragen*

White Lady – Frau oder Mann?
Seite 143

Wie kommt die Schwarzwälder Kirschtorte nach Swakopmund?
Seite 93

Fallen in Hoba Steine vom Himmel?
Seite 199

Haben sich die Snowboarder in der Namib-Wüste einfach nur verirrt?
Seite 232

Wird der Küstennebel von einer Nebelmaschine produziert?
Seite 258

Who is who bei den Big Five?
Seite 200

Wird beim Braai Hirse- oder Maisbrei gegessen?
Seite 292

Wieso sind die Living Museums lebendig?
Seite 276

Liegen an der Skeleton Coast Skelette herum?
Seite 153

Wie entstanden die Bäume aus Stein bei Twyfelfontein?
Seite 149

Wurde der Brandberg durch einen Brand so schwarz?
Seite 142

Warum traut sich am Agate Beach bei Lüderitz keiner ins Wasser?
Seite 76

* Fragen über Fragen – aber Ihre ist nicht dabei? Dann schreiben Sie an info@dumontreise.de. Über Anregungen für die nächste Ausgabe freuen wir uns.